Helmut Fend

Geschichte des Bildungswesens

Helmut Fend

Geschichte des Bildungswesens

Der Sonderweg im europäischen Kulturraum

VS VERLAG FÜR SOZIALWISSENSCHAFTEN

Bibliografische Information Der Deutschen Nationalbibliothek
Die Deutsche Nationalbibliothek verzeichnet diese Publikation in der
Deutschen Nationalbibliografie; detaillierte bibliografische Daten sind im Internet über
<http://dnb.d-nb.de> abrufbar.

1. Auflage Oktober 2006

Alle Rechte vorbehalten
© VS Verlag für Sozialwissenschaften | GWV Fachverlage GmbH, Wiesbaden 2006

Lektorat: Stefanie Laux

Der VS Verlag für Sozialwissenschaften ist ein Unternehmen von Springer Science+Business Media.
www.vs-verlag.de

Umschlaggestaltung: KünkelLopka Medienentwicklung, Heidelberg
Druck und buchbinderische Verarbeitung: MercedesDruck, Berlin
Gedruckt auf säurefreiem und chlorfrei gebleichtem Papier
Printed in Germany

ISBN-10 3-531-14733-1
ISBN-13 978-3-531-14733-8

Der Zukunft gewidmet: Miriam, Ruth, Rike, Ludwig …

Inhaltsverzeichnis

6

Abbildungsverzeichnis

Tabellenverzeichnis

Vorwort

Zu wissen, woher wir kommen, gilt je länger je mehr als wichtige Grundlage, um die Pfade dafür auszustecken, wohin wir gehen sollen. Die Gegenwart aus ihrer historischen Genese zu erkennen, ist Teil dieser Selbstvergewisserung. Heute nennen wird dies „Erinnerungskultur". Sie zielt auf ein kulturelles und kollektives Gedächtnis, das uns „zusammenhält", das Teil der eigenen kulturellen und sozialen Identität ist (Assmann, 2006). Diese uns heute selbstverständlich gewordene Betrachtung der kulturellen und sozialen Welt sollen in dieser Arbeit auf das Bildungswesen übertragen werden. Einem systematischen Bemühen, Bildungssysteme als „institutionelle Akteure der Menschengestaltung" zu verstehen, soll hier der historische Teil der Neuen Theorie der Schule folgen. Er knüpft damit an die alte Tradition an, dass eine Soziologie des Bildungswesens auch historisch gewendet werden muss.

Dieser historische Teil der Neuen Theorie der Schule verdankt sich einer wissenschaftlichen Lebensgeschichte, die in Forschungsmöglichkeiten eingebettet war, die vielen Akteuren in der Vergangenheit geschuldet ist, Akteuren, die in den Gemeinwesen Österreichs, Deutschlands und der Schweiz verborgen sind. Mein Dank muss deshalb diesen Gemeinwesen gelten, die an den Gelegenheitsstrukturen für die wissenschaftliche Erforschung des Bildungsbereichs gearbeitet haben.

Im eigenen Umfeld sind aber die Akteure sichtbar, die diese hier vorliegende Arbeit ermöglicht und gefördert haben. Ohne in einem privat und beruflich fördernden Umfeld zu leben, nicht zuletzt im anregenden Klima des Pädagogischen Instituts der Universität Zürich, wäre eine solche anspruchsvolle Arbeit wie die hier vorgestellte historische Einführung in die Geschichte des okzidentalen Bildungswesens nicht leistbar gewesen. Ihnen allen gebührt mein Dank.

Wiederum soll Jean-Michel Bruggmann an erster Stelle erwähnt sein, welcher sich – wie im ersten Band der Neuen Theorie der Schule – mit großem Engagement und kompetent dem Manuskript gewidmet hat und darüber hinaus noch der gestalterische und editorische Inspirator im Hintergrund war, der mich u.a. im Vorhaben gestützt hat, den „pictorial turn" nicht zu vergessen und der dafür eine große Anzahl Illustrationen der „Pictura Paedogogica Online" durchgesehen und für die Auswahl vorbereitet hat. Bei der sprachlichen „Feinarbeit" durfte ich erneut auf die wertvolle Unterstützung von Frau Weiler und Frau Givel zählen, die sich in bewundernswerter Genauigkeit der sprachlichen Korrektheit angenommen haben. Ihnen allen schulde ich großen Dank.

Einleitung

Meine über viele Jahre sich erstreckenden Bemühungen, Bildungssysteme zu *verstehen*, haben zwingend ergeben, dass dies ohne historische Rekonstruktionen ihrer gegenwärtigen Gestalt nicht möglich ist. Eine Generalisierung dieser persönlichen Erfahrung führt zur Einschätzung, dass historische Kenntnisse in keiner professionellen pädagogischen Ausbildung, etwa in der Lehrerbildung, fehlen sollten.

Die hier vorgestellte Einführung in die Entstehung des Bildungswesens hat allerdings einen besonderen Akzent. Sie möchte die Besonderheiten des europäischen Kulturweges auf dem Gebiet des Bildungswesens herausarbeiten. Dabei ist sie von Thesen inspiriert, die Max Weber (1920; 1921) entwickelt hat. Im Vergleich der Weltreligionen, von Christentum, Konfuzianismus und Taoismus, Buddhismus und Hinduismus, Islam, von Judentum und Griechentum Schoße des Christentums zu wissenschaftlichen und zivilisatorischen Leistungen kam, die in keinem anderen Kulturkreis zu finden sind. In dieser Perspektive soll der Frage nachgegangen werden, ob auch beim Bildungswesen, bei institutionellen Formen der „Menschengestaltung", Hinweise auf einen solchen „Sonderweg" gefunden werden können.

Außer im jüdisch-christlichen Kulturkreis ist in keiner anderen Religion bereits ab dem 16. Jahrhundert ein Bildungssystem geschaffen worden, das für *alle* Kinder eines Volkes über Jahre systematisches Lehren und Lernen organisierte und damit den Zugang zu einer Schriftkultur ermöglichen wollte. Parallel ist schon viel früher ein hoch spezialisiertes Expertentum entstanden, das einer langen Ausbildung bedurfte. Woher kommt diese Singularität des Bildungswesens im europäischen Kulturraum?

Diese Frage steht im Hintergrund der hier vorgestellten Einführung in die Geschichte unserer Bildungssysteme. Eine These, die die Auseinandersetzung mit dieser Frage leiten wird, ist die, dass die Schulen im Okzident ihre Entstehung und Kontinuität den im Christentum angelegten Besonderheiten verdanken: der Kanonisierung eines Korpus gültigen Wissens, der Notwendigkeit von Experten, dieses Wissen zu sichern und zu bewahren sowie der Institutionalisierung dieser Verwaltung von Expertenwissen, die aus zölibatären Gründen nicht in familialen Generationslinien erfolgen konnte, sondern immer wieder neue Begabungsrekrutierungen erforderte. Schließlich hat das im Christentum durch die Rezeption der Antike erzeugte Spannungsverhältnis von Glauben und Wissen zur Entwicklung der modernen Wissenschaften geführt. Es enthielt den Nukleus eines Menschenbildes, in dem der Mensch zum Agens der verantwortlichen und methodischen Lebensführung wurde. In der Verbindung von Selbstdenken und methodischer Lebensführung sind dann die modernen Wissenschaften zum Motor der abendländischen Bildungssysteme geworden. Die Wissenschaften haben die modernen Lebensverhältnisse nicht zuletzt über ihre Folgen auf die technologische und ökonomische Entwicklung entscheidend geprägt. Diese Thesen zu entfalten, sie zu stützen oder zumindest zu illustrieren erfordert einen langen Atem und einen langen Weg. Ich hoffe, den Leser auf ihm begleiten zu können und ihm durch eine nachvollziehbare Erzählung ein neues Verständnis des modernen Bildungswesens geben zu können.

Geschichte als Rekonstruktion Die abendländischen Bildungssysteme sind beeindruckende Erfindungen und Entwicklungen, in denen heute Lernprozesse für viele Jahre für alle heranwachsenden Kinder und Jugendlichen organisiert werden. Sie sind uns heute Welten, die eine fast naturale Selbstverständlichkeit haben. Es gibt sie wie gutes und schlechtes Wetter. Dass Bildungssysteme aber humane und geschichtlich erklärbare Kreationen sind, soll in dieser Einführung sichtbar werden.

Sie möchte die Entstehung von Bildungssystemen historisch *rekonstruieren*. Von „rekonstruieren" zu sprechen ist wichtig, denn damit soll sichtbar werden, dass man nicht naiv davon ausgehen darf, man würde als Mensch der Gegenwart nur zurückblicken müssen um zu erfahren, „wie es früher tatsächlich war". Auch bei einer sorgfältig quellen- und datengestützten Geschichtsschreibung bleibt es erforderlich, aus der Vielzahl der Daten einen „Sinn" zu machen (s. z.B. Le Goff, 1999). Dies gilt für die hier vorgestellte Einführung in besonderem Maße. Sie versucht aus theoretischer Sicht des modernen institutionellen Akteurs „Bildungswesen" eine Fragestellung zu entwickeln, aus der so etwas wie ein sinnvoller Faden der Entstehung von Bildungssystemen im europäischen Kulturraum konstruiert werden kann. Diese Frage richtet sich auf die Schubkräfte, die den Sonderweg der okzidentalen Bildungssysteme geprägt haben.

Wenngleich eine Antwort auf diese Frage für die Selbstverständigung und das Heimischwerden in der eigenen Kultur einen hohen Stellenwert hat, sind Zweifel angebracht, ob es überhaupt möglich ist, eine solche Geschichte zu schreiben. Angesichts der Komplexität des gesellschaftlichen und kulturellen Bereichs, den Bildungssysteme repräsentieren, ist diese Frage gerade dann verständlich, wenn die historische Rekonstruktion von jemandem unternommen wird, dessen Schwerpunkt in der *soziologischen* und *schulpädagogischen* Analyse der *gegenwärtigen* Bildungssysteme liegt. Diese Schwerpunktsetzung hat jedoch den Vorteil, dass dadurch die systematischen Konzepte für die historische Rekonstruktion bereit gestellt werden können, die dann den systematischen „Raster" des historischen Blickwinkels bilden.

Am Anfang steht im Folgenden deshalb eine *systematische* Konzeption, was Bildungssysteme in der Moderne „sind", wie man Bildungssysteme verstehen kann und sollte. Im Rahmen einer verstehenden Soziologie werden Bildungssysteme als „institutionelle Akteure der Menschenbildung" aufgefasst. Diese Theorie des institutionellen Akteurs wird die Konzepte bereitstellen, um die *historische Konstruktion* des „institutionellen Akteurs" zu verstehen. Damit wird der Kern der hier vorgestellten Arbeit sichtbar. In ihr soll eine Geschichte (Narration) mit einer Systematik der institutionalisierten Bildung und Erziehung verbunden werden.

Damit sind die Konzepte angedeutet, die die historische Rekonstruktion des Bildungswesens leiten werden. Die im Hintergrund stehende *Systematik des Verstehens moderner Bildungssysteme* wurde in einer eigenen Arbeit, „Neue Theorie der Schule" (Fend, 2006), entwickelt. Um den systematischen Gewinn der

16

Neuen Theorie der Schule für die historische Analyse fruchtbar zu machen, werden hier die *Kernideen* der Theorie des Bildungswesens als eines „institutionellen Akteurs" dem historischen Blick vorangestellt.

Dabei wird sichtbar, dass die Vergesellschaftung von Lehren und Lernen in den *größeren Kontext der kulturellen und gesellschaftlichen Entwicklung* gestellt werden muss. Schulen und Lehrinstitutionen werden so nicht als „Primärphänomene" behandelt. Sie *folgen* jeweils kulturellen und gesellschaftlichen Entwicklungen. Erst wenn man sie im größeren kulturellen und gesellschaftlichen Zusammenhang sieht, werden sie verständlich. Bildungseinrichtungen entwickeln dann aber durchaus ein *Eigenleben*, da sich die Organisation von Lehren nicht „von selbst" ergibt, sondern jeweils „erfunden" werden muss. Lehrbücher, institutionelle Regelungen, schulische Routinen und Rituale sowie Methodiken des Lehrens und des Umgangs mit Schülerinnen und Schülern sind hoch differenzierte kulturelle Erfindungen. Deren Stellenwert macht eine verstehensorientierte und kultursensitive Theorie des Bildungswesens sichtbar und wird dabei gleichzeitig zur Perspektive einer historischen Rekonstruktion. Die Darstellung der Entstehung des „Eigenlebens" von Schule und Unterricht wird als Aufgabe der historischen Rekonstruktion sichtbar. Es ist nicht schlicht aus allgemeinen historischen und kulturellen Phänomenen ableitbar, sondern in seiner *Eigenständigkeit* und *Bedingtheit* darzustellen.

Die historische Rekonstruktion des Weges zum modernen Bildungswesen ist ferner von der Wahrnehmung inspiriert, „dass alles ganz anders hätte kommen können". Es wird keine zwangsläufige Evolution von Bildungssystemen auf dem Weg in die Moderne unterstellt, sondern es wird gezeigt werden, dass in *Schlüsselzeiten Akteure* in ihrem *historischen Umfeld*, angetrieben durch Weltanschauungen und Interessen, mit ihren daraus entwickelten Ideen für bestimmte Bildungsprozesse gekämpft und über beschreibbare *Institutionalisierungen* zu einer Verstetigung beigetragen haben. Diese *Kontingenz* des historischen Prozesses wird schließlich durch eine *komparatistische* Perspektive verstärkt. Inspiriert durch Max Weber wird versucht, die Besonderheit des okzidentalen Weges zumindest anzudeuten. So stellt sich, wie oben erwähnt, die Frage, warum in keiner anderen Kultur die Alphabetisierung des ganzen Volkes angestrebt wurde und warum in keiner anderen Kultur Institutionen wie die mittelalterlichen Universitäten entstanden sind. Höhere Bildung, Gelehrsamkeit und Expertentum gab es auch woanders, vor allem in China und im Islam, aber Lehreinrichtungen mit universaler Gültigkeit des Wissens und der Anerkennung von Abschlüssen finden wir nur im Okzident.

Fachsystematischer Gewinn einer historischen Sichtweise

Das Kernanliegen dieser Einführung in die Besonderheiten europäischer Bildungssysteme spitzt sich damit darauf zu, zum historischen Gedächtnis der pädagogischen Disziplin beizutragen. Der praktische Nutzen einer historischen Sichtweise kann jedoch durchaus erweitert gesehen werden. Lehrpersonen als wichtigste Akteure im Bildungswesen können durch eine historische Bildung verstehen, in welchem „größeren Ganzen" sie tätig sind und welchen Regeln sie dabei folgen. Bedeutsam ist eine historische Dimension aber auch für jene, die gestaltend in das Bildungswesen eingreifen, die seine „Spielregeln" verändern wollen und müssen. Ohne eine historische Sensibilität können Gestaltungsaktivitäten im Bildungswesen schnell zu Vorschlägen und Maßnahmen führen, die an die historisch entstandenen kulturellen Vorgaben nicht anschließbar sind und deshalb vom schulischen „Innensystem" abgestoßen werden.

Bedeutung historischer Bildung

1 Zur Rekonstruktion der „Erfindungen" von Bildungssystemen

Bildungssysteme sind in einem ersten Band der Neuen Theorie der Schule als institutionelle Akteure der Menschenbildung konzipiert worden. Als solche repräsentieren sie Verstetigungen der Arbeit an heranwachsenden Menschen mit dem Ziel, in ihnen die Kultur einer Gesellschaft wieder herzustellen, und sie so zu handlungsfähigen Subjekten zu gestalten. Sie leisten dies jeweils in ihrem historischen und gesellschaftlichen Kontext.

Eine solche Konzeption fordert von ihrer Anlage her eine historische Dimension. Die gegenwärtigen Erscheinungsformen institutionalisierter Menschenbildung sind danach nur verständlich, wenn ihre „Erschaffensgeschichte" bekannt ist. Erst in der Differenz zum „Fremden", dazu können auch Bildungssysteme in vergangenen Zeiten gerechnet werden, erkennt man das Gegenwärtige.

Geschichte als Verfremdung

1.1 Die Theorie des institutionellen Akteurs als „Fenster" zur Erkenntnis der „Wirklichkeit"

Die Erschließung historischer Wirklichkeiten wird nicht schon dadurch ermöglicht, dass unvoreingenommen über Vergangenes berichtet wird. Es gehört zu meinen wissenschaftstheoretischen Grundüberzeugungen, dass es dazu theoretischer Konzepte bedarf, die gewissermaßen „Brillen" zur Schärfung unserer Wahrnehmung sind. Sie lenken die Aufmerksamkeit, erzeugen Zusammenhänge und ermöglichen es so, Geschichte zu rekonstruieren bzw. zu konstruieren.

Die hier präferierte theoretische „Brille", die im Folgenden aufgesetzt werden soll, wurde im ersten Band der Neuen Theorie der Schule entwickelt. Die dort entfaltete Konzeption gegenwärtiger Bildungssysteme hat diese als von Gestaltungsabsichten getragene *inhaltliche Programme der Kulturvermittlung* und *Menschenbildung* („Humangestaltung") beschrieben, die von dichten *Regelungen* langfristiger Lehr-Lernprozesse begleitet sind und dabei hoch spezialisierte *Formen des Lehrens* hervorgebracht haben. Hunderttausende von Lehrerinnen und Lehrern und Millionen von Schülerinnen und Schülern sind dabei als *Akteure* im Rahmen des größeren Ganzen, des institutionellen Akteurs, am Werk. Diese soziale Wirklichkeit zu ordnen und in ihrem inneren Zusammenhang zu verstehen, war das Ziel des ersten Bandes der Theorie der Schule. Ihre unten zusammengefassten Grundbegriffe bilden den theoretischen Rahmen für die Historisierung der Neuen Theorie der Schule.

Ohne Theorie keine Erkenntnis

1. Kulturelles Wissen und Können: das Inhaltsprogramm der Menschenbildung

Bildungssysteme konzipieren wir als inhaltliche Programme der Menschenbildung, als Lehr- und Erziehungsprogramme. Sie sind Ausdruck und Instrument der Organisation und intergenerationalen „Verwaltung" von Wissen und von Weltanschauungen einer Kultur.

Das Kulturprogramm   Die Kernaufgabe des institutionellen Akteurs „Bildungswesen" besteht somit in der Vermittlung von Kultur, von kulturellen Deutungssystemen und von kulturellen Lebensformen. Über die Aneignung dieser Kultur soll die junge Generation die erwünschte „Gestalt" erhalten. Sie soll fromm oder wissend, gehorsam oder leistungsorientiert, fügsam oder kompetent werden. Ohne die Berücksichtigung dieser Kultur bliebe eine Theorie des Bildungswesens formal, etwa auf die Organisationsstrukturen beschränkt. Der Besonderheit von Schulen wird man erst gerecht, wenn diese kulturellen Inhalte und Kompetenzen sowie ihre Transformation in Inhalte der Menschenbildung in den Mittelpunkt gestellt werden und ihre „Tätigkeiten" als Arbeit an Menschen, an ihrem Wissen, Können und Handeln verstanden wird.

Die Geschichte der inhaltlichen Programme des Bildungswesens muss nach einer solchen Konzeption im Mittelpunkt stehen. Die erfolgreich durchgesetzten kulturellen Gehalte finden sich in Lehrgängen, in Lehrplänen und in Bildungszielen. Welche Lehrbücher in der Schule schließlich verwendet werden, verweist am klarsten auf die faktischen Unterrichtsprogramme.

2. Individuelle Akteure

Geschichte wird von Menschen gemacht, soziale Ordnungen sind das Ergebnis von Menschenhand. Wir finden in der Geschichte allgegenwärtig Akteure, die kreativ, kämpfend, leidend, siegend und Niederlagen ertragend am Werke sind. Ebenso unübersehbar ist, dass deren Handeln tief eingebettet ist in sie umgebende zeitgebundene Möglichkeitsräume, die es naiv erscheinen ließen, Geschichte nur als Summe von Intentionen und ihrer Verwirklichungen zu schreiben.

Die Akteure   Die in ihrer Zeit handelnden Akteure nicht dekontextualisiert darzustellen, verlangt eine theoriegeleitete Geschichtsschreibung. In ihr haben aber auch die Akteurgeschichten und die Ereignisgeschichten einen zentralen Stellenwert.

3. Prozesse der Vergesellschaftung und Institutionsbildung

Bildungssysteme sind soziale Ordnungen, die von individuellen und kollektiven Akteuren geschaffen worden sind. Ihre Entstehung wird als *Vergesellschaftungsprozess* verstanden, in welchem Regelungen kreiert werden, die ungeplantes Geschehen und Handeln verstetigen, gewünschtes Handeln systematisch „erzeugen" und in formale Abläufe überführen.

Die Institution   Dies geschieht durch Verträge, Übereinkünfte oder durch die gewaltsame Durchsetzung von Regelungen. Moderne demokratische Gesellschaften haben umfassende politische Instrumente geschaffen, um diese Vergesellschaftungen, die Entwicklung von Regelungen über Verhandlungen, akzeptabel zu machen.

Die Vergesellschaftung kann auch bedeuten, dass das Erziehungshandeln aus ungeregelten Affekthandlungen herausgeführt und in legitimierte, rechtlich abgesicherte Handlungsabläufe überführt wird. Ein Beispiel aus dem 19. Jahrhundert, bei dem uns die „Regulierung" heute fremd erscheint, kann dies illustrieren.

In einer Verfügung des preussischen Kultusministeriums des Kirchen- und Schulwesens „betreffend die Handhabung der Schulzucht in den Volksschulen" heißt es in den § 7 bis § 9 (s. dazu auch Foucault 1976 und den Übergang von der „Körperstrafe" zur Disziplinierung):

„Zu Beseitigung von Zweifeln, welche über die Grenzen der Schulzucht in den Volksschulen, die derselben unterliegenden Verfehlungen, die zuläßigen Schulstrafen, die Zuständigkeit zu deren Verhängung u.s.w. entstanden sind, werden nach gutachtlicher Vernehmung der betheiligten Behörden wie auch des K. Medicinalkollegiums nachstehende Vorschriften ertheilt.

K ö r p e r l i c h e   Z ü c h t i g u n g ist nur zuläßig wegen beharrlichen Unfleißes oder gröberer sonstiger Verfehlungen, insbesondere solcher, in welchen boshafter Muthwille, Trotz, Widerspenstigkeit, Roheit, Frechheit, Impietät, Lügenhaftigkeit, Unredlichkeit, Schamlosigkeit oder andere Laster zu Tage treten.

Bei Mädchen soll die körperliche Züchtigung thunlichst vermieden werden.

Unter allen Umständen soll von der körperlichen Züchtigung ein mäßiger und vorsichtiger Gebrauch gemacht, die Eigenartigkeit des zu bestrafenden Kindes berücksichtigt und darauf sorgfältig geachtet werden, dass die Gesundheit desselben keinen Schaden leide.

Jede andere Art körperlicher Züchtigung, als die in § 8 und 9 bezeichnete, ist untersagt; namentlich dürfen die Schüler nicht auf andere Körpertheile, als nach § 8 und 9 gestattet ist, z. B. nicht an und auf den Kopf, auf den Nacken oder Rücken, auf die Fingerspitzen u. s. w. geschlagen, nicht an den Haaren gerauft oder sonst in irgend einer Weise körperlich mißhandelt werden.

Die in § 8 und 9 festgesetzte Strafgrenze darf im Laufe eines Vormittags oder Nachmittags nicht überschritten werden; ebenso ist die Überschreitung derselben mittelst Vertheilung eines höheren Betrags auf mehrere halbe Tage oder Tage unstatthaft.

Die körperliche Züchtigung darf nur im Schullokal und nur im freien Raum desselben, niemals aber innerhalb der Schulbänke vollzogen werden; die Schüler sind vielmehr zu diesem Zwecke jedesmal besonders hervorzurufen.

...

Die   g e s c h ä r f t e   körperliche Züchtigung besteht

in Schlägen mit einem dünnen, etwas biegsamen, knotenfreien Stöckchen von mäßiger Länge auf die innere Fläche der Hand, deren Anzahl die in § 8 angegebene übersteigt, aber nicht über sechs betragen darf; oder

in Schlägen mit einem ebensolchen Stöckchen auf das nicht entkleidete Gesäß mit Vermeidung des Kreuzes, deren Anzahl nicht über acht betragen darf.

Die geschärfte körperliche Züchtigung ist nur bei Schülern, welche das zehnte Lebensjahr überschritten haben, und zwar die letztere Art (Ziff. 2) nur bei Knaben zuläßig. Auch darf die letztere Art der Züchtigung nur in Anwesenheit einer Aufsichtsperson (vergl. jedoch § 11 Abs. 3) stattfinden.

Die geschärfte körperliche Züchtigung soll in der Regel durch den Lehrer vollzogen werden; ausnahmsweise kann, wenn an der betreffenden Anstalt ein eigener Schuldiener angestellt ist, der letztere von der die Strafe verhängenden Behörde mit der Vollziehung beauftragt werden.

Die geschärfte körperliche Züchtigung kann vor der versammelten Schule vollzogen werden" (Quelle: Friederich, 1978, S. 337-344).

Die Überführung spontan ablaufender Erziehungs- und Lernprozesse in geregelte Strukturen, insbesondere aber die Organisation von Lernprozessen, die spontan nicht ablaufen würden, gehört zum Kernbereich der Geschichte okzidentaler Bildungssysteme. Wie sich zeigen wird, liegt eine der Besonderheiten des okzidentalen Weges darin, dass Erziehung und Lernen hochgradig vergesellschaftet und in feste Bahnen institutioneller Regelungen eingebettet wurde.

Vergesellschaftung führt zu institutionellen Akteuren, z.B. zu Universitäten. In ihnen sind Entscheidungsinstanzen (Organe), Entscheidungsberechtigungen (Kompetenzen) und Entscheidungswege (Verfahren und Geschäftsordnungen) im Detail geregelt. Wenn die Handlungen eines Kollektivs von Akteuren unter einheitlichen Zielen in vernetzten Beziehungen stehen, dann sprechen wir von einem institutionellen Akteur. Damit ist ein Gefüge normativ geleiteten Zusammenhandelns gemeint, das sich nicht allein aus der Aggregation von Einzelhandlungen ergibt, sondern das aus aufeinander bezogenen Handlungen einer Vielzahl individueller Akteure auf verschiedenen Ebenen besteht.

Die Mosaiksteinchen einzelner Unterrichtsstunden

Ein Beispiel macht dies unmittelbar sichtbar. Die Unterrichtsstunden, die ein Lehrer im Gymnasium z.B. in Mathematik in einer Kleinstadt Deutschlands hält, sind keine isolierten Ereignisse, die er aus seiner pädagogischen Intuition heraus arrangiert. Die einzelne Unterrichtsstunde ist vielmehr dicht verflochten mit Regelungen über Ausbildungsgänge, über Anforderungsniveaus, über Prüfungen dieser Anforderung usw. Der einzelne Lehrer handelt in der jeweiligen Unterrichtsstunde im Gesamtrahmen eines fein gesponnenen Netzes von Regelungen. Er ist damit Teil eines größeren Ganzen, das mehr ist als die Summe der Einzelhandlungen.

Diese Regelungszusammenhänge, die hinter Institutionen stehen bzw. diese konstituieren, bilden für das Handeln von individuellen Akteuren die Grundlage für das normativ geleitete Zusammenhandeln. Institutionen sind Vergesellschaftungsergebnisse und ordnen das Zusammenhandeln von Personen und von sozialen Verbänden. Die Geschichte des Bildungswesens ist auf diesem Hintergrund eine Geschichte der Entstehung von institutionellen Akteuren. Auf sie richtet sich die Aufmerksamkeit bei der historischen Rekonstruktion von Bildungssystemen in besonderer Weise.

4. Operative „Erfindungen" im Bildungswesen

Die „Lehrkunst" als kulturelle Erfindung

Bildungssysteme als institutionelle Akteure könnten nicht tätig werden, wenn es keine „Erfindungen" gäbe, wie am besten gelehrt und wie am besten gelernt wird. Die operative Arbeit in Schulen wird von einem mehr oder weniger elaborierten Know-how getragen. Es zählt seinerseits zu den wichtigsten Erfindungen eines Kulturraumes. Die Besonderheiten dieser operativen Arbeit zu kennen ist essenziell, um zu verstehen, warum sich Bildungssysteme von anderen institutionellen Akteuren, etwa vom Militär, der Kirche oder den Finanzbehörden unterscheiden.

Geschichte pädagogischer Irrtümer?

Eine prozessorientierte Geschichtsschreibung hat somit auch eine Geschichte der pädagogischen Erfindungen zu sein, eine Geschichte, die sich den Entdeckungen der Lehrkunst ebenso widmet wie der Entdeckung der Lernmöglichkeiten von Menschen in verschiedenen Lebensphasen und in verschiedenen Lernbereichen. Vergleichsweise unerforscht ist die parallele Geschichte pädagogischer Irrtümer, etwa der Unter- oder Überschätzung von Lernchancen und verfehlter Annahmen dazu, wie sich Lernen vollzieht und wie es zu Fehlentwicklungen des

Menschen kommt. Im Folgenden wird die positive Entwicklung im Vordergrund stehen, die in einer zunehmenden Rationalisierung und Methodisierung von Lehren und Lernen besteht.

5. Wissen im System und Wissen über das System: Professionswissen und Wissenschaft

Die „Erfindungen" der Akteure im Bildungswesen und zum Bildungswesen setzen Beobachtungen, Erfahrungen, Wissen und Interpretationen der Wirklichkeit voraus. Akteure verhalten sich also nicht „bewusstlos", sondern sie handeln kreativ auf der Grundlage von Beobachtungen, die sie systematisieren und weitergeben. Die Erfahrungen können in Anweisungen und Lehrbüchern festgehalten werden und sich so zu einem Korpus des Know-how des Lehrens entwickeln.

Diese Wissensformen, die in Institutionen entstehen, hat die Systemtheorie (Luhmann, 1984) als „Theorien im System" (Professionswissen) beschrieben und sie von „Theorien über ein System" (Wissenschaft vom jeweiligen System) unterschieden.

Für die historische Perspektive ist diese Unterscheidung sehr wichtig. Sie macht darauf aufmerksam, dass wir lange *vor* einer Betrachtung des Bildungswesens von außen in einer wissenschaftlichen Perspektive Wissensbestände finden, die über Versuch und Irrtum, über Beobachtungen und Deutungen im System entstanden sind. Die Lehrkunst – so wird schnell sichtbar – ist nicht das Ergebnis einer wissenschaftlichen Planung am grünen Tisch, sondern das Resultat von Erfahrungswissen im Bildungswesen.

Geschichte des Professionswissens

Dieses Wissen enthält sowohl Theorien der Lehrenden über sich selber als auch solche über die Kinder und die Kontexte, in denen Lehren und Lernen steht. Will eine Geschichte des institutionellen Akteurs nicht die Geschichte eines „bewusstlosen" Bereichs der Gesellschaft sein, dann muss sie dieses Wissen im System zum Thema machen. In einem modernen Stadium der Entwicklung des Bildungswesens wird eine solche Geschichtsschreibung, die dann auch das externe Wissen *über* das Bildungswesen einbezieht, zu einer Geschichte des pädagogischen *Professionswissens* und zu einer *Wissenschaftsgeschichte der Pädagogik.*

6. Das Bildungswesen im kulturellen und gesellschaftlichen Kontext

Das Bildungswesen als „verinselte" soziale Realität zu studieren, sie vom jeweiligen historischen Kontext abzulösen, würde bedeuten, seine Besonderheit zu verfehlen. Schon Paulsen ist davon ausgegangen, dass die Geschichte des Bildungswesens Teil der allgemeinen Kulturgeschichte ist.

Das Bildungswesen im Kulturzusammen-hang

„Vielleicht gibt es kein Einzelgebiet historischer Forschung, welches in so engem Zusammenhang mit der gesamten Kulturentwicklung unseres Volkes steht, als die Geschichte des gelehrten Unterrichts. Die Geschichte des geistigen Lebens, der Philosophie und der Wissenschaft, der religiösen und der literarischen Bewegungen, spiegelt sich darin, freilich mit eigentümlicher Verkürzung. Die Entwicklung der Gesellschaft stellt sich schwerlich an einem Punkte greifbarer dar, als in der jedesmaligen Stellung der gelehrten Schulen zu der Gliederung der Gesellschaft. Endlich werden in der Organisation der Schulverwaltung die Wandlungen in den großen Formen des öffentlichen Lebens sichtbar: das Wachstum des Staates auf Kosten der Kirche und der Gemeinde" (Paulsen, 1965/1919, S. XVI).

Moderne soziologische Konzepte unterstreichen dies und stellen die Entwicklung der Institutionen des Lehrens und Lernens in gesamtgesellschaftliche Zusammenhänge. Sie sind danach das Handlungsergebnis externer Akteure und damit *machtpolitischer Konstellationen*. Sie sind ein Ausschnitt der allgemeinen *sozialen Strukturgeschichte* und der umfassenderen *Kulturgeschichte*.

Die Geschichte des Bildungswesens kann damit gleichzeitig Einblick in die *Innenseite der politischen Strukturen* vergangener Gesellschaftsformen geben und die *Kulturentwicklung* aus einer einmaligen Perspektive beleuchten: aus der Zuspitzung dessen, was eine Epoche als überlieferungswürdig betrachtet und damit als kulturellen Kernbestand in Schulen institutionalisiert hat.

Die Geschichte des Bildungswesens wird so gewissermaßen zum *Kellerzugang* der Kultur- und Gesellschaftsgeschichte, also zum Zugang von unten, von dem her, was eine Gesellschaft für so wertvoll hält, dass sie es der nachfolgenden Generation weitergeben möchte. Ähnlich hat es Marrou gesehen: „Erziehung ist die kollektive Technik, mit der eine Gesellschaft ihre junge Generation in die Werte und die Techniken einführt, die das Leben ihrer Zivilisation charakterisieren. Im Vergleich zur Zivilisation ist also die Erziehung ein zweitrangiges, untergeordnetes Phänomen, sie ist normalerweise gleichsam ihre Zusammenfassung und Verdichtung ... Dies erfordert offenbar eine gewisse Anlaufzeit: zunächst muß eine Zivilisation ihre eigene Form erreichen, bevor sie die Erziehung hervorbringen kann, die sie widerspiegeln soll" (Marrou, 1957, S. 3f.).

Der Bildungsgeschichte sind somit immer eine Kulturgeschichte und eine Politikgeschichte vorgelagert. In der Gestalt moderner Bildungssysteme ist aber ein hoch differenzierter Kulturbereich entstanden, der eine eigenständige historische Analyse rechtfertigt, die aber nicht von der allgemeinen Gesellschaftsgeschichte und Kulturgeschichte abgelöst werden darf.

Mit dieser Architektur der Neuen Theorie der Schule (ausführlicher Fend, 2006) liegt eine theoretische Konzeption vor, mit der die Geschichte von Bildungssystemen rekonstruiert werden kann. Ihre einzelnen Teile sind für sich nicht neu, erfassen aber die zentralen Elemente von Bildungssystemen begrifflich und bringen sie in einen systematischen Zusammenhang.

Sie haben intuitiv schon Friedrich Paulsen in der Geschichte des gelehrten Unterrichts geleitet, wenn er im Rückblick schreibt: „Was ich zu geben die Absicht hatte, das ist vor allem eine Geschichte der bewegenden Ideen im Gebiete der gelehrten Bildung. Ich habe versucht, das Ideal der Gelehrtenbildung zu zeichnen, wie es die aufeinander folgenden Zeitalter in verschiedener Gestalt, ihrem eigenen inneren Wesen entsprechend, hervorgebracht haben *(H.F.: Weltbilder, Ziele und Inhaltskonzepte)*; wobei ich soviel als möglich den schöpferischen oder repräsentativen Personen das Wort gelassen habe *(H.F.: individuelle Akteure)*. Ich habe mich sodann bemüht, die Unterrichtsziele *(H.F.: Inhaltsprogramm)*, die sich von hier aus ergaben, zu bezeichnen und die Mittel, mit denen man sie zu erreichen strebte, darzulegen *(H.F.: Operative Erfindungen)*. Ich habe ferner die Institutionen, in denen diese Bestrebungen ihre Inkorporation fanden *(H.F.: Institutionelle Akteure)*, zu beschreiben und durch Schilderung typischer Anstalten zu illustrieren mir angelegen sein lassen, wobei ich, soweit dies erforderlich und möglich schien, der Bewegung durch die einzelnen Territorien gefolgt bin *(H.F. Ereignisgeschichte)*. Endlich habe ich die Beziehungen des Schulwesens zum Gesamtleben unseres Volkes, wie es in Wissenschaft und Literatur, in sozialen und politischen Bewegungen sich darstellt *(H.F.: kultureller und gesellschaftlicher Kontext)*, nach Möglichkeit verfolgt und aufgezeigt" (Paulsen, 1965/1919, S. XXI).

Dass eine solche Konzeption der Geschichtsschreibung eine konstruktive Leistung darstellt und nicht „selbstverständlich" ist, wird wiederum nur in der Differenz zu anderen Formen der Konstruktion von pädagogischer Geschichte sichtbar. Dies soll hier an zwei konträren Geschichtsbildern sichtbar werden: das erste ist jenes der religiös-theologischen Geschichtsschreibung, das andere jenes des bürgerlichen Humanismus.[1]

1.2 Bildungsgeschichte als Heilsgeschichte: die „religiöse Brille"

Der Historiker Ruhkopf (1794) lässt als Protestant die eigentliche Geschichte des Bildungssystems mit der Reformation im Jahre 1794 beginnen. Alles davor, die Christianisierung durch Bonifacius, insbesondere aber der Aufbau der Universitäten des Mittelalters, ist Vorgeschichte. Die wichtigste Vorbereitung der Reformation wird im Humanismus der Renaissance gesehen, der in dieser Propädeutik positiv gewertet werden kann. Seine quellenorientierte Geschichtsschreibung konzentriert sich dann auf eine institutionsgeschichtliche Darstellung, die auf der Grundlage der gesammelten Geschichten einzelner Schulen komponiert wird (Gonon, 1999).

Pädagogische Geschichte als Heilsgeschichte: Theologische Interpretationen

1813 erscheint die Geschichte der Erziehung von Schwarz (Schwarz, 1813), in der eine einheitliche Entwicklungslinie im Lichte der christlichen Theologie konstruiert wird. Geschichte wird als Wirken Gottes in der Zeit verstanden. So scheidet sich die Erziehungsgeschichte Gottes mit den Menschen in die Epoche vor Christus und nach Christus. Im Kern wird Geschichte zu einer Übung, in der das göttliche Walten in der Geschichte rekonstruiert wird, sie wird also ein Teil der Heilsgeschichte. An diesem Maßstab werden dann auch alle Reformer in der Geschichte bewertet. Locke und Rousseau kommen dabei ebenso schlecht weg wie Basedow.

Die nächste Etappe der pädagogischen Historiografie wird durch das große Geschichtswerk von Karl Georg von Raumer „Geschichte der Pädagogik – vom Wiederaufblühen klassischer Studien bis auf unsere Zeit" (1872/73) markiert. Auch hier steht Luther im Zentrum des Interesses, sodass die Periodisierung ähnlich wie bei Schwarz verläuft. Stärker als bei Letzterem konzentriert sich von Raumer auf die „ausgezeichneten Männer", selbst wenn diese keine Pädagogen waren. Ihre Ideen werden jetzt in normativer Absicht ausgewertet, wie Gonon plastisch akzentuiert: „Als Lichtgestalt der Pädagogik wird Pestalozzi in die Nachfolge Luthers gereiht, er erhält sein Profil insbesondere durch einen dezidierten Vergleich mit Jean-Jacques Rousseau. Gegenüber der ‚blendenden Feuersäule des französischen Vulkans' wird Pestalozzi als ein milder Stern, der über Deutschland aufging, gewürdigt (Raumer 1872, S. 426). Während Rousseau vom Menschenhass getrieben gewesen sei, zeichne sich Pestalozzi durch begeisterte Menschenliebe aus, die ihn, demütig und ‚evangelisch und christlich', zur

---

1   S. zu den Funktionen der Geschichtsschreibung (moralische Stärkung der Lehrer und nationale Identitätsbildung vor allem Tröhler, 2005 und 2006)

Hingabe für die ‚verlassenen Armen' veranlasste ..." (Gonon, 1999, S. 526). Raumer konstruiert nach Gonon eine positiv-christliche Tradition (Luther bis Pestalozzi), die er einer frankophon-angelsächsischen und erfahrungsorientierten Rousseau-Linie gegenüberstellt, mit der die Philanthropen sympathisierten. Von diesen wird die Emanzipationsbewegung der Volksschullehrerschaft inspiriert, die ihren Theoretiker besonders in Diesterweg hatten. Dass dieser besonders abfällig als „gewissenloser Schwätzer" beurteilt wird, ist mit der weltanschaulichen und politischen Ausrichtung Raumers konsistent.

Hier wird eine Konstruktion von Geschichte eingeleitet, die mit der Skepsis gegenüber der pragmatischen Denktradition des angloamerikanischen Raumes ebenso hadert wie mit der rationalistischen Tradition eines Rousseau, und die bis in die zweite Hälfte des 20. Jahrhunderts wirksam bleiben sollte. Diese Geschichtskonstruktion führte in der Ausbildung zu einer Kanonisierung von „großen Pädagogen" und zur Konzentration auf ihre Denkweisen und Lebensgeschichten. Sie hatte dabei vor allem den Sinn, über den Nachvollzug des Denkens großer Pädagogen in der Lehrerbildung zum Nacheifern zu motivieren und so das Ethos des Berufsstandes zu festigen.

1.3 Die bürgerlich-humanistische Geschichtsschreibung

Geschichte als Legitimation des bürgerlichen Gelehrtenstandes und Humanismus

Die obigen historischen Konstruktionen umfassen auch schon im 19. Jahrhundert nicht die gesamte Geschichtsschreibung, vor allem nicht die vielen Bemühungen um historische Datensicherung, etwa im Umkreis der „Monumenta Germaniae Paedagogica". Früh lösten sich Historiker aus dem normativen Paradigma und versuchten, die Entwicklung von Bildung und Schulsystemen im größeren Zusammenhang einer Kulturgeschichte zu sehen. Dabei kam die humanistische Tradition zum Durchbruch, die auch nach weltlichen Quellen der Bildungsgeschichte suchte.

Drei große „Flutwellen"

Am eindrucksvollsten hat dies Paulsen umgesetzt und das Anliegen realisiert, die historische Entfaltung des durch die Antike entwickelten Modells der humanistischen Bildung als eine immanente Teleologie und abendländische Erfolgsgeschichte zu konstruieren. In drei großen „Flutwellen", so seine wunderbare Metapher, habe sich die geistige Kultur der alten Welt, ihre Religion und Philosophie, ihre Sprache und Literatur über die Völkerwelt ergossen. Die erste Überschwemmung erfuhr die germanische Völkerwelt durch die Christianisierung Europas im Anschluss an die Bekehrung des Frankenkönigs Karls des Großen. „Sie hinterließ den Glauben und die Sprache der römischen Kirche, sowie den Niederschlag der wissenschaftlichen Forschung der Griechen" (Paulsen, 1965/1919, S. 1). In den Universitäten des hohen Mittelalters wurden die antiken Wissenschaften, insbesondere die aristotelische Philosophie, wieder gelehrt und gelernt und somit die alte Welt erhalten. Latein war hier das zentrale Medium der Verbreitung der Kompetenz, die antiken und christlichen Inhalte zu verstehen, zu verbreiten und zu behaupten.

Eine zweite Welle überflutete Deutschland, wie das gesamte Abendland, im 15. und 16. Jahrhundert. „Sie führte mit sich die griechische Sprache und Literatur und die naturalistische Weltanschauung des so genannten klassischen, d.h. des heidnischen Altertums ... Als Niederschlag jener Überflutung blieb das klassische Latein, die Kenntnis der griechischen Sprache und der Same des Naturalismus zurück" (S. 1). Das Latein der Kirche im Mittelalter wird hier verachtet; das klassische Latein und Griechisch werden zu Sprachen der Literatur und der Künste.

„Die *dritte* Flutwelle hob sich langsam im Laufe des 18. Jahrhunderts und erreichte gegen Ende desselben ihren höchsten Stand. Es ist der *Neuhumanismus*, man könnte ihn zum Unterschied von dem *italienisch-römischen* Humanismus den *deutsch-griechischen* Humanismus nennen ... Er durchtränkte die ganze deutsche Bildung mit hellenistischen Ideen und Anschauungen. Als Niederschlag hat sie zurückgelassen die klassische Philologie und den klassischen Unterricht auf unseren Gymnasien" (S. 2). Latein und Griechisch werden zu Quellen der Persönlichkeitsbildung, der Bildung des Geschmacks und des Urteils. Klassische Sprachen werden zu Medien der vorbildlichen Menschenbildung stilisiert.

Unübersehbar wird hier eine Geschichte des Abendlandes in der Absicht konstruiert, die säkulare humanistische Tradition neben der christlichen Bildungstradition als zweite lineare Erfolgsgeschichte zu konzipieren, die zu einer herausragenden Gestalt der Menschenbildung geführt hat: zum humanistisch gebildeten Bürger, der das Gymnasium besucht hat und durch dessen lateinisch-griechisch geprägtes Curriculum in das klassische Medium der Menschenbildung getaucht wird (s. für einen ähnlichen Versuch Fuhrmann, 2001). Die eindrucksvolle Geschichtsschreibung von Paulsen bedarf nur geringfügiger Erweiterungen, um mit der These vom konstruktiven Charakter der Geschichtsschreibung kompatibel zu werden. Es ist lediglich zu akzentuieren, dass jede dieser Epochen ihre eigene Antike „konstruiert" hat, sodass unübersehbar wird, wie verkürzt eine Konzeption ist, die von einer direkten Übertragung antiken Gedankengutes bis in unsere Zeit ausgeht. Auch wir „Gegenwärtige" können dem konstruktiven Charakter jeder Geschichtsschreibung nicht entkommen. Wir können ihn uns aber in der Differenz der Vorstellungen verschiedener Epochen, was z.B. die Antike „ist", bewusst machen (s. dazu bs. Baumbach, 2002; Baumeister, 1987).

Den jeweiligen konstruktiven Charakter der Geschichtsschreibung klar herauszuarbeiten, drängt sich gerade angesichts des Missbrauchs der Geschichte für politische Zwecke auf, für den im 20. Jahrhundert besonders die nationalsozialistische Geschichtskonstruktion und jene des Marxismus-Leninismus stehen.

1.4 Die Datengrundlage für eine Geschichtsschreibung zum institutionellen Akteur

Die hier vorgestellte Geschichtskonstruktion ist von der Theorie des institutionellen Akteurs geleitet. Seine Entstehung und sein Weg durch die Geschichte ist ein wechselvoller Kampf zwischen Interessenkonstellationen, Akteuren, Ideen, realen Praktiken des Schulehaltens, institutionellen Regelungen sowie den ökonomischen, gesellschaftlichen und kulturellen Rahmenbedingungen. Nur mit Mühe lässt sich eine gerade Linie, wie jene in der theologischen oder humanistischen Perspektive, erkennen. Die Geschichte des institutionellen Akteurs verlangt zudem eine größere Aufmerksamkeit für das Ineinandergreifen von Ideen, von Akteuren, von Institutionen und von realem Geschehen.

Datenklassen

Damit muss sie sich auch auf eine Vielfalt von „Daten" stützen. Eine normativ inspirierte Engführung der historischen Rekonstruktion von Bildungssystemen auf große pädagogische Ideen, Personen und ihre Werke, ist heute nicht mehr Stand der Forschung (Böhme & Tenorth, 1990). Schon die Vielfalt von Daten, die für die Rekonstruktion eines Bildungswesens nötig ist, verweist darauf, dass wir zumindest vier „Wirklichkeitsbereiche" zu beachten und aufeinander zu beziehen haben:

1. Pädagogische Ideen sind historisch auf die jeweiligen kulturellen, politischen, ökonomischen, sozialen und technischen Lebensbedingungen hin zu kontextualisieren.
2. Von den übergreifenden Begründungen von Lehren und Lernen sind die inhaltlichen Programme, die Lehrpläne und Bildungspläne zu unterscheiden. In ihnen materialisiert sich der Kern der jeweiligen Interessen der Menschengestaltung.
3. Inhaltsprogramme sind historisch in rechtliche Regelungen eingebettet, die die Lernprozesse institutionalisieren.
4. Von den obigen „Wirklichkeitsbereichen" ist die historische Praxis des Lehrens und Lernens zu unterscheiden.

Berücksichtigt man diese Vielschichtigkeit der historischen Wirklichkeit, dann wird eine Vielzahl historischer Daten wichtig, etwa:

– Texte „großer Pädagogen", die neben den visionären Zielen nicht zuletzt deshalb bedeutsam sind, weil sie meist auf der Folie der Wahrnehmungen einer problematischen pädagogischen Praxis verfasst wurden und so indirekt auch Aufschluss über die jeweilige historische Realität geben;
– Pädagogische Debatten in Zeitschriften und in Büchern über die Art und Weise, wie man Schulsysteme, Schulen und Schulstunden gestalten sollte;
– Lehrpläne, Lehr- und Lesebücher nebst methodischen Anweisungen; sie lassen das inhaltliche Programm am unmittelbarsten erkennen;
– Gesetze und Verordnungen über das Schulwesen, die die Gestaltungsvorgaben und Durchführungsregeln repräsentieren;
– Geschichten einzelner Bildungsanstalten oder des Bildungswesens einzelner Länder, Pläne für neue Schulen;
– Dokumente zur Planung und Realisierung von Inhalt und Form der Ausbildung professionellen Personals;
– Dokumente zur Deskription des alltäglichen Schul- und Unterrichtsgeschehens, Erfahrungsberichte von Aufsichtsbeamten;
– Statistische Beschreibungen des Bildungswesens nach Ausgaben, Ausstattung, Anzahl der Schüler und Lehrer, Dokumente zum Leistungsstand;
– Lebensbeschreibungen, vor allem Biografien, Erinnerungen an die Schulzeit (Ego-Dokumente): auch sie zeigen den historischen Ist-Zustand eines Schulwesens.

Daten einer Archäologie des Bildungswesens

Diese Daten zusammen führen immer näher an die vielfältige Wirklichkeit von Bildungssystemen der Vergangenheit heran. So zeigt sich, dass es töricht wäre, sich auf eine Datenquelle zu beschränken, seien es Texte, Beobachtungen oder statistische Informationen. Eine Archäologie des Bildungswesens ist auf diese

Vielfalt von Quellen angewiesen, um ein Bild zu den Bildungsprozessen in früheren Zeiten zeichnen zu können.

Wenn man diese Fülle möglicher Informationen in den Blick nimmt und nur einen oberflächlichen Blick auf die Handbücher zur Bildungsgeschichte wirft (s. z.B. die Handbücher Führ & Furck, 1998a, 1998b; s. z.B. die Handbücher Jeismann & Lundgreen, 1987; Langewiesche, 1989), dann wird schnell sichtbar, dass es in dieser vorliegenden Arbeit nicht um eine quellenbasierte Forschung gehen kann. Im Mittelpunkt steht vielmehr eine historische Erweiterung der Theorie der Schule. Es geht somit um eine theoriegeleitete, im Exemplarischen verbleibende Rekonstruktion von „institution building" im Bildungsbereich. Auch wenn dabei der konstruktive Charakter unbestritten ist (s. vor allem Le Goff, 1999), darf das regulative Prinzip einer wissenschaftorientierten Geschichtsschreibung nicht aus den Augen verloren werden, eine historische Wirklichkeit möglichst adäquat wiederzugeben. Dieses Regulativ bezieht sich auf die historische Wirklichkeit in ihrer zumindest dreifachen, innerlich zusammenhängenden Entfaltung: auf die Ideengeschichte im Sinne einer kontextualisierten Diskursgeschichte, auf die Geschichte der Verrechtlichungen und auf die Geschichte der jeweiligen Praxis.

1.5 Die inhaltliche These: der okzidentale Sonderweg der Vergesellschaftung von Lehren und Lernen

Wir praktizieren in dieser Arbeit keine neutrale und summarische Beschreibung, wie Bildungssysteme und ihre theoretisch aufgeschlüsselten Komponenten entstanden sind. Es soll vielmehr eine inhaltlich akzentuierte Geschichte konstruiert werden. Sie kommt in der Frage zum Ausdruck, wie es zu den Hochformen moderner Bildungssysteme gekommen ist, und zwar in einem Entwicklungsprozess, der in keiner anderen Kultur zu beobachten ist. Wir müssen also dem Phänomen nachgehen, dass keine andere Kultur eine so hochgradige Institutionalisierung von Lehren und Lernen geschaffen hat, wie dies in der okzidentalen, der jüdisch-christlichen der Fall war. Hier und nur hier hat sich eine Universalisierung von Bildungsansprüchen vollzogen, in die alle Teile der Bevölkerung einbezogen waren. Hier und nur hier haben sich rechtlich abgesicherte Bildungswege entwickelt, die unabhängig von Ort und Zeit gültige Abschlüsse zur Folge hatten und die zum Besuch weiterführender Studien berechtigten. Nur im Okzident hat sich das Bildungswesen zu einem öffentlichen staatlichen Sektor entwickelt, der die Grundlagen für eine wissenschaftliche und demokratische Kultur mitgetragen hat. Heute ist diese Vergesellschaftungsform von Lehren und Lernen natürlich nicht mehr singulär, sie ist vielmehr zu einem universalen Modell für die Gestaltung öffentlicher Erziehung und Bildung geworden (Adick, 1992).

Unübersehbar schließe ich mich mit dieser Auffassung an die These zur okzidentalen Kulturentwicklung an, die Max Weber in seiner berühmten Einleitung zur „Protestantischen Ethik", im ersten Band der religionssoziologischen Aufsätze, so formuliert hat:

„Universalgeschichtliche Probleme wird der Sohn der modernen europäischen Kulturwelt unvermeidlicher- und berechtigterweise unter der Fragestellung behandeln: welche Verkettung von Umständen hat dazu geführt, dass gera-

Der „Sonderweg"

Max Weber

de auf dem Boden des Okzidents, und nur hier, Kulturerscheinungen auftraten, welche doch – wie wenigstens wir uns gern vorstellen – in einer Entwicklungsrichtung von universeller Bedeutung und Gültigkeit lagen? Nur im Okzident gibt es „Wissenschaft" in dem Entwicklungsstadium, welches wir heute als „gültig" anerkennen" (Weber, 1920, S. 1).

Diese Argumentation führt Max Weber dann auf den wichtigsten Kulturgebieten aus. Er vergleicht ähnliche Leistungen in anderen Kulturen, um damit zwar verwandte, aber doch nicht die Besonderheit der im Okzident erreichten Errungenschaften zu beschreiben.

> „... Für eine *rationale Rechtslehre* fehlen anderwärts trotz aller Ansätze in Indien ..., trotz umfassender Kodifikationen besonders in Vorderasien und trotz aller indischen und sonstigen Rechtsbücher, die streng juristischen Schemata und Denkformen des römischen und des daran geschulten okzidentalen Rechtes. Ein Gebilde ferner wie das kanonische Recht kennt nur der Okzident...
>
> *Hochschulen* aller möglichen Art, auch solche, die unsern Universitäten oder doch unsern Akademien äußerlich ähnlich sahen, gab es auch anderwärts (China, Islam). Aber rationalen und systematischen Fachbetrieb der Wissenschaft: das eingeschulte Fachmenschentum gab es in irgendeinem an seine heutige kulturbeherrschende Bedeutung heranreichenden Sinn nur im Okzident.
>
> Vor allem: den *Fachbeamten*, den Eckpfeiler des modernen Staats und der modernen Wirtschaft des Okzidents. Für ihn finden sich nur Ansätze, die nirgends in irgendeinem Sinn so konstitutiv für die soziale Ordnung wurden wie im Okzident...
>
> Und vollends *Parlamente* von periodisch gewählten „Volksvertretern", den Demagogen und die Herrschaft von Parteiführern als parlamentarisch verantwortliche „Minister" hat – obwohl es natürlich „Parteien" im Sinn von Organisationen zur Eroberung und Beeinflussung der politischen Macht in aller Welt gegeben hat – nur der Okzident hervorgebracht.
>
> Der „*Staat*" überhaupt im Sinn einer politischen Anstalt, mit rational gesatzter „Verfassung", rational gesatztem Recht und einer an rationalen, gesatzten Regeln: „Gesetzen", orientierten Verwaltung durch Fachbeamte, kennt, in dieser für ihn wesentlichen Kombination der entscheidenden Merkmale, ungeachtet aller anderweitigen Ansätze dazu, nur der Okzident" (Weber, 1920, S. 3).

Diese Besonderheiten entfaltet Weber, da er diese Vorbemerkungen auf die „Protestantische Ethik und den Geist des Kapitalismus" zuspitzt, im Detail für die Entstehung des rationalen Betriebskapitalismus, den er so nur im Abendlande sieht und den er eng mit einem rationalen Recht, einer rationalen technischen Arbeitsbasis und der sozialen Trägerschaft durch das nur im Okzident so zu findende Bürgertum verknüpft.

Hinter all diesen Entwicklungen sieht Weber einen Prozess am Werk, den er als „Rationalismus" bezeichnet: „Denn es handelt sich ja in all den angeführten Fällen von Eigenart offenbar um einen spezifisch gearteten *„Rationalismus"* der *okzidentalen Kultur*. Nun kann unter diesem Wort höchst Verschiedenes verstanden werden – wie die späteren „Rationalisierungen" der mystischen Kontemplation, also: von einem Verhalten, welches, von anderen Lebensgebieten her gesehen, spezifisch „irrational" ist, ganz ebenso gut wie Rationalisierungen der Wirtschaft, der Technik, des wissenschaftlichen Arbeitens, der Erziehung, des Krieges, der Rechtspflege und Verwaltung. Man kann ferner jedes dieser Gebiete unter höchst verschiedenen letzten Gesichtspunkten und Zielrichtungen „rationalisieren", und was von einem aus „rational" ist, kann, vom andern aus betrachtet, „irrational" sein. Rationalisierungen hat es daher auf den verschiedenen Lebensgebieten in höchst verschiedener Art in allen Kulturkreisen gegeben. Charakteristisch für deren kulturgeschichtlichen Unterschied ist erst: welche Sphären und in welcher Richtung sie rationalisiert wurden. Es kommt also zunächst wieder darauf an: die besondere Eigenart des okzidentalen und, innerhalb dieses, des modernen okzidentalen, Rationalismus zu erkennen und in ihrer Entstehung zu erklären" (Weber, 1920, S. 11f.).

Weber sieht diesen Rationalismus grundgelegt in der Fähigkeit und Disposition der Menschen zu einer bestimmten Art der „praktisch-rationalen Lebensführung". Sie auch auf dem Gebiet des Lehrens und Lernens, ja auf dem Gebiet der Erziehung überhaupt, für möglich zu halten, liegt nahe. Die allgemeine Konzeption der abendländischen Kulturgeschichte kann somit auch auf die Bildungsgeschichte ausgedehnt werden. Sie provoziert die Suche nach Formen der *Rationalisierung* und *Methodisierung* im Erziehungsbereich (s. Oelkers et al., 2006), inspiriert die Suche nach entscheidenden Etappen der *Vergesellschaftung*. *Pädagogische Rationalisierung*

Für den Kulturbereich der Erziehung und Bildung ist im Folgenden eine Erweiterung der allgemeinen These von der zunehmenden Rationalisierung, Methodisierung und Vergesellschaftung sehr wichtig. Wir gehen nicht davon aus, dass wir es mit einem linearen Entwicklungsstrang zu tun haben, der aus ein und derselben Quelle gespeist worden ist. Die okzidentale Entwicklung ist durch Brüche und Zäsuren gekennzeichnet und verdankt sich sehr unterschiedlichen Entwicklungsschüben. Dies soll mit der Metapher von den „großen Erzählungen" indiziert werden. Sie sind für die folgende Geschichtsschreibung konstitutiv und selbstredend historische Konstruktionen, die im Umfeld postmodernen Denkens gewiss auf Skepsis stoßen würden, deren „Erfindung" unser Orientierungswissen aber wesentlich geleitet hat. *Plurale Entwicklungskräfte*

Neben der Schärfung des Blickes für die Sattelzeiten, in denen die okzidentalen Bildungssysteme eine jeweils neue Gestalt bekommen haben, darf selbstredend das Hauptziel dieses historischen Teiles einer Theorie der Schule nicht aus den Augen verloren werden: das bessere Verständnis der Funktionsweise der gegenwärtigen Bildungssysteme. Wir unterstellen damit, dass die Gegenwart nur durch den Rückgriff auf die Geschichte verständlich ist. Dies ist sicher keine revolutionäre Behauptung, in der Praxis aber doch eine folgenreiche, wenn im Detail untersucht wird, ob es historisch entstandene Funktionsweisen des Bildungssystems gibt, die die tägliche Art und Weise des Lehrens und Lernens bestimmen. *Das Hauptziel: ein historischer Zugang zum Verständnis gegenwärtiger Bildungssysteme*

Auch hier soll uns eine inhaltliche These leiten. Sie lautet so: Die Entwicklung von mitteleuropäischen Bildungssystemen ist in der letzten Phase der Institutionalisierung, also im Verlauf des 19. und 20. Jahrhunderts, zunehmend perfekter auf eine rechtlich abgesicherte Programmplanung ausgerichtet worden. Sie führt zur Vergabe von Abschlüssen, die jeweils nahtlos zur Aufnahme von weiterführenden Bildungswegen berechtigen. Die Grundlage dafür sind kontinuierliche, von der Lehrerschaft getragene Prüfungen. Eine solche Programmplanung hat weit reichende Konsequenzen, da sie zu einer genauen und rechtlich abgesicherten täglichen Praxis des Lehrens und Prüfens führt. Sie erfordert – so werden wir sehen – eine Standardisierung der Inhalte und Anforderungen. Gleichzeitig müssen die Verfahren der Leistungsfeststellung rechtlich abgesichert und abgestimmt werden. Inhaltlich ist dies der Weg zur Lehrplan-Dogmatik, formal der Weg zur Rechtsdogmatik. *„Alt-Europäische Bildungssysteme"*

31

Die Planung langfristiger Lernprozesse hätte auch einer anderen Logik folgen können, nämlich jener, die Berechtigung zur Fortführung von Bildungswegen jeweils den aufnehmenden Instanzen anzuvertrauen. Diese Logik der Funktionsweise von Bildungsgängen ist im angloamerikanischen Bereich verbreitet.

Wie hier jedoch gezeigt werden soll, reicht die Entstehung von Bildungssystemen weiter zurück. Sie ist Teil der spezifisch okzidentalen Kultur- und Gesellschaftsgeschichte.

1.6 Die „großen Erzählungen": Sattelzeiten der Entwicklung des okzidentalen Bildungswesens

In sechs Themenkreisen sollen die „Sattelzeiten" bzw. die Schlüsselprozesse der Entwicklung institutionalisierten Lehrens entfaltet werden. Sie repräsentieren das, was man die „großen Erzählungen" genannt hat, also jene historischen Prozesse, die allen postmodernen Einwänden zum Trotz (Lyotard, 2005) zur westlichen Moderne geführt haben:

1. Bildung und Religion: das Christentum und der abendländische Sonderweg (Kapitel 2 und 3)
In der Tradition Max Webers wird versucht, die Besonderheit der Entstehung von Bildungssystemen im Kontext der christlichen Kultur herauszuarbeiten. Damit wird die mächtigste Gestaltungskraft des okzidentalen Bildungswesens sichtbar. Seine höchste Entfaltung hat sie im Umkreis der spätmittelalterlichen Universitäten und im Umfeld des über das Latein geprägten europäischen Bildungsraumes gefunden.

2. Bildung und Bürgertum: Gelehrtenstand und Bildung (Kapitel 4)
In einem weiteren Kapitel wird den historischen Quellen einer *säkularen* Form der humanistischen Bildung, jener in der Renaissance (so erst 1859 benannt) und im Neuhumanismus (diese Bezeichnung stammt von Paulsen), nachgegangen. Sprache, Literatur und Kunst wurden hier zum Medium der Menschenbildung.

3. Volksbildung und Alphabetisierung: die Reformation (Kapitel 5)
Bildungssysteme sind historisch von „oben" her konstruiert worden, also von den höchstmöglichen Formen der Vollendung des Lehrens und Lernens. Markantester Ausdruck dafür sind die Universitäten. Wie Motive für die Vergesellschaftung von Lehren und Lernen für das gesamte Volk entstanden sind, also Interessen an einer Alphabetisierung der gesamten Bevölkerung, gilt es zu beschreiben, indem die Sattelzeit der Reformation schultheoretisch rekonstruiert wird.

4. Die Säkularisierung des Weltverständnisses und der Weltgestaltung in der Aufklärung (Kapitel 6)
Die Aufklärung des 18. Jahrhunderts gilt zu Recht als jene Zeit, in der ein Menschenbild ausformuliert und teilweise durchgesetzt wurde, das die Grundlage für das moderne Verständnis des Menschen und für die ihm gemäßen Verfassungen des Staates wurde. Die im Menschen angelegte Fähigkeit zum Selbstdenken und

die im Menschen wurzelnde Fähigkeit und Bestimmung zur moralischen Entscheidung sind zur Grundlage für seine „Veredelungsrichtungen" geworden. Im Geiste der Aufklärung gilt es, die im Menschen angelegten Lern- und Entwicklungschancen zur Geltung zu bringen und sie in Richtung von Denk- und Urteilsfähigkeit sowie moralischer Verantwortung zu entfalten.

5. Politik und Bildung: das 19. Jahrhundert (Kapitel 7)

Das moderne Bildungssystem baut geistig fundamental auf den Weltbildern der Aufklärung auf und etabliert sich als institutioneller Akteur im Rahmen der republikanischen Prozesse der Staatenbildung im 19. Jahrhundert. Hier werden, so die These, die Grundlagen für den institutionellen Akteur „Bildungswesen" in der Moderne gelegt. Sie bestehen u.a. in einem rationalen Rechtsverständnis, das über mehrere Rezeptionswellen aus dem antiken Rom in die Kultur des Abendlandes eingebaut wurde und zu einer Rationalisierung von Politik und Macht führte. In der Form moderner Bürokratien hat das universale Rechtsverständnis auch das Bildungswesen erreicht. Damit wird die Grundlage für die Systembildung eines modernen Bildungswesens gelegt, also eine Grundlage für ein zusammenhängendes System von Lernwegen mit definierten Eingangsbedingungen, Ausgangsleistungen und damit verbundenen Berechtigungen geschaffen.

6. Wissenschaft, Ökonomie und Bildung: Systembildung und Expansion des Bildungswesens (Kapitel 8)

Das 20. Jahrhundert ist die Sattelzeit der Bildungsexpansion und die Sattelzeit für die immer dichter werdenden Beziehungen zwischen der Funktionsweise einer hoch technisierten, von wissenschaftlichen Entwicklungen gestützten Ökonomie und einem qualifikationsorientierten Bildungswesen.

Eine solche historische Rekonstruktion wird unweigerlich gezwungen, den institutionellen Akteur „Bildungswesen" in umfassende politische, kulturelle und soziale Entwicklungsprozesse einzubetten. Diese allgemeine Vorstellung konkretisiert sich in den folgenden historischen Darstellungen in folgenden Fragen:

1. Es wird immer darum gehen zu fragen, welche externen Akteure welche Interessen an systematisierten Lehr-Lernprozessen hatten.   *Externe Akteure*
2. Noch grundlegender ist die Frage, welche Weltbilder und Menschenbilder, welche geistigen Ideen in sich die „Sprengkraft" hatten, den Menschen auf methodische Weise bilden zu wollen.
   In Analogie zur Wirtschaftsethik der Weltreligionen, wie sie Max Weber   *Erziehungsethik der*
   ausgearbeitet hat, möchte ich im Folgenden von der Erziehungs- und Bil-   *Weltreligionen*
   dungsethik von Weltanschauungen sprechen. Dies trifft sich mit der wissenssoziologischen These, dass die Ideenstrukturen eine jeweils *spezifische Sprengkraft der Wirklichkeitsgestaltung* haben. Die Wissenssoziologie verallgemeinert damit die religionssoziologischen Anliegen von Weber.
3. Jede neue kulturelle Wirklichkeit entsteht zuerst „im Kopf". Wenn sie aber   *Institutionalisierung*
   nur „im Kopf" bleibt, verweilt sie in einem flüchtigen Medium. Deshalb ist der Schritt zur *Verstetigung in Institutionen* entscheidend, der Schritt zur Vergesellschaftung.
4. Ein Viertes ist entscheidend: Ideen sind mit bestehenden Wirklichkeiten   *Gesellschaftliche*
   unterschiedlich kompatibel. Sie reiben sich an einer bestehenden gesell-   *Praxis*

schaftlichen Praxis und gestalten diese mit. Somit ist die Kenntnis „realer Verhältnisse" und einer gesellschaftlichen Praxis notwendig, um ein Bild der Vergangenheit – und natürlich auch der Gegenwart – zu bekommen.

2 Die erste große Erzählung: Das Christentum als prägende Macht des Okzidents und seine Rezeption der Antike

Wer vom Sonderweg des Okzidents spricht (s. auch Sieferle, 2003), der ist geradlinig auf Max Weber verwiesen. Sein systematischer Vergleich der Weltreligionen hat auf die Besonderheiten des Christentums und dessen Beitrag zum okzidentalen Sonderweg aufmerksam gemacht (Weber, 1920; 1921; 1947).

Dieser Ausgangspunkt soll hier genutzt werden, um der Hypothese nachzugehen, dass auch das moderne Bildungswesen eine „Erfindung" ist, die ohne das Christentum undenkbar gewesen wäre. Die Gegenthese wäre die, dass das Bildungswesen der Moderne eher *gegen* das Christentum entstanden ist und ein Produkt der säkularen Gestaltung von Bürger-Staaten im 19. Jahrhundert und der wirtschaftlichen Impulse der letzten zweihundert Jahre ist.

2.1 Das Christentum und der okzidentale Sonderweg

Die größte Sprengkraft für den okzidentalen Kulturweg hatte nach Max Weber das Christentum. Dies intuitiv anzunehmen ist die eine Seite. Die andere Seite ist die, zu belegen, welche Züge des Christentums eine besondere wirklichkeitsgestaltende Kraft zur Folge hatten. Welches sind die Besonderheiten des Weltbildes des Christentums, die zu einer besonderen Lebensführung und damit zum okzidentalen Sonderweg beigetragen haben?

2.1.1 Die Welthaltung des Christentums

Es sind die Religionen, die die Modalitäten der Zuwendung zur Welt definieren. Diese These ist einer der größten Entdeckungen der Soziologie, die wir Max Weber verdanken (s. für neuere Arbeiten dazu Lehmann & Quédraogo, 2003). Wir verstehen danach die Geschichte der okzidentalen Kultur nur, wenn wir die Besonderheiten der Zuwendung zur Welt im Christentum erkennen. Um diese großen Ansprüche verständlich zu machen, sei der Gedankengang Webers in der größtmöglichen Kürze vorgestellt. Die Argumentation beginnt so:

> „Interessen (materielle und ideelle), nicht: Ideen, beherrschen unmittelbar das Handeln des Menschen. Aber: die ‚Weltbilder', welche durch ‚Ideen' geschaffen wurden, haben sehr oft als Weichensteller die Bahnen bestimmt, in denen die Dynamik der Interessen das Handeln fortbewegte. Nach dem Weltbild richtete es sich ja: ‚wovon'

Sinnbedürfnis

35

und ‚wozu' man ‚erlöst' sein wollte und – nicht zu vergessen – konnte. Ob von politischer und sozialer Knechtschaft zu einem diesseitigen messianischen Zukunftsreich. Oder von der Befleckung durch das rituell Unreine oder von der Unreinheit der Einkerkerung in den Körper überhaupt zur Reinheit eines seelisch-leiblich-schönen oder eines rein geistigen Seins. Oder von dem ewigen sinnlosen Spiel menschlicher Leidenschaften und Begehrungen zur stillen Ruhe des reinen Schauens des Göttlichen. Oder von einem radikal Bösen und von der Knechtschaft unter der Sünde zur ewigen freien Güte im Schoß eines väterlichen Gottes. Oder von der Verknechtung unter die astrologisch gedachte Determiniertheit durch die Gestirnkonstellationen zur Würde der Freiheit und Teilhaftigkeit am Wesen der verborgenen Gottheit. Oder von den in Leiden, Not und Tod sich äußernden Schranken der Endlichkeit und den drohenden Höllenstrafen zu einer ewigen Seligkeit in einem irdischen oder paradiesischen, künftigen Dasein. Oder von dem Kreislauf der Wiedergeburten mit ihrer unerbittlichen Vergeltung von Handlungen abgelebter Zeiten zur ewigen Ruhe. Oder von der Sinnlosigkeit des Grübelns und Geschehens zum traumlosen Schlaf.

Der Möglichkeiten gab es noch weit mehr. Stets steckte dahinter eine Stellungnahme zu etwas, was an der realen Welt als spezifisch „sinnlos" empfunden wurde und also die Forderung: dass das Weltgefüge in seiner Gesamtheit ein irgendwie sinnvoller „Kosmos" sei oder: werden könne und solle. Dies Verlangen aber, das Kernprodukt des eigentlich religiösen Rationalismus, wurde durchaus von intellektuellen Schichten getragen. Wege und Ergebnisse dieses metaphysischen Bedürfnisses und auch das Maß seiner Wirksamkeit waren dabei sehr verschieden" (Weber, 1920, S. 252f.).

Welthaltungen Doch wie verschieden? Wie kann man die Verschiedenheit in eine Systematik zwingen (Kippenberg & Riesenbrodt, 2001)? Max Weber hat dies unternommen und es ist ihm nach meiner Überzeugung auch in herausragender Weise gelungen. Die unterschiedlichen Antworten der Weltreligionen kristallieren in unterschiedliche Haltungen zur Welt, die Schluchter (1979) in einer Rekonstruktion der Position von Max Weber als Weltanpassung, Weltflucht, Weltüberwindung und Weltbeherrschung charakterisiert hat. Dazu sind nur zwei Dimensionen erforderlich:

Die erste wird durch die Frage konstituiert: Wie unabänderlich ist der Lauf der Welt, wie sehr macht es deshalb Sinn, sich gegen ihn zu stellen? Wie aktiv oder passiv soll man sich also verhalten?

Die zweite Dimension ergibt sich durch die Definition der Handlungsfelder, auf die sich unser Streben und Handeln konzentrieren soll: auf diese Welt oder auf eine andere Welt, die zur bestehenden hinzugedacht wird. Dahinter stehen grundlegende Haltungen der Weltbejahung bzw. der Weltverneinung.

Abb. 1: Modalitäten der Weltzuwendung in den Weltreligionen

PRAKTISCH-ETHISCHE HALTUNGEN ZUR WELT ⟍ INTELLEKTUELL-THEORETISCHE HALTUNGEN ZUR WELT	Heilsweg der aktiven Arbeit an der Bewährung in der Welt **INNERWELTLICHE ASKESE**	Heilsweg der Arbeit am Rückzug aus der Welt (aktiv oder kontemplativ) **WELTFLÜCHTIGE ASKESE ODER KONTEMPLATION**
WELTVERNEINUNG Erlösungsreligionen	WELTBEHERRSCHUNG Christentum (insbes. Protestantismus) Mensch als Werkzeug Gottes Judentum Islam	WELTFLUCHT ODER WELTÜBERWINDUNG Hinduistische Mystik Buddhismus Mystik im Mönchstum Kontemplativer Heilsbesitz Entleerung von eigenen Wünschen und eigenem Denken
WELTBEJAHUNG Kosmologisch-metaphysische Weltbilder	WELTANPASSUNG: Konfuzianismus Ideal der Vornehmheit Innerweltlich ästhetische Ziele	WELTBETRACHTUNG: Griechische Philosophien

Die Haltung der Weltanpassung resultiert aus einer Weltbejahung und gründet
auf dem Glauben an eine innerlich geordnete Welt, der man sich handelnd und
gestaltend einfügen soll. Die Welt ist, wie sie ist, wundervoll, sie repräsentiert
eine vollkommene Ordnung, sie ist die beste aller möglichen Welten. Der
Mensch als Teil dieser Welt ist „gut" und grenzenlos vervollkommnungsfähig.
Der Heilsweg ist hier der „... der pietätvollen Fügsamkeit in die feste Ordnung
der weltlichen Gewalten" (Schluchter, 1979, S. 239). Die ideale Entwicklung
des Menschen ist damit vorgezeichnet: Sie führt zur Anpassung an diese Welt,
zur alltäglichen Übung, den Kosmos in sich zur Geltung bringen zu lassen. Im
konfuzianischen Rationalismus ist diese rationale Anpassung an die Welt am
reinsten verwirklicht (Weber, 1920, S. 534). *(Marginalie: Weltanpassung)*

Weltflucht setzt eine Weltverneinung voraus. Die Welt ist ein Ort des Lei-
dens, in ihr gibt es keine Erfüllung. Das Heil des Menschen liegt außerhalb dieser Welt und der Weg zu diesem Heil kann nur darin bestehen, sich ihr zu ent-
ziehen. Mystische Bewegungen in verschiedenen Religionen verkörpern diese
Haltung, ebenso mönchische Traditionen. *(Marginalie: Weltflucht)*

Der ideale Lebensweg ist auch hier vorgezeichnet. Sich nicht aktiv in diese
Welt einzulassen wird hier zu einem wichtigen Aspekt der Heilsmethodik. Dazu
gibt es jedoch viele Varianten. Weber sieht sie so:

> Der Gegensatz mildert sich, wenn auf der einen Seite die Askese des Handelns sich
> auf die Niederhaltung und Überwindung des kreatürlich Verderbten im eigenen We-
> sen beschränkt und infolgedessen die Konzentration auf die feststehendermaßen
> gottgewollten aktiven Erlösungsleistungen bis zur Meidung des Handelns in den
> Ordnungen der Welt steigert (weltflüchtige Askese), dadurch also dem äußeren Ver-
> halten nach der weltflüchtigen Kontemplation sich annähert ... Für den echten Mys-
> tiker bleibt der Grundsatz bestehen: dass die Kreatur schweigen muß, damit Gott

sprechen könne. Er «ist» in der Welt und »schickt sich« äußerlich in ihre Ordnungen, aber, um sich: im Gegensatz gegen sie, dadurch seines Gnadenstandes zu versichern, dass er der Versuchung, ihr Treiben wichtig zu nehmen, widersteht. Wie wir bei Laotse sehen konnten, ist eine spezifisch gebrochene Demut, ein Minimisieren des Handelns, eine Art von religiösem Inkognito in der Welt, seine typische Haltung: er bewährt sich gegen die Welt, gegen sein Handeln in ihr. Während die innerweltliche Askese sich gerade umgekehrt d u r c h Handeln bewährt" (Weber, 1920, S. 539).

Dem Minimisieren des Handelns in dieser Welt gesellt sich ein Handeln sich selber gegenüber zur Seite, das auch eine Minimierung der aktiven Handlungsplanung bewirkt. Sich selber „entleeren", um als Gefäß des Außerweltlichen dienen zu können, ist die Zielrichtung dieser Heilsmethodik, die im christlichen Mönchstum ebenso vertreten ist wie im Hinduismus.

Weltüberwindung   Auch in der Haltung der Weltüberwindung wird die Welt in ihrem erscheinenden Sosein abgelehnt. Das Heil ist nicht in dieser Welt zu finden. Um daran teilzuhaben, ist die aktive Entsagung von dieser Welt erforderlich. Die Heilsmethodik richtet sich also auf aktive Abtötung der irdischen Interessen und Bedürfnisse. Der Mensch muss daran arbeiten, an sich selber alle Welthaftigkeit, die Bedürfnisse und Leidenschaften, loszuwerden. Der Buddhismus steht paradigmatisch für diese Stufe der Weltablehnung.

Weltbeherrschung   Die spezifische Haltung des Christentums, insbesondere in der Ausprägung der protestantischen Ethik, bezeichnet Weber als Weltbeherrschung. Diese Welthaltung ist davon geprägt, dass eine Unterscheidung zwischen dem Seienden und dem Seinsollenden in den Vordergrund tritt. Die Differenz wird aber nicht durch Rückzug in eine andere Welt (Weltüberwindung, Weltflucht) und durch Akzeptanz des Unvermeidlichen (Weltanpassung) bewältigt, sondern durch aktive „Arbeit in der Welt" im Sinne der Reduktion der Differenz zwischen Gut und Böse, zwischen Sein und Sollen, und zwar durch Handeln.

Das Ideal des Lebenslaufs ist auch hier vorgezeichnet. Es liegt in der Beherrschung der Bedürfnisse und Lüste des Menschen zu Gunsten eines ethisch kontrollierten Lebens. Max Weber spricht von „innerweltlicher Askese". Sie führt zu einer aktiven Gestaltung dieser Welt. An ihrer Umgestaltung zum Guten bewährt sich der Christ. Dabei darf er sich nicht in der Welt und ihren Verführungen verlieren, sie wird ja in ihrem Sosein abgelehnt; sie ist für ihn das Material, an dem er sich bewähren muss. Verpönt sind der Genuss von Reichtum und die Erotik, verpönt ist auch der Überschwang der Gefühle. Verpönt ist die Leidenschaft oder Rachsucht aus persönlichen Motiven, gut ist die Berufsarbeit als nüchterne Mitarbeit an den durch Gottes Schöpfung gesetzten sachlichen Zwecken.

Der Christ versteht sich hier als Werkzeug Gottes. „Und weil er dies sein wollte, war er ein brauchbares Instrument, die Welt rational umzuwälzen und zu beherrschen" (Weber, 1920, S. 535).

Sich selbst gegenüber arbeitet er an der Kontrolle der eigenen Kreatürlichkeit durch aktive Disziplin, um sich als Instrument für die Erlösung in dieser Welt vorzubereiten.

Schluchter resümiert so: „Damit führt der Vergleich erlösungsreligiöser Strömungen zu vier Weltverhältnissen: Weltanpassung, Weltbeherrschung, Weltflucht und Weltüberwindung ... Wenn man so will, hat Weber das formale Weltverhältnis der Weltbeherrschung in seiner Protestantismusstudie, das der Weltanpassung in seiner Konfuzianismusstudie, das der Weltflucht in seiner Hinduismusstudie und das der Weltüberwindung ansatzweise in seiner Studie über das antike Judentum und in seinen Bemerkungen über das okzidentale Mönchtum exemplifiziert. Während in Asien also Weltanpassung und Weltflucht konsequent vertreten wurden, ist es in der vorderasiatisch-okzidentalen Tradition Weltüberwindung, vor allem aber Weltbeherrschung gewesen. Dies macht die besondere Eigenart des okzidentalen Rationalismus und, als Teilfolge davon, des modernen okzidentalen Rationalismus aus" (Schluchter, 1979, S. 241f.).

2.1.2 Von der Weltbeherrschung zur pädagogischen Weltgestaltung: die Erziehungsethik der Weltreligionen

Max Weber hat die Typologie unterschiedlicher Haltungen zur Welt entwickelt, um Ursachen für den abendländischen Sonderweg zu finden, den er dann in der Rationalisierung wissenschaftlichen Denkens und vor allem in der Wirtschaftsethik im Sinne des rationalen Wirtschaftshandelns kristallisiert sah. Die Säkularisierung der ursprünglich religiös motivierten Weltbeherrschung folgte diesem Muster: Sie ging von einer scharfen Diskrepanz zwischen der realen und der idealen Welt aus. Diese Diskrepanz galt es aber wissenschaftlich, technisch, rechtlich-politisch und in der Lebensführung methodisch zu überwinden. Sie konstituiert auch die abendländische Pädagogik. Für die „Menschengestaltung" führt sie zur Differenz

Die Diskrepanz zwischen dem Realen und Idealen

— zwischen Unwissenheit und Wissen,
— zwischen dem Gläubigen und dem Ungläubigen,
— zwischen dem Ungeformten und dem Geformten,
— zwischen dem Rohen und dem Veredelten,
— zwischen dem Könner und dem Stümper,
— zwischen dem kultivierten und dem unkultivierten Menschen und
— zwischen dem körperlich Verwahrlosten und dem Gepflegten.

Daraus ergeben sich zwanglos die „Veredelungsrichtungen" des Menschen:

„Veredelung" des Menschen

— Die *Heiligung* des Menschen: ihn aus einem verdorbenen Zustand herausführen;
— die *Moralisierung*: ihn aus einem zügellosen Zustand herausführen;
— die *Verrechtlichung*: ihn aus seiner (selbstverschuldeten) Unmündigkeit befreien
— die *Rationalisierung* des Menschen: ihn für bestimmte Zwecke brauchbar machen;
— die *Vermenschlichung* des Menschen: in ihm die Struktur des Menschseins entwickeln.

Damit wird auch die generelle Zielrichtung von Bildungsinstitutionen sichtbar: Ungeformtes Leben und Denken soll in geformtes Leben der Sittlichkeit und Vernunft, Natur in Kultur transformiert werden.

Wendet man die These der Weltbeherrschung auf die soziale Praxis der Erziehung an, dann stellt sich konsequenterweise die Frage, ob der religiös fundierten Lebensführung im Sinne des kontrollierenden Handelns der Welt und der Beherrschung von weltlichen Gelüsten sich selbst gegenüber, die Parallele einer Methodik der Erziehung und Bildung entspricht. Wenn dies so wäre, dann müss-

Weltbeherrschung und Erziehungsmethodik

39

te man in der Entwicklung des Okzidents auch eine Methodik des Umgangs mit dem Nachwuchs finden, die spezifisch für diesen Weltzugang ist. Erziehung als „Arbeit an der Seele des Menschen" müsste dann bedeuten, eine *Methodik der Einübung in die Selbstbeherrschung und in die Selbstdisziplin* zu entwickeln. Der Weg vom Unglauben zum Glauben oder – in säkularisierter Perspektive – die Unterwerfung der eigenen Natur unter einen sittlichen Willen und die „Herstellung" der Regierung der eigenen Person über Vernunft wären die Ziele einer solchen Erziehung. Man könnte von einer *erziehungsethischen Selbstbeherrschung* sprechen. Die Rationalisierung der Methodik, dies zu erreichen, wird uns noch beschäftigen.

Es geht jedoch nicht nur um Arbeit an sich selbst, sondern auch um die personalen Grundlagen der *Weltgestaltung*. Erziehung im Sinne der Vorbereitung der Weltgestaltung ist ebenso vorgezeichnet. Sie führt zum Ziel, den heranwachsenden Menschen bereitzumachen, die Welt aktiv zu gestalten, also seine Fähigkeiten zu schulen, in der Welt tätig zu werden. Im Kontext des Christentums heisst dies aber: als Instrument Gottes zur Heiligung der Welt fähig werden, ein Kämpfer für die Errichtung des Reiches Gottes in dieser Welt zu sein.

In der Summe ist eine Erziehungsmethodik zu erahnen, die Weber leider selber nie ausgearbeitet hat. Sie ist gekennzeichnet von einem *hohen Anspruch an das aktive Werden des Menschen*. Aktive Menschengestaltung, Überwindung von Schwäche und Verderben, Höherbildung des Menschen zur Steigerung seiner Handlungsfähigkeit sind in dieser Haltung der Weltbeherrschung angelegt. Auch dabei ist der Übergang von einer sakralen zu einer säkularen Interpretation zu beachten. Heute steht der Auftrag der aktiven Selbstgestaltung, der Entfaltung der eigenen Kräfte als Modus der erzieherischen Weltgestaltung im Vordergrund.

Die Einseitigkeit aktiver Weltgestaltung

An dieser Stelle ist es mir wichtig zu betonen, dass mit Schilderung des Modus der Weltzuwendung im Okzident nicht mitgemeint ist, diesen auch unkritisch zu verteidigen. In den letzten Jahrzehnten wurde intensiv diskutiert, wie die historische Entwicklung auf der Grundlage des Auftrages der aktiven Weltgestaltung zu bewerten ist. Die Stimmen waren dabei nicht nur positiv. Im Umfeld der Kritik der Postmoderne an der Moderne und ihrer „rationalen Gestaltungswut" sind andere Modalitäten der Weltzuwendung, die als weniger „gewalttätig" empfunden wurden, in den Vordergrund getreten (s. für eine typologische Gegenüberstellung Fend, 1988, S. 59ff.). Die Modalität der Weltbeherrschung, sei sie politischer, weltanschaulicher, pädagogischer oder wissenschaftlicher Natur, kann durchaus zerstörerische Implikationen entwickeln, die ein Gegengewicht in einer Philosophie des „Seins", der Harmonie mit der Schöpfung, der Besinnung und der zweckfreien Lebensfreude nötig machen. In der sozialen Dimension kann die Weltbeherrschung rasch zur Weltdominanz werden, die ihrerseits einer Ethik der Brüderlichkeit und der gegenseitigen Akzeptanz bedarf. In der gestaltungsintensiven Beziehung zu sich selber wiederum liegt die Gefahr, sich selber nur in seinen aktiv herbeigeführten Erfolgen zu messen und den Selbstwert jenseits aller Erfolge aus den Augen zu verlieren.

40

2.2 Die Entstehung einer kanonisierten Lehre als Grundlage der Vergesellschaftung von Lehren und Lernen

Die oben beschriebene Typologie der Weltzuwendung in verschiedenen Weltreligionen liefert die systematischen Kategorien, um die Langzeitperspektive des Sonderweges der okzidentalen Kulturentwicklung zu präzisieren. Sie ersetzen aber eine historische Darstellung der wichtigen Etappen und Errungenschaften des Christentums nicht. Letztere interessieren uns hier naturgemäß vor allem in Bezug auf die Entstehung von Bildungssystemen. Welche Dynamik im Weltbild des Christentums hat dazu geführt, dass wir ihm die Entfaltung des abendländischen Bildungswesens verdanken? Warum haben die Deutungsmuster des Christentums zu Prozessen des systematischen Lehrens und Lernens geführt? In welche pädagogische Richtung ging der Weltgestaltungsauftrag des Christentums? Nur diese Fragen interessieren hier. Es kann im Folgenden also nicht um eine Darstellung der Geschichte des Christentums gehen. Im Mittelpunkt steht vielmehr in wissenssoziologischer Perspektive das Verhältnis von Welt- und Lebensdeutungen und den institutionellen Strukturen, die letztere abzusichern helfen. Zu diesen institutionellen Strukturen zählt auch – so wird sich zeigen – ein geregelter Schulbetrieb.

In einer ersten Argumentation geht es also um die „Sprengkraft" des inneren Gehaltes religiösen Wissens. In einem zweiten Schritt kommt das Verhältnis von Wissen und politischer Geschichte zum Tragen, in die Institutionalisierungsprozesse von Lehren und Lernen verwoben sind. Selbstverständlich wird im Folgenden nicht auf eigenständige Forschung rekurriert. Die wichtigste Quelle für die *bildungsrelevante* Darstellung des pädagogischen Inhaltsprogramms der Antike und des frühen Christentums wird die enzyklopädische Arbeit von Dolch „Lehrplan des Abendlandes" (1982) sein, die wissenssoziologisch reinterpretiert wird (für eine Diskussion s. Keck & Ritzi, 2000). Mit dieser Konzentration auf die Inhalte konvergiert auch die Forderung an eine historische Theorie der Schule, vor allem nach den inhaltlichen Programmen zu suchen und in einem zweiten Schritt deren Institutionalisierung, also deren Vergesellschaftung zu beachten.

Wissenssoziologische Ausgangspunkte

2.2.1 Hochkulturen, Schrift und Sprache

Der vordergründigste Anlass für die Bedeutung systematisierten Lehrens und Lernens im Christentum ist der, dass es sich um eine Buchreligion mit Wahrheitsanspruch handelt, die ihrerseits auf einer langen Kulturtradition aufbaut, die mit der Erfindung einer Schrift in ein neues Stadium eingetreten war. Die Entwicklung einer Schrift ist die wichtigste Voraussetzung für systematisiertes Lehren und Lernen und die wichtigste Voraussetzung für die Entwicklung hochkultureller Leistungen, womit sich auch hier bestätigt, dass den Einrichtungen für Lehren und Lernen immer Kulturleistungen vorangehen.

Buchreligionen

Wo liegen die Ursprünge der Schriften, die den Okzident kulturell getragen haben (für einen kurzen Überblick s. Burkert, 2003)? Es wird davon ausgegangen, dass ca. 1000 bis 800 v. Chr. das griechische Alphabet über mehrere Zwischenstufen, Dialekte, Lautschriften mit und ohne Konsonanten, Silbenschriften

Ursprünge des Alphabetes

usw. entstanden ist. Es existieren aber weit ältere Zeugnisse menschlicher Schriften (siehe Abb. 2)

Abb. 2: Vinca-Zeichen, benannt nach einem Fundort in der Nähe von Belgrad: Schrift-Zeichen der so genannten alteuropäischen Kultur, welche zwischen 6000 und 4000 v. Chr. in Südeuropa existierte, dann aber vermutlich durch eine Völkerwanderung ausgelöscht wurde. *(NZZ, 15.5.2005, S. 17)*

Bei der Entstehung des griechischen Alphabetes waren das phönizische, ebenso die semitischen und aramäischen Alphabete sehr wichtig. Diese Alphabete haben eine Schriftform abgelöst, die keilförmig organisiert war, von links nach rechts ging, dann in einem Mäander von rechts nach links usw.

Auf der Grundlage des Alphabets können Texte relativ einfach konstruiert werden. Allerdings erstreckte sich die Entwicklung des Schreibens und Lesens in der heutigen Form über viele Jahrhunderte. So wurde bis ins frühe Mittelalter ohne oder nur mit rudimentärer Interpunktion geschrieben und in der Regel laut gelesen. Das Erschließen unbekannter Texte oder gar deren sinnhafter Vortrag war eine hoch geachtete und seltene Kunst. Gleiches gilt für das stille Lesen (s. Manguel, 1998).

Fremdsprachen und kulturelle Hochleistungen

Treffen mehrere Alphabete zusammen, dann entstehen Probleme der Übersetzung, um ein gemeinsames Verständnis zu ermöglichen. Dies ist der Beginn der Notwendigkeit, „Fremdsprachen" zu erlernen und mehrere Codes miteinander in Beziehung zu setzen. Hat eine Kultur diese Entwicklungsstufe erreicht,

42

so ist zumindest für eine kleine Gruppe die Notwendigkeit geschaffen, langfristige Lernprozesse zu organisieren. Wie viele daran partizipieren, ist jedoch eine andere Frage. Es sollte im Okzident beinahe zweitausend Jahre dauern, bis eine Vollalphabetisierung erreicht wurde. Am Anfang der christlichen Zeitrechnung besaßen nur kleine Kreise ein auf dem Schrifttum aufbauendes Expertenwissen.

Sprachen zurzeit von Christi Geburt

Die gebildete Welt um Christi Geburt sprach griechisch. Auch die jüdischen Schriftgelehrten lasen die Thora in der griechischen Übersetzung des Alten Testamentes, der Septuaginta. Septuaginta heißt „siebzig", so genannt, weil sie in Alexandria von siebzig Gelehrten übersetzt worden sein soll. Die „Urtexte" der Bibel waren in Griechisch geschrieben, ja die Kirchengemeinde war bis ins dritte Jahrhundert *griechischsprachig*. Aber das politische Zentrum war zu diesem Zeitpunkt Rom und somit war die *lateinische* Sprache der Code der politischen Macht.

Im Judentum gab es jedoch eine verbreitete *Schriftkenntnis*, da die Gesetzesauslegung für die Identität des jüdischen Volkes eine zentrale Rolle spielte. Fremdsprachenkenntnisse müssen jedoch weit verbreitet gewesen sein – wenngleich es die genauen Netzwerke von „Gebildeten" zu rekonstruieren gälte, die die *Kreuzesinschrift* (Jesus, König der Juden) zu entziffern in der Lage waren, die angeblich in drei Sprachen abgefasst war: *hebräisch*, *lateinisch* und *griechisch*..

2.2.2 Die Attraktivität des Christentums: Der universale Wert jedes Menschen und die Erfindung der Biografie

Wie konnte sich auf diesem Hintergrund einer überwältigenden kulturellen Übermacht des Lateinischen und vor allem des Griechischen eine ursprünglich kleine jüdische Splittergruppe zur weltumspannenden Macht des Christentums entwickeln? Wie konnte es sich angesichts der Bildung und Kunst Griechenlands, angesichts der rechtlichen und politischen Dominanz Roms und angesichts der großen Bedeutung des Judentums (ca. 6 Millionen Menschen, das sind ca. 10% aller Bewohner des damaligen Römischen Reiches, waren Juden) behaupten?

Viele haben versucht, dieses Phänomen zu erklären. Ich werde keinen neuen Erklärungsanspruch hinzufügen, sondern lediglich auf Sachverhalte hinweisen, die für die europäische Bildungsgeschichte wichtig werden sollten.

Biografisierung und Individualisierung

Dazu zählen in einem ersten Schritt Merkmale der christlichen Lehre selber. Für entscheidend – und das abendländische Erziehungsdenken prägend – halte ich die *Biografisierung* und *Individualisierung* des menschlichen Lebens. Ich meine damit den inhaltlichen Kern, die „frohe Botschaft" des Christentums. Worin besteht sie?

Theologie des Paulus

Nach der christlichen Lehre, insbesondere in der Theologie des Paulus (um 10-64), ist jedes individuelle menschliche Wesen von einem Schöpfergott geschaffen. Jeder steht in der Liebe und der Gerechtigkeit Gottes und wird von ihm als individuelle Person wahrgenommen und geliebt. Der Mensch hat sich zwar von Gott abgewandt, aber er hat durch die Nachfolge Christi einen Weg, wieder zu ihm zurückzufinden. Er ist geboren im Zustand der Erbsünde, im Zustand der Gottferne und der kollektiven Schuld der Menschen, sich von Gott abgewandt zu haben. Doch es ist Hoffnung. Gott selbst hat im Erbarmen um das Unheil der Menschen in seiner Liebe seinen einzigen Sohn in die Welt gesandt, der in seinem Opfertod alle Schuld der Menschen auf sich geladen und stellvertretend getilgt hat. Wer sich diesem Sohn in Glauben und Leben anschließt, der kann das ewige Heil erlangen. Dieser *individuelle Heilsweg* besiegelt das endgültige Schicksal des Menschen.

Dramatisierung des Lebenslaufs In dieser Theologie des Paulus wird sichtbar, dass das Christentum zu einer ungeheuren *Dramatisierung der Lebensvorstellungen und der Lebensgestaltung* geführt hat. Mit der Teilung des Lebens in ein diesseitiges und ein jenseitiges, wobei der Weg im Diesseits eine Vorbereitung auf ein paradiesisches Jenseits oder die Verdammnis ist, erlebt jeder Mensch eine mögliche individuelle Heilsgeschichte, die er mitgestalten kann. Das Christentum gibt ferner Antworten auf existenzielle Probleme: auf die Not im Leben, auf Ungerechtigkeit und auf die Hoffnung auf ein ewiges Leben nach dem Tode.

Der einzelne Mensch, sein individuelles Schicksal wird im Christentum ernst genommen, ja in den Mittelpunkt gestellt. Sein persönliches, nicht irdisches und kurzfristiges, sondern ewiges Heil steht auf dem Spiel. Um diesen je einzelnen Menschen kümmert sich ein allmächtiger Gott. Das *ganze Leben* wird zum Thema und nicht ein *einzelnes glückliches oder unglückliches Ereignis* wie in den antiken Götterreligionen. Der *Hellenismus* bot lediglich eine Götterwelt, die unter sich lebte und kämpfte und in schwer kontrollierbarer Weise in die Welt eingriff. Sie zu besänftigen, sie rituell zu beeinflussen und für sich zu gewinnen, war Kern der Möglichkeiten, die Not des Lebens zu ertragen. Noch ausgeprägter situativ auf Gefahrenbeherrschung und Glückssicherung ausgerichtet war die Götterwelt des antiken *Rom*. Die Götter waren transzendente Nothelfer und indirekte Quellen für die Legitimation von Macht. Über Opferung an die Götter galt es, ihre Gunst zu erlangen. Der Kult für die Götter war aber gleichzeitig eine Huldigung an die Kaiser, an die Caesaren und Augusti.

Wie sah das Angebot des Judentums aus? Es bot dem jüdischen Volke eine *kollektive* Heilsperspektive durch eine besondere Beziehung zu einem einzigen Gott, der mit Hilfe der Propheten zu seinem Volk sprach. Aber eben: Diese Heilsperspektive war auf das Volk Israel beschränkt, es war eine *ethnisch eingeschränkte Heilsgeschichte*.

Die Ermächtigung des Menschen zum eigenen Heil Im Christentum hat jeder Mensch sein individuelles Schicksal *in der eigenen Hand:* Durch Glauben und Moralisierung des Lebens macht er sich von unkalkulierbaren Göttern frei. Er kann sich auf einen liebenden und gerechten Gott verlassen. In der weiteren Entwicklung ist dann allerdings die *Vermittlung* dieses Heils durch die Stellvertreter Christi in den Vordergrund getreten und immer stärker institutionell durch die Kirche verwaltet worden – wogegen immer wieder Basisbewegungen von Christen gekämpft haben. Im Verlauf der Geschichte werden wir dann verschiedenen Methodisierungen dieser Heilswege begegnen. Der eine wird der der kirchlichen Sakramenten- und Gnadenspendung sein, ein Weg des Kultus und der Ablassgewährung, von dem sich dann in der Reformation jener des persönlichen Glaubens und der inneren Disziplinierung zu einer sittlichen Lebensführung abheben wird. Bei diesem Weg des Glaubens und des Wissens um Gott wird die Schule eine große Rolle spielen, da mitgemeint war, man könnte diesen Glauben lernen, ihn über Wissen auch methodisch erzeugen.

Dramatisierung des Lebens Die dramatische Kehrseite der Heilsmöglichkeiten jedes Menschen ist konsequenterweise die Gefahr der ewigen Verdammnis, wenn der rechte Weg des Glaubens und der Sittlichkeit verlassen wird. Dieses Risiko macht gleichzeitig die Dramatik des Lebens im Lichte des Christentums aus.

Das Christentum war zudem die einzige Religion seiner Zeit (außer dem Judentum, das aber stammesgeschichtlich begrenzt war), die sich auch und vor allem an die Mühseligen und Beladenen richtete, also an Arme und Unterdrückte, an Menschen ohne Zukunft und Perspektiven. Es gab diesen großen Gruppen der Bevölkerung eine Perspektive, wenn auch eine vornehmlich *jenseitige*. Den Armen gegenüber predigte es *Solidarität*, die Pflicht zur Hilfe („Was ihr den geringsten unter ihnen getan habt, das habt ihr mir getan"). Damit war hier erstmals ein Solidarverband definiert. Das Christentum wurde zur *Brüderlichkeitsreligion*.

Gleichzeitig war das frühe Christentum *pazifistisch*: auf Gemeindebildung ohne politischen Gestaltungsanspruch ausgerichtet. Die politischen Rahmenbedingungen sollten nicht geändert werden („Gebt dem Kaiser was des Kaisers ist und Gott was Gottes ist").

Im Vergleich zu den schwachen Beziehungen zur Welt, die die Götter der Antike unterhielten, entwickelte das Christentum eine mächtigere Perspektive. Das Weltgeschehen wurde jetzt als Eingreifen Gottes in die Geschichte verstanden, als das Eingreifen eines liebenden und strafenden Gottes, der seinen Sohn in die Welt gesandt hatte, um diese Welt wieder zu sich zu führen.

Das Christentum hatte zudem eine Geschichte, die dokumentiert war, die durch Zeugen belegt war. Diese Geschichte war deshalb davon abhängig, dass sie immer wieder erzählt und ausgelegt wurde. Sie trat mit dem Anspruch an, eine historische *Wahrheit* zu bezeugen und dafür Belege anzuführen. Gleichzeitig wurde sie von Personen tradiert, die Christus gekannt hatten und ihre Verkündigungsmacht aus dieser Bekanntschaft ableiteten. Lediglich Paulus stellt dabei eine signifikante Ausnahme dar, was er in seinen Schriften zu kompensieren suchte. Damit war eine Elite der Gläubigen definiert, die Experten des Wissens um das Eingreifen Gottes in diese Welt waren und die Experten seiner Dokumentation in Evangelien wurden.

Die christliche Heilslehre baut somit auf Zeugenschaft auf. Ihr Wahrheitsanspruch besteht im Glauben an die Zeugenschaft, die Wahrheitsgrundlage ist somit der eines Gerichtsprozesses ähnlich, in dem Zeugen mit unterschiedlicher Glaubwürdigkeit auftreten. Wahrheit ist hier also nicht im Sinne eines nachvollziehbaren wissenschaftlichen Experiments definiert. Wodurch ergibt sich die Glaubwürdigkeit der Zeugen? In der frühen Geschichte des Christentums ergab sie sich aus dem Einsatz des eigenen Lebens, das für diese Zeugenschaft geopfert wird – kongruent mit der Glaubwürdigkeit von Jesus, der seine Verkündigung ebenfalls mit dem Einsatz des eigenen Lebens beglaubigte.

Wegen dieses Wahrheitsanspruches und wegen der Berufung auf eine schriftlich dokumentierte Geschichte ist schon das frühe Christentum auf den Umgang mit Texten, auf Sprache und Verkündigung angewiesen. Es gibt eine *wahre Lehre*, deshalb ist auf falsche Propheten zu achten. Und es gibt eine *originale Quelle*: ein Text, der deshalb tradiert und gepflegt werden muss.

Die wahre Lehre ist an die *ganze Menschheit adressiert*, jeder Mensch kann zum Heil gelangen. Damit entsteht die Verpflichtung, diesen Segen anderen Menschen zuteil werden zu lassen, womit ein Missionsauftrag verbunden ist. Belehrung und Bekehrung aller Menschen werden zu einem Auftrag.

Diese Lehre sollte gewaltige Auswirkungen auf die Methodik der Lebensführung und die Entwicklung einer Institution der „Verwaltung" des Heils, auf die Entstehung einer Kirche haben. In ihrem Umkreis wird es Experten brauchen, die systematisch ausgebildet sind, um den Wahrheitsanspruch und den Missionsanspruch der christlichen Lehre zu verbreiten. Somit ist auch von hier aus der Weg für die Errichtung von Bildungseinrichtungen vorgezeichnet. Ohne sie bliebe die Kontinuität des Christentums bis heute unverstanden.

Dennoch: Der Weg zum Christentum ist sehr komplex und nur im Umkreis der historischen Umstände verständlich. Dabei ist der lange Weg zur Herausbildung einer christlichen Identität im ursprünglich jüdischen Umfeld ein historisch eindrucksvoller und konfliktreicher Weg, bei dem die Kanonisierung von Traditionen über einen Textkorpus eine herausragende Rolle spielt.

2.3 Innere und äußere Konsolidierungsprozesse des Christentums und die Bedeutung systematisierter Lehre: das Programm der christlichen Menschenbildung

Alle Buchreligionen mit Wahrheitsanspruch, die eine systematische Lehre enthalten, sind auf Experten angewiesen, die diese Schriften richtig auslegen können.

Kanonbildung   Die Quellen des Christentums erforderten früh Entscheidungen darüber, was als authentisch zu gelten hat und wie welche Aussagen zu interpretieren sind. Es gibt nämlich keinen originalen Textkorpus von Jesus selbst, sondern nur Berichte über ihn und seine Verkündigungen. Die Bibel wurde dadurch ein komplexes und interpretationsbedürftiges Werk (s. z.B. Schmithals, 2001), eine Konstruktion der Gefolgsleute und Anhänger von Jesus. Die Entwicklung eines Kanons der „authentischen Lehre" gegen viele apokryphe Schriften war deshalb eine der ersten großen Aufgaben und Leistungen des frühen Christentums. Diese Ausgangssituation erfordert notwendig Experten, wenn sie eine kulturelle Kontinuität zur Folge haben soll.

Die christliche Lehre musste also in Abgrenzung zu rivalisierenden Interpretationen entwickelt und verteidigt werden. In mehreren Synoden und Konzilen, insbesondere in jenem von Nicäa um 325 ist dies gelungen. Hier fand die Formulierung des Glaubensbekenntnisses (Gottgleichheit Christi als Dogma) statt.

Dogmatik   Die zentrale Autorität für diese Kanonisierung im fünften Jahrhundert war Augustinus. Er entwickelte den Korpus des christlichen Dogmas, der für das ganze Mittelalter maßgeblich bleiben sollte, in Auseinandersetzung mit dem Arianismus, dem Donatismus, dem Manichäismus und den Pegalianern. Dabei ging es um den Kern des christlichen Dogmas: um die Gottgleichheit Christi (Arianismus), um ein eigenständiges Prinzip des Bösen (Manichäismus), um die Erbsünde, um die Vorsehung, um die Möglichkeit der vernunftgeleiteten Vervollkommnung oder des ausschließlichen Angewiesenseins auf die Gnade Gottes, um die Bedeutung der Taufe uva. (s. für eine wunderbare Einführung Fuhrer, 2004).

Interpretations-monopole   Solche Kanonisierungsprozesse im Inneren sollten die Kirche durch die Jahrhunderte begleiten. Sie kämpfte immer wieder gegen Häretiker, seien es die Manichäer, die Kartharer, die Hussiten u.v.a. Die Inquisition ist die bekannteste Form dieses Kampfes. Weniger gewaltsam wurde er in den Bildungsinstitutionen geführt, insbesondere in den Universitäten. Sie bekamen im Mittelalter für die Definition und Durchsetzung der „richtigen" Lehre eine herausragende Bedeutung. Der Kampf um die richtige Interpretation führte zu Institutionsbildungen innerhalb der Kirche, die sich selber als Instanz der autoritativen Verkündigung und der Gnadenvermittlung etablieren musste. Die Sicherung der autoritativen Verkündigung war zentraler Teil der kirchlichen Institutionsbildung. Sie ging Hand in Hand mit der Einrichtung von Bildungsstätten.

Dabei stellt sich nochmals die Frage nach der Attraktivität des Christentums im Kontext rivalisierender Religionen. Der Götterglaube des Römischen Reiches war von geringer intellektueller Rationalisierung. Er war ein durch Ritus gestalteter Weg, sich das Wohlwollen in irdischen Angelegenheiten zu erkaufen. Das Heilsinteresse war damit rein irdischer Natur, während das der Christen über das Diesseits hinaus wies. Angesichts der Kürze und Unberechenbarkeit des irdischen Lebens war dies ein weit attraktiveres Ziel. Es machte auch Opfer für den Glauben sinnvoll (Märtyrerkult). Zudem war die Lehre des Christentums getragen vom Glauben an eine Geschichte Gottes mit der Menschheit, die sich in eine irdische Geschichte in Christus verwandelte. Auch die Moralisierung des Alltagslebens war im Christentum weit ausgeprägter: Sie bezog sich nicht auf die schlichte Erfüllung eines Regelkanons, sondern auf die Gestaltung der mitmenschlichen Beziehungen generell.

Römischer Götterglaube und Christentum

Die kulturelle Integrationsleistung des Christentums: die Rezeption der Antike in Sprache und Kultur

Die größte geistige Macht der Antike war der Hellenismus, die größte weltliche das Römische Reich. Wie konnte sich angesichts dieser Übermacht das Christentum etablieren? Wie konnte es sich gegen die intellektuelle Vormachtstellung der Griechen behaupten? Die Griechen blickten immerhin auf eine Jahrhundert alte Hochkultur zurück, in der auch ein umfassendes Programm der Menschenbildung entwickelt wurde.

Hellenismus

Die Weltbilder des Christentums und die weiteren Entwicklungen der abendländischen Kultur sind ohne diese griechische und römische Antike nicht denkbar. Das Christentum hat sich über Jahrhunderte in der Auseinandersetzung mit diesem Erbe profiliert und verfeinert. Auch die Spannung von Wissen und Glauben als einem Kernelement der abendländischen Geistesgeschichte ist ohne die Antike nicht vorstellbar. Sie ist damit eine wichtige Grundlage für die Entstehung der europäischen Moderne.

Menschenbildungsprogramme

Lange vor dem Auftreten des Christentums hatte sich in Griechenland eine Hochkultur entwickelt, die ein umfassendes Programm der Menschenbildung enthielt. Es umfasste sowohl ausgedehnte Lehrgänge der körperlichen Ausbildung, des Trainings und der Zucht, als auch ein künstlerisches Programm der Ausbildung in Gesang, Musik, Theater und Saitenspiel. Ab dem 6. Jahrhundert vor Christus war das Konzept der Paideia bereits voll entfaltet. Nach Dolch sah dessen Lehrplan wie in Abb. 3 skizziert aus.

Die griechische Antike

Abb. 3: Lehrplan in der griechischen Antike *(Dolch, 1982, S. 26)*

		Paideia		
		Musik		Gymnastik
Jünglingsalter	Grammatik Rhetorik Dialektik	Arithmetik Geometrie Astronomie Musiktheorie	politische Arete ↑	Leibesübungen d. Gymnasiums Vormilitärisch
Knabenalter	Lesen Schreiben und Lyraspiel	(Rechnen) Sacherklärungen	Ethisch- religiöse Dichteraus- wertung	Leibesübungen der Palästra Kult. Tanz

Abb. 4: Schulszene auf einer Schale, etwa 480 v. Chr. *(Alt, 1966, S.66)*

An der Wand der Schulstube hängen (von links nach rechts) eine Trinkschale, eine Leier, ein Gerät zur Beförderdung der Schriftrollen und ein Flötenfutteral. Links erteilt ein Kitharist Unterricht im Leierspiel und in der Mitte sagt ein Schüler ein auf der Rolle verzeichnetes Gedicht auf.

Den Höhepunkt des bildungstheoretischen Denkens bildete schließlich der Lehrplan bei Platon. Hier wurden Inhalte sorgfältig ausgewählt und in einer Stufenfolge den Lernfähigkeiten von Kindern und Jugendlichen angepasst. Zwischenstufen, Reihenfolgen und Endziele wurden klar geregelt.

Der Bildungsweg ist auf die höchsten Aufgaben des Menschen ausgerichtet. Er soll ihn zur Erkenntnis der Ideen führen und die weise Regierung in einem idealen Staat ermöglichen, zu der nur Philosophen fähig sind. Die körperliche Ertüchtigung ist für militärische Zwecke unerlässlich, die sprachliche Schulung für die Behauptung in der Polis. Arithmetik, Geometrie, Astronomie und Harmonik sollen helfen, die Ordnung des Kosmos zu entdecken, um die richtige Ordnung auf der Welt zu fördern und sie verantwortungsvoll zu gestalten.

Abb. 5: Ausbildungsgang in der griechischen Antike *(Dolch, 1982, S. 38)*

Praktische - theoretische Ausbildung		
20-21	(Ephebie)	
18-19 4. Stufe 16-17	Höhere Arithmetik, Geometrie und Astronomie Elementare Arithmetik, Geome- trie, Astronomie Unentbehrliche Kenntnisse für Krieg, Haus- und Staatsverwaltung	Jagd zu Lande und im Wasser als Kriegsvorbereitung
3. Stufe 13-15	Leierspiel, Fortsetzung des literarischen Unterrichts	Marschieren, Lager schlagen, Bewegungen in der Rüstung
2. Stufe 10-12	Lesen und Schreiben, Poesie und Prosa, Grammatikunterricht	Fortsetzung (Schwimmen), Tanz und Ringen
1. Stufe 7-9	Gesang und Spiel gelegentliche Abzählübungen	Reiten, Bogenschießen, Speerwerfen, Schleuderschießen
3-6	Kindergarten im ländlichen Bezirk	
Familiäre Entwicklung und Pflege der Gesundheit und des Gemüts vor allem durch Bewegung und heiteren Gleichmut		

Diese auf ein „reines Menschentum" ausgerichtete Bildung (s. Kah, 2004) war an eine kleine aristokratische Schicht gebunden. Da sie demografisch sehr instabil war, bestand auch immer wieder die Gefahr des Zusammenbruchs der tragenden Familientraditionen. So übernahmen komplementär die Schule und das Buch die stabilisierende Funktion auch für solche, die nicht alten Adelsfamilien angehörten (s. Marrou, 1995, S. 506f.). Damit vollzog sich der Übergang von einer Erziehung der adeligen Krieger zu der von Schreibern, oder der Übergang vom Training des Körpers zum Training der Intelligenz, vom Schwert zum Buch. Es wäre auch ein Irrtum anzunehmen, der Lehrplan von Platon sei die Realität der Bildung in der Antike und die Septem Artes mit der Unterteilung in Trivium und Quadrivium seien hier bereits voll ausgebildet. Letzteres wird dem Mittelalter vorbehalten sein. Diese Unterteilung (Trivium mit Grammatik, Dialektik und Rhetorik als „Kunst" des Ausdrucks und der Sprache und Quadrivium mit Arithmetik, Geometrie, Astronomie und Harmonik als „Disziplinen" des Weltwissens in mathematisierter Gestalt) ist erst seit dem 9. Jahrhundert bekannt. Erst die Karolinische Renaissance hat sie hervorgebracht. In der Antike gab es nach Hadot zumindest vier Typen der Allgemeinbildung. Der traditionelle Typ konzentrierte sich auf körperliche Ertüchtigung und auf das Auswendiglernen von großen Teilen der epischen und lyrischen Literatur. Der rhetorische Typ stellte die sprachlichen Fächer in den Mittelpunkt. Sein Hauptvertreter war Isokrates. Der platonische Typ der Allgemeinbildung stützte sich vor allem auf Mathematik und Dialektik, der aristotelische auf eine Universalkultur des Wissens (Hadot, 1989).

Diese „großen Ideen" sind sicher nur die eine Seite der pädagogischen Realität in der Antike. Die andere wurde u.a. von der Entwicklung der militärischen Strategien bestimmt. Ab dem siebten vorchristlichen Jahrhundert vollzieht sich

Trivium und Quadrivium

Militär und Erziehung

eine militärische Revolution. Kriege werden nun nicht mehr durch die herausragenden Einzelkämpfer entschieden, die einander stellvertretend für Völker gegenüberstehen, sondern durch die gemeinsamen Fronten der Infanterie. Damit wird ein anderes Erziehungsideal dominant. Es geht unter diesen Kampfbedingungen stärker um die Gemeinsamkeit des Kampfes, um die Koordination der Kämpfer, um deren Unterordnung unter einen einheitlichen Willen. Dies verändert das Training und die begleitenden Tugenden fundamental (Marrou, 1957).

Abb. 6: Kampfformation von Heloten

Die Heloten waren Bauern, die für die Spartiaten das Land bestellten, und dienten in den Kriegen ihren Herren auch als Leichtbewaffnete im Formationskampf.

Das antike Rom: der Rhetoriker

Die römische Welt war nicht minder übermächtig. Auch hier gab es bereits Menschenbildungsprogramme auf hohem Niveau. Der ausgereifteste Entwurf findet sich bei Quintilian, der einen Bildungsgang konzipierte, an dessen Ende der erfolgreiche Rhetoriker steht. Er soll bereits vor der Schulzeit die griechische Sprache lernen, um sich Sprüche einzuprägen. Auf der Elementarstufe geht es dann um Lesen und Schreiben. Darauf folgt eine erste Stufe des höheren Unterrichts, in dem elementare Grammatik, Musik und Geometrie im Vordergrund stehen. In mehreren Stufen erfolgt jetzt die Einführung in die Rhetorik. Auch finden wir wichtige Erfindungen der Lehrgang- und Lehrplangestaltung, etwa die folgenden:

– Es werden mehrere Fächer zur gleichen Zeit nebeneinander unterrichtet.
– Derselbe Inhalt wird auf mehreren Stufen der Komplexität unterrichtet.
– Es werden Lehrgänge etabliert, die die Voraussetzungen für andere Lernbereiche schaffen: Fertigkeiten werden zuerst gelernt und erst dann theoretische Erörterungen angeschlossen.

Die Elite Roms sieht als Gipfel des Bildungsweges den Rhetoriker, der sich im verbalen Kampf in der damaligen „Öffentlichkeit" durchsetzt. Es ist nicht der Virtuose des Glaubens oder der Virtuose des Wissens und der Künste.

Wie verhielt sich das Christentum zu diesen Hochkulturen und zu diesem Bildungskanon? Die herausragende frühe Leistung war die Integration der antiken Bildungswelt in sein Weltbild. Dies war der umkämpfte aber letztlich erfolgreiche Weg des frühen Christentums bis ins hohe Mittelalter (s. dazu den konzisen Überblick in Helmer, 2000). *Die Integration der Antike ins Christentum*

Maßgebend dafür war u.a. *Augustinus (354-430)*, der dies in seinen Schriften in exemplarischer Weise geleistet hat (s. für eine kritische Position Marrou, 1995). Er akzeptierte den Bildungskanon der Griechen als Grundlage, stufte ihn aber nur als Vorbereitung für die Rezeption der Bibel ein. Weltliches Wissen sei nur notwendig, um sich nach dessen Kenntnisnahme distanzieren zu können. *Die Kernidee: antike Bildung als Vorstufe*

Augustinus

Abb. 7: Hl. Augustinus in einer lehrhaften Szene *(Schiffer & Winkler, 1994, S. 15)*

Den Gegenstand des Gespräches bildet ein Text, der sich von selbst noch nicht erschliesst; er bedarf der Erläuterung. Der rechte Umgang mit den in den heiligen Schriften enthaltenen Wahrheiten muss von Autoritäten vermittelt werden.

Bei Augustinus findet sich also keine harmonisierende Synthese, sondern eine hierarchische Stufung wertvollen und weniger wertvollen Wissens. Sie führt von literarischer Bildung zu philosophischer und schließlich zu christlicher Bildung (s. Marrou, 1995, S. 495). Diese Ordnung des Wissens – solche Sammlungen und Ordnungen des Wissens als Grundlage für Bildung werden wir immer wieder finden – hat geholfen, die antike Bildung in der Gestalt der Vorbereitung für die christliche Bildung in den mittelalterlichen Kanon des Wissens zu integrieren.

Systematisiertes Lehren und Lernen wurde deshalb neben dem Schreiben und Sammeln von Büchern zu einer fundamentalen Aufgabe, ja geradezu zu einer Existenzfrage für die mittelalterliche Kirche.

Ordnung des Wissens In der Übersetzung der Wertung des Wissens in einen Lehrplan wird diese Stufenfolge (literarische – philosophische – christliche Bildung) plastisch sichtbar, wenn Augustinus die in Abb. 8 dargestellten Wissensformen unterscheidet:

Abb. 8: Ordnungen des Wissens (Lehrgegenstände) *(Dolch, 1982, S. 76)*

LEHRGEGENSTÄNDE		
Menschliche Einführungen	*Abergläubische*	Götzendienst, Alltagsgebräuche, Astrologie, Vogelflugdeutung u. dgl.
	Nichtabergläubische	**Überflüssige:** Theaterpossen, Gemälde, Statuen, Dichtungen **Zweckmäßige und notwendige:** Kleidung, Rangabzeichen, Maße, Münzen, Gewichte, Buchstaben, Sprachen, Kurzschrift.
Göttliche Einrichtungen	*Erfahrungen durch Sinneswahrnehmung und Erzählung:*	**Geschichtswissenschaft Naturwissenschaften und Astronomie Fertigkeiten:** Baukunst, Schreinerei, Töpferei u. dgl.; Heilkunde, Landwirtschaft, Verwaltungskunst usw.; Tanzen, Laufen, Ringen u.a.
	Erkenntnisse aus reiner geistiger Vernunft:	**Dialektik:** Definitionen, Syllogistik[1], Rhetorik **Mathematik:** Arithmetik, Geometrie, Musik

[1] Alle Syllogismen beruhen auf Deduktion, d.h. auf der Ableitung besonderer Aussagen aus allgemeinen. In der Antike und im Mittelalter sah man in der Deduktion die grundliegende Methode zur Gewinnung und des Beweises neuer Erkenntnisse.

Alle diese Erkenntnisse und Fertigkeiten kann sich der Christ nach Augustinus ohne Sünde aneignen, wenn er sie nur als Instrument für das bessere Verständnis der Heiligen Schriften versteht und darüber die wahren Einsichten des Glaubens nicht missachtet.

Heidnische Wahrheit und geoffenbarte Wahrheit Wie sind aber die antiken Philosophen, die doch auch „Wahres" gefunden haben, in das christliche Weltbild integrierbar, das doch eine geoffenbarte, vollkommene und umfassende Wahrheit enthält? Augustinus hat in seinem Alterswerk „De doctrina christiana" den Schlüssel dafür formuliert: „Wenn ... die so genannten Philosophen, vor allem die Platoniker, einmal etwas aussagen, was wahr ist, und mit unserem Glauben übereinstimmt, so brauchen wir uns davor nicht nur durchaus nicht zu fürchten, sondern wir dürfen ihr Wahrheitsgut von ihnen als den unrechtmäßigen Besitzern für uns in Gebrauch nehmen" (zit. nach Reble, 1971, S. 53). Hier formuliert Augustinus ein Begründungsmuster, das über Jahrhunderte wirksam bleiben sollte: Die antiken Bildungsgüter sind den vorchristlichen Menschen von Gott nur geliehen worden, sie sind nicht die eigentlichen rechtmäßigen Besitzer. Indem die Christen sie sich aneignen, gehen sie in die Hand der rechtmäßigen Besitzer über. Daraus resultierte sowohl eine Integration des antiken Lehrkanons und Wissens in das christliche Weltverständnis, als auch eine Stellenwertbestimmung. Dieser antike Kanon hatte dienenden Charakter, wurde jedoch – wie wir noch sehen werden – in der Gestalt der Artes Liberales aufbewahrt, tradiert und im Mittelalter als Vorbereitung vor das eigentlich wichtige Wissen, vor die Theologie, gestellt.

Dass der Kampf um die Vorherrschaft des Intellekts in dieser Zeit noch nicht entschieden war, wird spürbar, wenn Augustinus den Hochmut der gebildeten Menschen schildert und ihn der weniger gewandten Zunge, aber dem dafür reinen Herzen der Christen gegenüberstellt (s. in Reble, 1971, S. 56). Augustinus verändert dabei den Stellenwert von Bildung und von Humanität. Ihm geht es nicht mehr um humanitas, sondern um humilitas, also nicht um Größe, sondern um Demut des Menschen. Seine Position des „Dazwischen", zwischen der antiken Kultur und der christlichen Lehre, könnte man so ausdrücken: Sozialisiert wird der gebildete Christ im antiken Gedankengut und den antiken Kompetenzen (Marrou nennt dies die „kulturelle Osmose"), erzogen, also bewusst geistig zentriert, wird er im Christentum (Marrou, 1995, S. 343ff.).[2] Diese Verbindung wird weit reichende Folgen haben, erlaubt sie doch, dass sich im Schoße des Christentums menschliche Werte wie das Interesse an wissenschaftlicher Forschung und die Wissbegierde entfalten konnten. So ist die später zu beschreibende Dynamik von Wissen und Glauben bereits hier grundgelegt.

So bedeutsam die Stellung des Augustinus für die theoretische Integration der antiken Bildung in die christliche Lehre ist, so wenig steht die Institutionalisierung einer christlichen Schule und Ausbildung im Mittelpunkt seines Denkens und politischen Handelns. Zu seiner Zeit war es allgemein üblich, dass die ersten Phasen der Ausbildung über die „heidnischen" Schulen mit lateinischer oder griechischer Ausrichtung absolviert wurden. Marrou sieht die endgültige „... Einrichtung eines regulären Unterrichts in der höheren christlichen Bildung erst später im 7. Jahrhundert in Irland, im 8. Jahrhundert in England ..., wo sich die Anfänge einer Bewegung zeigten, aus der dann die ‚Karolinische Renaissance'

Humanitas oder humilitas?

Die Chancen des Wissens

---

2   Wer diesen Prozess der Integration der antiken Bildung in das christliche Weltbild im Detail kennen lernen möchte, dem sei diese Arbeit von Marrou ans Herz gelegt. In ihr wird im Detail beschrieben, wie in der Sprache, in der Einstellung zu Wissen bei Augustinus die antike Bildungstradition weiterlebt und wie sie schließlich von der christlichen Bildung überlagert wird. Diese Arbeit gibt auch einen unvergleichlichen Einblick in die spätantike Bildungswelt, in die Bedeutung der Rhetorik in der damaligen Gesellschaft, in die Form des Weltwissens, das nicht erklärend, sondern lediglich registrierend ausgerichtet, Wunderdinge (mirabilia) dokumentierend, war. Auch das Experiment sollte keine Hypothese bestätigen, sondern lediglich etwas Wunderliches, was schon in den „Schriften" niedergelegt war, belegen. Die Schnittstellen zwischen antiker Bildung und christlicher Bildung werden in dieser Arbeit in bewundernswertem Detailreichtum dargestellt.

hervorgehen sollte" (Marrou, 1995, S. 339). Damit wird der Weg der Institutionalisierung von Lehren und Lernen angedeutet, der im Folgenden im Zusammenhang mit der Festigung des institutionellen Akteurs „Kirche" näher beschrieben werden soll.

2.4 Die Entstehung eines institutionellen Akteurs als Grundlage für die Vergesellschaftung von Lehren und Lernen: die Entstehung der Amtskirche

Ideen, Gedanken und Lehrmeinungen sind flüchtige Erscheinungen, immer in Gefahr, mit ihren Trägern in Vergessenheit zu geraten. Wie werden sie auf Dauer gestellt, über Generationen erhalten? Wie konnte sich die christliche Lehre über Jahrtausende erhalten, bis in unsere Tage wirksam bleiben? Die Antwort führt auf die Suche nach Institutionen, die sie getragen und gesichert haben, sie führt in die Geschichte der Institutionalisierung einer Amtskirche, in deren Schoß die christliche Lehre kanonisiert und über Bildungseinrichtungen bewahrt wurde.

Anfänge der Herauslösung der Judenchristen aus den jüdischen Institutionen

Dieser bewundernswerte Prozess begann mit einer fundamentalen Entscheidung: mit der Loslösung der Bindung des Christentums vom Judentum, symbolisiert in der Aufhebung des Beschneidungsgebotes, des Sabbats, der Reinheits- und Speisegebote als Zugehörigkeitsriten zur Glaubensgemeinschaft. So geschehen auf dem Aposelkonzil 49 n. Chr. unter dem entscheidenden Einfluss des Paulus von Tarsus. Damit wurde die Verknüpfung der Heilsgeschichte mit dem Volke Israels aufgehoben und die ganze Menschheit zum Adressaten göttlicher Gnade. Das *Christentum* löste sich so von der Beschränkung auf ein auserwähltes Volk und wurde zu einer universalen Gemeinschaft mit endzeitlichen Erwartungen. Es richtet sich auch an die Randgruppen der Gesellschaft und an alle Bildungsschichten. Die ganze Menschheit wurde zum Adressaten seiner frohen Botschaft.

Dass dies ein sehr komplexer und umstrittener Prozess war, zeigt die historisch-hermeneutische Rekonstruktion der Evangelien (Schmithals, 2001). Danach haben sich die Christen lange bemüht, die Bindung zum Judentum aufrecht zu halten. Erst ihre Ausgrenzung aus dem Judentum nach dem Fall von Jerusalem im Jahr 70 nach Christus hat diesen Prozess beschleunigt. Im Anschluss an diese Niederlage haben die Pharisäer versucht, das Judentum und die Synagoge als Ort der jüdischen Organisation und Stabilität zu erhalten. Sie haben die Zugehörigkeitsbedingungen im Sinne der klassischen jüdischen Identitätsriten verschärft und die Judenchristen immer weniger geduldet. Durch diese Ausgrenzung verloren die Christen den Schutz vor dem Kaiseropfer (Opferung und Militärdienst), der mit der Synagogenzugehörigkeit verbunden war. Damit waren die Christen dem römischen Kaiseropfer schutzlos ausgesetzt und bei seiner Verweigerung als Aufrührer verdächtig. Von den Pharisäern wurden sie häufig denunziert, damit diese selber unbehelligt bleiben konnten. Dieser Konflikt spiegelt sich in den verschiedenen Evangelien, die unterschiedliche Lösungen in der Kontinuitätsfrage mit dem Judentum suchen (Schmithals, 2001, S. 56ff.).

Die institutionelle Verankerung des frühen Christentums

Anfangs waren die Christen in kleinen Gemeinden organisiert, die von einer Endzeiterwartung getragen waren. Die Wiederkunft des Erlösers wurde unmittelbar erwartet. Die innere Organisation würden wir heute als Brüdergemeinden, als Urkommunismus bezeichnen, die in losen Netzwerken verbunden waren.

Anfänge mit „Netzwerken"

Die christliche Lehre und die brüderliche Lebenspraxis waren für viele Bevölkerungsgruppen eine große Hoffnung. Sie bildeten einmal ein Netz der Lebensvorsorge, stand doch die Fürsorge für Arme, Witwen, Waisen und Findelkinder im Zentrum der christlichen Liebesethik. Die Ausbreitung der Lehre bei Sklaven und Armen machte sie verdächtig und leitete mehrere Christenverfolgungen ein, unter denen die durch Nero die bekannteste ist. Der Konflikt zwischen „Staatstreue" und Religion war zwar schon in der Bibel in der Form einer strikten Trennung („Gebt dem Kaiser was des Kaisers ist und Gott was Gottes ist") theoretisch gelöst, praktisch wurden die Christen des Widerstandes verdächtigt. Militärdienst und Opferung an die römischen Götter waren die Prüfsteine, mit denen sie ihre Loyalität mit dem Kaiser bezeugen und sich vom Verdacht der Rebellion freisprechen konnten. Beides verbot aber die christliche Lehre, sodass grausame Verfolgungen die ersten Jahrhunderte durchzogen.

Hilfe und Verfolgung

Als höchste Form der Nachfolge Christi galt in dieser Zeit das Märtyrertum, die Hingabe des eigenen Lebens unter Qualen für den Glauben. Es war eng verbunden mit Endzeiterwartungen und wurde als endgültiger Kampf des siegreich sein werdenden Christentums gegen den Teufel, gegen das Böse in der Gestalt der römischen Peiniger verstanden. Die vielen, zu dieser Zeit entstehenden lateinischen Beschreibungen von Märtyrern sollten die Identität und den Glauben der Christengemeinden stärken. In dieser Periode des charismatischen Christseins in der Gestalt des Märtyrers wurde dieses explizit gesucht und nicht als Opfer verstanden. Märtyrer zu sein war der Ausdruck des Sieges und die Chance, den Sieg Christi über den Teufel zu bezeugen. Diese Märtyrergeschichten wurden unzählige Male in den Gemeinden vorgelesen und dienten hier möglicherweise nicht nur der Stärkung im Glauben, sondern auch der Reduktion von Angst und Furcht angesichts möglicher Qualen unter der Folter (Reinbold, 2000). Märtyrergeschichten vergrößerten die Distanz zwischen der teuflischen Welt der römischen Herrschaft und der inneren Identität der Christengemeinden. Märtyrer verwandelten sich so von Opfern zu Akteuren, die symbolisch ihre Qualen und Niederlagen in Siege transformierten (Binder, 2005).

Märtyrer: charismatisches Christsein

Die römische Obrigkeit ist diesem geheimen Wunsche nicht immer freudig gefolgt, ja hat oft widerstrebend die Verurteilungen und Hinrichtungen – häufig auf Anzeige durch die Bevölkerung – vorgenommen. Erstaunlicherweise sind die Märtyrer aus der Perspektive der „Täter", der römischen Herrschaft, in Texten kaum präsent.

Historisch sind etwa zehn Wellen von Christenverfolgungen bekannt. Erst das Toleranzedikt von Galerius von 311 (Mailänder Edikt) ermöglichte wieder die straffreie Ausübung der Religion.

Der politische Durchbruch und die Etablierung als Amtskirche mit staatlicher Unterstützung vollzogen sich in der Regentschaft von Constantin. Im Hintergrund stand ein machtpolitischer Konflikt innerhalb von Rom. Unter Diokletian war das tetrachische System eingeführt worden. Es besagte, dass jeweils ein Augustus mit einem potenziellen Nachfolger, einem Caesar sowohl im Westen

Der Durchbruch mit Constantin

(Trier/ Rom) als auch im Osten (Konstantinopel) regieren sollte. Der zweite Caesar, der Gegenspieler von Konstantin, war Licinius, der seine Macht über die herkömmlichen Riten und römischen Traditionen festigen wollte. Konstantin, der Emporkömmling, der diesen Herkunftsstatus immer zu vertuschen suchte, schlug sich auf die Seite der Christen, um ein weltanschauliches Gegengewicht zu schaffen. Die Entscheidung erfolgte militärisch, in den Schlachten bei Adrianopel, Byzanz und Chrysopolis im Jahre 324.

Hier beginnt dann auch die Legendenbildung: Erscheinungen vor der Schlacht, Versprechen und Einlösung des Versprechens auf Förderung der Christen. Constantin (in hoc signo vinces) verblieb im Umfeld seiner neuen weltanschaulichen Verbündeten. Ja, er beanspruchte sogar, der 13. Apostel zu sein. Er setzte als erster die Stellung zu den Christen positiv in sein Machtkalkül ein. Kurz vor seinem Tode im Jahre 327 ließ er sich taufen, um den größtmöglichen Sündenerlass zu erzielen, der also nicht mehr durch weitere irdische Sünden getrübt werden konnte. 330 erfolgte die Gründung von Byzanz als Zentrum der neuen Kirche. Die Christen rückten jetzt ins Zentrum der politischen Macht. Ihnen fiel nun die Aufgabe zu, die römischen Heiden zu bekehren. So wurden sie von Verfolgten zu Verfolgern. Der systematische Ausbau der Kirche als hierokratischer Herrschaftsverband, als Anstalt der Verwaltung von Heilsgütern, wie es Max Weber nannte, begann.

Alltägliches Christsein

Damit stand auch die charismatische Form des Christseins in der Gestalt des Märtyrertums nicht mehr im Zentrum. Christsein wurde jetzt methodisiert und veralltäglicht. Der Heilsweg auf Erden wurde einer der irdischen Askese im Alltag. Dieser Weg vom charismatischen Christsein des Märtyrers zum alltäglich methodisierten wird jener sein, der auch erzieherisch umsetzbar ist. Auf das Märtyrertum hin kann man nicht erziehen, wohl aber auf methodische Lebensführung.

Der Ausbau der Amtskirche, die Festigung der Lehre und die Heranbildung eines Expertenstandes

Die folgenden Jahrzehnte und Jahrhunderte stehen im Zeichen der Festigung der autoritativ abgestützten Lehre, der Schaffung der kulturellen Grundlagen für die Expansion der Kirche und der Etablierung eines für den ganzen europäischen Kulturraum wichtig werdenden Expertenstandes. Er ist eng mit der Entwicklung und Durchsetzung von Latein als Kirchensprache sowie mit der Integration der antiken Gelehrtenkultur in die neue Kirchenkultur verbunden.

Latein als universale Sprache

Ein entscheidender Meilenstein auf diesem Weg ist die Übersetzung der Bibel ins Lateinische. *Hieronymus* (345-419) wird diese Leistung in der Gestalt der Vulgata zugeschrieben. Obwohl bereits vorher, zwischen 150 und 200, eine Übersetzung der Bibel ins Lateinische in Nordafrika erfolgte, und eine erste Übersetzung ins Gotische durch den Bischof Ulfila vorlag, wurde die im 4. Jahrhundert verfasste Bibelübersetzung zur Grundlage der Christianisierung für kommende Jahrhunderte.

Die Rettung der Antike

Die Antike und ihre Kultur drohten aber in den folgenden Wirrungen der Völkerwanderung unterzugehen. *Boethius (480-524/26)*, ein Römischer Senator, gilt als letzter Gelehrter, der noch die griechischen Klassiker lesen konnte und dabei war, das Gesamtwerk von Platon und Aristoteles ins Lateinische zu übersetzen, als er 524 auf Befehl des Gotenkönigs Theoderich geköpft wurde. So blieben die griechischen Autoren, insbesondere Aristoteles (384-322 v. Chr.), bis ins 12. Jahrhundert in großen Teilen der Christenheit unbekannt. Auch die anderen griechischen Klassiker (Sophokles, Homer, Herodot, Euripides, Aischylos, Xenophon usw.) überlebten nur durch ihre Rezeption in Byzanz und die Pflege ihrer Werke im arabischen Raum. Jahrhunderte später kamen sie über Bagdad und Toledo wieder ins Abendland (s. Schulthess & Imbach, 2002).

Abb. 9: Allegorische Darstellung des mittelalterlichen Bildungsgutes
(Alt, 1966, S. 112)

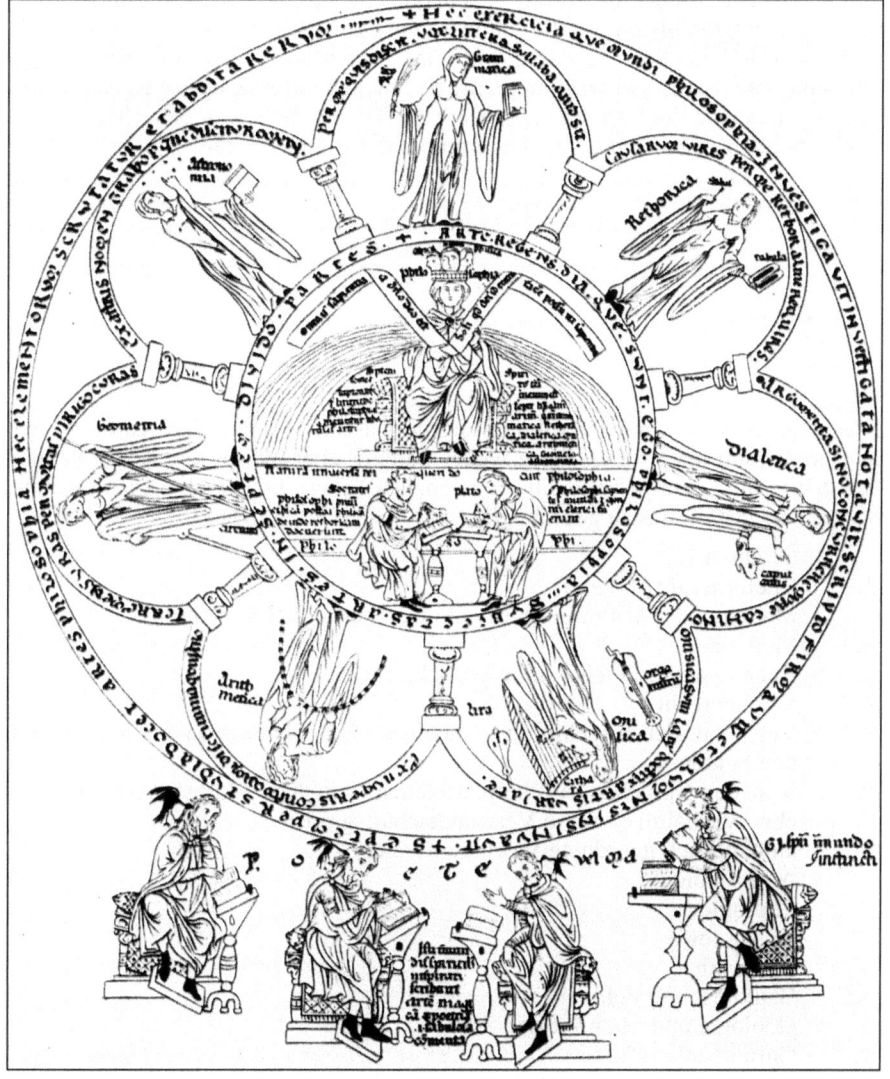

In der Mitte sitzt die Philosophie mit ihren drei Köpfen: Ethik, Logik und Physik. Ihr zu Füssen sind Sokrates und Plato. Aus der Brust der Philosophie ergießen sich die sieben freien Künste (im äusseren Kreis, oben beginnend): Grammatik mit Buch und Rute, Rethorik mit Griffel und Wachstafel, Dialektik mit Hundkopf, dann Musik, Arithmetik mit geknoteter Schnur, Geometrie und Astronomie. Unter dem Kreis sitzen vier heidnische Poeten deren Werk von (unreinen) schwarzen Vögeln eingeflüstert wird.

Es gab jedoch noch einen zweiten Weg, der zur Rezeption der Antike führte. Nach Dolch kommt *Cassiodor* (490-583), Senator und Minister in Rom, eine zentrale

Cassiodor

Rolle in der Weitergabe und Rettung der antiken Kultur zu. Er ist nach Dolch der eigentliche Schöpfer des mittelalterlichen Lehrplanes (Dolch, 1982, S. 78ff.). Zur Zeit Cassiodors brach tatsächlich die antike Kultur der Artes Liberales zusammen. 324 gab es den letzten bekannten Befehl für die Epheben zum Wettkampf, 394 wurden die olympischen Spiele aufgehoben und 520 die Akademien geschlossen.

Cassiodor hat nun das unsterbliche Verdienst, alles ihm Bekannte aufgeschrieben zu haben bzw. organisiert zu haben, dass es aufgeschrieben wurde. Zwei Werke sind es vor allem, die die Summe des damaligen Wissens enthalten:

Die „Institutio divinarum lectionum" und die „Institutio saecularium lectionum". Darin verbindet er antike Gelehrsamkeit mit christlicher Bildung und zwar in der Hierarchisierung, die schon Augustinus entwickelte. Die antike Welt wird zur Magd für die Theologie, sie wird zum Material für formale geistige Schulung. Die Theologie wird am Ende des langen Bildungsganges gelehrt, die Septem Artes sind die Lerninhalte der vor der Theologie liegenden Lehrgänge.

Die Septem Artes sind bei Cassiodor quantitativ so aufgeteilt:

Tab. 1: Septem Artes bei Cassiodor

Trivium:		Quadrivium:	
Grammatik:	5%	Arithmetik:	16%
Rhetorik:	17%	Musik:	14%
Dialektik:	37%	Geometrie:	4%
		Astronomie:	7%

Isidor von Sevilla   Über Spanien wird dann in Anknüpfung an Cassiodor die antike Kultur in der ins Christentum integrierten Form weiter tradiert. Hier nimmt Isidor von Sevilla (560-636) eine Schlüsselrolle ein. In zwanzig Büchern behandelt er das gesamte Wissen seiner Zeit, das so geordnet ist (s. Dolch, 1982, S. 81):

1. Grammatik
2. Rhetorik und Dialektik
3. Mathematik (Arithmetik), Musik, Geometrie und Astronomie
4. Medizin
5. Recht und Geschichte (eine Weltchronik)
6. Kirchenrecht
7.-8. Von Gott, den Engeln und Ständen der Gläubigen. Von der Kirche und den Sekten
9. Von den Sprachen, Völkern, Reichen, von Kriegskunst, von bürgerlichen Verhältnissen und Verwandtschaftsgraden
10. alphabetisch geordnete Wortableitungen
11. Anthropologie
12. Zoologie
13. Kosmologie
14. Geografie
15. Baukunst und Feldbau
16. Geologie und Metallurgie
17. Gartenbau
18.-19. Kriegskunst und öffentliche Spiele, Schiffsbau, Gebäudeeinrichtung und Kleidung
20. Hauswesen, Wirtschaft, häusliche und ländliche Technologie

Vielsagend ist hier, wie die Summe des Weltwissens von Isidor systematisch geordnet wird. Im Hintergrund steht wieder ein Bemühen um die Rangfolge des Wissens und die Rettung der Antike bei Wahrung der Vorherrschaft des Christentums. Auch der schwelende Konflikt um die Vorherrschaft der Weltbildung oder der Ausrichtung auf das Jenseits inspirierte die obige Rangfolge.

Über diese Lehrbücher und die Vulgata hat das „höhere Lernen" in verschlungenen Wegen den Lehrplan des Abendlandes bestimmt. Entscheidend war dabei die Durchsetzung einer europäischen Bildungssprache, des Lateins. Der Erwerb dieser „Expertensprache" erforderte einen langjährigen Lernprozess, er erforderte Lehrperson, Material, Zeit und Orte des Lernens.

Anfänge des Lehrplans des Abendlandes

Die Rezeption der Antike erfolgte in dieser Zeit ausschließlich durch die Kirche. Sie verdammte und ließ zu, verwies in die Schranken oder schloss aus. Dennoch: Ohne sie wäre der Verlust der Antike nicht auszuschließen gewesen. Es stand mehrmals auf Messers Schneide, was vom Alten bewahrt werden konnte.

Die Weltweisheit der Antike verfiel jedoch immer wieder dem Verdikt. So formuliert Tertullian: „Was also haben gemeinsam der Philosoph und der Christ, der Schüler Griechenlands und der des Himmels, der Beförderer seines Ruhms und der seines Heils, ... der Verfälscher der Wahrheit und ihr Erneuerer und Dolmetsch, der Dieb und ihr Wächter?" (nach Dahlheim, 1994, S. 676).

Ambivalenzen zwischen Christentum und Antike

Die Auseinandersetzung entzündete sich immer am Quadrivium, am wissenschaftlichen Weltwissen. Sich sprachlich zu schulen, wie es das Trivium vorsieht, war die existenzielle Notwendigkeit einer Institution, die über das Latein einen großen Kultur- und Herrschaftsraum zu bewältigen hatte.

So finden wir auch bei Gregor I (um 540-604) einen Rückzug von der Hochschätzung des (weltlichen) Wissens. Er rückt die Liturgie, den Kultus in den Vordergrund und die wissenschaftliche Bildung in den Hintergrund. Der „Weltgelehrsamkeit" wird der Kampf angesagt, das innerkirchlich-sakramentale Leben gewinnt an Bedeutung und damit die Ordnung der Liturgie. Auf Gregor I geht auch der Aufschwung des Kirchengesangs zurück. Aber dennoch, um 596 schickt er 40 Mönche unter dem Benediktinerabt Augustinus nach England und Irland, ausgestattet mit wertvollen Büchern und dem Auftrag, die nördlichen Länder zu christianisieren.

Hier beginnt aber eine Konfliktlinie, die in den kommenden Jahrhunderten die Geschichte der Bildung im Schoße des Christentums durchziehen wird: Die griechische Bildung entsprang einer Welteinstellung (s. Weber), die auf eine Erkenntnis dieser Welt ausgerichtet war. Die Erforschung der Welt und ihrer Gesetze war hier aus einer positiven Haltung dieser Welt gegenüber eine dominante Kulturrichtung. Diese Diesseitigkeit führte zur Entfaltung des Bildungskanons des Quadriviums.

Innere Spannungen von Wissen und Glauben

Anders die Gegenbewegung der Gnosis und des dualen Prinzips der Persischen Religionen. Hier war die Sinnenwelt das Verdammenswürdige, eine Schöpfung des bösen Prinzips. Im Christentum wurde diese Bewegung immer wieder aufgenommen und in verschiedenen Verwandlungen christlich interpretiert, z.B. durch die Katharer und die Manichäer. In ihrem Gefolge wurde auch das Weltwissen, wurde Bildung verdammt. Der Weg nach Innen war der richtige Weg.

Die zweite Anfechtung von Bildung durch einen ausgeprägten Antiintellektualismus entsprang der Dominanz der Moralisierung der Welt durch das Christentum: Wenn es vor allem um die Nachfolge Christi durch den christlichen Lebenswandel geht, dann sind Erkennen, sind Bildung und Wissen Eitelkeit und

Zeichen der Abwendung vom Glauben. Bei einer solchen Einschätzung tritt die Einübung eines Lebenswandels, treten fromme Lebensführung und Teilnahme an der Liturgie in den Vordergrund. Basisbewegungen und liturgische Bewegungen im Schoße des Christentums sind deshalb häufig antiintellektuelle Bewegungen, Bewegungen gegen gelehrte Bildung und Wissenschaft.

Die Bewahrung der griechischen Antike im Schoße des Christentums bedeutete aber auch, ein Spannungsverhältnis wach zu halten, das zu einem wichtigen Motor der geistigen Entwicklung im Okzident werden sollte: Bildung des Menschen zu einer dem Menschen innewohnenden *Vollkommenheit* oder Erziehung im Dienste des *christlichen Heilsweges*, Glauben an eine Offenbarung oder Erkenntnis aus Vernunft und Beobachtung. Diese Gegensätze sind nur zwei Aspekte eines produktiv bleibenden Spannungsbogens, der die Bildungsgeschichte des Okzidents geprägt hat.

2.5 Zwischenbetrachtung

Um diese Zeit, im 5. und 6. Jahrhundert, hat sich eine historische Konstellation stabilisiert, die wohl niemand gewagt hätte vorherzusagen. Im Kampf um die geistige und politische Herrschaft hatte das Christentum gesiegt. Vom *Judentum* hat es sich teils selbst losgelöst, teils wurden die Judenchristen aus der Gemeinschaft der Juden ausgestoßen. Die Übermacht der Bildung im *Hellenismus* ist durch eine hierarchisierende Osmose gebrochen, die den Hellenismus zwar aufnimmt, ihm aber einen sekundären Stellenwert zuschreibt. Die politische Übermacht Roms wurde durch die Integration der entstehenden Kirche in ihren Herrschaftsverband neutralisiert und schließlich zum Vehikel des Aufbaus eigener institutioneller Strukturen im Medium der „Herrschaftssprache" des Lateins. Damit hatte sich eine Ausgangslage für die weitere politische und kulturelle Entwicklung herausgebildet, die mit unseren systematischen Kategorien der institutionellen Akteure wie folgt beschrieben werden kann.

Stabilisierung des externen Akteurs

Wir finden in der entstehenden Amtskirche einen stabilen externen Akteur, der sowohl das Interesse als auch die Mittel für die Organisation systematischen Lernens hat. Die *Stabilisierung des hierokratischen Verbandes der Kirche* schafft den nötigen institutionellen Rahmen für die Errichtung von Stätten des Lehrens, der Wissensproduktion und der Wissensweitergabe. Verbunden damit

Kanonisierung

ist ein *Kanon des Wissens*, der die antiken Traditionen der Septem Artes aufgenommen und in den größeren Rahmen der christlichen Heilsbotschaft gestellt hat. Es hat sich ein Modus der Kanonisierung von dogmatischem Wissen und von Auslegungsverfahren stabilisiert. Damit ist auch das Inhaltsprogramm institutionalisierten Lernens vorgegeben.

Latein

Gleichzeitig liegt die Ausgangsbasis vor für die Entwicklung eines europäischen Kulturraumes, der durch die *gemeinsame Sprache des Lateinischen* möglich wird. Aber die Einheit des christlichen Dogmas wird nicht unangefochten bleiben. Sie wird immer wieder von Schismen und Häresien bedroht sein. Damit wird die Bedeutung eines Bildungswesens steigen, das hilft, die „richtige Lehre" zu festigen und zu tradieren.

Kulturelles Monopol

In dieser Zeit ist die religiöse Weltinterpretation im Modus des Christentums im mediterranen Kulturraum konkurrenzlos. Was konkurrieren hätte können –

etwa die griechische Bildungskultur oder die lateinische Rechtskultur – ist integriert und instrumentalisiert. Es besteht keine gleichgewichtige weltliche Bildungsmacht mehr, die ein ähnliches Niveau der Ausbildung und institutionellen Einbettung hätte vorweisen können.

Politisch bewegen wir uns in dieser Zeit aber in unsicheren Fahrwassern. Die germanischen Völker sind in Bewegung, ihrerseits aber bedroht durch einfallende Heere aus dem mongolischen Osten. Ab dem 7. Jahrhundert wird sich die islamische Welt entwickeln und im Süden Spaniens über sieben Jahrhunderte die Kultur bestimmen. Der Balkan wird noch länger Aufmarschgebiet für Gefährdungen des Okzidents bleiben.

Der Anspruch des christlichen Heilswissens für die Gestaltung der Lebenspraxis wird zunehmend größer. Es prägt nicht nur den Tagesablauf und den Jahresablauf, die Riten und den Kultus, sondern auch das subjektive Bewusstsein. Die Folgen für die Lebenspraxis werden immer klarer sichtbar.

Die erste besteht in einem *Dramatisierungseffekt*. Durch die Betonung der Schuldhaftigkeit des Menschen und seiner möglichen Erlösung mit dem Ziel endgültigen Heils, aber auch der Gefahr endgültigen Unheils, bekommt der Lebensgang eine heilsgeschichtliche Dramatik, begleitet von Verdammnisangst und Schuldgefühlen. Es brechen Zeiten ungeheurer Erlösungssehnsucht und Verdammungsangst an. Das Leben wird damit zu einem *Weg*, zum persönlichen Heilsweg, der über eine Versittlichung und die Nachfolge Christi eine *Methodik* und eine *Zielperspektive* gewinnt. Dadurch wird das einzelne Leben ungeheuer wichtig. Das Seelenheil jeder Person rückt ins Zentrum des Hoffens und Strebens. Jedes Menschenkind ist eine von Gott geliebte Person, die es in ihrer Hand hat, ihren eigenen Heilsweg zu gestalten. Die Dramatik der Gefahr des ewigen Unheils steigert sich dann im Mittelalter bis zur Unerträglichkeit, die dann durch die Erfindung des Fegefeuers gemildert werden sollte. So werden Zwischenstufen von Heil und Unheil möglich, die auch nach dem Tode noch beeinflussbar sind, etwa durch Spenden und Lebensführung der noch lebenden Angehörigen.

Im Vergleich zum Polytheismus der griechischen und römischen Antike und im Vergleich zum ethnisch zentrierten Monotheismus des Judentums könnte man für den christlichen Monotheismus von einer *religiösen Individualisierung* sprechen, die den Menschen aus unkalkulierbaren Mächten herausführt und in die persönliche Verantwortung entlässt. Freilich, die Kirche wacht als Institution der Gnadenverwaltung darüber, dass dieses Heil nicht persönlich erzwingbar wird, sondern immer Gnade bleibt, von Gott gewährte und von der Kirche vermittelte. Damit verbleibt die Person in der Abhängigkeit von der Kirche, einer Abhängigkeit, die religiöse Basisbewegungen immer wieder unterlaufen werden.

In der Summe wird hier bestätigt, dass Institutionalisierungen von Lehren und Lernen abhängig sind von der *Geschichte des Wissens, seiner Systematisierung* und von der *Geschichte der Entstehung institutioneller Akteure*. Für den okzidentalen Sonderweg ist die Festigung des institutionellen Akteurs „Kirche" und die Etablierung der *Symbiose von antikem und christlichem Wissen* der entscheidende Beginn. Das bewegende Moment ist dabei die christliche Lehre, die zu einer ungeheuer lebensgestaltenden Kraft wird und das Leben zu einem alles entscheidenden Drama um ewiges Heil oder Unheil macht. Humangestaltung und Erziehung stehen ganz im Dienste des Heilsweges des Menschen. Die stabilisierende Kraft ist der Aufbau einer Institution, der Aufbau der Kirche, die erstmals das Konzept der „flächendeckenden Versorgung" der Bevölkerung mit einem Gut, hier einem Heilsgut, realisiert. Die Bedeutung systematischen Lernens tritt dabei klar zu Tage.

3 Der Beginn einer Bildungsgeschichte Mitteleuropas: Latein als Grundlage eines europäischen Kulturraumes

Wie sich zeigt, ist die Geschichte der Weltbilder und ihrer Durchsetzung sowie die Geschichte des Bildungswesens im Abendland immer auch eine Geschichte der Sprachen. Erlernen einer Fremdsprache, Übersetzungen herstellen, Wörterbücher konstruieren – dies waren Schlüsselprozesse in der abendländischen Kulturgeschichte, die systematisches Lernen notwendig machten und ermöglichten. Dazu dienten für Jahrhunderte wenige Lehrbücher, vor allem die Grammatiken des Donat und Priscian, später das Doctrinale des Alexander de Villa Dei.

Zu einem der einflussreichsten Vorgänge für die Kulturentwicklung des Abendlandes im kirchlichen Bereich wurde ab dem 6. Jahrhundert die Gründung der Klöster.

Klösterliche Lebensformen *können* als religiöse Basisbewegungen verstanden werden, die sich aber vom einsamen Weg der Emeriten unterschieden. Seit Beginn des Christentums gab es Virtuosen der Religionsausübung, die ihre Lebensgestaltung ausschließlich auf den Heilsweg konzentrierten. Der Weg der Eremiten war der des „Verlassens dieser Welt" und des „In-die-Wüste-Gehens". Klöster

In den Klöstern wurde ein anderer Weg eingeschlagen und eine *soziale Gemeinschaft* gegründet, die *zusammen* den Weg des Heils geht. Dieser Weg führte über hunderte von Jahren zu extrem erfolgreichen Lebensgemeinschaften und Wirtschaftseinheiten. Zum wirtschaftlichen Erfolg, der lediglich ein Nebenergebnis des Heilsweges von Mönchen war, trugen zwei Sachverhalte bei: einmal die Konzentration der Güter, die nicht an biologisch verwandte Personen vererbt werden mussten und zum andern disziplinierte Arbeit. Die strenge Gestaltung des Tages- und Jahresablaufes wurde zur Grundlage für eine Methodisierung der Lebensführung.

Die kirchliche Einbindung der Klöster war vielfältig. Sie waren gleichzeitig Stätten der systematischen Reproduktion von Schriften (Skriptorien) und der Ausbildung, regionale Stützpunkte der Missionierung sowie Teil des Netzwerkes in der territorialen Erschließung Europas. Der große Bedarf an Büchern durch die sich ausbreitende Liturgie konnte nur durch die intensive Schreibarbeit in den Klöstern befriedigt werden. Um sie rankte sich eine verzweigte Industrie der Herstellung von Pergamenten aus Ochsenhäuten (bzw. aus Kälber- oder Schafshäuten), die es möglich machten, von der Papyrusrolle zum in der Liturgie leichter handhabbaren Kodex aus gebundenen Seiten überzugehen (s. Mazal, 2003).

Der wichtigste Träger dieser Skriptorien war der Benediktinerorden, gegründet durch Benedikt von Nursia (geboren 480), mit dem ersten Kloster auf dem Monte Casino. Doch bald wurden Klöster zu zentralen kulturellen Knotenpunkten im weiten und schlecht erschlossenen Gebiet nördlich der Alpen. Der Weg über die Alpen

Wie fand die Kultur und Bildung des Mittelmeerraumes den Weg über die Alpen und zwar in einer Weise, dass sich später nördlich der Alpen die Zentren der christlichen Kultur entfalten konnten?

Wieder wird dies nur verständlich, wenn man den *größeren politischen Herrschaftsraum* berücksichtigt. Dabei muss man sich vergegenwärtigen, dass ein mediterraner Kulturraum jenseits der Alpen über eine jahrhundertelange Herrschaft der Römer schon vor der Wirksamkeit des Christentums präsent war. Er wurde jedoch in der Zeit der Völkerwanderung zurückgedrängt und durch die Siedlungsbewegungen und Kriegszüge der germanischen Volksstämme beeinträchtigt. Zur Zeit des Zusammenbruchs des weströmischen Reiches (476) beherrschten die Ostgoten Mittel- und Norditalien. Abgetrennt davon bestand das oströmische Reich weiter. Getrennte Entwicklungen des Ostens und des Westens setzten ein.

Herrschaftsräume und Kulturräume

Die *weltlichen* Herrschaftsformen im *fränkischen und germanischen Bereich* konnten sich festigen. Der Sieg gegen die Hunnen auf den Katalaunischen Feldern im Jahre 451 ist dafür ein Schlüsselereignis. Er besiegelte die Vorherrschaft der Germanen im nördlichen Raum.

Christianisierung Mitteleuropas

Wie konnten sich nun nördlich der Alpen die Zentren der christlichen Kultur entwickeln?

Zwei Wege charakterisieren diesen Gang der Geschichte. Der eine erfolgte von Süden, der andere – erstaunlicherweise – von Norden.

Der romanische Bereich des Nordens lag noch lange im Einflussbereich Italiens. Der Frankenkönig Chlodwig (466-511) besiegte einerseits die römischen Truppen, und ließ sich andererseits vom Bischof von Reims taufen. Er schuf damit die politische Grundlage für die Ausbreitung des Christentums in Frankreich.

Der Weg von Norden ging von Irland und dem dort sich stark entwickelnden Mönchswesen aus. Es etablierte die Zellen der Christianisierung, die Klöster, und sie stützten den Machtbereich der Amtskirche. Bonifacius (673-754), Columban und Gallus (Letzterer vermutlich kein irischer, sondern ein lothringischer Mönch, s. Hilty, 2001) – um nur einige zu nennen – gehörten zu den einflussreichen Missionaren.

Wieder: Fremdsprachenlernen

Die Begegnung bzw. Konfrontation des lateinischen Südens mit dem germanischen Norden führte erneut zur Notwendigkeit, verschiedene Sprachen miteinander zu verbinden. „Fremdsprachen-Kenntnisse" wurden erneut zu einem Kern des Bildungsauftrages. Die Vermittlung betraf jetzt nicht mehr die zwischen dem Lateinischen und dem Griechischen, sondern es entstand eine Dynamik zwischen sich etablierenden einheimischen Sprachen, z.B. des Althochdeutschen und später des Mittelhochdeutschen, und der Universalsprache dieser Zeit, dem Lateinischen. Dieses Wechselspiel, das über Verschriftlichungen z.B. des Deutschen im lateinischen Alphabet auch die Entstehung von Nationalsprachen förderte, prägte die Kulturgeschichte des Abendlandes über Jahrhunderte. Die Bildungsgeschichte des Abendlandes wurde somit zu einer Geschichte der Vielsprachigkeit, die für die intellektuellen Träger der Kulturentwicklung das Erlernen einer Fremdsprache zur Voraussetzung machte, wenn jemand in Herrschaftsverbänden oder in der Kirche tätig werden oder gar in Führungspositionen kommen wollte.

Drei Schlüsselprozesse

Der Kulturraum nördlich der Alpen gewinnt über drei Prozesse eine herausragende Bedeutung. Der erste hängt wieder mit der Etablierung der Amtskirche zusammen, die insbesondere über Klostergründungen ein *flächendeckendes Netz von*

Orte und Netzwerke

Kommunikation und Missionierung schafft. Die weit gespannten Kontakte werden durch die Einheitssprache des Lateins möglich. Wissenschaftler aus Uppsala können sich so mit Kollegen aus Toledo unterhalten. Die Etablierung dieser Sprache als Kultsprache und Wissenschaftssprache schafft erstmals in der Geschichte einen einheitlichen Kulturraum für ganz Europa.[3] Dass damit zweitens gleichzeitig das Aufkommen von *Nationalsprachen* gefördert wird, gehört zu den unerwarteten Nebenentwicklungen mit großer Tragweite. Schließlich muss drittens die Gründung der *Universitäten* genannt werden, die eine neue Stufe in der Vergesellschaftung von Lehren und Lernen bedeutet. Ihnen ging eine Rezeption und Synthese der lateinischen Spätantike voraus, die in der karolingischen Schulreform gegen Ende des 18. Jh. unter Alkuin ihren Ausdruck fand (Dolch, 1982, S. 99ff.; Fuhrmann, 2001). Mit ihr wurden die Septem Artes Liberales in den fränkisch-deutschen Kulturkreis eingeführt (s. auch resümierend Helmer, 2000). Alkuin konnte sich auf Autoren stützen, die wesentlich dafür verantwortlich waren, dass das Bildungsgut der Antike erhalten blieb: auf Isidor von Sevilla, auf Boethius, auf Cassiodor und auf Martianus Capella, ein Zeitgenosse von Augustinus (Marrou, 1995, S. 183ff.). Sprachen

Institutionen

Die aufkommende Stärke der Amtskirche und die flächendeckende Verbreitung von Klöstern schufen ideale Voraussetzungen für die Etablierung institutionalisierter Bildungsprozesse. Um Dome in Städten und um Klöster auf dem Lande entstanden nach der „Admonitio Generalis" von Karl dem Großen (789 n. Chr.) Domschulen und Klosterschulen, in denen die Schriften hergestellt und kopiert wurden und in denen systematisch Nachwuchs geschult wurde. In der Spätantike waren Bildungsprozesse weitgehend privatisiert. Man ging zu berühmten Lehrern oder zum *grammaticus*, um alphabetisiert und in die Bildungstraditionen der Antike eingeführt zu werden. Bildung war damit eine Frage der Kosten und eine Frage des Interesses der führenden Schichten der Gesellschaft. Im Schoß der Kirche bestand ein *institutionelles* Interesse an einem geschulten Nachwuchs und an geschulten Experten. Es verhalf zu Kontinuität in der Ausbildung und zu festen Orten des Lehrens und Lernens. Zusammen mit dieser Institutionalisierung ging vom Hofe Karls des Großen auch eine Restandardisierung der lateinischen Sprache einher, die sich so zum europaweiten Medium der Kommunikation entwickeln konnte. Auf diesem Hintergrund gewinnt die karolingische Bildungsreform einen epochalen Stellenwert (Fuhrmann, 2001), der nicht zuletzt auf Vereinheitlichungserfolge im Bildungskanon und auf gelungene rechtliche Institutionalisierungen zurückzuführen ist. Institutionalisierung
und Vereinheitlichung

3.1 Geschichte der mittelalterlichen Universitäten: die Institutionalisierung des rationalen Expertentums und des Verhältnisses von Vernunft und Glauben

Das neue Jahrtausend beginnt nicht nur mit Endzeiterwartungen, sondern auch mit einem neuen wirtschaftlichen Aufschwung, nicht zuletzt bedingt durch Erfindungen. Dazu zählt u.a. die Einführung des von Pferden gezogenen Eisenpfluges und damit der Abschaffung des alten, im Norden Europas wenig effizienten, von Ochsen gezogenen Holzpfluges der mediterranen Anbaugebiete. Auch die Einführung der Dreifelderwirtschaft brachte eine neue Produktivität, die die Freistellung größe- Mitteleuropa wird
zum Zentrum

---

3   Nach Schwinges & Hesse (2003) waren in etwa 20% der Gelehrten mobil.

rer Bevölkerungsgruppen von agrarischer Tätigkeit ermöglichte. Schließlich verbesserte die Kultivierung neuer Getreidearten (Roggen, Dinkel und Hafer) entscheidend die Versorgungslage (s. für einen schönen Überblick Mitterauer, 2003).

Das neue Jahrtausend beginnt aber auch mit Ketzerbewegungen, den Kreuzzügen, dem Erstarken des städtischen Bürgertums, dem Kampf zwischen weltlicher und geistlicher Macht sowie der Ausgestaltung von Nationalstaaten und Nationalkulturen. Es ist eine Zeit der neuen geistigen Auseinandersetzungen, in denen die Macht über Wissen und Bildungseinrichtungen eine neue Bedeutung erlangen.

Klöster Die zentralen Orte des Lernens im frühen Mittelalter waren die Klöster, deren Skriptorien gleichzeitig die Produktionsstätten der christlichen Schriften waren. In den Städten übernahmen die Domschulen diese Aufgaben. Bücher hatten in dieser Zeit sowohl einen hohen materiellen als auch geistigen Wert. Das für ein Buch beanspruchte Pergament erforderte die Haut einer kleinen Schafherde! Das Christentum als Buchreligion ist auf Schriftkenntnis – und im Mittelalter auch auf Fremdsprachenkenntnis – angewiesen und wird so zum Motor der Institutionalisierung von Lehren und Lernen.

Zum Ende des 12. und im Verlauf des 13. Jahrhunderts entstehen die ersten Universitäten. Sie repräsentieren die höchste Entfaltung einer rationalen Expertenerziehung, die insbesondere von den Kirchen getragen werden. Hier wird Intellektualität trainiert und nicht wie in der Rittererziehung dieser Zeit eine Lebensform in der typischen Mischung von charismatischem Kriegsdienst und höfischer Haltung, die sich in einem offenen Haus für Gäste manifestiert.

Diese universitäre Rationalisierung von Lehren und Lernen, die neue Gestalt der Expertenausbildung, interessiert hier besonders.

Universitäten in wissenssoziologischer Perspektive Eine wissenssoziologisch inspirierte Rekonstruktion dieser Schlüsselinstitution der abendländischen Bildungsgeschichte fragt nach ihren Grundlagen:

– Woher kam das Interesse an diesen Institutionen? Von wem wurden sie angefeindet, von wem gefördert?
– Welche Machtkämpfe „externer Akteure" ermöglichten eine materielle und geistige Basis der Universitäten?
– Wie sah die „Ereignisgeschichte" der Universitäten aus? Wann wurden welche Universitäten gegründet? Mit wie vielen Lehrern, Schülern und mit welchen finanziellen Grundlagen haben sie gearbeitet?
– Warum kam es zu den historisch bekannten Regelungen und nicht zu anderen?
– Woher kamen die Lehrer?
– Woher kamen die Schüler?
– Was wurde gelehrt?
– Wie wurde gelernt?
– Wie waren die Lehrer und Schüler organisiert?
– Was konnte man mit dem Gelernten später „anfangen"?
– Wie beständig waren Universitäten, was sicherte ihre Stabilität und was führte zum Niedergang?
– Welche intellektuellen Kämpfe fanden in Universitäten statt?

Zu diesen Fragen gibt es eine umfassende Literatur (Cardini & Beonio-Brocchieri, 1991; Paulsen, 1965/1919; Prahl, 1978; Schwinges, 1993, 1999). In einem großen, europaweiten Projekt ist versucht worden, die Geschichte der Universitäten insgesamt zu rekonstruieren (Rüegg, 1993).

Für Rüegg sind die Universitätsgründungen von Bologna und Paris zu Modellen für viele andere Universitäten geworden, Bologna zum Vorbild für die Rechtswissenschaften, Paris für die Institutionalisierung von rationaler Intellektualität generell. Er resümiert deren Bedeutung so:

„In Paris, das im 12. Jahrhundert zur politischen, wirtschaftlichen und kulturellen Hauptstadt geworden war, führte die Konkurrenz zwischen mehreren, unter verschiedener geistlicher Kontrolle stehenden Schulen zu einer Konzentration berühmter Lehrer der Philosophie und Theologie und zu einem entsprechenden Zustrom von Studenten. Auch diese erwarteten und fanden in diesen Schulen Methoden, um die Komplexität und Widersprüchlichkeit der Alltagserfahrungen rational zu lösen. Ihnen ging es jedoch vor allem um den Wahrheitsgehalt der überlieferten Dogmen und Erkenntnisse. Machtkämpfe zwischen Päpsten und Gegenpäpsten sowie zwischen Kaisertum und Papsttum, die Widersprüche zwischen Heiligkeit und Käuflichkeit kirchlicher Ämter, Frömmigkeit und Weltlichkeit, Geldwirtschaft und Zinsverbot, Anerkennung und Verurteilung von Reformbewegungen verunsicherten die intellektuellen Eliten; die Öffnung des Erfahrungshorizontes gegenüber dem Osten durch Kreuzzüge und Handel machte die kulturelle und intellektuelle Gleichwertigkeit, ja Überlegenheit heidnischer Lebens- und Denkformen deutlich. Das besonders durch arabische Übersetzungen und Kommentare neu vermittelte Gedankengut der griechischen Philosophie und Wissenschaft stellte wesentliche Elemente des christlichen Weltbildes in Frage und forderte damit die für die Wissenschaft grundlegende Suche nach der Wahrheit heraus. Der Erfolg der dialektischen Methode, mit der dies unternommen wurde, zog derart viele Lehrer und Studenten an, dass die Pariser Magister sich zu Beginn des 13. Jahrhunderts zum Schutz ihrer Interessen gegenüber den klerikalen Gewalten und zur gemeinsamen Ordnung der Studienverhältnisse zusammenschlossen. 1208 sprach sie Papst Innozenz III als universitas magistrorum an. 1215 wurden sie in den vom Papstlegaten Robert Courcon erlassenen Statuten als universitas magistrorum et scolarium bezeichnet.

Die beiden ältesten Universitäten Europas verkörpern idealtypisch die beiden fundamentalen Erwartungen, denen die Universität in den acht Jahrhunderten ihrer Geschichte bis heute ausgesetzt war und ist: Paris die theoretische Begründung, Kritik und Erweiterung des überlieferten Wissens, Bologna die theoretisch begründete Ausbildung zur praktischen Lösung gesellschaftlich wichtiger Probleme. Bereits 1155, als Friedrich Barbarossa auf Ersuchen der Bologneser Rechtsprofessoren den ortsfremden Scholaren in der Authentica habitat kaiserlichen Rechtsschutz zusicherte, rechtfertigte er dies mit der doppelten Bedeutung der Wissenschaft: sie erhelle die Welt und bilde das Leben der Untertanen zum Gehorsam gegenüber Gott und seinem Diener, dem Kaiser (quorum scientia mundus illuminatur ad abediendum deo et nostris, eius ministris, vita subiectorum informatur)" (Rüegg, 1994, S. 146f.).

Die inneren Merkmale von Wissen in den mittelalterlichen Universitäten

An dieser Stelle muss daran erinnert werden, dass wir uns hier nur sehr selektiv für die Geschichte der mittelalterlichen Universitäten interessieren können. Wir suchen nach den Besonderheiten der okzidentalen Bildungssysteme. Dazu sollte u.a. die wissenssoziologische Sichtweise beitragen, die sich hier in zwei Aspekte gliedert: in die Suche nach den inneren Besonderheiten mittelalterlichen Wissens und in die äußeren Verhältnisse von Wissen und sozialen Strukturen.

In mittelalterlichen Universitäten bestand eine andere Auffassung von Wissen (Durkheim, 1977) als die, welche uns heute selbstverständlich ist. Nicht das

Geoffenbartes und neues Wissen

von Menschen zu schaffende Verständnis der Welt, das permanent weiterent-wickelt und verfeinert werden soll, stand hier im Mittelpunkt. Wissen war viel-mehr schon „da", in Schriften niedergelegt, dort geoffenbart, oder den Menschen geliehen und durch die korrekte Auslegung der Schriften zu entziffern. Die Su-che nach neuen Erkenntnissen wurde umgesetzt in die Suche nach alten Schrif-ten, um die dort niedergelegten Wahrheiten kennen zu lernen. Wie sich zeigen wird, hatte dies eine besondere Form der Organisation des Studiums sowie der Didaktik und Methodik des Lehrens zur Folge.

Glauben und Wissen   Die zweite innere Besonderheit mittelalterlichen Wissens bestand darin, dass eine Harmonie zwischen dem weltlichen Wissen und dem geoffenbarten Wissen gesucht wurde. Das geoffenbarte Wissen sollte im Gesamtkosmos des Wissens vernünftig begründet werden. Damit wurde eine „innere" Verbindung zwischen Glauben und Wissen angestrebt. So gab es auch über den christlichen Gott etwas zu wissen, etwas zu erkennen, zu beweisen und zu begründen. Bei Thomas von Aquin standen weltliches Wissen der Philosophie (Magd der Theologie) und geof-fenbartes Wissen der Theologie nicht nur in einem Hierarchieverhältnis. Natürliche Erkenntnismöglichkeit galt vielmehr als Vorstufe für die Fähigkeit, geoffenbartes Wissen zu verstehen und anzunehmen. Dennoch: Glauben als auf Zeugenschaft und Offenbarung beruhendes Für-Wahr-Halten, und Wissen, als auf Vernunft und Beweis basierende Erkenntnis, traten in ein über Jahrhunderte fortdauerndes, hier aber erstmals institutionell eingebettetes Spannungsverhältnis.

Es war bereits früh vorgeformt, etwa bei Augustinus. Auf der einen Seite fin-den wir die antike Bildung, die sich auf den menschlichen Geist beruft, auf seine Vernunft, Einsichtsfähigkeit und rationale Begründung von Wahrheit. Die Logik als Grundlage der Wahrheitsdefinition steht für diese Haltung, sie wird bei Aristo-teles durch die Empirie ergänzt. Diese antike Orientierung steht in einer explosiven Spannung zum Christentum, das eine historische lokalisierbare Wahrheit, Wahrheit in einem Ereignis sucht, das schriftlich überliefert ist. Es erfordert damit Belege ei-nes historischen Ereignisses, dem Leben und Wirken von Jesus und damit auch die Trennung von richtiger und falscher Überlieferung. Aber nicht nur die Richtigkeit der Überlieferung gilt es wissenschaftlich zu prüfen, auch die Zeugenschaft für die Göttlichkeit der Ereignisse wird belegbedürftig. Die Wahrheitsorientierung ist hier nicht logisch und universalistisch, sondern hermeneutisch und historisch. Diese beiden Geisteshaltungen zu verbinden ist eine ungeheure Aufgabe. An ihr haben sich über Jahrhunderte Gelehrte abgearbeitet. Eine der Lösungen bestand darin, die antikebasierte Bildung und die christliche Glaubenslehre hintereinander zu schal-ten. Die antike Bildung sollte die Seele bereitmachen, ihre Vernunftfähigkeit schulen, um dann für die bedeutenderen Glaubenswahrheiten offen zu sein. Diese Bemühungen haben konsequenterweise die Errichtung von Schulen als Orte der geistigen Auseinandersetzung inspiriert.

Das äußere Verhältnis von Wissen und Macht im Rahmen der mittelalterlichen Universitäten

Eine wissenssoziologische Perspektive fragt aber nicht nur nach den inneren (epistemologischen) Merkmalen des Wissens, sondern auch nach den äußeren Verhältnissen, nach den sozialen Grundlagen des Wissens im Allgemeinen und nach den Zusammenhängen zwischen Macht und Wissen im Besonderen.

Was veranlasste die entscheidenden Mächte, Gelehrten umfassende Privilegien zu gewähren? Weitgehend waren sie in der Tat, da sie mit reichlichen Pfründen (s. zur Bedeutung der Pfründe Weber, 1947, S. 699ff.) versehen waren, eine eigene Gerichtsbarkeit gewährten, Abgaben- und Steuerfreiheit boten und eine hohe Autonomie zugestanden.

Externe Akteure und ihre Interessen

Auf diesem Hintergrund wird die Frage nach den damaligen Interessen an den Universitäten noch einmal virulent. Aus unserer heutigen Sicht würden wir naiver Weise fragen, wer daraus einen ökonomischen Gewinn ziehen konnte. Die Zuspitzung der Investitionsbereitschaft in Bildung auf der Grundlage ökonomischer Interessen ist eine moderne Erscheinung, sie ist so dem Mittelalter fremd. Die Interessenkonstellationen waren hier teils religiöser, teils machtpolitischer Natur. Die religiöse Aufgabe, ein Interpretationsmonopol des christlichen Glaubens auf höchster intellektueller Ebene zu sichern, stand zweifelsfrei auf religiöser Seite im Vordergrund (s. Abb. 10). So waren Universitäten die „Kaderschmieden" der Kirche und führten, da viele Päpste auf Universitäten waren, zu einer Akademisierung der Kirche. Dass sie diesen Weg der Absicherung des Glaubens auf höchster intellektueller Ebene gegangen ist, sollte weit reichende Konsequenzen haben. Es setzte die Eigendynamik der Vernunft frei, die sich nicht mehr völlig bändigen ließ.

Abb. 10: Bild vom Konstanzer Konzil – Päpste mit Experten *(Brandt, 1913)*

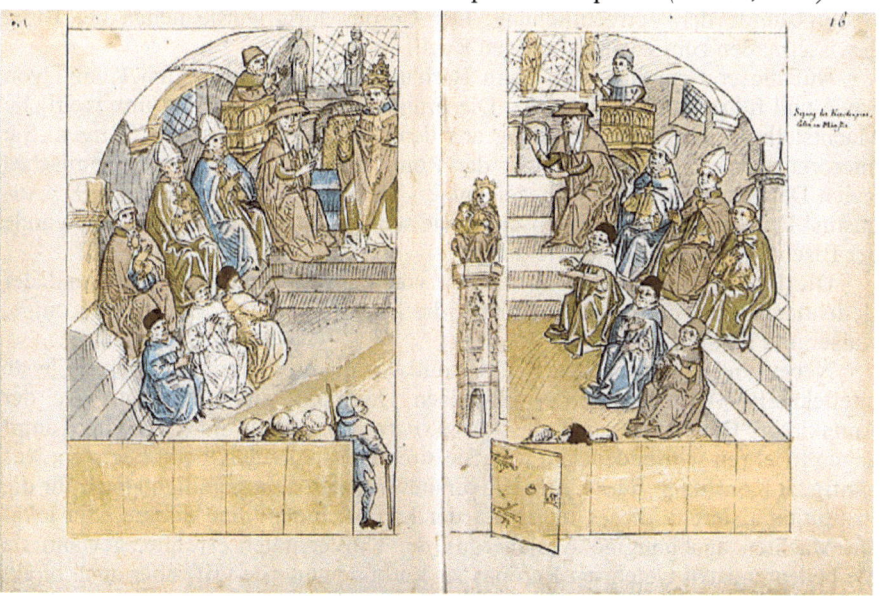

Die Vorgänge auf und um das Konstanzer Konzil zeigen den Kampf um die Definitionsmacht in der Kirche und die Bedeutung, die Experten dabei haben.
Die Angst vor der Vorstellung, dass die oberste Instanz in der Kirche das allgemeine Konzil sei, diese Angst hat Rom nie losgelassen. Sie mündete auf mancherlei Umwegen schlussendlich in der Definition der päpstlichen Unfehlbarkeit auf dem I. Vatikanischen Konzil im Jahre 1870.

Machtpolitisch müssen die konkurrierenden weltlichen Mächte betrachtet werden, jene der Städte und vor allem jene des Kaisers. Wollten diese nicht als tölpelhafte Analphabeten hoffnungslos unterlegen bleiben und ihre Ansprüche auch legitimieren, dann bedurften sie der Unterstützung durch eine Argumentationselite.

Schließlich sei auf das Eigeninteresse des Lehrkörpers der Universität verwiesen, der erstmals teilweise außerhalb eines institutionellen Akteurs, insbesondere außerhalb der Versorgung durch die Kirche, als „intellektueller Unternehmer" an der selbstständigen Sicherung seiner Existenzgrundlagen arbeiten konnte, wollte oder musste.

Das rationale Recht Spezifisch für Bologna und die Bedeutung der Rechtswissenschaft muss die Machtkonstellation zur Zeit ihrer Gründung und Blüte im Auge behalten werden. Das Modell der legitimen weltlichen Herrschaft war im Rahmen des Christentums das Römische Reich. Darauf haben sich die weltlichen Herrscher des Frankenreiches bei ihrer Auseinandersetzung mit Rom berufen. Die Rückbindung an die Römische Tradition wurde für die germanischen Herrscher die Grundlage für die Behauptung der weltlichen Macht und für den Aufbau einer eigenen Identität und eines Gegengewichtes zur übermächtigen Kirche, die sich als Vollenderin des Römischen Reiches sah. Die römische Kirche bestand im Gegensatz dazu darauf, dass Herrschaft von Gottes Gnaden vermittelt sei und deshalb von der Kirche verliehen werde. Wer dies verweigerte, stellte sich gegen göttliches Recht und musste deshalb mit der Exkommunikation bestraft werden.

Corpus Juris In diesem Streit wird eine rechtshistorische Entdeckung bedeutsam. In Bologna (11. Jahrhundert) wurde der *Corpus Juris* des Justinian (geschrieben um 600) wieder gefunden und zur Grundlage für die Staatsrechtslehren der Kaiser (Beginn des Studium civile). Der Corpus Juris ermöglichte nämlich eine Begründung der *Rechtssetzungsfähigkeit* der Kaiser und Fürsten, die im Römischen Recht als festgeschrieben gesehen wurde („Dein Wille ist Recht"). Dies war die Geburtsstunde der Verrechtlichung. Der Corpus Juris wurde neben der Bibel gewissermaßen zum zweiten heiligen Buch.

Auf dieser Grundlage lud dann Barbarossa die Bischöfe zum Konzil von Pavia und führte dort den Vorsitz. Die Frankenkönige versuchten ihre weltliche Machtstellung durch die Ableitung aus dem Römischen Reich zu festigen. Sie interpretierten sich als Nachfolger der Römischen Kaiser (Heiliges Römisches Reich Deutscher Nation). So bezeichnete sich Friedrich Barbarossa als 91. Augustus! Er berief in dieser Eigenschaft wie schon Konstantin in Pavia die Synode der Bischöfe ein und präsidierte diese.

Die Universität in Bologna „lebte" von ihrer Rechtswissenschaft und der Bedeutung der Rechtswissenschaft für die Legitimation der Macht der Könige, Kaiser und Fürsten.

Interpretationsmonopol Neben diesem politischen Rechtsstreit war die Vorherrschaft über die beste intellektuelle Absicherung der religiösen Dogmatik ein Lebensinteresse der Amtskirche. Bald erwies sich, dass das *Expertenwissen* für die Kirche im Kampf gegen Irrlehren sehr bedeutsam war. Sie strebte deshalb die Oberaufsicht an, was häufig zu Konflikten führte. Die Universität in Paris steht paradigmatisch für die Institutionalisierung dieses Interesses der Kirche. Indem eine direkte, von lokalen Mächten unabhängige Absicherung der Universitäten erfolgte, gewann sie die bedeutendsten Gelehrten Europas zu Verbündeten. Sie griff aber auch direkt in die Kanonisierung der rechtmäßigen Lehre ein, wie die große Verurteilung von 1277 zeigt. Tempier sprach an der Universität zu Paris das Verdikt über verschiedene heidnische, also vor allem aristotelisch beeinflusste Lehrsätze aus, etwa die Unausweichlichkeit eines weltimmanenten Schicksals, die Sterblichkeit der Seele, die Ewigkeit der Welt, die spezifische Einheitlichkeit menschlichen Denkens und die natürliche Erkenntnisfähigkeit des Menschen (Aertsen, Emery & Speer 2001, S. 6).

Es lassen sich aber auch *Interessen der aufstrebenden Städte* an den Univer- Interessen der Städte
sitäten feststellen. Professoren brachten Einkommensmöglichkeiten für Städter.
Sie spielten auch im Machtspiel zwischen Adel und Kirche eine Rolle und waren
geeignet, die Macht der freien Städte zu stützen.

So entstand hier eine neue Machtbasis, jene *der Gelehrten.* Sie trat neben die Die Macht der
Gelehrten
Macht der Kirche, des Adels und der reichen Kaufleute. Damit einher ging der
Ausbau des *Standes* der Gelehrten, der die „natürliche Erkenntnisfähigkeit" des
Menschen kultivierte und so das Ferment für die aufkommende Auseinanderset-
zung zwischen Wissen und Glauben, zwischen Wissenschaft und Kirche wurde.

Ereignisgeschichte: Gründung und Ausbreitung von Universitäten

Die Universitäten von Bologna und Paris wurden rasch zum Vorbild für ähnliche
Gründungen an anderen Orten: zunächst in Oxford und Montpellier und im weiteren Verlauf des Mittelalters in sechzig anderen Städten. Die Abb. 11.1 bis 11.3 geben einen kurzen Überblick zu den verschiedenen Wellen von Universitätsgründungen.

Eine an den *Akteuren* und den *Vergesellschaftungsformen* orientierte Rekon- Ereignisgeschichte
einzelner
Universitäten
struktion der Universitäten müsste an dieser Stelle die Gelehrten benennen, die
wichtigen politischen und kirchlichen Akteure sowie die unzähligen Regularien
und Programmschriften berücksichtigen, um ein handlungsorientiertes Bild der
universitären Vergesellschaftungsgeschichte zu schreiben. Sie müsste zudem auf
die einzelnen Universitäten zugespitzt werden, die eine je eigenständige und lange
Geschichte haben. Dies ist hier natürlich nicht möglich. Ein kurzer Einblick in die
Größenordnung von Universitäten möge genügen, um die Ereignisgeschichte der
mittelalterlichen Universitäten zu illustrieren (s. z.B. Courtenay, 1988; s. z.B.
Rüegg, 1993; Schwinges, 1999).

Abb. 11.1:   Universitätsgründungen vor 1300 *(Rüegg, 1993, S. 73)*

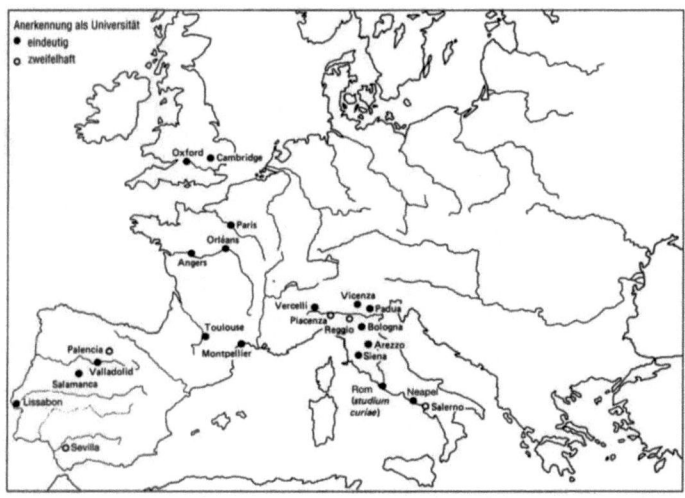

Abb. 11.2: Universitätsgründungen von 1300 bis 1378 *(Rüegg, 1993, S. 75)*

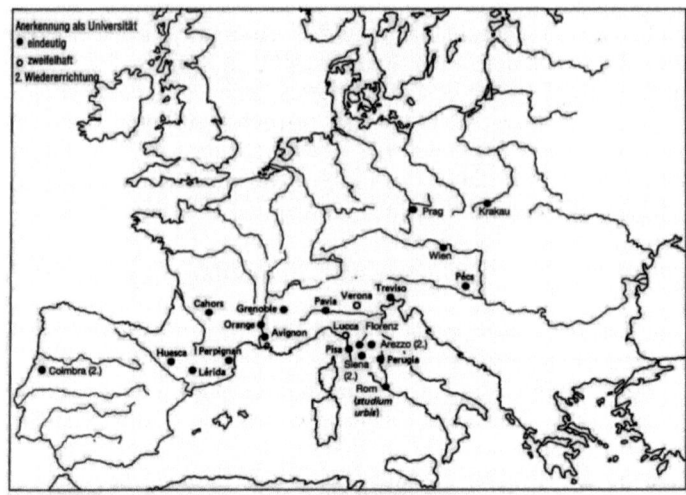

Abb. 11.3: Universitätsgründungen von 1378-1500 *(Rüegg, 1993, S. 77)*

China – eine Überraschung

Auffallend ist dabei, wie sehr die Studentenzahlen schwankten, wie häufig Universitäten verschwanden, gefährdet waren und wieder gegründet wurden. Die Instabilität wird noch eindrucksvoller, wenn man Aufstieg und Verschwinden von Institutionen der höheren Bildung nicht nur für das mittelalterliche Europa ins Auge fasst, sondern auch andere Zeiten und Kulturen berücksichtigt. So berichtet Collins (1999) von chinesischen Hochschulen der Han-Dynastie, die von 124 vor bis 100 nach Christus bis zu 30.000 Studierende, um 1250 beinahe 400.000 hatten. Dazwischen schwanken die Zahlen von Dynastie zu Dynastie.

Abb. 12: Das Erziehungswesen in China (ca. 1880): Prüfungszellen für die Kandidaten in Peking *(Quelle: Pictura Paedagogica Online, Bibliothek für Bildungsgeschichtliche Forschung, b0003562b)*

Prüfungszellen für die Kandidaten in Peking.

Aber diese Bildungseinrichtungen, die mehrheitlich der Rekrutierung des Verwaltungsstabes dienten, konzentrierten sich nicht auf die Vermittlung von Fachwissen, das für diese Aufgaben erforderlich gewesen wäre, sondern auf die Einübung in eine Lebensart, in einen „kulturellen Habitus", der vor allem in literarischer Bildung und vornehmem Verhalten zum Ausdruck kam. Ein fachlich ausgerichtetes höheres Ausbildungswesen sollte sich nur im Okzident entwickeln (Weber, 1947, S. 677).

Aber auch die europäischen Universitäten erlebten Aufstieg und Verfall. Paris hatte in ihrer Blüte zwischen 1280 und 1300 zwischen 6000 und 7000 Studierende. 1450 waren es unter 3000. Ähnliche Schwankungen erlebten Bologna (1200 ähnlich wie Paris) und Oxford (ca. 3000 im 13. Jahrhundert, 1438 weniger als 1000, zwischen 1500 und 1510 jährlich 124). Die kleineren französischen und italienischen Universitäten hatten nur wenige hundert Studierende und mussten häufig aus Studentenmangel schließen, oder Professoren mussten bei ihrer Berufung die Studenten mitbringen. *Aufstieg und Verfall von Universitäten*

Spanien wurde zur Zeit der Gegenreformation, im 16. und 17. Jahrhundert, zum Zentrum der Universitätsgründungen. Zu dieser Zeit gab es hier 32 Universitäten, Salamanca allein hatte zwischen 1550 und 1620 ca. 6000 Studierende. Im späten 16. Jahrhundert waren ca. 3% der spanischen Jugendlichen als Studenten in Universitäten eingeschrieben. Salamanca allein war damals so groß wie alle anderen europäischen Universitäten zusammen (Collins, 2000, S. 230f.).

Prahl berichtet in von mir nicht weiter verifizierbaren Tabellen über die Entwicklung der Studentenzahlen an deutschen Universitäten von 1385 bis 1965. Sie belegen das erwähnte Auf und Ab (Prahl, 1978, S. 369-384) wenngleich exakte Zahlen wegen mancherorts fehlender Matrikelnummern schwer recherchierbar sind:

Tab. 2: Studierende Deutschlands vom 16.-19. Jahrhundert

Jahr	Anzahl Studierende	Bemerkungen
1511/15	4041	
1526/30	1135	Zeit der Reformation
1561/65	4786	
1616/20	7740	
1636/40	4298	30jähriger Krieg
1736/40	8958	
1811/15	4885	Napoleon in Europa, Neugründung und Neuerfindung der Universität im Geiste Humboldts
1830/31	15838	
1850	11169	
1870/71	12241	deutsch-französischer Krieg

Tab. 3: Studierende in Deutschland in der zweiten Hälfte des 19. Jahrhunderts und zu Beginn des 20. Jahrhunderts nach Lehmann

Jahr	Anzahl Studierende	Bemerkungen
1869/70	13997	
1879/80	20182	
1889/90	28628	Expansionsphase
1899/00	32834	
1908/09	46632	

(Paulsen, 1965/1919, S. 696, Bd. 2)

Tab. 4: Studierende in Deutschland im 20. Jahrhundert und zu Beginn des 21. Jahrhunderts

Jahr	Anzahl Studierende	Bemerkungen
1930/31	133.000	
1938/39	58.300	Nationalsozialismus
1950/51	111.174	
1960/61	219.452	
1975	836.002	Bildungsexpansion
1980	1.036.303	
1990	1.579.006	
2000	1.810.400	
2003/04	2.036.000	

Die Studentenzahlen seit der Gründung der Universität sind – besonders im Mittelalter – ein komplexes Phänomen. Es handelt sich nicht immer um Studierende im modernen Sinne, also um eingeschriebene Mitglieder von Universitäten mit der Absicht, einen Studienabschluss zu machen und der konsequenten Ausrichtung des Lernens auf dieses angestrebte Studienziel. Die Altersgruppe (von 14 bis 60) war ebenso heterogen wie die soziale Herkunft und der Stand. Die größten Gruppen waren die scholaris simplex, die oft nur kurz ab dem Alter von 14 Jahren an den Universitäten waren. Nur etwa 3 bis 5% studierten ernsthaft auf einen Abschluss als Magister oder gar auf das Doktorat hin (Schwinges, 1993). Studenten

Die Unstetigkeit der Universitäten ist in der Forschung unterschiedlich gut dokumentiert. Für die italienischen Universitäten der Renaissance hat Grendler eine umfassende Dokumentation der Lehrstühle und der Studentenzahlen vorgelegt. Aufstieg und Fall kommen hier eindrucksvoll zum Vorschein (Grendler, 2002). Die Gemeinde von Siena stellte 1412 fest, dass die Universitäten Italiens und anderer Länder zusammengebrochen und beinahe inexistent seien. Diese Feststellung war für diese Zeit richtig. Fünfzig Jahre später hatten sie sich erstaunlich erholt. In Kriegszeiten gerieten sie immer wieder in die Krise, so etwa in der ersten Hälfte des 16. Jahrhunderts, um in der zweiten Hälfte einen neuen Aufschwung zu erleben. Die kulturelle Bewegung des Humanismus war die entscheidende Antriebskraft für den neuen Aufschwung (s. Grendler, 2002, S. 509ff.), aber auch die Gegenreformation führte zu einer neuen Intensität des Lehrens und Lernens auf höchstem schulischen Niveau. Unstetigkeit

3.2 Universitäten als korporative Akteure: institutionelle Rahmenbedingungen, Inhalte und Methoden

Für die Geschichte der Vergesellschaftung von Lehren und Lernen sind die Gründungen von Universitäten ein illustratives Lehrstück. An ihnen wird sichtbar, wie ein relativ selbstständiger institutioneller Akteur entsteht, wie er sich durchsetzt und in welchem Kräftefeld er sich behaupten muss. Universitäten waren von Beginn an keine vom Weltlichen unbeeinflusste Stätten der Pflege des Intellekts. Rüegg berichtet in seiner kurzen Summa der Geschichte der Universitäten, wie das Kräftefeld von Kirche, Kaiser und König und städtischen Interessen aussah (Rüegg, 1994, S. 148ff.). In heftigen Kämpfen um Rechte und Pfründe (Paris erhielt von den Fürsten als Pfründe sechs Dörfer) etablierte sich eine rechtlich selbstständige Körperschaft. Das über Jahrhunderte Wirksame dieser europäischen „Zünfte des Lehrens" bestand in der Selbstständigkeit, der inneren Organisation und der inhaltlichen Ausrichtung.

Die Unabhängigkeit und Autonomie war ein Kernanliegen der Universitäten, wenngleich sie gerade wegen ihrer Bündnisse mit dem Papst oder dem Kaiser eine besondere Förderung genossen. Das Interesse *mehrerer* Mächte verhalf den Universitäten aber zu einem Handlungsspielraum. Sie konnten sich selber auflösen und an einen anderen Ort ziehen. Selbstständigkeit

Ursprünglich haben die Studenten, die mit viel Vermögen in die Städte mit berühmten Lehrern zogen, die Universitäten in kaum vorstellbarem Maße kontrolliert. Sie ernannten, bezahlten und entließen Professoren. Ihre stärkste Sanktion Die Macht der Studentenschaft

war die, an einen anderen Ort zu ziehen und ihnen gewogene Professoren mitzu-
nehmen. Das große Einkommen, das diese Studenten den Kommunen brachten,
hatte aber auch negative Seiten: Die Preise für Wohnung und Nahrungsmittel stiegen, der Frieden war durch die randalierenden Studenten oft gestört und die Jung-
fräulichkeit der Städterinnen gefährdet. So wird dies von Bologna berichtet. Diese
Kommune ging dazu über, die Professoren selber zu bezahlen, zu verwalten und zu
beaufsichtigen. Die Professorenschaft und die Universität wurden dadurch stabiler,
da ein ständiger Lehrkörper auch unabhängiger von einströmenden oder abziehen-
den Studenten wurde. Universitäten wurden in dieser Zeit zu einem wichtigen
Faktor für die Bedeutung der Städte in wirtschaftlicher, politischer und kultureller
Hinsicht. Sie trugen dazu bei, die Städte von den Eckpfeilern der politischen
Macht, der Kirche und dem Kaisertum unabhängiger zu machen. Dem Modell der
kommunalen Finanzierung, wie es Bologna erstmals realisierte, folgten alle mittelalterlichen Universitäten in Italien (s. Grendler, 2002, S. 6ff.).

Studienorganisation
und Institutionali-
sierung Die große *Erfindung* der Universitäten bestand vor allem in der inneren Gestaltung des Studiums. Hier wurden erstmals Studiengänge formalisiert und mit
sukzessiven Abschlüssen strukturiert. Die Gliederung nach Baccalaureat, Magister
und Doktorat führte eine Stufung zu erreichender Kompetenz ein. Die Anforderungen wurden erstmals formalisiert und Abschlüsse jeweils als Ausgangsbedingun-
gen für eine weitere Stufe der Qualifizierung bestimmt. Mit den Abschlüssen waren wiederum Berechtigungen wie Titel und Zugang zu Pfründen verbunden. Entscheidend war hier die Anerkennung der Abschlüsse als *Studium Generale* über
die lokale Universität hinaus. Sie boten für den ganzen europäischen – lateinisch
sich äußernden – Kulturkreis die Berechtigung zur Lehre und den Zugang zu Pfründen. Durch sie wurde damit erstmals eine überregionale Bildungsgemeinschaft geschaffen.

Die Studien waren dabei lang. Bis zur Endausbildung in Theologie dauerte
es 15 Jahre. Zudem waren damit lange keine Einkünfte verbunden. So blieb nur
die Chance des Verbleibs in der Universität bzw. der Eintritt in den höheren
Dienst der Kirche.

In der Jurisprudenz wurde der Doktor beider Rechte, des zivilen und des
kirchlichen Rechtes, verliehen. Er ermöglichte neben dem Abschluss in Medizin
die höchsten Einkünfte.

Die einzelnen Universitäten zeigten jedoch anfangs einen geringen Verste-
tigungsgrad. Ihr Ansehen hing sehr mit den wenigen berühmten Professoren zusammen. Professoren zogen selber von Universität zu Universität. Die gemeinsame Bildungssprache des Lateins schuf so eine Europa umspannende Bildungs-
und Wissenskultur, die die Grundlage für die Entstehung moderner Bildungssysteme werden konnte.

Interne Organisation Sowohl für die Lehrenden als auch für die Lernenden wurden straffe Organisationsformen ins Leben gerufen. Die Leitung wurde von Rektoren und Deka-
nen ausgeübt, die einzelnen Lehrbereiche in Fakultäten eingeteilt. Die Studenten
selber lebten in klosterähnlichen Organisationsformen (Kollegien). Wegen ihrer
internationalen Rekrutierung wurden sie in Nationes gegliedert, die großen
„Wohngemeinschaften" des Mittelalters.

Die Organisationsform des universitären Lehrkollegiums erwies sich als außerordentlich stabil. Es gab jedoch immer wieder bedrohliche Krisen. Professoren
neigten zur Privilegiensicherung und schlossen dabei nicht nur die ortsansässigen

Kollegen ein, sondern zeitweise auch die Familienangehörigen. Oft wurden Brüder und Söhne zu Nachfolgern. Der Kampf gegen diese Praktiken belegt, dass die Geschichte der Universitäten auch eine Geschichte des Kampfes der Universitätsträger ist, das Niveau durch Offenheit für hervorragende externe Kollegen zu sichern.

Inhalte

Wie jede Vergesellschaftung von Lehre konnte auch die universitäre ihre Existenz nur über die zu lehrenden Inhalte sichern. Sie musste Wissen vermitteln und entwickeln, das für bedeutsam gehalten wurde.

Rüegg sieht dies aus heutiger Sicht eher nüchtern:

> „Dem Schatzhaus der antiken Wissenschaft entnahm das lateinische Mittelalter während Jahrhunderten isolierte Elemente zum Bau und Schmuck des christlichen Glaubensgebäudes, so wie es in Kirchen und Palästen antike Quader, Säulen und Kapitelle als Baumaterial verwendete. Erst im 11. und 12. Jahrhundert eröffneten sich den Lehren des Rechts, der Medizin, der Wort- und Zahlenwissenschaften und der Theologie antike Kenntnisse in ihrem eigenen Zusammenhang und veranlassten sie zur öffentlichen Darlegung und Diskussion fremder und eigener Erkenntnisse. Seither unterscheiden sich universitäre Forschung und Lehre durch die Öffentlichkeit und Veröffentlichung ihrer Prozesse und Ergebnisse von – meist staatlich oder wirtschaftlich bestimmter – Geheimforschung. Diese vermag gewiss wissenschaftliche Leistungen von hoher Qualität zu produzieren. Fundamental neue Erkenntnisse bedürfen jedoch der öffentlichen Diskussion, Überprüfung und Weiterentwicklung. Offenkundig geworden, wurden sie oft – jedoch ohne langfristigen Erfolg – von den gesellschaftlichen Machtträgern unterdrückt" (Rüegg, 1994, S. 154).

Dennoch war der Weg zum universitären Abschluss lang. Den Anfang machte das Buchstabenlernen und schließlich das Lernen der „Fremdsprache" Latein. Über Jahrhunderte erfolgte dies auf der Grundlage der Grammatik von Donatus und Priscian. Die Zugangswege waren dabei wenig formalisiert. Einpauken, Auswendiglernen, Abfragen und Abstrafen – alle Magister werden mit Ruten abgebildet – repräsentieren die „Didaktik" auf dieser Lernstufe.

Latein pauken mit Donatus

Abb. 13: Aelius Donatus mit Rute

Aelius Donatus war um die Mitte des 4. Jh. in Rom als Grammatiker und Rhetor tätig.
Der „Donat" war die Grundlage des Lateinunterrichts in Westeuropa im gesamten Mittelalter. Donat und Priscian gehörten zu den meistgelesenen Werken des Mittelalters. Bis in die Neuzeit war *Donat* synonym mit *lateinischer Grammatik*.
Der normative Druck auf der Basis des Donat war erheblich. Papst Gregor der Große, dessen Latein durchaus zu wünschen übrig ließ, sah sich veranlasst, in der Einleitung zu seinen *Moralia in Iob* (~600) zu schreiben, es sei dem Thema seiner Abhandlung nicht angemessen, die Sprache der göttlichen Weissagungen

Das Unterrichten war aber offensichtlich früh als Problem erkannt worden. Insbesondere die Anfänge des Lesens und Schreibens sowie der Erwerb der Sprachkenntnisse (Latein) bildeten Hürden und waren vom Widerstand der Kinder begleitet. Nur wenige waren auf diesem Weg erfolgreich. Auf einen Leidensweg lassen zumindest viele Bilddarstellungen schließen.

Abb. 14:   Lateinschule um das Jahr 1500 *(Alt, 1966, S.190)*

„Blick in eine städtische Lateinschule um 1500. Der Lehrer und sein Gehilfe regieren mit der Rute. Die Kinder lernen ihre Lektion und werden einzeln vom Lehrer verhört" *(Alt, 1966, S.190)*

In der Studieneingangsphase der Universität finden wir wieder den Lehrplan aus der Antike (siehe Abb. 15a): das *Trivium* mit Grammatik, Dialektik, Rhetorik und (siehe Abb. 15b): das *Quadrivium* mit Geometrie, Musik, Arithmetik und Astronomie. Sprachbeherrschung und Weltwissen folgen hier nacheinander, wobei das Weltwissen nie unumstritten war, konnte es doch eine Ablenkung auf irdische Erkenntnisse und Lebenshaltungen sein (s. Peter Damiani in Rom, zit. in Dolch, 1982, S. 112).

Abb. 15a: Die sieben freien Künste (Septem Artes): Grundlage des Lehrplans über eine Zeitspanne von fast 1000 Jahren – bis an die Schwelle der Neuzeit *(Schiffler & Winkler, 1992, S. 18)*

Sieben im 13. Jh. in Sandstein gehaune Frauengestalten, die in der Vorhalle des Freiburger Münsters stehen. Die Frau ganz links hält in ihrer rechten Hand drohend ein Rutenbündel (ein Symbol, das in vielen „Lehrdarstellungen" immer wieder vorkommt), das wohl nicht dem fleißig Lesenden, aber ein „Strafgericht" für den faulen (und darum nackten) Knaben darstellen soll. Unmittelbar neben ihr sehen wir die Dialektik mit einer Geste, als würde sie argumentieren, neben ihr eine Figur mit Münzen in beiden Händen, die als Rhetorik gedeutet wird.

Abb. 15b: Die sieben freien Künste (Septem Artes): Grundlage des Lehrplans über eine Zeitspanne von fast 1000 Jahren – bis an die Schwelle der Neuzeit *(Schiffler & Winkler, 1992, S. 19)*

In Abb. 15b folgen die Geometrie mit dem Winkelmass, die Musik mit der Glocke, die Arithmetik und schließlich die Astronomie mit der Wasseruhr. Sie allesamt verkörpern die Idee der christlich-abendländischen Bildung

Abb. 16: Die sieben freien Künste (Septem Artes): Sie sind ab dem 16. Jh. meist durch Männer repräsentiert *(Schiffler & Winkler, 1992, S. 22)*

Eine interessante Feststellung lässt sich aus Abb. 16 entnehmen: „Gegen Ende des 15. Jahrhunderts, als dieser Holzschnitt entstanden ist, hatte sich das Verständnis der Sieben Freien Künste bereits gewandelt. Sie sind nicht mehr die durch Frauen repräsentierten Ideen und Teile der göttlichen Weltordnung; jetzt haben sie sich bereits zu akademischen Disziplinen weiterentwickelt, die durch Männer vertreten werden" *(Schiffler & Winkler, 1992, S. 22)*.

Auch wenn der Lehrplan nach den Septem Artes umstritten war, sahen einige darin – sowie in Philosophie und Theologie – einen „Lebensweg", der identisch wird mit einer Bildungsbiografie. Dolch zitiert dazu Honorius Augustinensis und seine Schrift „Das Exil und die Heimat der Seele oder über die Artes" (De animae exilio et patria alias de artibus). Hier wird der Kanon des Wissens und damit der Lehrplan der Artistenfakultät im Modus einer „Wissensreise" eindrucksvoll sichtbar.

„1. Unwissenheit ist das Exil, die Weisheit die Heimat des inneren Menschen ... Der Weg von diesem Exil zur Heimat ist die Wissenschaft, die sich auf die natürlichen Dinge bezieht, während in den göttlichen die Weisheit betrachtet wird. Zurückzulegen ist dieser Weg nicht etwa mit Schritten des Körpers, sondern mit dem Streben der Seele. Die zur Heimat Eilenden führt ihr Weg über die zehn Künste und die diese behandelnden Bücher wie durch zehn Städte und die ihnen dienenden Meierhöfe...

2. Die erste Stadt, durch die man der Heimat zustrebt, ist die Grammatik. Die Sprache ist das Stadttor, durch das man mit den in Vokale und Konsonanten eingeteilten Buchstaben geht, und so gelangt man zu den Wohnungen der Sätze; die langen und kurzen Silben bilden die Haustüren. Die Stadt selbst zerfällt in acht Stadtteile ... In dieser Stadt herrschen Substantiv und Verb als die Konsuln, Prokonsul ist das Pronomen, Präfekt das Adverb, die übrigen Stadtteile erscheinen als die weiteren Beamten, denen Geschlecht und Fall, Zeiten und die sonstigen Wortformen als gemeines Volk dienen. Donat und Priskian sind die Schulmeister dieser Stadt, sie lehren die Reisenden eine neue (die lateinische) Sprache und führen sie mit sichern Regeln den Weg zur Heimat. Die Meierhöfe dieser Stadt sind die Bücher der Dichter, die man in vier Gruppen einteilt: in die Tragödien, Komödien, Satiren und Lyrisches. Die Komödien, wie die von Terenz, besingen, was mit dem Heiraten zusammen-

80

hängt; die Tragödien behandeln, wie zum Beispiel Lucan, die Kriege; die Satiriker, wie Persius, tadeln; die lyrischen Gedichte, auch Oden genannt, besingen, wie die des Horaz, nach Art von Hymnen das Lob der Götter und der Könige.

3. Die zweite Stadt, durch die man der Heimat zustrebt, ist die Rhetorik. Das Stadttor wird von der Zivilverwaltung mit den drei Torbogen der Darlegung, Beratung und der Urteilsfindung gebildet. In dem einen Teil dieser Stadt verfassen die Oberen der Kirche Dekrete, in dem anderen geben die Könige und Dichter Erlasse heraus. Dort werden die Synodalbeschlüsse verkündet, hier Rechtsverhandlungen geführt. Da unterrichtet Cicero die Reisenden in kunstvoller Rede und bildet ihre Sitten durch die vier Tugenden: Weisheit, Stärke, Gerechtigkeit und Mässigkeit. Dieser Stadt sind unterworfen die Geschichte, die Fabeln und die Bücher, welche die Redekunst und die Sittenlehre behandeln.

4. Die dritte Stadt, die Dialektik (Logik), wird von den zahlreichen Basteien der Quästionen geschirmt. Sie nimmt die Ankommenden durch fünf Tore auf: den Gattungsbegriff, den Artbegriff, das Unterscheidende, Wesentliche, Zufällige, die darum auch Isagogen, das heisst Einführungen, genannt werden. Die Burg dieser Stadt wird von dem wesentlichen Merkmal, der Substanz, die Türme rings um sie von den neuen Akzidenzien, unwesentlichen Merkmalen, gebildet. Zwei Kämpfer walten hier des Amtes, trennen nach festem Gesetz die Streitenden und rüsten die Reisenden mit herrlichen Waffen des kategorischen (einfachen) und hypothetischen (bedingten) Syllogismus aus. Aristoteles lässt die Reisenden in die Topik (Lehre von den Wahrscheinlichkeitsgründen) ein, unterrichtet sie in der Beweisführung und geleitet sie mit seinem Werke „Peri Hermeneias" (Lehre vom Satz und Urteil) auf das weite Feld der Syllogismen hinaus. *Die Reisenden lernen in dieser Stadt den Ketzern und anderen Feinden, die sie ... auf dem Wege angreifen, mit den Waffen der Vernunft Widerstand leisten (kursiv: H.F.).*

5. Die vierte Stadt ist die Arithmetik. Unter Anweisung des Boethius werden hier die geraden und ungeraden Zahlen auf vielerlei Art miteinander verbunden. Das Sieb bewegt die einfachen Zahlen durch die vielfachen hier und her; der Abakus vervielfacht mit den Fingern und Knöcheln beim Vorwärtsbewegen, teilt beim Zurückgehen und verwandelt durch die Brüche die Einzahl in tausend Teilchen. Der Harmoniekampf fordert die geraden und ungeraden Zahlen zum Streite auf, das Brettspiel ordnet die Schachsteine zum Kampfe, die Tafel verzeichnet die beim Würfeln geworfenen „Sechser". In der Schule dieser Stadt lernt der Wanderer, dass Gott alles nach Mass, Zahl und Gewicht geordnet hat.

6. Eilt man den Gesängen der Heimat zu, so kommt man zur Musik als der fünften Stadt. Da jubelt gemäss der Lehre des Boethius der Chor mit den tiefen Stimmen der Männer und den hohen der Knaben zum Preise Gottes, dazu ertönen die Orgel mit ihren Pfeifen, die Harfen mit ihren Saiten, die Zimbeln erklingen unter dem Anschlag, die sieben verschieden klingenden Töne stimmen harmonisch zusammen.

7. Die sechste Stadt ist die Geometrie. Hier breitet Arat seine Weltkarte aus, zeigt Asien, Afrika, Europa und zählt die Berge, Städte und Flüsse der ganzen Erde auf, durch die die Wanderer ziehen müssen (1245).

8. Die siebte Stadt ist die Astronomie. Hier zeigt Hygin mit dem Astrolabium die Zu- und Abnahme des Mondes, den Umlauf der Sonne und der Planeten, die Himmelskugel und auf ihr durch die Stellung der Gestirne den Tierkreis und die übrigen Ungeheuer des Himmels. Ferner erklärt hier Julius die Berechnung des Kalenders und zählt die Jahre der Welt durch die Reihenfolge der Könige.

9. Die achte Stadt ist die Physik. Da lehrt Hippokrates die Wanderer die Kräfte und Naturen der Kräuter, Bäume, Steine und Tiere kennen und führt durch die Arznei für die Körper zur Arznei für die Seelen.

10. Die neunte Stadt ist die Mechanik. Hier lernen die Wanderer jegliche Bearbeitung von Metallen, Holz, Marmor, ausserdem die Malerei, Bildhauerei und jede handwerkliche Kunst...

11. Die zehnte Stadt ist die Ökonomie. Sie ordnet die Reiche und Würden an, scheidet die Ämter und Stände. Die nach der Heimat eilenden Menschen lehrt sie, nach dem Masse ihrer Verdienste sich den Chören der Engel einzureihen.

12. Nachdem man die freien Künste durchlaufen hat, gelangt man zur Heimat; das ist die wahre Weisheit, die in der Heiligen Schrift aufleuchtet und in der Anschauung Gottes ihre Vollendung findet..." (Dolch, 1982, S. 115f.).

Diesen Entwicklungsweg haben (unbekannte) Künstler auch graphisch dargestellt und ihn als Weg zu einem Gipfel, zum höheren Menschsein und zu höherer Erkenntnis imaginiert. Ein Beispiel sei hier präsentiert.

Abb. 17:   Ikonografische Darstellung des Bildungsganges im Mittelalter als Weg zu einem Gipfel und als Umkreis des Wissens

Wie schon in dieser Anordnung und Rechtfertigung des Wissens anklingt, zählt die Wiederentdeckung von Aristoteles zu einem der bedeutendsten geistigen Ereignisse der Wissensentwicklung im Mittelalter. Vorher war aus der antiken Philosophie vor allem Platon (427-347 v. Chr.) bekannt, den Augustinus rezipiert und christlich uminterpretiert hatte. Aristoteles war wegen seiner systematischen Ausrichtung auf natürliche Weltkenntnis und wegen seiner Moral- und Staatsrechtslehren für die mittelalterliche Philosophie und Theologie eine Figur von großer Sprengkraft. Durch ihn trat der Weg der *natürlichen Erkenntnis* in Konkurrenz zum *Offenbarungsglauben* des Christentums.

Aristoteles und der Weg natürlicher Erkenntnis

Der Weg, über den Aristoteles in die mittelalterlichen Universitäten, insbesondere nach Paris kam, ist ungewöhnlich. Arabische Gelehrte brachten ihn mit dem Islam nach Spanien und damit ins christliche Abendland des Nordens.

1085 wurde Toledo (Spanien) durch den christlichen Norden vom Islam zurückerobert. Dabei wurden arabische und griechische Texte über Philosophie und Wissenschaft wiederentdeckt, von jüdischen Gelehrten ins Lateinische übersetzt und in französischen Schulen weitergereicht. Eine zentrale Rolle spielte dabei die berühmteste Übersetzerschule des mittelalterlichen Europa in Toledo, denn westliche Gelehrte, die Arabisch verstanden, waren eine große Ausnahme. Auch die Araber studierten normalerweise keine Fremdsprachen, sodass selbst wenn arabische Gelehrte Paris oder Bologna erreicht hätten, die sprachliche Barriere sie getrennt hätte. Kurz: Nur ganz wenigen Berührungsstellen in Spanien und Sizilien und der „Brückensprache" des Lateins ist es zu verdanken, dass die durch den Islam vermittelte griechische Gelehrsamkeit zur Entwicklung der christlichen Philosophie beitragen konnte bzw. aus der griechischen Antike in die okzidentale Entwicklung „zurückgerettet" werden konnte (s. Schulthess & Imbach, 2002).

Abb. 18: Averroës (geb. 1126) im – unmöglichen – Gespräch mit Porphyrios (geb. 233 n.Chr.)
(McManners, 1993, S. 205)

Das Christentum räumte einigen bedeutenden arabischen Kommentatoren der klassischen Bildung einen hohen Rang ein, etwa Avicenna oder Averroës. In diesem Sinn ist auch der (unmöglich) stattgefundene Dialog in Abb. 18 zu interpretieren: Um Averroës mit arabischen Wurzeln das entsprechende „christliche" „Gewicht" zu geben, wird er zusammen mit Porphyrios abgebildet.

Averroës (1126-1198, eigentlich Ibn Ruschd), in Spanien geboren, war Jurist, Arzt und Philosoph. Er ist der wichtigste arabische Philosoph, auch im Hinblick auf die christlich/europäische Philosophie. Sein Werk besteht zum großen Teil aus Erläuterungen der aristotelischen Philosophie und Kommentaren dazu. Seine Auffassungen stimmen weitgehend mit denen seines philosophischen „Vorgängers" in der islamischen Welt, Avicenna, überein.

Avicenna (980-1037, eigentlich Ibn Sina, in Persien geboren) war Arzt, Naturforscher und Aristoteliker. Seine Metaphysik beeinflusste die christlichen Scholastiker, besonders Albertus Magnus und Thomas von Aquin.

Porphyrios (233-305) war ein umfassend gebildeter Universalgelehrter. Der Kirchenvater Augustinus nannte ihn den *gelehrtesten der Philosophen*. In seinen mehr als 60 Werken befasste er sich mit Religion und Mythos, Rhetorik und Grammatik, Literarkritik, Mathematik, Musik und Astronomie. Nur ein Teil davon ist erhalten.

Die Rezeption der neuen Schriften war jedoch sehr kontrovers. 1210 wurde in Paris die Lektüre aller vor- und unchristlichen Philosophen verboten. Albertus Magnus (1200-1280) und Thomas von Aquin (um 1225-1274) „christianisierten" Aristoteles gewissermaßen. Das Kunststück bestand darin, dessen Schriften mit der Bibel kompatibel zu machen.

Umstritten war vor allem die vernunftmäßige und weltliche Ausrichtung der aristotelischen Philosophie. Unumstritten waren dagegen Ethik und Metaphysik und das Weltwissen zu folgenden Themen:

De animalibus (über das Tierreich)
De coelo et mundo (über Himmel und Erde)
De anima (über die Seele)
De plantis (über die Pflanze)
De sensu et sensato (Sinne und Empfindung)
De morte et vita (Tod und Leben)

Vernunft und Glaube Die Erkenntnisorientierung, die Suche nach vernünftiger Begründung des theologischen Wissens und der Bibel wurden zu einem Kernthema der mittelalterlichen Universität, insbesondere jener in Paris im 13. Jahrhundert. Hier entstanden Bemühungen, einen umfassenden Kanon des Wissens zu erstellen, für den besonders die Arbeiten von Bonaventura stehen, neben den großen Werken von Thomas von Aquin, Duns Scotus, Abelaerd und Wilhelm von Ockham.

Theologie und Philosophie dürfen in einem unitarischen Konzept von Wissen und Glauben nicht getrennt werden, alle Wissenschaft hat sich dem Religiösen unterzuordnen. Im Lehrkanon kommt dies nach Dolch klar zum Ausdruck: „Die „Wissenschaft des Wortes" (Trivium) lehrt, sich mit Hilfe der Grammatik fehlerfrei auszudrücken, mittels der Logik vernunftgemäß zu gliedern und mit Hilfe der Rhetorik wirksam zu überzeugen. In der „Wissenschaft des Seins" (Quadrivium) beschäftigt sich die Metaphysik mit der Erkenntnis des Seins überhaupt, die Mathematik mit den Verhältnissen, den von der Materie gereinigten Formen, die Physik mit den Eigenschaften der Elemente ... Alles aber ist auf Theologie, Religion und Gott hingeordnet. So auch die „Moralwissenschaft", die sich mit der Leitung der Einzelnen, der Familie und des Staates befasst" (Dolch, 1982, S. 142).

Thomas von Aquin gliedert die Septem Artes stärker aus den Wissenschaften heraus und definiert sie als Vorstufen, als formale sprachliche Schulung, um für den Erwerb höheren Wissens gerüstet zu sein. Damit wird auch eine innere Hierarchie des Wissens festgelegt.

Entscheidend ist bei Thomas von Aquin wieder das Bemühen, den Glauben mit der Vernunft zu versöhnen, ihn aus dem natürlichen Erkenntnisvermögen des Menschen zu begründen. Bezeichnend dafür sind vor allem seine Gottesbeweise, die Quinque viae der Begründung der Existenz Gottes, die immer mit der Wendung, der natürlichen Schlussfolgerung endet: „... quod omnes dicunt deum („Was alle Gott nennen")". *Damit wird der Anspruch auf die Wahrheit der christlichen Religion* in den Universitäten institutionalisiert: Es gibt also etwas über Gott zu wissen und nicht nur an ihn zu glauben und ihn zu lieben.

Wahrheitsanspruch Diese Etablierung des *Wahrheitsanspruches* ist ein Ferment, aus dem die modernen Wissenschaften hervorgehen werden. Die Differenz zwischen Glauben und

Wissen wird eine Dynamik in Gang setzen, die die unterschiedlichen Weltzuwendungen in ihrer je eigenen Besonderheit herausarbeitet und damit immer klarer werden lässt, was Wissen ist, wie es zu begründen und zu erweitern ist.

Die Geschichte der Universitäten ist jedoch ungleich komplexer, als es die obigen spärlichen Hinweise suggerieren. Es ist auch eine Geschichte der „weltlichen" Universitäten, etwa der Medizinschulen und der medizinischen Fakultäten (die schwören mussten, keine Chirurgie zu betreiben und keine Leichen zu sezieren), der juristischen Hochburgen in Italien usw. Die Nutzung der Quellen zu den Immatrikulationen, zu den Lebenswegen der Studenten und Professoren (Schwinges, 1993; Schwinges & Hesse, 2003) und deren Differenzierung auf die Geschichte einzelner Universitäten machen die Beschäftigung mit diesem Fachgebiet zu einer umfassenden Wissenschaft (s. z.B. für die italienischen Universitäten der Renaissance Grendler, 2002). Sie zeigt ein Ausmaß an *lokalen* Entwicklungen und Besonderheiten, das bei heute üblichen landesweiten Regelungen unvorstellbar ist. Dennoch ist gerade der Bezug auf die Lehrrechte und auf die Gültigkeit von Abschlüssen für die gesamte Christenheit das Einmalige dieser Lehr- und Forschungsinstitutionen.

Lokalität und Universalität

Lehrmethoden

Wie wurde in den Universitäten gelehrt und geforscht? Was galt hier als wichtiges und wahres Wissen?

Abb. 19: Vorlesung an den mittelalterlichen Universitäten *(Schiffler & Winkeler, 1994, S. 51)*

In einer mächtigen Lehrkanzel thront der in seiner Zeit (um 1380) berühmte „Henricus d'Allemania", Doktor des Rechts an der Universität Bologna. Wäre nicht der grüne Rasen, dann bestünde kein Zweifel, dass hier in einem Hörsaal eine Vorlesung gehalten wird. Der Gelehrte verkörperte die Autorität der Wissenschaft. Ex cathedra las er in der lateinischen Gelehrtensprache aus eigenen oder aus denen anderer Autoren vor und kommentierte das Gelesene

Die Besonderheiten der universitären Lehrmethoden des Mittelalters werden nur verständlich, wenn man sich die Konzeption des Wissens vor Augen hält. Wie bereits erwähnt, liegt Wahrheit nach dem mittelalterlichen Wissensverständnis bereits vor, sie muss nicht erarbeitet werden; sie ist in den heiligen und heidnischen Schriften (dort von Gott den Heiden geliehen) niedergelegt. Wahrheitssuche wird damit *zur Kunst der richtigen Auslegung der Schriften und zur Extraktion der Folgerungen*, die sich aus diesen Schriften ergeben.

Als Methoden des Lehrens stehen deshalb *Kommentierungen* der Schriften im Vordergrund. Zur Begründung der hier gefundenen Wahrheiten dienen dann die *Thesenverteidigungen* und *Disputationen*. Vorlesen, Kommentieren, Auswendiglernen und Diskutieren machen hier Unterricht aus (s. vor allem Schulthess & Imbach, 2002).

Durkheim beschreibt die Verfahren so eindrucksvoll im Detail, dass ein längeres Zitat gerechtfertigt ist:

„Zwei verschiedene Methoden wurden nebeneinander angewendet.

Der Lehrer erklärt: er tut das, was man eine *expositio* nannte. Wir können noch heute sozusagen an einer dieser Erklärungen teilnehmen, denn in den *commentarii* (in *Aristotelis libros expositio*) des hl. Thomas über Aristoteles sind eben solche lektionsweise ausgeführten Erklärungen *(expositii)* enthalten.

Diese Erklärungen hatten nicht das Ziel, wie heute die Übung, die man so nennt, den Gedanken des Autors zu erklären, indem man ihn umschreibt. Es war vielmehr eine weite dialektische Analyse des Werkes. Man ging von dem Gedanken aus, dass ein Buch nichts anderes ist als eine lange Beweisführung, eine lange Überlegung, ein ständiger Syllogismus – und in der Tat, was kann ein wissenschaftliches Buch anderes sein, als eine Folge von Urteilen, die von ein- und ausschliessenden Beweisen begleitet werden. Man stellte sich also die Aufgabe, diese ungeheure logische Masse in ihre letzten Elemente zu zerlegen, um ihre Verkettung zu zeigen. – Der Lehrer ging nun folgendermassen vor. In der Einleitung stellt er das Ziel des Werkes vor, die Art, wie das Werk mit den anderen Werken des Autors verbunden ist. Nachdem er auf diese Weise eine Idee des Gesamtwerkes gegeben hat, schneidet er aus dem Werk einen ersten Teil der Entwicklung heraus, der vom Anfang bis zu einem Punkt reicht, der ihm ein Ganzes zu bilden scheint, d.h. sich auf ein und dieselbe These bezieht, die er aufstellt. So haben z.B. die ersten Kapitel der *Politik* von Aristoteles, sagt Thomas von Aquin im Kommentar zu diesem Werk, das Ziel, die hervorragende Würde dieser Wissenschaft aufzustellen. Wie wird diese These bewiesen? Mittels einer doppelten Argumentation. In der ersten beweist er die überragende Würde der politischen Wissenschaft auf absolute Weise durch die seinem Objekt innewohnende Würde, die politische Gesellschaft; in der anderen führt er denselben Beweis durch den Vergleich durch, indem er die Überlegenheit der *Politik* über die Wissenschaften, die von den anderen menschlichen Gesellschaften handeln, beweist. Wir befinden uns also vor zwei neuen Thesen, die die ursprüngliche These stützen. Der Kommentar nimmt die erste der beiden neuen Thesen und zeigt, dass Aristoteles sie auf eine dritte stützt, die wieder eine andere impliziert, und so weiter, bis er zu einem Urteil kommt, das er als evident setzt. Ist das geschehen, so kommt er auf die zweite zurück und behandelt sie auf die gleiche Weise. Hat er mit dem ersten Ideengefüge geendet, geht er auf die nächste, die er auf die gleiche Weise bestimmt und der gleichen Ausarbeitung unterwirft. Und so schreitet er fort, indem er mit einer unermüdlichen Geduld die Hauptargumente in Nebenargumente zerlegt, dann in noch elementarere, bis diese dichten und komplexen Überlegungen in ihre letzten Elemente aufgelöst sind" (Durkheim, 1977, S. 126f.).

Diese Methode der syllogistischen Argumentation, die den Disputationen zu Grunde lag, illustriert Durkheim am Beispiel der Unfruchtbarkeit der Maulesel:

> „Wir stellen den Satz auf: Maultiaere sind unfruchtbar; wir können das täglich durch die Beobachtung nachprüfen. Wir wollen wissen, ob der Satz notwendig ist oder nicht; wir müssen also in der Natur des Maultieres etwas suchen, das es notwendigerweise unfruchtbar macht. Um diese Beweise wissenschaftlich zu liefern, muss man im Begriff des Maultieres den Grund dieser Unfruchtbarkeit finden. Da das Maultier das Ergebnis der Verbindung zwischen Pferd und Esel ist, so muss man unter den unterschiedlichen Merkmalen des Pferdes und des Esels, in ihrer anatomischen und physiologischen Konstitution den Ausgangspunkt der Beweisführung suchen. Aber bei unserem augenblicklichen Kenntnisstand (Aristoteles spricht) ist eine strenge Beweisführung unmöglich. Wir können dann so vorgehen: Statt das Maultier an sich zu betrachten, müssen wir es einer anderen Tierklasse annähern, mit der es Ähnlichkeit hat. Wir müssen sehen, ob wir nicht in diesem Begriff einen Charakter finden, den auch das Maultier hat und der von einer Art ist, der Licht auf die Frage werfen könnte. In einem Sinn ist die Verbindung zwischen einem Maultier und einer Mauleselin eine Verbindung zwischen Verwandten gleicher Gattung. In einem anderen Sinn ist es eine Verbindung zwischen Verwandten verschiedener Gattungen, weil in ihnen die beiden verschiedenen Gattungen der Eltern existieren, aus denen sie entsprungen sind. Nun können zwei Eltern der gleichen Gattung keine ihnen verschiedene Gattung hervorbringen, und das trifft für das Maultier und die Mauleselin zu, wenn man sie als von der gleichen Gattung betrachtet. Andrerseits können Eltern verschiedener Gattungen kein Tier der gleichen Gattung wie sie hervorbringen; das trifft für das Maultier und die Mauleselin zu, soweit ihre Vereinigung der Vereinigung zweier Tiere von verschiedener Gattung angeglichen ist. Also können das Maultier und die Mauleselin weder ihre Gattung noch eine andere Gattung als ihre hervorbringen; folglich sind sie notwendigerweise unfruchtbar ... Das Prinzip dieser Beweisführung kann also folgendermassen ausgedrückt werden: Den besonderen Begriff, den man analysieren will und der allein den entscheidenden Grund der Notwendigkeit und der Nichtnotwendigkeit der Beziehung liefern könnte, kann man einem oder mehreren anderen austauschen, die dem ersten verwandt sind und mit deren Hilfe man Sätze aufstellt, die man dann auf den ersten anwendet" (Durkheim, 1977, S. 136f.).

Hier wird eindrucksvoll sichtbar, wie nur *empirisch* zu beantwortende Fragen nominalistisch, durch die *Analyse von Begriffen* und durch *logische Deduktionen*, beantwortet werden. Die Schärfe der logischen Analyse ersetzt die auf die Sache gerichtete Forschung. Letztere wird sich aber als Kennzeichen der modernen Wissenschaftsentwicklung durchsetzen.

3.3 Rückblick und Vorblick

Was waren im Rückblick die zentralen pädagogischen „Erfindungen" im Umkreis der mittelalterlichen Universitäten?

Mehreres wird hier sichtbar: Lehren, Lernen und Forschen wird zu einem brisanten politischen Unternehmen. Es ist eng mit Machtinteressen verwoben und droht zum Spielball der Sicherung einer Weltinterpretation bzw. zum Instrument der Machtlegitimation zu werden. Es dient einmal der Kanonisierung und Legitimierung von Wissen, der Absicherung der sie stützenden politischen Akteure und der Rekrutierung und Ausbildung von „Kadern" in diesen Institu-

Lehren im Interessenfeld

tionen. Lokal, in den Städten, trägt die Institutionalisierung des Lehrens und Lernens zur wirtschaftlichen Belebung bei.

Gerade in diesem Umfeld tritt aber ans Licht, was es bedeutet, eine professionelle Suche nach Wahrheit, eine Institutionalisierung des Denkens und Forschens zu etablieren. In seinen Anfängen war dies vom Interesse getragen, Glauben und Vernunft zu versöhnen, ja den Glauben vernunftmäßig zu begründen. Später wird dies zum Stachel, der die Geistes- und Institutionsgeschichte der kommenden Jahrhunderte mitbestimmt. Die Institutionen der Lehre und Forschung werden auch immer in die politischen Konflikte einbezogen. Sie erleben wechselvolle Geschichte von Verwertungszusammenhängen. Erst im 19. und 20. Jahrhundert wird die Frage ihrer *wirtschaftlichen* Nützlichkeit aktuell werden, die im Umfeld der Gründung berufsorientierter und technischer Hochschulen diskutiert werden wird.

Stabilität durch Institutionalisierung

Über alle diese politischen Verwicklungen hinaus enthält die Geschichte der Universitäten eine wichtige Lehre: Bildungseinrichtungen werden nicht in erster Linie durch die Inhalte stabil, die sie vermitteln. Sie erhalten Dauer und Kontinuität durch die institutionellen Regelungen. Am Beispiel der Universitäten sind es geregelte Studiengänge, Eingangsbedingungen, Prüfungsregelungen, Verfahren der Zugänge zu Ämtern, Berechtigungen nach Abschluss eines Studienabschnittes. Die universal gemeinte, aber immer auch umstrittene Gültigkeit der *licentia ubique docendi (generelle Lehrerlaubnis)* war es, die mithalf, eine europäische Institution mit einem Anspruch auf gleichwertige Abschlüsse zu etablieren. Somit ist es die Bürokratisierung des Lernens, die im Verbund mit der Bürokratisierung der Kirchen und der entstehenden staatlichen Strukturen zu einer Stabilisierung langfristigen Lernens führte.

„Systembildung"

Die Geschichte der Universitäten ist aber auch ein Lehrstück dafür, welche Spannungen zwischen einem sich festigenden internen Akteur und externen Akteuren entstehen können. Die Stärkung der Universitäten war immer auch getragen vom Eigeninteresse ihrer Träger, die über die Lehrtätigkeit ihre ökonomische Existenz sichern konnten. Lehren und Forschen wurden hier zu einem mehr oder weniger einträglichen Beruf. Nur langsam dehnte sich diese Verberuflichung der Lehrer auf die Vorstufen universitären Lernens aus, bis sie im Laufe des 19. und 20. Jahrhunderts in der Volksschule und in der Vorschule ankam. Der Prozess der Professionalisierung zeigt aber auch, dass die Lehrer auf jeweils Höheren Schulen ihren Status immer dadurch zu wahren versuchten, dass sie die größtmögliche Distanz zu den unteren Stufen schufen.

Das europaweite Netz der kirchlichen Gnadenverwaltung

Karrieren

Aus heutiger Perspektive werden langfristige Lernprozesse nur dann auf sich genommen, wenn damit lohnende Verwertungsprozesse verbunden sind, vor allem wenn damit ein Lebensunterhalt zu bestreiten ist. Diese Perspektive klang bisher nur nebenbei an, wenn auf die Selbstrekrutierung der Universitätslehrer verwiesen wurde, die ihre Ämter häufig in der eigenen Verwandtschaft zu sichern suchten. Es müssen mit Hochschulabschlüssen aber auch Karrieren außerhalb der Universitäten möglich gewesen sein. Aufstiege in den kirchlichen Ämterhierarchien und Tätigkeiten im Umkreis der weltlichen Herrschaftsverbände liegen nahe.

Auf die Berufschancen im Umkreis des nun größten Arbeitgebers des Mittelalters, der Kirche, sei hier auf eine Forschungsrichtung verwiesen, die sich mit den institutionellen Wegen der Gnadenverwaltung im späten Mittelalter beschäftigt.

Der Kanonisierung des Glaubensgutes entsprach im Okzident eine flächendeckende kirchenrechtliche Absicherung der institutionellen Heilswege. Sie fand ihren markanten Ausdruck in einer Einrichtung, die seit einigen Jahren detailliert erforscht wird, den römischen Pönitentiarien[4] (Schmugge, Ostinelli, Braun, & Schneider-Schmugge, 1998). Seit 1983 sind die Supplikentenregister der Pönitentiarie, des obersten Buß-, Beicht- und Gnadenamtes der römischen Kirche durch den Vatikan der Forschung zugänglich gemacht worden. Zwischen 1450 und 1520 sind 225.000 Gesuche von Männern und Frauen in Rom eingegangen. Schon aus der geografischen Herkunft zeigt sich das umspannende Netz des Kirchenrechtes: Die Gesuche kommen von Polen bis Portugal, von Island bis Zypern. Die Suppliken enthalten Bitten um Dispens, insbesondere um Ausnahmen zum kirchlichen Eherecht, um Absolution, um die Befreiung vom Makel der unehelichen Geburt, um für kirchliche Ämter wählbar zu sein. In einer Fallstudie zu diesen Gesuchen aus dem Gebiet von Como betreffen 68% der Gesuche die Ehedispens. Angesichts der strengen Eheregelungen nicht verwunderlich, konnten doch bis zum 4. Verwandtschaftsgrad Verlobungen und Verheiratungen nur mit Dispens vollzogen werden – was für die Erbfolge reicher Familien ein großes Problem war. 8,8% der Gesuche richteten sich auf die Befreiung vom Makel der unehelichen Geburt, 5,6% auf eine Beseitigung von Weihehindernissen (Ostinelli). Uneheliche Kinder, bis zu einem Drittel sollen unehelich gewesen sein, waren wegen dieses Geburtsmakels von kirchlichen Ämtern und Laufbahnen ausgeschlossen und damit auch von Einkommen und Pfründen (s. insbesondere Schmugge, 1995). Die Dispens öffnete ihnen wieder Berufschancen beim großen Arbeitgeber Kirche.

Ein entsprechendes Gesuch einzureichen, war ein aufwändiger Vorgang. Es musste vor Ort von den Geistlichen geprüft und von Notaren verfasst werden. Dabei entstanden häufig umfangreiche Dossiers, die einen einmaligen Einblick in die Lebensführung der Menschen zum Ende des Mittelalters geben. Schließlich mussten sie über Kurierdienste (Prokuratoren) nach Rom transportiert, dort registriert und beantwortet werden. Damit liegen zwei interessante Quellen vor, die miteinander verbunden werden können: die Gesuche vor Ort und die Antworten aus Rom. Diese Quellen zusammenzuführen ist eine formidable Aufgabe der Forschung.

Welche Bedeutung haben diese Sachverhalte für ein Verständnis dafür, welche „Verwertungsmöglichkeiten" von universitären Abschlüssen und von Gelehrsamkeit am Ende des Mittelalters bestanden?

Sie verweisen einmal auf das gesamte Abendland umspannende, flächendeckende Netzwerk der Amtskirche und die damit verbundene universale Geltung des Kirchenrechtes von Island bis Finnland, von Polen bis Spanien. Das

Pönitentiarien

Das Verfahren

Karrieren von Universitätsabsolventen

---

4 Die Apostolische Pönitentiarie zählt zu den drei obersten Gerichtshöfen der katholischen Kirche. Sie ist jedoch kein Kirchengericht, sondern ein kurialer Gnadenhof und damit praktisch eine päpstliche Verwaltungsbehörde, die wie alle kurialen Behörden direkt dem Papst unterstellt ist. In das Aufgabenfeld der Apostolischen Pönitentiarie fällt u.a. die Gewährung von Gnadenerweisen, Teile des Ablasswesens, die Absolutionen, die Dispensen, der Nachlass von Strafen und anderer Gnadenerweise und die Umwandlung von Verpflichtungen.

damit verbundene Monopol der Gnadenverwaltung zu tragen und durchzusetzen erfordert in der Zentrale und vor Ort viele der Schriftlichkeit kundige Experten geistlicher und weltlicher Natur. Die Ausbildung dafür verlangt naturgemäß Stätten des Lehrens und Lernens, in denen auf der Grundlage des Lateins Dogmatik und Kirchenrecht zu zentralen Bestandteilen der Ausbildung gehören. Die Entfaltung der kirchlichen Bürokratie schafft zudem Karrieremuster im Rahmen des nun größten Arbeitgebers des späten Mittelalters. In sie konnten sich viele Absolventen der Hochschulen einfädeln. Somit finden wir hier in der abendländischen Geschichte von Bildungsprozessen erstmals institutionell vorgegebene Ausbildungs- und Karrierewege in einem flächendeckenden Rahmen. Diese Karrierewege blieben aber nicht auf jene in der Amtskirche beschränkt. Im Zuge der Wiederbelebung des römischen Rechts, die vor allem von Bologna ausging, entfaltete sich das Notariatswesen im Rahmen der kommunalen und herrschaftlichen Kanzleien und bildete so den Humus für den Ausbau der universitären Rechtswissenschaften und des Standes der Juristen.

Exkurs: Die Vergesellschaftung von Lehren und Lernen im Islam und im Christentum

Der Kenner von Max Webers Religionssoziologie wird an dieser Stelle fragen, ob diese Form der Institutionalisierung der Expertenbildung, wie wir sie in den mittelalterlichen Universitäten finden, rechtfertigt, von einem „Sonderweg" zu sprechen. Diese Redeweise würde das verlangen, was Weber selber so brillant exerziert hat: den systematischen Vergleich von Bildungswegen im Kontext verschiedener Weltreligionen. Dies zu tun wäre ohne Zweifel ein lohnendes Unternehmen, das allerdings den Rahmen dieser hier vorgenommenen historischen Rekonstruktion unserer Bildungssysteme sprengen würde. Dennoch seien einige Spekulationen gestattet, die neben den Hinweisen auf die chinesische Form der Expertenbildung bei Max Weber ein Licht auf die Bildungsprozesse im Rahmen der zweiten großen Religion dieser Jahrhunderte werfen können: auf jene im Islam. Ich stütze mich bei diesen Hinweisen auf eine Darstellung von Eva Orthmann (2002).

Institutionelle Besonderheiten

Oben ist den mittelalterlichen Universitäten eine hochgradige Bürokratisierung bescheinigt worden: eine ausgeprägte hierarchische Gliederung und eine institutionelle Kooperation auf allen Ebenen und mit verschiedenen Universitäten. Sie war zudem gezielt mit kirchlichen und weltlichen Bürokratien und in ihnen eingewobenen Laufbahnen verbunden.

Keine Bürokratisierung

Orthmann sieht einen Wesenszug islamischen Lehrens und Lernens im Gegenteil: im *informellen* Charakter der Bildungswege und der *personalen* Ausrichtung des Lehrens, der starken persönlichen Bindung an herausragende Gelehrte, an Ulemas. Nicht so sehr Institutionen wurden aufgesucht, sondern berühmte Persönlichkeiten und ihre Lehrzirkel an berühmten Moscheen. Es gab keine Autorität im Sinne der christlichen Amtskirche, die den kanonisierten Glauben hätte festlegen können. Die Bindung an die jeweiligen Lehrer war dabei oft so dicht, dass sie Familienbanden glich. Er war deshalb mehr als ein Lehrer, er war eine moralische Autorität, der zu widersprechen ungehorsam war und als unziemlich galt.

Nicht die rationale Auseinandersetzung stand im Vordergrund, sondern die Übernahme der Auslegungsformen der Schriften (Koran, Prophetentraditionen des ‚hadith', islamisches Recht) durch die jeweilige Lehrpersönlichkeit. In den mittelalterlichen Universitäten wurde dagegen die rationale Auseinandersetzung, die Disputation, systematisch eingeübt. Den unterschiedlichen „Charakter" des Lehrens und Lernens gibt in vorzüglicher Weise Abb. 20 wieder.

Keine Kanonisierung

Abb. 20: Lehre im Okzident (links) und in Persien (rechts)
(Alt, 1966, S. 247)

Linkes Bild: Avicenna, in einer französischen Handschrift des 13. Jahrhunderts dargestellt als europäischer Universitätslehrer. Es handelt sich um eine medizinische Vorlesung oder Disputation. Im Vordergrund wird im Mörser eine Medizin zubereitet.

Rechts Bild: Der Gelehrte beim Unterricht. Miniatur aus einer persischen Handschrift (17. Jahrhundert)

Lehrveranstaltungen wurden im Islam auch nicht systematisch aufeinander bezogen oder gar in geordnete Lehrgänge mit gestuften Abschlussdiplomen eingebunden. Es gab in diesem Sinne kein festgelegtes Curriculum und auch keine systematisch abgestuften Prüfungen und Berechtigungen. Was ein Schüler konnte, um aufgenommen zu werden, oder was er am Ende beherrschte, entschied und beurteilte der Lehrer auf der Grundlage seiner persönlichen Eindrücke. Diese Entscheidung war dann andernorts nicht nach festgelegten Regeln verwertbar – wie etwa ein Doktorat an mittelalterlichen Universitäten. Voraussetzung dafür wäre ein kanonisiertes Curriculum gewesen, das wie im Christentum auf einem *kanonisierten Wissen* und einem *kanonisierten Glauben* hätte aufbauen müssen.

Diesem informellen Charakter des Lehrens und Lernens entsprach auch ein geringer Grad an Institutionalisierung der islamischen Religion. Es gab im sunnitischen Islam keine klaren Autoritätsregelungen und keine entsprechenden Hierarchien. In innerislamischen Auseinandersetzungen mussten deshalb in der Regel konsensfähige Lehrmeinungen gefunden werden. Dabei spielte die Dialektik eine große Rolle, die aus dem christlichen und griechischen Kulturkreis übernommen wurde, um die Vertretung von Positionen bei diesen Konsensfindungsprozessen zu lernen. Dennoch gab es im Islam keine so hochgradige *Dogmatik* des kanonisierten Glaubensgutes wie im Christentum.

Damit erscheinen im Religionsvergleich einige Kernelemente des okzidentalen Bildungsweges in prägnanter Weise: die Abstützung auf eine Dogmatik der Inhalte, die flächendeckende Institutionalisierung von Bildungswegen und die Einbettung von Abschlüssen in Berufswege im Rahmen von Bürokratien, im Mittelalter natürlich in jene des hierokratischen Verbandes der Kirche.

Hinter diesen Besonderheiten verbergen sich grundsätzliche Unterschiede in der Weltausrichtung des Christentums und des Islam, die die geistigen und politischen Entwicklungen bis heute mitgestalten.

Lehrformen

Auswendiglernen Im Mittelpunkt des Lehrens und Lernens stand im Islam die Aufnahme und das Auswendiglernen der Heiligen Schriften, insbesondere des Korans (der oben erwähnte Avicenna konnte bereits als 10 jähriger den Koran auswendig). Das laute Vorlesen durch den Lehrer und das zu lernende laute Vorlesen durch den Schüler waren Kern der islamischen Didaktik. Der Grad der Bildung materialisierte sich in der Anzahl auswendig gelernter und laut vorlesbarer Schriften.

Dies wurde in erster Linie in Gruppen organisiert. Private Lektüre und persönliche Aneignung hatten kein hohes Ansehen. Orthmann meint, dass man das Studium eines Textes am besten mit dem Einüben eines Musikstückes vergleichen könne. Die Gedächtnisleistungen hatten in diesem Zusammenhang verständlicherweise ein hohes Ansehen.

Religion und weltliche Herrschaft

Die soziale und kulturelle Entwicklung des Christentums sahen wir geprägt durch die Gegenüberstellung eines weltlichen und eines geistlichen Akteurs. Das Christentum entstand im Umfeld einer Besatzungsmacht, war also von Anfang an in einer Außenseiterposition, es musste sich gegenüber überlegenen politischen Mächten behaupten. Daraus entwickelte sich besonders im lateinischen Umfeld eine Dualität von politischer und weltlicher Macht. Diese Dualität sahen wir im Mittelalter auch auf geistigem Gebiet, in der Auseinandersetzung zwischen Glauben und Wissen. Dahinter stand ein jahrhundertelanger Kampf um die richtige Lehre, um die Einigung in grundsätzlichen Lehren und Dogmen.

Trennung und Einheit von weltlicher und religiöser Macht Die Ausgangssituation des Islam war völlig anders. Die Lehre Mohammeds war von Anfang an die sich durchsetzende Lehre einer politisch überlegenen Gruppe, sie war von Beginn an verbunden mit politischen Kämpfen im Umfeld familiärer Auseinandersetzungen. Charakteristisch ist dafür die Geschichte der Familie des Mohammed, seiner Frau Fatima und deren Sohn Ali bzw. dessen Söhne Hasan

92

und Husain, die die Linie der Sunniten begründete und sich aufgrund von Nachfolgekämpfen von den Schiiten bzw. Harigithen absetzte. Politische Kampflinien verliefen nicht entlang grundsätzlich unterschiedlicher Glaubenssätze und vor allem, sie entfalteten sich nicht in der Dualität von weltlicher und geistlicher Macht. Es gab zwar auch im Christentum enge Verbindungen zwischen weltlicher und geistlicher Macht (z.B. über Jahrhunderte in Byzanz), doch die Lehre Christi selber enthielt das Spannungsmoment der Trennung. Die christliche Lehre war keine Religion einer Dynastie, keine Stammesreligion und nicht das Ergebnis einer politisch siegreichen Partei. Sie war eher eine Religion der Verfolgten. Ihre universalistische Einladung an alle Menschen schuf immer wieder Distanz zu herrschenden politischen Systemen, mit denen sie sich jedoch auch immer wieder verbündete.

Auf dieser Folie wird sichtbar, dass drei Kernelemente im Islam einen anderen Stellenwert hatten:

Dogmatik

1. Die kanonisierende Dogmatik hatte im Islam einen bedeutend geringeren Stellenwert als im Christentum. Die Frage nach dem *richtigen* Glauben spielte im Christentum eine zentrale Rolle. Um sie herum entwickelten sich religiöse Gruppierungen, Sekten und Schismen. Die Sicherung eines Korpus des richtigen Glaubens war deshalb einer der wichtigsten Antriebe zur Gelehrtenschulung und zur Errichtung von Bildungsinstitutionen. Interpretationsfragen waren auch im Islam wichtig, sie waren jedoch Ausdruck unterschiedlich tiefen und persönlichen Eindringens in die Lehren Mohammeds und nicht Gegenstand eines universelle Gültigkeit beanspruchenden Glaubenskorpus.

Der hohe Wahrheitsanspruch des kanonisierten Glaubens enthielt auch immer den Stachel des Zweifels und der Begründungsbedürftigkeit, der die Dynamik von Glauben und Nichtglauben, von Glauben und Wissens schuf.
Diese übermäßige Konzentration auf die Dogmatik mag auch mitbewirkt haben, dass die weltlichen Wissenschaften im christlichen Mittelalter weniger gepflegt wurden und gerade zu dieser Zeit die arabischen Wissenschaften so überlegen waren. Deren Klassik-Kenntnisse – etwa jene von Ibn Sina (Avicenna) – waren bedeutend größer als jene der abendländischen Gelehrten, die über diese erst Zugang fanden. Die Mathematik der Araber – wir verdanken ihnen das Dezimalsystem, die Zahl „Null", die Algebra, den Algorithmus, Anfänge der Trigonometrie uva. – war bedeutend ausgefeilter. Dies trifft auch für die Naturwissenschaften, die Geographie, die Geschichtsschreibung und die Heilkunde zu. Der von Avicenna geschaffene Kanon der Medizin wurde im 12. Jh. von Gerhard von Cremona – der in Toledo viele Jahre als Diakon und Lehrer tätig war – ins Lateinische übersetzt und galt bis zum 17. Jh. als das wichtigste Lehrbuch der abendländischen Medizin (Cremona übersetzte insgesamt 24 medizinische Schriften, 17 mathematische und optische Schriften, darunter Euklids Elemente und 14 Texte zur Logik und Naturphilosophie, dazu zählen u.a. Aristoteles' Werke Physik und Meteorologie). Für die Gelehrten im Islam in Zeiten des christlichen Mittelalters gab es keine dogmatischen Grenzen für die Beschäftigung mit weltlichem Wissen.

Avicenna scheint sowohl in der arabisch-persichen (z.B. Dubai und Iran, siehe folgende Seite) als auch der okzidentalen Kultur (z.B. Polen und Russland) über großes Renommee zu verfügen.

93

Im Abendland bedurfte es der Emanzipation von einengenden Glaubenssätzen, um den empirischen Wissenschaften Raum zu geben. Danach kam es aber zu einer konsequenten wissenschaftlichen Forschung mit hohem Rationalitätsanspruch.

2. Der externe Akteur, der Bildungsprozesse im Islam hätte tragen können, musste sich nicht in Auseinandersetzung mit einem anderen mächtigen Akteur behaupten. Geistliche und weltliche Macht waren eins, so dass die eine nicht über Expertenwissen einer anderen gegenüber einen Vorteil erringen konnte. In der Pluralität der Mächte im christlichen Abendland war dies immer wieder der Fall.

3. Eine nicht zu unterschätzende Besonderheit des Islam, die ihn polar vom Christentum abhebt, ist die Haltung zur Sprache. Der Koran hatte einerseits entscheidend zur Standardisierung des Arabischen beigetragen, andererseits wurde das Arabische dadurch als „heiligen Sprache" verehrt, die nicht an „Ungläubige" weitergegeben werden durfte. Wohl konnten Schriften ins Arabische übertragen werden, etwa die griechisch geschriebenen Bücher des Aristoteles. Die Übersetzung aus dem Arabischen in andere Sprachen, etwa in die Volkssprachen (z.B. Spanisch, Italienisch) oder in Latein, war aber kein Programm der Bekehrung. Solche Übersetzungen waren nicht nur „unwichtig", sondern mancherorts auch verboten. Die Übersetzungen des Aristoteles ins Lateinische, teils auch ins Spanische, die wir z.B. in Toledo finden, wurden entsprechend nicht von arabischen Gelehrten, sondern von jüdischen, mozarabischen bzw. christlichen Gelehrten vorgenommen. Das Lateinische war dagegen eine Sprache, die Heiden lernen sollten, um die christliche Lehre zu verstehen, zu akzeptieren und zu verbreiten. Sie zu lehren und zu lernen war ein zentrales Vehikel des Gelehrtenstandes, der im Mittelalter in ein universales, auf der Gelehrten- und Kirchensprache des Latein aufgebautem Netz eingebunden waren.

4 Die Säkularisierung der Bildung: Renaissance und die Entstehung eines Gelehrtenstandes

Eine neue Sattelzeit für zentrale Erfindungen des okzidentalen Bildungswesens sehen wir in der Renaissance heraufkommen, im Zeitalter des so genannten Humanismus. Von „Renaissance" wurde erstmals im Umkreis der französischen Enzyklopädisten des 18. Jahrhunderts gesprochen, von „Humanismus" gar erst im 19. Jahrhundert. Das Neue liegt, wie sich zeigen wird, vor allem in der Entstehung eines weltlichen Trägerstandes für gelehrte Bildung, der sich auf die Wiederentdeckung und Rettung der klassischen Kulturen des Lateinischen und Griechischen beruft und damit ein säkulares Bildungsprogramm verbindet.

Im Mittelalter ist die Bindung anspruchsvoller Bildungsprozesse an die Kirche unübersehbar. Sie ist der größte Arbeitgeber, sie hat vor allem ein Interesse an der Monopolisierung von Wissen und an der Ausbildung von Experten. Wie konnte es zu einer großen Bewegung kommen, in deren Gefolge eine neue Trägerschicht von Lehren und Lernen entstand: das Bürgertum, die Städte und weltliche Gelehrte?

Wieder wären differenzierte Einblicke in die machtpolitischen Voraussetzungen, die Mentalitätsgeschichte, die Sozialgeschichte sowie in die Wissensgeschichte erforderlich, um dies zu verstehen (s. z.B. Burke, 1972/1984). Der nun folgende kurze historische Exkurs zu den okzidentalen Vergesellschaftungen von Lehren und Lernen kann dies nicht leisten. Einige Hinweise müssen genügen.

Säkulares Bildungsprogramm

4.1 Machtpolitische Voraussetzungen

Schon im Mittelalter waren befestigte *Städte* entstanden. Diese entfalteten sich im 14. und 15. Jahrhundert zu einer eigenständigen Lebensform und Macht. In Norditalien entstanden auf der Grundlage des Reichtums infolge ausgedehnter Handelsbeziehungen und sich anbahnender Kolonialisierungen erstmals größere Zentren, die eine ernsthafte Konkurrenz zum Klerus und zu Rom bildeten. Florenz, Ferrara, Genua, Mailand und Venedig spielten hier eine herausragende Rolle. Sie standen im Konfliktfeld der germanischen Könige und des römischen Klerus. Als Städte waren sie ein Ferment für die Entstehung einer Gemeinschaft der Bürger, die ihre Angelegenheiten selber regeln wollte.

Neue Zentren der Macht

In diesen neuen Machtkonstellationen entstanden neue Chancen für die Etablierung von Wissenskulturen jenseits der christlichen Lehre. Dazu zählen nun die hellenistische Kultur und die römische Klassik sowie ihre Träger, die griechische Sprache und das klassische Latein.

95

Zwar hatte das Mittelalter die Antike bereits rezipiert, dies aber nur im Rahmen der festen kirchlichen Strukturen.

4.2 Mentalitätsgeschichte

Die im 14. bis zum 16. Jahrhundert einsetzende intellektuelle Bewegung hatte andere Motive als die der vernunftsmäßigen Absicherung der christlichen Lehre: Es ging jetzt um eine Gestaltung des diesseitigen Lebens auf dem Hintergrund der kirchlichen Haltung, in der angesichts der Ewigkeit das Diesseits abgewertet wurde.

Diesseitigkeit   Als wichtigste kulturelle „Erfindung" gilt in der herkömmlichen Geschichtsschreibung dabei die Entdeckung des Individuums (s. für exzellente Übersichten Meyer-Drawe, 2004; Ruhloff, 2004). Paulsen baut seine Charakterisierung des Humanismus ganz auf diesem Thema auf. Die neue Lebensstimmung charakterisiert er, indem er einen Gegensatz zum Mittelalter konstruiert: „... das Dulden und Dienen, das Untenansitzen und gering von sich denken, die Verachtung der Welt und ihrer Lust und das Streben nach dem, was droben ist, das alles ist gar nicht nach ihrem Sinn. Vielmehr sagt ihr zu, was die Philosophen und Redner, die Historiker und Dichter der alten Römer und Griechen rühmen: der Hochsinn und das groß von sich denken, der Bürgerstolz, der sich die Freiheit im Kampf erhält, die Herrscherkraft, die Widerstrebende niederwirft, auch die Kraft des Denkens, die die Wirklichkeit bewältigt, die Bildung und der freie Lebensgenuss, der sich alle Dinge dienstbar zu machen weiß: das ist der Würde des Menschen gemäß, das ist der Inhalt wahrhaft menschlichen Lebens. In diesem ‚Humanismus', in der Richtung auf das irdische Leben und seine Güter, im Gegensatz zu dem altchristlichen Supranaturalismus, begegnet sich die Lebensstimmung der angehenden Neuzeit mit dem klassischen, d.h. dem heidnischen Altertum" (Paulsen, 1965/1919, S. 54).

Das Bildungsprogramm kommt bei Pico della Mirandola (1486) sehr plastisch zum Ausdruck: „Du (Adam), durch keine Beschränkung eingeengt, sollst dein Wesen bilden nach deinem freien Ermessen; denn in diese Hand habe ich dich gegeben. Ich habe dich in die Mitte der Welt gestellt, damit du Ausschau hältst nach dem, was dir in der Welt besonders entspricht. Wir haben dich nicht himmlisch und nicht irdisch, nicht sterblich und nicht unsterblich gemacht, damit du dir diejenige Gestalt schaffst, die du möchtest, gewissermaßen als freier und edler Bildner und Schöpfer deiner selbst ... Ihm, dem Menschen, ist gegeben zu haben, was er wünscht, und zu sein, was er will!" (Aus: Oratio de hominis dignitate)

Die „Erfindung" des Individuums   Dies ist in der Tat ein neues revolutionäres Programm, das dann auch eine neue Beziehung der Person zu sich selbst und ihrer Bedeutung inspiriert und stimuliert hat. Eine systematische Selbstbeobachtung, Tagebuchführen, Selbstkontrolle und Selbstregulierung wurden mit dem „neuen Denken" der Renaissance erst möglich. Wie es sich in der Parallele von Selbstexploration und Weltexploration in England im 16. und 17. Jahrhundert als neue Kultur der Person entfaltete, hat Schlaeger (1999) eindrucksvoll dokumentiert.

Säkulare Vollkommenheiten   Somit bekommt der Mensch eine neue Verantwortung für sich und seine Person. Sein Heil wird nicht mehr allein abhängig von der göttlichen Gnade und/oder ihrer Vermittlung durch die Kirche. Die beginnende Etablierung der Ver-

96

nunft als natürliche Erkenntnisfähigkeit geht dabei Hand in Hand mit der Konzeption des Bürgers und Individuums als Rechtssubjekt, insbesondere als Subjekt mit politischen Rechten und Eigentumsrechten. Das moderne Programm der Definition des Menschen und seiner Würde sowie das moderne Programm der inneren Entwicklung zu einer irdischen Modalität der Vervollkommnung sind hier umfassend angedacht. Der Modus der Vervollkommnung, jener in Kunst, Literatur und Rhetorik im Medium der antiken Sprachen, wird ein wichtiges Programm der gelehrten Schulen und der Gelehrten, dem neuen Stand in der Gesellschaft. Parallel zu einem neuen Lebensideal und einem neuen Vollkommenheitsbild entwickelt sich somit auch eine neue Konzeption der Bürgerrolle und der gesellschaftlichen Stellung des Gebildeten.

Das Medium dieses humanistischen Programms bilden die antiken Schriften, die in einer imponierenden Anstrengung gesucht, ediert, kommentiert und zu einem neuen Schulprogramm weiterentwickelt werden (s. Fuhrmann, 2001, S. 65).

Wir hatten gesehen, dass das Christentum ein hohes Ideal des Weges des Menschen von der Schuld zum Heil, von der Erbsünde zur Heiligung, vom Unheil zum ewigen Heil entworfen hatte. Jeder Mensch war für diesen Weg berufen und ihm waren die Mittel gegeben, ihn einzuschlagen. Die Vervollkommnung war dabei ausschließlich religiös gedacht, als immer vollkommenere Nachfolge Christi und immer vollkommenere Ausrichtung auf das ewige Heil. Die Unvollkommenheit erschien als gattungsspezifisches Schicksal, als Erbsünde der Menschheit im Sinne der Abwendung von Gott. Für das Individuum bedeutete dies, sich potenziell immer im Zustande der Schuld zu befinden, der es abhängig von der Gnadenvermittlung durch die Kirche machte, die so zur Sachwalterin des Heilsschicksals von Menschen wurde.

> *Neues Vollkommenheitsideal: Säkularisierung des christlichen Vollkommenheitsstrebens*

Diese Sichtweise des Menschen war auch den Renaissance-Gelehrten selbstverständlich. Dennoch wurde der irdische Weg des Menschen neu definiert. Er war auf eine säkulare Vervollkommnung ausgerichtet. Auf dieser Welt waren Schönheit, Vernunft, Moralität und ein gerechtes Gemeinwesen möglich und erstrebenswert. Die „Alten" der römischen und griechischen Antike dienten dafür als Beweis.

Die Conditio Humana wurde jetzt nicht mehr religiös als Erbschuld definiert, sondern anthropologisch: „Der Mensch ist ein gefährliches, wankelmütiges, treuloses, doppelzüngiges, grausames und blutgieriges Tier, falls er nicht – was eine seltene Gottesgabe ist – lernt, seine Tiernatur abzulegen und Menschlichkeit (humanitas) anzunehmen, und aus einer bloßen Kreatur zum wirklichen Menschen wird" (zit. nach Buck, 1996, S.12). Damit wird eine Grundfigur der Bildung und Erziehung geschaffen, die über Jahrhunderte wirksam bleiben sollte: jene der Unterscheidung zwischen der rohen, tierischen und potenziell gefährlichen Natur des Menschen und seiner Veredelung durch Kultur und Zivilisation. Die eigene Persönlichkeit zu bilden wird hier zu einem selbst verantworteten Programm, wie es Pico della Mirandola (1486) formuliert hat.

> *Neue Anthropologie*

Der Vermenschlichung der rohen Natur dienten die Studien der antiken Schriften, jener Roms und Griechenlands, also die „studia humanitatis". Zum Kerninhalt wurden dabei die literarischen und moralischen Schriften, sodass sich jetzt erstmals wieder ein an ästhetischen Inhalten orientiertes Vollkommenheitsideal entwickelte. Es zielte auf eine Lebensführung der sprachlichen Selbstdarstellung und der Lebensweisheit. Der Philologe, der Literat und der Schriftsteller wurden Leitbilder vollkommener Lebensformen. Die Vermehrung des Wissens

> *Bildungsprogramm: Neuerfindung der Antike*

97

und die moralische Lebensführung standen erstmals im Widerstreit mit dem Geburtsadel und den ausschließlich religiösen Lebensidealen. Bildung, Lernen, Körpergestaltung und Übung in Sittlichkeit wurden zu den bevorzugten Wegen. Sie führten aber nicht in die vita contemplativa, sondern in die aktive Bürgerrolle. Gelehrte Studien standen aber in dieser Zeit noch in Gefahr als Müßiggang oder als weltliche Eitelkeit zu gelten, weil sie jetzt nicht mehr religiös gerechtfertigt werden konnten, sondern Teil eines schwer legitimierbaren Programms allgemeiner Menschenbildung wurden.

Erfindungen idealen
Menschentums

Eine der bekanntesten Erfindungen dieses neuen Menschen ist die des Hofmanns, eines Ideals „gestalteten Menschseins", das über das Leitbuch von Castiglione (Burke, 1996; 1996) als säkulare Formulierung eines Bildungsweges über Jahrhunderte wirksam blieb. Aus dem Umkreis der adeligen Gesellschaft Italiens wurde dieses Ideal im deutschsprachigen Raum erst über die Bildungsideen der Klassik in den gesellschaftlichen Umkreis des Bürgertums transportiert. Es wurde insbesondere in Frankreich zum Ferment der Zivilisierung der Adeligen über die Einübung guter Manieren, mit dem sich der erworbene Adel im Kampf mit dem (arroganten) Geburtsadel hoffähig machen wollte (s. vor allem Casale, 2004).

Kritische
Historiografie

Diese neue Mentalität der Renaissance wirkte als Katalysator in allen Kulturbereichen. Die Geschichte verstand sich jetzt erstmals als *historisch-kritische Rekonstruktion*. Nicht mehr die christliche Sicht der Weltgeschichte als Heilsgeschichte stand im Vordergrund, sondern die weltliche Historiografie eines Leonardo Bruni, eines Niccolò Machiavelli und Francesco Guicciardini sowie eines Jean Bodin. Aber auch die Mythen, die zur Legitimierung von Herrschaftsverbänden dienten, wurden destruiert. An ihre Stelle sollte eine „wirkliche" und „wahre" Geschichtsschreibung treten. Da dies nur die Gelehrten leisten konnten, wuchsen sie in eine neue Rolle: in die der Legitimation des Machtanspruches von weltlichen, meist städtischen Herrschern. Zu Berühmtheit sind dabei die Forschungen von Lorenzo Valla (1409-1457) gelangt, der durch historisch-kritische Sprach- und Textanalysen nachweisen konnte, dass die so genannte „Konstantinische Schenkung" (Fuhrmann, 1968 8231) ebenso eine Fälschung (1440) war wie der angebliche Briefwechsel von Paulus und Seneca.

Unter Berufung auf eine Schenkung durch Konstantin beanspruchten die Päpste über Jahrhunderte die geistliche und sich weltlich auswirkende Macht über Rom, Italien und das Weströmische Reich. Valla konnte auch zeigen, dass das Apostolische Glaubensbekenntnis nicht von den Aposteln stammte. Historisch kritisch analysierte Texte enthielten Sprachelemente und Ortsbezeichnungen, die zur angeblichen Zeit der Entstehung dieser Texte noch gar nicht existierten.

An den antiken Vorbildern wurden auch die gesellschaftlichen und staatlichen Zustände gemessen. Hier würden die Idealformen republikanischer Verhältnisse ausgemacht, an denen sich die bürgerlichen Eliten zu orientieren begannen. Ein Beispiel dafür ist Machiavelli und seine Untersuchung der weltlichen Machtspiele. Er kultivierte erstmals den Blick auf die Realität, wie sie ist, und verschärfte dadurch die Wahrnehmung der Distanz von Ideal und Wirklichkeit: „Denn zwischen dem Leben, wie es ist, und dem Leben, wie es sein sollte, ist ein so gewaltiger Unterschied, dass wer das, was man tut, aufgibt für das, was man tun sollte eher seinen Untergang als seine Erhaltung bewirkt" (Il Principe, Kap. 5 nach Dahlheim, 1994).

98

Abb. 21: Kaiser Konstantin und Papst Silvester: „Die konstantinische Schenkung" *(Schwanitz, 2001, S. 88)*

Kaiser Konstantin soll auf seinem Sterbebett die Herrschaft über den ganzen Erdkreis, insbesondere über den Kirchenstaat an Papst Silvester vermacht haben. Erst der Humanist Valla entdeckte, dass das ganze Dokument eine Fälschung war. Aber da war die Herrschaft des Papstes schon so gefestigt, dass Luther ganz andere Argumente brauchte, um sie wieder zu erschüttern.

Der neu eingeübte Blick richtet sich auf die Realität, auf ihre bestmögliche Abbildung, auf ihre Beobachtung und Veränderung.

Republikanische Ideale

Nicht nur die intensive Rezeption antiker Quellen unterscheidet dann die italienische und später europäische Renaissance von der mittelalterlichen Geisteswelt, sondern noch mehr die neue Auffassung von Wissen. Das „natürlich" erwerbbare und durch Forschung erweiterbare Wissen beginnt sich aus dem Zwang einer kosmischen Vorstellung, alles sei bereits geoffenbart, im Prinzip bekannt und in Schriften enthalten, herauszulösen und in säkularisierten Wissenserwerb zu verselbstständigen (s. vor allem Buck, 1996).

Neue Definitionen von Wissen und Wahrheit

Herausragend und von weit reichender Bedeutung waren die technischen Erfindungen dieser Zeit. Das wissenschaftliche Experimentieren entwickelte sich insbesondere im Schosse der Künste. (s. Burke, 1972/1984). Noch gab es keinen eigenen Stand von „Wissenschaftlern". Es ist die Zeit der Erfindung des Schießpulvers (ca. 1250) (das Schwarzpulver war schon lange, bevor es in Europa entdeckt wurde, den Chinesen, Arabern und Indern bekannt, die es für Feuerwerkskörper benutzten), des Kompasses (der Kompass wurde schon im Jahr 27 im Kaiserreich China erfunden. Damals bestand der Kompass aus einem Stück Magneteisenstein, der an einem Faden aufgehängt war. Der englische Wissenschaftler und Lehrer Alexander Neckam erwähnte den Kompass erstmals in seinen Schriften im 12. Jahrhundert. Nach Europa gelangte der Kompass über die Araber erst 1190) und weiterer Navigationsgeräte, des Buchdrucks (ca. 1450), des Fernrohres (ca. 1550) und der Brillen, um nur einige zu nennen. Sie hatten für die Eroberung der Meere und damit für die Gründung von Kolonialreichen eine enorme Bedeutung. Wissen wurde über den Buchdruck in neuer Weise verbreitbar, was wiederum den Anreiz zur Alphabetisierung stärkte.

Wissenschaftliche Erfindungen

Von herausragender Bedeutung war in dieser Zeit der Aufschwung der Mathematik, der auf verschlungenen Wegen zustande kam. Die Voraussetzung dafür war die Wiederentdeckung der antiken griechischen Autoren. Dazu bedurfte es der damals noch seltenen Kenntnis des Griechischen. Der Pionier dafür war der byzantinische Gelehrte Chrysoloras (1353-1415), der in Florenz zehn Jahre griechisch unterrichtete und so die über Jahrhunderte unterbrochene Tradition der Antike wieder revitalisierte.

Abb. 22: Inschrift auf dem Stein über dem Grab des griechischen Gelehrten Manuel Chrysoloras (gest. 1415 in Konstanz; Grabplatte im Inselhotel Konstanz) *(Maurer, 1989, S. 45)*

ANTE·ARAM·SITVS·EST
DOMINVS·MANVEL
CHRISSOLORA·MILES·
CONSTANTINOPOLITA
NVS·EX·VETVSTO
GENERE·ROMANORVM
QVI·CVM·CONSTA
NTINO·IMPERATORE·
MIGRARVNT·VIR·DO
CTISSIMVS·PRVDENTIS
SIMVS·OPTIMVS·QVI·
TEMPORE·GENERALIS
CONCILII·CONSTANTIEN
SIS·DIEM·OBIIT·ITA·EX
TIMATIONE·VT·AB·OM
NIBVS·SVMMO·SA
CERDOTIO·DIGNVS·
HABERETVR·DIE·XV·
APRILIS·CONDITVS
EST·M·CCCC·XV·

Übersetzung:

Vor dem Altar liegt Herr Manuel Chrissolora (begraben), ein Ritter aus Konstantinopel aus dem alten Geschlecht jener Römer, die mit Kaiser Konstantin (dorthin) gezogen sind, ein Mann von höchster Gelehrsamkeit, Klugheit und sittlicher Größe, der während des allgemeinen Konzils zu Konstanz starb, so hoch geschätzt, dass er von allen des höchsten Priesteramts für würdig gehalten wurde.
Er ist bestattet worden am 15. April 1415.

Chrysoloras schuf auch die erste griechische Grammatik, die die Grundlage für die Humanisten werden sollte, um das Griechische zu lernen. Bei Erasmus war dies z.B. der Fall.

Ein Netzwerk wichtiger Akteure, bestehend aus übersetzenden und edierenden Gelehrten, Sammlern von Schriften und Lehrern in norditalienischen Gymnasien, bereitet den Boden für die breite Rezeption der griechischen Mathematik, von Ptolemäus bis Archimedes. Sie schufen die Grundlagen für den mathematischen Fortschritt in der Astronomie, die die Berechnung der Planetenbahnen ermöglichte, getragen von Gelehrten wie Müller, genannt Regiomontanus, Kepler und Galileo (siehe auch Abb. 23).

Abb. 23: Ptolemäus und die Astronomie *(Quelle: Pictura Paedagogica Online, Bibliothek für Bildungsgeschichtliche Forschung, b0004306a)*

Forschung wurde in dieser Zeit aber häufig außerhalb der Universitäten betrieben: in Akademien, fürstlichen Observatorien und botanischen Gärten.

Der Bedarf an Ausbildung für intellektuelle Berufe, vor allem für Geistliche, Lehrer der Gelehrtenschulen, Richter, Notare, Advokaten sowie Hof- und Stadtärzte stieg in dieser Zeit enorm.

Die Wiederentdeckung des griechischen Kulturraumes zählt zum Kern der geistigen Bewegungen der Renaissance. Mit dem großen Schisma der Ostkirche und der Westkirche im Jahr 1054[5] wurde die Trennung des griechisch geprägten und des lateinisch sich ausrichtenden Kulturkreises zementiert. Die östlich-orthodoxe Kirche hatte sich zwar schon vor dem Schisma liturgisch, dogmatisch und sprachlich anders orientiert als die römisch-katholische, so dass letztlich der Streit um das „Filioque", die von Rom ausgehende Einfügung in das nicäische Glaubensbekenntnis, nach dem nun Vater, Heiliger Geist und Sohn gleichwertig sein sollten, nur noch ein Anlass für die Trennung war. Der lateinische Sprachraum war stark intellektuell-dogmatisch ausgerichtet, der griechische mehr mystisch-kontemplativ und philosophisch reflexiv. Auch der Anspruch Roms und des Papsttums auf den Primat in der Christenheit spaltete das selbstbewusste

Der griechische und der lateinische Kulturraum

---

5 Die in diesem Streit ausgesprochene Exkommunikation wurde erst 900 Jahre später durch Papst Paul VI (7. Dezember 1965) aufgehoben.

101

Konstantinopel ab. Rom ging in der Folge den uns bekannten institutionell-rechtlichen, dogma-orientierten und rationalistischen Weg der Kirche und in ihrem Schoße entfaltete sich der europäischen Weg des Bildungswesens.[6]

Die Eroberungen in den Kreuzzügen (Venezianischer Kreuzzug 1204: Plünderung von Konstantinopel) verstärkten nach dem Schisma die Trennung zusätzlich. Dass in diesen politischen Konstellationen auch der sprachliche Kontakt verloren ging, wundert wenig. Er hatte sich schon lange vorher angebahnt. Ambrosius von Mailand und Hieronymus waren die letzten Kirchenväter, die noch Griechisch konnten. Erstaunlich ist vielmehr, dass es zu Wiederentdeckungen kommen konnte: die erste bedeutsame durch die Araber vermittelte Wiederentdeckung der griechischen Klassik im Mittelalter, die zweite in der Renaissance und in ihrem Gefolge durch die Rekonstruktion biblischer Texte durch die „Humanisten" und schließlich die dritte im Umfeld des Neuhumanismus des 19. Jahrhunderts, die in mehreren Wellen (s. insbesondere jene in den 20er und 30er Jahren des 20. Jahrhunderts) bis in die heutige Gegenwart fortwirkt.

4.3 Vergesellschaftung von Lehren und Lernen

All dies hat gewichtige Folgen für die Entstehung neuer Formen der Vergesellschaftung von Lehren und Lernen. So wird christliche Erziehung als verhängnisvoll formuliert, wenn sie mehr die demütigen und beschaulichen Menschen als die tätigen selig spreche.

„Unsere Erziehung also und die falsche Auslegung der Religion sind schuld daran, dass es nicht mehr soviel Republiken gibt wie in alter Zeit und dass man mithin bei den Völkern auch nicht mehr soviel Freiheitsliebe findet wie damals. Ich möchte freilich noch eine nähere Ursache dafür in der Herrschaft der Römer finden, die durch ihre Waffen und ihre Größe alle Republiken und alle bürgerlichen Freiheiten zerstört haben. Obwohl sich dieses Reich später auflöste, haben sich doch die Städte und Völker mit geringen Ausnahmen nicht wieder zusammentun noch sich frei Verfassungen geben können" (nach Dahlheim, 1994, S. 695).

Menschenbilder: Bildungsfähigkeit

Erasmus von Rotterdam; *(Quelle: Pictura Paedagogica Online, ad02642_07_004a).*

Die neuen Menschenbilder greifen auch auf die Vorstellungen über, ob und wie Menschen erzogen werden können. Bei Erasmus von Rotterdam finden wir neue Formulierungen zur Bildungsfähigkeit und Bildungsnotwendigkeit des Menschen: „Bäume wachsen vielleicht von selbst ... Pferde werden geboren ... aber Menschen ... werden nicht geboren sondern gebildet ...Die Vernunft macht den Menschen ... Die Natur, indem sie dir einen Sohn gab, übergab dir nichts andres, als eine rohe Masse; es ist deine Sache, der fügsamen und zu Allem bildsamen Materie die beste Form zu geben: wenn du es unterlässest, erhältst du eine Bestie, wenn du sorgsam bist, erhältst du so zu sagen einen Gott" (nach Schiffler & Winkler, 1992, S. 54). Die neue Aufmerksamkeit für kindliches Handeln und seine Motive lässt mittelalterliche Methoden der Bestrafung und Züchtigung in

---

6 Ein systematischer Vergleich zwischen dem Weg der Ostkirche und dem Weg Roms könnte die Besonderheit der Entwicklung der westeuropäischen Bildungssysteme noch einmal akzentuieren.

den Hintergrund treten. Anstelle dessen soll der Ehrgeiz und die „Ruhmsucht" der Kinder genutzt werden, um sie zum Lernen zu bringen.

4.4 Akteurgeschichte: neue soziale Träger des Wissens

Wer waren die Träger dieser neuen Bewegung? Mit entscheidend für das Verständnis der Rezeption der Antike ist der Sachverhalt, dass nach dem Fall Konstantinopels durch die Osmanen im Jahre 1453 viele Byzantinische Gelehrte nach Italien kamen (s. den Hinweis bei Dolch, 1982, S. 160), die dort über Jahrhunderte die griechische Antike, ihre Philosophie und Kunst, gepflegt hatten. Sie wurden von den Höfen in Florenz, Ferrara und Mailand aufgenommen und brachten so das Studium des Griechischen im 15. und 16. Jahrhundert zur Blüte. Florenz richtete einem Griechen einen Lehrstuhl ein, andere Städte folgten.

Neben den Griechen wurden die römischen Autoren der als klassisch empfundenen Epoche, insbesondere Cicero, Seneca, Vergil, Ovid und Horaz, neu entdeckt. Das Neue gegenüber dem Mittelalter ist hier die starke Betonung der Literatur und Rhetorik, in der die Verherrlichung des dichtenden Autors nicht vermieden, sondern bewusst gepflegt wird. Er tritt nicht demütig hinter sein Werk zurück, sondern zeigt sich in ihm mit vollem Selbstbewusstsein (s. die Erfindungen im Umkreis der Kunst Burke, 1972/1984). „Reimport" der Antike

Die wichtigste erste Verkörperung dieses neuen Selbstbewusstseins des literarisch und rhetorisch geschulten Gelehrten ist Petrarca (1304-1374), der als einer der Ersten versucht hat, sich Griechischkenntnisse anzueignen, ohne es dabei, so wird überliefert, zur Meisterschaft gebracht zu haben. Mit der Wiederentdeckung der klassischen Antike verknüpfte sich politisch das Ideal der Republik, das vermeintlich in Rom (und später in Griechenland) schon einmal Wirklichkeit gewesen sein soll. Auf sprachlicher Ebene kam dies im Impetus zum Ausdruck, die Eleganz des klassischen Lateins wieder herzustellen und in die Schulung rhetorischer Fähigkeiten umzusetzen. Dass im unersättlichen bibliophilen Streben der Suche nach alten Schriften viele Klöster und alte Bibliotheken regelrecht geplündert wurden, sei hier nur am Rande erwähnt. Neben den Rettungseffekten für langsam verrottende Schriften waren damit auch Verarmungen alter Stätten der Kultur verbunden.

Bildungsgeschichtlich zentral ist das soziale Phänomen, dass sich in der Renaissance eine neue soziale Trägerschaft von „Spitzengebildeten" herauskristallisiert: Es sind nicht mehr ausschließlich im kirchlichen Kontext angesiedelte Gelehrte, sondern solche, die im „weltlichen" Umfeld tätig sind. Sie orientieren sich an einem literarisch, historisch oder rechtskundlich ausgerichteten Bildungsprogramm und binden sich in Bezug auf ihre Einkommensmöglichkeiten an die Städte und an weltliche Herrscher, insbesondere an die Fürstenhäuser (s. zur Figur des Hofmanns Burke, 1996). Hier werden sie als Ratgeber tätig, mehren den Glanz der (oberitalienischen) Städte und Fürstenhöfe, betreiben Propaganda für die Herrscher und stützen als Staatstheoretiker und Rechtsgelehrte deren Regierungsgeschäfte. Ihre literarische und historische Ausrichtung begünstigt die Entwicklung eines Gelehrtenstandes von Philologen und Archäologen. Staatstheoretisch beginnen sie, Vorstellungen von republikanischen Gemeinwesen zu entwickeln und zu propagieren, indem sie sich auf eine Vergangenheit berufen, in der Vernunftorientierung, Neue weltliche Bildungsträger

Freiheit und Demokratie bereits einmal Wirklichkeit waren. Was einmal war, das kann auch wieder sein. Gleichzeitig beginnt im 15. und 16. Jahrhundert eine intensive Übersetzungstätigkeit, um die antiken Vorbilder zugänglich zu machen.

Neben diesen künstlerischen und staatstheoretischen Erfindungen beobachten wir am Ende des Hochmittelalters und zu Beginn der Renaissance eine Revitalisierung von Rechtstraditionen, die einen hohen Bedarf an schriftkundigen Advokaten schafft. Die Wiederbelebung des römisch-rechtlichen Instituts des Testaments, ursprünglich vor allem in Mittel- und Norditalien, erfordert eine flächendeckend vorhandene Schriftlichkeit, um die Eigentumsübergaben von Generation zu Generation zu sichern. Bis zum 13. und 14. Jahrhundert gab es im nordalpinen Raum nur Vergabungen und Schenkungen, alle anderen Regelungen waren überindividuell organisiert. Nach der Quart sollte in der Erbfolge ein Viertel immer an die Kirche fallen.

Die Erblasser des 14. und 15. Jahrhunderts haben in der Regel ihren Willen nicht selber niederschreiben können. Dies besorgte ein Notar, der ein entsprechendes Dokument (auf Lateinisch) aufsetzte, indem er zuerst Notizen machte, davon eine Abschrift und schließlich eine Letztfassung, die mit standardisierten lateinischen Sentenzen „verziert" war. Die hier geforderte Schriftlichkeit wurde in den Universitäten bzw. in eigenen Notariatsschulen erworben.

4.5 Unterrichtsmethodische Neuorientierungen

Die Autoren der Renaissance grenzen sich in ihrer Orientierung an einer idealen antiken Vergangenheit gezielt von den Inhalten und Methoden des Lernens im Mittelalter ab.

Als Beispiel dafür sei hier auf die satirische Wiedergabe des spätmittelalterlichen Unterrichts durch Rabelais verwiesen (Rabelais, 1877). In der „verkehrten Erziehung" von Gargantuas schreibt er:

> „Alsbald zeigt man ihm einen großen sophistischen Doktor, Thubal Holofernes genannt, an. Dieser lehrte ihn das ABC so wohl, dass er es auswendig auch rückwärts hersagen konnte, und damit brachte er 5 Jahre und 3 Monate zu; dann las er mit ihm den Donatus, den Facetus, Theodoletuns und Alanus in parabolis, und damit brachte er wiederum dreizehn Jahr, sechs Monate und zwei Wochen zu.

> Aber merket wohl, zu gleicher Zeit lehrte er ihn auch gothisch schreiben, denn er schrieb alle seine Bücher, weil die Buchdruckerkunst noch nicht im Brauch war...

> Darauf las der Lehrer mit seinem Schüler De modis significande mit den Kommentatoren des Hurtebise ...; damit brachte er über 18 Jahre und 11 Monate zu, und hatte es sowohl gelernt, dass wenn man ihn prüfte, er es aus dem Kopfe auch rückwärts hersagte...

> Bei alledem bemerkte sein Vater, dass er zwar fleißig studierte und seine Zeit wohl anwandte, jedoch auch, dass er nicht fortschritt, und was noch schlimmer war, dass er davon thöricht, einfältig, träumerisch und närrisch wurde" (Rabelais, 1877, S. 52-55).

Dagegen stellt Rabelais dann das Ideal der Bildung zu Beginn der Renaissance: ein Ideal der klugen Kombination von körperlicher Ertüchtigung, musischer und ästhetischer Ausbildung, den Erwerb von Weltkenntnis und Kenntnis der realen handwerklichen Welt und dem Studium der authentischen Literatur, natürlich des Griechischen und des Hebräischen sowie des Arabischen, weil dies die Sprachen im Umkreis der Bibel waren.

In einem fiktiven Brief des nun gebildeten Gargantua an den mit noch besseren Lernmöglichkeiten gesegneten Sohn Pantagruel kommt dies so zum Ausdruck:

„Und was ich Dir jetzt schreibe, ist gar nicht so gemeint, dass Du Dich der Tugend zu leben bestreben, sondern freuen sollst, so zu leben und gelebt zu haben, und dass Du ermuntert werden sollst, auch in Zukunft so zu leben. Für die Erreichung dieses Zweckes habe ich, du kannst Dich dessen wohl erinnern, keine Opfer gescheut, sondern Dich so unterstützt, dass es scheint, als hätte ich auf dieser Welt keinen anderen Schatz als einst in meinem Leben Dich vollkommen tüchtig zu sehen, nicht nur in Tugenden, Zucht und Mannheit, sondern auch in allen freien und wohlanständigen Wissenschaften...

Jetzt sind alle Disziplinen wieder hergestellt, die Sprachen erneuert, das Griechische, ohne welches es eine Schande wäre, sich einen Gelehrten nennen zu wollen, das Hebräische, das Chaldäische, das Latein; es sind elegante und korrekte Schriften jetzt in Umlauf gekommen, deren Druck man durch göttliche Eingebung in meinen Tagen erfunden hat ... Die ganze Welt ist voll von gelehrten Männern, sehr belesenen Lehrern, reich ausgestatteten Büchersälen...

Ja was soll ich sagen? Selbst die Frauen und Mädchen hat nach diesem Lobe und himmlischen Manna guter Erkenntnis gelüstet ..." (Rabelais, 1877, S. 73f).

Dann folgt der Lehrplan der Renaissance:

„Ich verstehe und will, dass Du die Sprachen gründlich erlernst: erstens Griechisch ..., zweitens Lateinisch und dann zunächst Hebräisch wegen der heiligen Schriften, auch Chaldäisch und Arabisch aus dem Grunde...

Von Historien darf es keine geben, die Dir nicht im Gedächtnisse fest geläufig wären, wozu Dir die Kosmographie derjenigen, die darüber geschrieben haben, behilflich sein wird.

Von freien Künsten, wie Musik, Arithmetik und Geometrie hab' ich Dir schon, als Du noch klein warst, in Deinem fünften bis sechsten Jahre, einen Vorgeschmack gegeben. Geh' weiter darin, und in der Astronomie bemeistere Dich all ihrer Formeln. Mit divinatorischer (weissagender) Astrologie ... gib Dich nicht ab, denn es ist eitel Unfug und Thorheit.

Von bürgerlichen Rechten will ich, dass Du die schönen Texte im Kopfe habest und sie mit der Philosophie wohl zu vergleichen im Stande seist.

Was die Kenntniß der natürlichen Dinge betrifft, so verlange ich, dass Du mit Eifer ihrem Studium Dich hingebest, sodass kein Meer, See, Fuß oder Quell existiere, wovon Du nicht die Fische kennst. Alle Vögel des Himmels, alle Bäume, Gebüsche, Sträucher und Wälder, alle Kräuter der Erde, alle Erziehung im Schoß des Abgrundes, alle Steine soviel das ganze Morgenland und der Süden bergen, dies alles darf Dir nicht unbekannt bleiben.

Dann durchforsche auch fleißig die Bücher der griechischen, arabischen und lateinischen Aerzte; sammle durch öfters angestellte Sektionen eine vollkommene Erkenntniß der anderen Welt, des Menschen nämlich.

Fange in einigen Stunden des Tages die heiligen Schriften zu treiben an, erst griechisch das neue Testament und die Briefe der Apostel, dann hebräisch das alte. Ja mit einem Wort, tauche Dich in ein Meer des Wissens.

Denn da Du nun groß und ein Mann wirst, kannst Du in dieser gelehrten Ruhe und Zufriedenheit nicht mehr verweilen, Du wirst nun das Waffenhandwerk und das Ritterthum zum Schutz und Schirm meines Hauses, zur Vertheidigung unserer Freunde gegen die Angriffe der Uebelthäter erlernen müssen..." (S. 74f).

Hier wird in eindrucksvoller Emphase der weltliche „Menschengestaltungswille" der Renaissance sichtbar. Irdische Vollkommenheit wird zu einem neuen Ziel, das nicht zuletzt durch die Rezeption der humanen Gestalt in der Antike inspiriert ist.

Die Kluft zu den realen Lernmöglichkeiten heranwachsender Kinder und Jugendlicher dürfte aber groß gewesen sein. Dennoch wird versucht, die Kluft zu schließen und neue Unterrichtsmethoden zu ersinnen.

Methodische Reformen

Die wichtigsten methodischen Fortschritte im Unterricht der Renaissancezeit untersuchte Black in einer imponierenden Monografie (2001). Das Erlernen von Latein war auch in dieser Zeit noch ein unsäglich schwieriges Unterfangen. Der Lateinunterricht baute auf einem repetitiven Anfangsunterricht in Lesen und Schreiben auf, der jahrhundertelang ähnlich verlief: Auswendiglernen der Buchstaben mit Hilfe des so genannten Psalter bzw. der tabula, Auswendiglernen von Syllaben, Auswendiglernen von Wörtern. Das Erlernen der Fremdsprache Latein wurde dann wesentlich erleichtert, indem der Gebrauch der Muttersprache (in Italien natürlich das Italienische) als Hilfsmittel erlaubt wurde. Doch dies war heftig umstritten, insbesondere bei Puristen des klassischen Lateins. Für den Lateinunterricht blieb auch in dieser Zeit der Donatus mit seinem scholastisch-logischen Ansatz das wichtigste Lehrbuch. Erst auf der fortgeschrittenen Stufe kamen die neuen Errungenschaften zur Geltung. Hier wurde das klassische Latein von Cicero, Vergil, Terenz, Seneca u.a. zum Mittelpunkt des Unterrichts.

„Grammatici" und „auctorici"

Dieser Übergang zum klassischen literarischen Latein bildete dann auch die entscheidende Trennlinie zwischen zwei Klassen von Lehrern, den grammatici und den auctorizi, die es Letzteren ermöglichte, die Bürde mühseligen Lateinunterrichts zurückzudrängen und sich den klassischen Autoren zu widmen. Für diesen Zweck wurde Kritik am Mittelalter strategisch eingesetzt, die die Forschung später missverständlich als radikalen Bruch der Renaissance mit dem Mittelalter interpretierte. In Wirklichkeit diente die Distanzierung dazu, als „auctorici" eine bessere soziale Position und mehr Ansehen in der Gelehrtenwelt zu gewinnen (s. Black, 2001, S. 367f.).

Natürlich stand bei einem solchen Anliegen die Reform des Unterrichts in den alten Sprachen im Mittelpunkt, insbesondere des Unterrichts in Latein. Er sollte den hohen Ansprüchen an Stil und Inhalt gerecht werden, der sich durch die Rezeption der lateinischen Klassik des alten Roms und der Kirchenväter entwickelt hatte. Latein sollte eine gesprochene Sprache werden. Die kulturellen Grundlagen in der Form von Editionen der Klassiker und lateinischen Übersetzungen der griechischen Literatur wurden jetzt geschaffen. Doch wie sollten diese in der Schule vermittelt werden, ohne in die barbarischen Methoden des mittelalterlichen Unterrichts zu verfallen? In diesem Dilemma finden wir viele unterrichtsmethodische Erfindungen, u.a. die Gesprächsbücher und die Schuldramen (Fuhrmann, 2001, S. 70ff.). Durch das Auswendiglernen intelligenter Dialoge sollte es Schülern möglich werden, sich auf Lateinisch zu unterhalten – wie es die Pflicht in den Lateinschulen war. Auch Dramen sollten helfen, in Latein „fluent" zu werden, wie es heute heißen würde. Diese Anforderungen an den Lateinunterricht waren deshalb bedeutsam, weil Latein als gesprochene Sprache galt. Mit dem Rückgang dieses Anspruchs und der Reduktion auf das Verstehen von lateinischen Texten verloren auch diese didaktischen Strategien an Bedeutung.

4.6 Schlüsselprozesse im Rückblick

Neben dem auf praktischen Nutzen ausgerichteten Lernen in den gewerblichen und an Handel orientierten Städten des Nordens und dem religiösen Zielen dienenden Lernen in Klosterschulen, Domschulen und Universitäten des Mittelalters, entwikkelte sich in der Renaissance eine weltliche Form der *gelehrten* Bildung. Ihre materielle Grundlage war und blieb über Jahrhunderte prekär. Weltliche Gelehrte, ohne den ökonomischen Hintergrund des größten Arbeitgebers dieser Zeit, der Kirche, und ohne die feste Einbindung in die weltlichen Mächte der Fürsten und Könige, blieben auf eigene Pfründe, auf Einkommen aus Lehrtätigkeit und Lobpreisung anderer oder auf launische Mäzene angewiesen. Mit Adulationspoesie, mit dem Verfassen von Gedichten, von Reden an festlichen Anlässen war nur ein unsicheres Einkommen verbunden. Sicherer war dies schon dort, wo es um Verwaltung und das Verfassen von Rechtstexten in lateinischer Sprache ging.

Der Stand der Gelehrten

Es kann also noch nicht von einem Typus öffentlicher Bildung gesprochen werden, wie er sich im 19. und 20. Jahrhundert herauskristallisieren sollte. Gelehrte waren Angestellte an Höfen und Herrschaftshäusern im Umfeld von deren lokalen Interessen oder sie waren selbstständige „Unternehmer" und Anbieter von Lehrtätigkeiten.

Der langsam entstehende Gelehrtenstand legte aber Wert darauf, sich vom Volke abzuheben, Zeichen der eigenen Würde zu entwickeln. Dabei vertiefte sich die Kluft zwischen dem ungebildeten Volke und einer kleinen Gelehrtenschicht, die sich nach Paulsen rasch verselbstständigte und häufig in gekünstelte literarisch-rhetorische Selbstdarstellungen verstieg (Paulsen, 1885, S. 446ff.). Die Pflege der deutschen Sprache durch die „Gebildeten" trat dadurch gänzlich in den Hintergrund.

Abb. 24: Gelehrte bei der Arbeit (1604); *(Quelle: Pictura Paedagogica Online, Bibliothek für Bildungsgeschichtliche Forschung, b0004154a)*

Wie sich gezeigt hat, boten die norditalienischen Stadtstaaten und Familienclans mit ihrem durch Handel und Kolonialisierung mitgeschaffenen Reichtum als gewissermaßen dritte Kraft neben Kirche und Kaiser dafür eine politische und ökonomische Basis.

Als Boccaccio 1360 nach jemandem suchte, dem er sein Werk widmen könnte, fand er niemanden. Die Päpste hätten „aus ihren Chormänteln Panzer gegen die Ruhe und Freiheit unschuldiger Menschen gemacht und der Kaiser vergeude im hohen Norden in Schnee und Kälte mit Saufen sein Leben" (zitiert nach Dahlheim, 1994, S. 693). In Abgrenzung davon wurden die Städte, ihre Bürger und ihre Gelehrten zu Trägern einer neuen Entwicklung und das alte Rom bzw. Athen wurden zur Folie für die Auseinandersetzung um den besten Staat und die höchsten Formen der menschlichen Vervollkommnung.

Parallel können wir hier die Entstehung des sozialen Standes der Philologen lokalisieren. Ernsthafte Sprachrezeption und ernsthafte historisch-archäologische Arbeit mit dem Bemühen um eine genaue Datierung von Dokumenten, die sich für die Legitimation von Herrschaftsinteressen als wichtig erweisen sollte, entstanden in dieser Zeit. Mentalitätsgeschichtlich ist ihr Kern darin zu sehen, dass die ursprünglich religiös motivierte Wertschätzung jedes Menschen, die religiös motivierte Würde des Menschen in eine säkularisierte Gestalt irdischer Vollkommenheit umgewandelt wurde. Die Konzeption der Person erfährt in der säkularisierten Wendung eine biografische Erweiterung im Sinne der Aufgabe zur diesseitigen Vervollkommnung. Der „Menschengestaltungswille" richtet sich auf eine säkular vollkommene Gestalt des Menschseins, sei dies der Vorsteher eines Haushaltes (Alberti, 1962), der Hofmann (Castiglione, 1996) oder der Dichter.

Diese mentalitätsgeschichtlichen Umbrüche übertrugen sich auch auf ein neues Bildungs- und Erziehungsverständnis. Am Beginn standen die Erkenntnis der Bildungsfähigkeit und Bildungsnotwendigkeit des Menschen und der Auftrag, den Menschen durch Bildung und Erziehung zu vervollkommnen. Dies geschah erstmals über säkulare Inhalte wie Kunst, Literatur und Sprache, die in Gymnasien ähnlichen Einrichtungen gelehrt und angeeignet wurden. Sie bildeten den Ausgangspunkt zur Etablierung eines Gelehrtenstandes, der im Anschluss an die „Gymnasien" an den Artistenfakultäten bzw. den Akademien den Ort seiner Bildung sah.

Damit liegt hier eine Quelle für neue Vergesellschaftungsprozesse von Lehren und Lernen. Die Lernphase zwischen Elementarunterricht und Universität, die im religiösen Kontext durch die Kloster- und Domschulen gestaltet wurde, erfuhr hier über die zunächst privaten Gründungen von Gymnasien mit Anklängen an die antiken griechischen Vorbilder eine weltliche Institutionalisierung, in der nicht zu Unrecht Vorläufer der gelehrten gymnasialen Bildung gesehen werden. Paradigmatisch dafür stehen Vittorino da Feltres „Casa Giocosa" in Mantua und Guarino da Veronas Schule in Ferrara. Neben den Gymnasien entstanden in Italien Akademien der humanistischen Schulung, die als weltliche Form der Bildung neben den Universitäten für kommende Jahrhunderte führend bleiben sollten (Buck, 1996).

An dieser Stelle ist eine wichtige Einschränkung unerlässlich, um falsche Einschätzungen zu vermeiden. Die obigen mentalitätsgeschichtlichen Entwicklungen sind keine Massenbewegungen, die nach einem modernen Verständnis von Umbrüchen alle gesellschaftlichen Bereiche und Regionen erfasst haben. Es sind kleine Gruppen von Gelehrten, von Höfen in Oberitalien und von Universitätsstädten in ganz Europa, die von diesen Ideen erfasst wurden. Sie dürfen auch nicht als umfassende Säkularisierung verstanden werden, wie wir sie in der zweiten Hälfte des 20. Jahrhunderts erlebt haben. Die obigen Ideen verblieben in der Regel in einer Symbiose mit christlichen Weltverständnissen.

Es kristallisierte sich aber eine Bewegung humanistischer Bildung heraus, getragen und ermöglicht durch ein europaweites Netz der Kommunikation in lateinischer Sprache, die in zeitgeschichtlich verwandelten Formen bis heute wirksam bleiben sollte. Diese humanistische Bildung stellte die irdische Möglichkeit der Vervollkommnung in den Mittelpunkt und konzentrierte die Anstrengungen der Menschengestaltung auf diesen Prozess. Diese Kernidee sollte sich bis in die heutigen Tage bewahren und eine vielfältige Nachfolge finden, nicht zuletzt in der Philosophie der Aufklärung und der Definition der Menschenrechte. In der Renaissance und später im Neuhumanismus wird das Medium dieser Vervollkommnung in der Rezeption der (griechischen) Antike gesehen. Europäische Netzwerke

Der Humanismus legte aber auch die Grundlage für den Aufschwung der historischen und empirischen Wissenschaften am Ende des 16. Jahrhunderts, insbesondere durch Kopernikus und Galilei. Das Mittelalter hatte das griechische Erbe zwar rezipiert, es aber nicht als *entwicklungsfähig,* sondern nur als *auslegungsbedürftig* verstanden. Dies sollte sich jetzt ändern und zum Ausgangspunkt für einen weiteren Schritt auf dem einmaligen intellektuellen Entwicklungsweg des Okzidents werden. Wissenschaft

Dieser Entwicklungsweg wird wieder durch eine neue Sprachenkonstellation vorangetrieben. Die in über 600 Jahren lateinischer Vorherrschaft in der Westkirche in den Hintergrund getretene Sprache der griechischen Antike wird jetzt wieder belebt und führt zu Lebensidealen und Vollkommenheitsidealen, die in der Gestalt des Humanismus für die weitere okzidentale Entwicklung sehr bedeutsam sein werden. Diese Entwicklung gabelt sich wieder in zwei Linien, in eine religiöse und in eine weltliche. Wohl wird das Griechische im Umfeld des Christentums erneut bedeutsam, da die Urschriften der Bibel neu rezipiert werden. Eine historisch-kritische Hermeneutik des Alten und Neuen Testaments beginnt sich zu etablieren, nicht zuletzt in der Gestalt von Erasmus von Rotterdam und von Huldrych Zwingli (1484-1531). Im Vordergrund steht jedoch die Rekonstruktion einer Antike mit weltlichen Idealen und einer Verkörperung idealen Menschentums im Medium von Literatur, Kunst und Philosophie. Sprachen

Beide Entwicklungslinien setzen wegen den hohen Sprachanforderungen in gesteigertem Maße langjährige Lernprozesse und Bildungsprozesse voraus, die einen Stand von Bildungsexperten fordern und fördern. Sie enthalten auch das Ferment, unterschiedliche mentale Welten kennen zu lernen, die in einen konfliktreichen Dialog eintreten, sich gegenseitig relativieren, Toleranz oder Monopolansprüche aktivieren können. Sie erzeugen in jedem Fall eine Dynamik der Fortentwicklung, die die weiteren Etappen der abendländischen Mentalitätsgeschichte charakterisieren wird. Wenn man nur *eine* Welt kennt, dann liegt Stagnation nahe, mehrere Sprachen führen zu mehreren Welten. Notwendigkeit des Lernens Dynamik durch Pluralität

5 Die Reformation und der Beginn der Alphabetisierung des Volkes

Den Anbruch einer neuen Sattelzeit mit nachhaltigen Wirkungen auf die Entstehung systematischen Lehrens und Lernens sehen wir in den reformatorischen Bewegungen des 16. und 17. Jahrhunderts, die von Mitteleuropa ausgingen. In ihrem Schoße entwickelten sich zwei Kernelemente des okzidentalen Bildungswesens: die Einführung der deutschen Sprache als Medium des Lernens und die Alphabetisierung breiter Volksschichten. Wie kam es dazu?

5.1 Reformation

Das 16. Jahrhundert ist das Zeitalter der Reformation. Wissenssoziologisch entsteht in dieser Zeit wieder das Problem der authentischen Lehre und der dieser authentischen Lehre entsprechenden Lebensführung. Im Mittelalter schien dieses interne Problem des Christentums im „orbis christianus" – dem christlichen Weltkreis – endgültig gelöst zu sein, die Kämpfe gegen die Häretiker, insbesondere gegen die Katharer, siegreich bestanden. Im 16. Jahrhundert brach das Problem der Kanonisierung gültigen Wissens und Glaubens wieder mit neuer Macht aus, symbolisiert im historisch nicht verbürgten Anschlag der 95 Thesen an der Kirche zu Wittenberg am 31.10.1517 durch Martin Luther (1483-1546), in denen der Ablasshandel des römischen Papstes, vertreten durch den Ablassprediger Johannes Tetzel aus Pirna, gegeißelt wurde. So z.B. in den Thesen 5 bis 8:

Kanonisierung von Glauben und Wissen

Martin Luther;
(Quelle: Pictura Paedagogica Online, ad00392_02_011a).

> „5. Der Papst will und kann keine Strafen erlassen, außer solchen, die er auf Grund seiner eigenen Entscheidung oder der kirchlichen Satzungen auferlegt hat.
>
> 6. Der Papst kann eine Schuld nur dadurch erlassen, dass er sie als von Gott erlassen erklärt und bezeugt, natürlich kann er sie in den ihm vorbehaltenen Fällen erlassen; wollte man das geringachten, bliebe die Schuld ganz und gar bestehen.
>
> 7. Gott erläßt überhaupt keinem die Schuld, ohne ihn zugleich demütig in allem dem Priester, seinem Stellvertreter, zu unterwerfen.
>
> 8. Die kirchlichen Bestimmungen über die Buße sind nur für die Lebenden verbindlich, den Sterbenden darf demgemäß nichts auferlegt werden" (Quelle: siehe die vielen Dokumente im Internet).

„Sobald das Geld im Kasten klingt, die Seele in den Himmel springt". So versuchte Papst Leo X – vertreten durch Bettelmönche – das Geld mittels päpstlicher Zertifikate über die Vergebung aller Sünden für den Petersdom zu beschaffen. Auch wenn die Fürsten es nicht gerne sahen, dass so viel Geld in die Taschen des Heiligen Vaters wanderte, liessen sie es oft trotzdem zu – dies natürlich gegen entsprechende Beteiligung. Nur der Fürst von Sachsen – Friedrich der Weise – verbot diesen Ablasshandel. Der besonders gewiefte Zertifikatsverkäufer und Bettelmönch Tetzel schaffte es trotzdem, Personen aus Sachsen zur Zahlung zu überreden. Als diese aber die theologische Gültigkeit des Zertifikates an der Universität Wittenberg beim zuständigen Professor bestätigen lassen wollte, lehnte dieser ab. Der Name des Professors: Martin Luther

Diese Positionen, deren theologischer Hintergrund hier nicht zur Debatte stehen kann, lösten religiöse Basisbewegungen aus, die die herkömmliche kirchliche Gnadenverwaltung in Frage stellten und damit auch die politische Macht Roms veränderten. In der Lehre vom allgemeinen Priestertum wurde die lange Tradition der Trennung von Volk und Klerus aufgehoben und damit die Beteiligung des Volkes am religiösen Leben erweitert. Religion wurde zur ureigensten Angelegenheit jedes Einzelnen (Paulsen, 1965/1919, S. 454). Jeder sollte einen persönlichen Zugang zur Religion finden und dabei nicht auf die Vermittlung und Gnadenspendung durch die Kirche angewiesen sein. Die Heilige Schrift sollte in jedermanns Hand kommen und zur wichtigsten Lektüre werden, um sich über einen persönlichen Glauben des Heiles würdig zu erweisen.

Wieder sind es zwei historische Entwicklungen, die zu einer Neugestaltung von Lehr-Lernprozessen geführt haben: erstens Veränderungen im Wissens- und Glaubenskorpus und zweitens Veränderungen in der institutionellen Akteur- und damit der Machtstruktur.

Politische Koalitionen
Die von Luther ausgelöste religiöse Bewegung hat sich mit neuen politischen Mächten verbunden, insbesondere mit den territorialen Mächten, mit Fürsten und Landesherren, und konnte sich so auch durchsetzen. Die Formel „cuius regio eius religio" – dessen Reich, dessen Religion – umschreibt am Ende langer Konflikte diese neue Koalition von weltlicher und geistlicher Macht. Dadurch kommt es auch zur Etablierung neuer Machtstrukturen, der Landesherren, denen insbesondere über die Schuleinrichtungen auch neue, weltliche Wohlfahrtsfunktionen zuwachsen sollten.

Neue Kanonisierungen
Die interne Kanonisierung des Glaubensgutes ging im Jahrhundert der Reformation verloren und musste in schweren Kämpfen wieder errungen werden. Sie sollte bis heute nicht mehr zu einer einheitlichen Lehre führen. Vielmehr haben sich neue Glaubensgemeinschaften wie Lutheraner, Calvinisten und andere „Neugläubige" abgegrenzt. In schwierigen Etappen gelangen den nun sich etablierenden

Konfessionen interne Kanonisierungen: den evangelisch-lutherischen Ständen in der Form der „Confessio Augustana" (verfasst von Melanchthon 1530), Splittergruppen durch die „Tetrapolitana" von Straßburg, Konstanz, Lindau und Memmingen, Zwinglianern über die „Fidei ratio". Viele Bemühungen zur Vereinigung der „Neugläubigen" scheiterten. Am klarsten waren sie noch im Heidelberger Katechismus von 1563 festgeschrieben bzw. in der „Concordien-Formel" von 1577, die sich vor allem gegen die Calvinisten wandte, die 1618/19 auf einer Synode in Dordrecht eine ähnliche Formel für ihre Konfession beschlossen.

Diese Kanonisierungen der Reformation waren – wie im Umfeld der katholischen Lehre – von oft gewalttätigen Festlegungen der „richtigen Lehre" begleitet. So wurde im reformierten Zürich 1527 der Wiedertäufer Felix Manz – der mit Zwingli zusammen studiert hatte – in der Limmat ertränkt, um die Lehre von der Erwachsenentaufe auszurotten. Gleich erging es Jakob Falk und Heini Reimann (1528). 1530 wurde Konrad Winkler hingerichtet. 1614 wurde der letzte Täufer in Zürich in der Person von Hans Landis ertränkt. 1983 baten die Zürcher Reformierten um Vergebung.

Die Auswirkungen dieser Kanonisierungsbemühungen waren vielfältiger Natur. Sie bedurften jeweils politischer Absicherungen durch Landesherren, die über die Konfessionszugehörigkeit auch ihre Machtpositionen festigten. Damit entstanden neue politische Akteure, die sich vor allem weltanschaulich definierten. Zu ihrer Legitimation gehörte in dem sich nun entwickelnden frühmodernen Staatswesen immer stärker die Sorge für das Wohl der Untertanen und die Sorge für die Möglichkeit, die Religion im jeweiligen Sinne auszuüben. Luther selber hat diese Bewegung durch das berühmte Sendschreiben „an die Bürgermeister und Rathsherren aller Städte deutschen Landes, dass sie christliche Schulen aufrichten und halten sollen" (1524) gefördert. Da zu den Kernanliegen der Reformation der *persönliche Glaube* als Grundlage des Gnadenstandes gehörte, die Gnadenverwaltung durch Kirchen also an Bedeutung verlor, galt es auch, die Voraussetzungen zu schaffen, dass die Gläubigen einen direkten Zugang zur Bibel finden konnten. Neue politische Akteure

Dieser Anspruch war von weit reichender Wirkung. Luther hatte den Zugang des Volkes zur Bibel vorbereitet, indem er sie ins Deutsche übersetzte[7] und maßgeblich an Umsetzungen für das Volk, an Katechismen mitwirkte. Dabei hat er entscheidend von zwei Vorarbeiten „profitiert": von der kritischen Edition der Bibel in griechischer Sprache durch Erasmus von Rotterdam und von der Erfindung des Buchdrucks. Damit war der Anfang für die „Demokratisierung" des Zugangs zur Bibel gemacht. In ihrem Gefolge wurde ein neues Unterrichtsfach geschaffen: der Religionsunterricht, der ein Kind der Reformation ist. „Demokratisierung" der Bibel

Mit der Verbindung von Territorialmacht und Religion ergab sich die quasi-staatliche Verpflichtung, für Unterricht zu sorgen.
So entstanden in dieser Zeit an vielen Orten territorial begrenzte Schulordnungen, die für *alle Kinder des Volkes* die Lernmöglichkeiten schaffen sollten, um in der Lage zu sein, die Bibel zu lesen, den Katechismus zu beherrschen und über das Gesangbuch an den Riten teilzunehmen. Wir befinden uns damit im Zeitalter der Schulordnungen, die allerdings lange nur Absichtserklärungen blieben. Unterricht als Staatsauftrag

---

7 Vereinzelte Übersetzungen ins Deutsche gab es bereits vorher. Am bekanntesten ist die Übersetzung ins Gotische durch Bischof Ulfila im 4. Jahrhundert. Mentelein hat 1466 eine oberdeutsche Übersetzung der Vulgata vorgelegt und verbreitet.

Im Zuge reformatorischen Umwälzungen setzte auch der Niedergang der alten kirchlichen Einrichtungen ein. Pfarreien verwaisten, Klerikergemeinschaften lösten sich auf und Klöster standen leer. Darunter litten auch Schulen und Universitäten, die von Kirche und Klerus getragen waren. „Kirchen"-Lehrer liefen weg und Schüler blieben aus und die Schulzucht, auf die die Kirche besonderen Wert gelegt hatte, verkam. Für kritische Zeitgenossen, und gerade für die Reformatoren Luther und Zwingli war dies ein Alarmsignal; der Niedergang der Schulen musste auf die Dauer den Verfall der sozialen Ordnung, der Moral und Religion zur Folge haben. Mitten in dieser Zeit verfasste Luther einen Aufruf an die weltliche Obrigkeit: „An die Radherrn aller stedte deutsches landes: das sie Christliche schulen auffrichtenn und halten sollten und zwar für Mädchen wie für Buben *(Schiffler & Winkler, 1992, S. 62)*

An die Radherrn aller stedte deutsches
lands: das sie Christliche schulen auffrichtenn vnd halten sollen.

Martinus Luther.   Wittenberg.   M.   D.   X   X iiij.

Lasst die kynder zu mir komen vnnd weret yhnen nicht Mat. 19.

So steht in der Würtenbergischen Schulordnung 1559: „Und demnach in ettlichen teutschen Schulen, nit allein die Knaben, sonder auch Döchterlin zur Schul geschickt (werden), Wöllen wir, das in solchen Schulen, die Kinder abgesündert, die Knaben allein, und die Döchterlin auch besonder gesetzt und geleert werden. Und der Schulmeister keinswegs gestatte, under einander zulauffen, oder mit einander unordentliche Gemeinsame zuhaben, und zusammen zuschlieffen" (Schiffler & Winkler, 1992, S. 63).

114

Die katholische Kirche schaute dieser Entwicklung nicht tatenlos zu. Die Reformation bewirkte eine Präzisierung des katholischen Glaubenskanons, der im Tridentiner Konzil (1545) formuliert wurde. Auf ihn mussten in der Folge alle Professoren an katholischen Universitäten einen Eid ablegen. Der Jesuitenorden, gegründet durch Ignatius von Loyola (1491-1556, Ordensgründung 1534), wurde zum Träger der Gegenreformation. Er trug nicht zuletzt über die Erneuerung des Schulwesens zu einer neuen Stärke des Katholizismus bei.

Gegenreformation

5.2 Entwicklungen im Bildungswesen

Im Gefolge dieser politischen und kulturellen Umbrüche gewann das Bildungswesen eine neue Bedeutung. Zwei Entwicklungsrichtungen ragen dabei heraus. Die eine verdankt sich genuin dem reformatorischen Denken: die beginnende Alphabetisierung des gesamten Volkes, also auch der ländlichen Regionen. Eine zweite Entwicklungsrichtung bedeutet einen Ausbau vorhandener Formen des systematischen Lehrens. Die gelehrten Schulen, die Gymnasien, werden jetzt zu einer systematisch konzipierten Vorstufe für universitäre Studiengänge und gehen von kirchlichen auf weltliche Instanzen, auf die Städte und Fürsten als Träger, über.

Beide Entwicklungsrichtungen folgen jedoch keinen geradlinigen, unumstrittenen Pfaden. Sie sind heftig umkämpft und oft diskontinuierlich. So beginnt die Reformation mit einem fast völligen Zusammenbruch des bisherigen gelehrten Unterrichtswesens.

5.2.1 Die beginnende Alphabetisierung des ganzen Volkes

Wenn jeder Mensch in der Lage sein sollte, über die eigene Lektüre der Bibel einen persönlichen Zugang zum Glauben zu finden, dann ergibt sich konsequenterweise, dass jeder lesen können sollte. Ferner gehörte es zum Gemeindedenken der neuen Glaubensgemeinschaften, dass der gemeinsame Gesang in besonderem Maße die Brüderlichkeit der Kirchengemeinde zum Ausdruck bringt.

Alphabetisierung im Judentum

Welche Bedeutung das religiöse Postulat, über einen Text das eigene Heil zu suchen, haben kann, lehrt die jüdische Tradition schon viel früher. Im Judentum ist die Lektüre des Talmuds ein Kernbestand der Religiosität. Wir finden hier deshalb eine „zwanglose" Alphabetisierungsbestrebung seit vielen Jahrhunderten. Zwanglos sei sie hier deshalb genannt, weil sie nicht von „oben" von einer starken Institution ausging, sondern dem religiösen Gemeindeleben entsprang. So gab es im Judentum auch keine institutionellen Hierarchien von Gelehrten, sondern gelehrte und verehrte Rabbis, zu denen die Kinder geschickt wurden und auch die Erwachsenen pilgerten. Die größere Zwanglosigkeit mag auch darin zum Ausdruck kommen, dass Kindern im Judentum der Eintritt in die Schule buchstäblich versüßt werden sollte, indem sie gebackene Buchstaben als Geschenk erhielten – ein eindrucksvoller Kontrast zur Prügelpraxis in christlichen Schulen.

Es waren auch im Christentum weder ökonomische Motive, also solche der Steigerung der Produktivität der Bevölkerung, noch politische Gründe, etwa jene

Alphabetisierung aus religiösen Motiven

der besseren Regierbarkeit, die die Notwendigkeit der Alphabetisierung nahe legten, sondern religiöse Motive.

Auf diesem Hintergrund entstanden in der Blütezeit der Reformation hochfliegende Schulgründungspläne der neuen Landesherrschaften, die im Augsburger Frieden (1555) Akteure der Schulgründungen auf der Grundlage des Prinzips „cuius regio eius religio" wurden. Das ganze Landvolk sollte gebildet und in Stufen zur Lesefähigkeit herangeführt werden. Damit wuchsen den Landesherren Aufgaben zu, die sich später bei der Ablösung vom religiösen Gehalt als säkularisierte Bildungsaufgaben des Staates etablieren konnten.

So weit ist es jedoch noch lange nicht. Wir befinden uns auf einem sehr einfachen Niveau der Alphabetisierung. So kommen die schulischen Erfindungen zur Alphabetisierung großer Gruppen in diesen Schulplänen, z.B. in der „Württembergischen Schulordnung" (1559), so zum Ausdruck:

> „So dann der Schulmeister die Schulkinder mit Nutz lehren will, so soll er sie in drei Häuflein einteilen.
>
> Das eine, darinnen diejenigen gesetzet, so erst anfangen zu buchstabieren. Das andere die, so anfangen, die Syllaben zusammenschlagen. Das dritte, welche anfangen zu lesen und zu schreiben.
>
> Desgleichen (soll er) in jedem Häuflein besondere Rotten machen, damit diejenigen, so einander in jedem Häuflein am gleichsten (sind), zusammensitzen; dadurch werden die Kinder zum Fleiß angereizt und dem Schulmeister die Arbeit geringert (= erleichtert). Die Schulmeister sollen auch die Kinder nicht übereilen oder mit ihnen fortfahren, ehe sie dasjenige, was ihnen der Ordnung nach aufgegeben, wohl und eigentlich gelernt (haben)" („Württembergische Schulordnung" 1559. In Dietrich, 1964/65, S. 364).

Abb. 27: Schule des 16. Jahrhunderts *(Alt, 1966, S. 190)*

Schule des 16. Jh., in der die Kinder schon nach Alter und Kenntnissen in einzelne „Häuflein" oder „Rotten" eingeteilt sind. Vorne rechts steht ein Rechentisch.

116

Besonders bekannt ist die Schulordnung von Gotha, der so genannte „Gothaische Schulmethodus" geworden, die 1642 erlassen in über 300 Paragrafen sehr detaillierte Vorschriften zum Unterricht macht (s. für eine Sammlung der Schulordnungen Vormbaum, 1860).

Fallstudie Alphabetisierung in der Schweiz: Sozialgeschichte und Alltagsgeschichte des Lehrens und Lernens

Die Reformation hat mit ihrem Anspruch, allen Christen direkten Zugang zu den Schriften zu ermöglichen und sie deshalb in den Stand zu setzen, lesen zu können, eine Entwicklung angestoßen, die weit reichende Folgen haben sollte. Auf lange Sicht führte sie zu einer vollständigen Alphabetisierung des Volkes, die aber erst in der zweiten Hälfte des 19. Jahrhunderts voll realisiert wurde.

Wie muss man sich diesen Prozess konkret vorstellen? Es ist ein Glücksfall, dass es zum Prozess der Alphabetisierung für den Kulturkreis der Schweiz eine Fallstudie von Messerli (1999) gibt, die uns für die Zeit von etwa 1700 bis 1900 einen detailliert recherchierten Einblick gibt.

Für die Zeit davor können wir auf die Dissertation von Wartberg-Ambühl (1981) zurückgreifen, in der die Visitationsberichte, welche Zürcher Pfarrer im 17. und 18. Jahrhundert über ihre Familienbesuche im Zürcher Oberland erstellt hatten, ausgewertet wurden. Auf dieser Datengrundlage haben wir einen guten Überblick darüber, was gelesen und wie gut gelesen wurde. Letzteres ist allerdings nur sehr rudimentär feststellbar, da die Pfarrer bei ihrer Visitation nur die Kategorien „liest", „liest nicht" und „liest nicht mehr" anzukreuzen hatten. Schließlich sollten sie auch ein Verzeichnis der Schreibfähigen anlegen. Was die Inhalte der Bücher angeht, so konnte Wartburg-Ambühl 223 Buchtitel finden.

Zusammen geben diese Informationen einen guten Einblick in die kulturelle Ausstattung von Haushalten. Eine der ausgewählten Haushaltungen umfasst z.B. sechs Personen, an Büchern ist vorhanden: „Bibel, Bibel mit Ulrichs Anmerkungen, Schulbibel, Mels Gebättbuch, Wyss Bättbuch, Seelenschatz, Himmelsleiter, Bayly Übung der Gottseligkeit, Drelingcourts Trostgrund, Kempis von der Nachfolg, Bluntschlins Memorabilia Tigurina" (von Wartburg-Ambühl, 1981, S. 128). „HaushaltsSurvey" von Pfarrherren

Von Wartburg-Ambühl versucht zusätzlich, über internationale Vergleiche abzuschätzen, wie hoch der Alphabetisierungsgrad in Zürich war und wie er sich von etwa 1600 an bis etwa 1870 entwickelt hat. Dabei zeigt sich deutlich, dass die reformierten Regionen, wenn man internationale Vergleiche heranzieht, weit höhere Alphabetisierungsraten aufzuweisen hatten als die katholischen.

Von Wartburg-Ambühl resümiert die Entwicklung zusammenfassend so: „In der ersten Hälfte des 17. Jahrhunderts erreichte der Alphabetisierungsgrad unter der männlichen Bevölkerung der Zürcher Landschaft ca. 30 bis 35 Prozent. England wies gleichzeitig einen ähnlich hohen Stand auf, während die Anteile in Frankreich und Schottland unter 20 Prozent lagen. Um 1700 ergaben sich für die Zürcher Landschaft und Schottland mit zirka 40 Prozent ähnliche Werte. Noch lag der Alphabetisierungsgrad in England wenig höher, in Frankreich mit zirka 25 Prozent hingegen deutlich tiefer. Bis 1780 stiegen die Anteile auf der Zürcher Landschaft und in Schottland auf 80 Prozent. England und Frankreich verzeichneten ebenfalls eine Zunahme, doch waren die entsprechenden Werte mit 50 bzw. 40 Prozent wesentlich tiefer. Diese auffallende Differenz ist zweifellos auf die enormen Anstrengungen zurückzuführen, die zur Förderung der Alphabetisierung von Seiten der protestantischen Kirche auf der Zürcher Landschaft und in Schottland unternommen wurden. Bereits Stone wies in seiner Untersuchung *„Literacy and Education in England 1640-1900"* auf die Lesefähigkeit besonders fördernde Bildungsbestrebungen in den protestantischen Schweizer Kantonen hin. Dass ihre Auswirkungen zumindest für die Region Zürich mit jenen der presbyterianischen Kirche Schottlands vergleichbar waren, konnte nun auf statistischer Grundlage nachgewiesen werden" (von Wartburg-Ambühl, 1981, S. 196ff.).

Tab. 5: Alphabetisierungsgrad der männlichen Bevölkerung in ausgewählten europäischen Ländern vom 17. bis zum 19. Jahrhundert (Angaben in %)

Jahr	Zürich	England	Schottland	Frankreich	Deutschland West – Ost	
1600-1650	30-35	30	unter 20	unter 20		
1700	40	>40	40	<25		
1780	80	50	80	40		
1840					80-90	50-60
1870					>90	60-70

(von Wartburg-Ambühl, 1981)

Alphabetisierung in Europa

Die Auseinandersetzung zwischen Protestanten und Katholiken sollte für die Alphabetisierung überaus produktiv werden. Den Protestanten wurde die Bibel ja unmittelbar zugänglich gemacht. Bei den Katholiken war dies nach der Verordnung des *Tridentinums* an die Erlaubnis des Bischofs bzw. der Inquisition gebunden. Erst ab 1780 findet sich auch im Katholizismus eine Öffnung des Lesens der Bibel für Laien. Bis dahin war allerdings der Abstand in der Alphabetisierung zwischen protestantischen und katholischen Regionen schon sehr groß geworden.

Der Prozess der Alphabetisierung

Um eine Vorstellung darüber zu bekommen, wie der Prozess der Alphabetisierung verlaufen ist, können wir auf die Fallstudie zur Entwicklung der Literalität in der Schweiz vom 17. zum 19. Jahrhundert von Messerli (1999) zurückgreifen. Dabei lassen sich deutlich mehrere Phasen der faktischen Entwicklung des Lehrens und des Erwerbs der Lesefertigkeiten beobachten.

Das 17. und auch das 18. Jahrhundert waren Zeiten großer Heterogenität in der Qualität des Angebotes und im faktischen Erwerb der Fähigkeit zu lesen. Weder Lesestoff, Leselehrgang, Lehrmittel noch institutionelle Rahmenbedingungen waren von Ort zu Ort oder gar von Land zu Land einheitlich. Auch die Vorkenntnisse der Kinder bei ihrem „Schuleintritt" variierten zwischen völliger Unkenntnis und perfektem Lesen. Selbst die Erwartungen an dieselben waren heterogen. Manche Lehrer erwarteten die Kenntnis der Buchstaben, damit sie damit keine Zeit verlieren mussten. Das 19. Jahrhundert ist dagegen von Bemühungen durchdrungen, für alle Kinder vergleichbare elementare Lernbedingungen zu schaffen und alle oben erwähnten Aspekte zu standardisieren.

Lesen lehren und lernen

Für den Einblick in das Alltagsgeschehen ist es besonders aufschlussreich zu erfahren, wie sich Lesen in der Schule abspielte und wie Lesen gelehrt wurde.

118

Nach Messerlis Berichten beeindruckt die Einfachkultur von Schule des 17. und 18. Jahrhunderts. Die Räume sind dürftig ausgestattet. In der Regel sind sie nicht speziell für Lernzwecke eingerichtet. Das Licht ist kärglich und lässt Lesen nur zu bestimmten Tageszeiten zu. Bis 1860 waren Kerzenlicht, Kienspan, Talg oder Öllampen die einzigen Lichtquellen. Danach kamen Petrol- und Gaslampen auf.

Abb. 28: Baumschema als didaktisches Hilfsmittel
(Schiffler & Winkler, 1992, S. 56)

In diesem Druck aus dem Jahre 1490 tragen die Äste eines Baumes das Alphabet. Solche einfachen und anschaulichen Holzschnitte sind damals in Umlauf gebracht worden und dienten auch als Hilfsmittel beim Unterricht *(Schiffler & Winkler, 1992, S. 56)*

Die Freistellung von Kindern für schulisches Lernen war insbesondere auf dem Lande sehr umstritten. Kinder wurden in die Schule geschickt, bevor sie arbeiten konnten, also zwischen dem 4. und dem 8. Lebensjahr. Sie gingen in so genannte *Kleinkinderschulen, Sitz-, Strick- und Warteschulen.* Dabei setzten die Lehrer häufig voraus, dass die Kinder, wenn sie zur Schule kommen, bereits buchstabieren können. Es gab *Lesegotten*, meist unverheiratete Tanten, die die Kinder auf das Lesen in der Schule vorbereiten sollten. Lehrer erachteten es als ihrer unwürdig, kleinen Kindern das Alphabet beizubringen.

Arbeiten und nicht Faulenzen mit Lesen

Der schulische Lehrgang des Lesens war zeitlich hochgradig fragmentiert. Man ging im 18. Jahrhundert zwischen zwei und zehn Monaten im Jahr zur Schule, meist mit langen Unterbrechungen. Je begabter Kinder waren, umso früher wurden sie wieder aus der Schule genommen. Die Bedingung dafür, um El-

Fragmentierte Curricula

tern damit auch vom Schulgeld zu entlasten, war die Teilnahmefähigkeit an der Kommunion oder dem ersten Abendmahl.

Lesestoff Die Lehrmaterialien waren bis zum Anfang des 19. Jahrhunderts äußerst heterogen und dürftig. Die meisten Schüler und (die wenigen Schülerinnen) hatten sehr unterschiedliche Bücher, nur ein kleiner Teil besaß das *Namenbüchlein*, eine Art Fibel für den Erstlese-Unterricht. Viele brachten schlicht Kalenderblätter oder Flugblätter mit in die Schule. Wenn Bücher vorhanden waren, dann waren es zu 90% der *Heidelberger Katechismus* und die *Lobwasserschen Psalmen*. In katholischen Gegenden waren der *Katechismus des Petrus Canisius* (1521-1597) oder der *Konstanzer Katechismus* weit verbreitet. Der weltliche Lesestoff bestand im 19. Jahrhundert vornehmlich aus Kalendergeschichten.

Abb. 29: Kalendermann *(Quelle: Pictura Paedagogica Online, Bibliothek für Bildungsgeschichtliche Forschung, ad03634_01_001)*

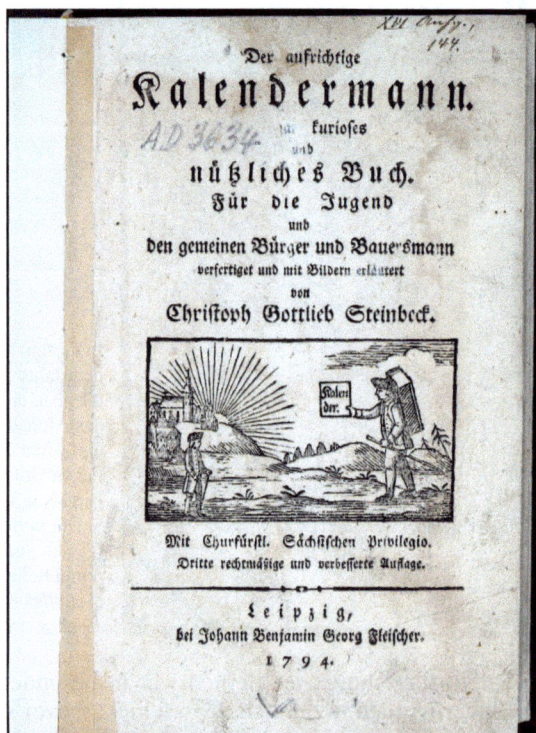

Text Titelseite:

Der aufrichtige Kalendermann: Ein gar kurioses und nützliches Buch. Für die Jugend und den gemeinen Bürger und Bauersmann verfertiget und mit Bildern erläutert / Steinbeck, Christoph Gottlieb. – Leipzig 1794

Ein großer Fortschritt war die Einführung eines *gemeinsamen* Lehrbuches, insbesondere des – oben schon erwähnten – Namenbüchleins. Es enthielt erstmals speziell für das Lesenlernen hergestellte Texte.

Betrachtet man die Lesestoffe, so wird überraschenderweise sichtbar, dass man sich in und außerhalb der Schule nicht nur der Bibel zuwandte. Wie Visitationsberichte von Pfarreien und der Schulaufsicht zeigen, hatten die Heiligengeschichten eine große Bedeutung, aber auch der Kalender und die in ihnen ent-

120

haltenen literarischen Texte. Flugschriften, Hefte, Plakate und Einblattdrucke wurden viel gelesen. Es gab ab 1700 eine sich schnell ausbreitende Zeitschriftenkultur, moralische Wochen- und Monatsschriften, Lebens-Regeln-Bücher usw.

Abb. 30: Namenbüchlein *(Quelle: Pictura Paedagogica Online, Bibliothek für Bildungsgeschichtliche Forschung, ad02579_001)*

Text Titelseite:

Catholisches Nahmenbüchl. Das ist: Ein sonderbarer kurtzer Weeg / bald und leichtlich lesen zu lehren: so wol für Alte als Junge Persohnen / welche nit zeit haben / lang gemeine Schulen zu besuchen. Mit schönen Bildnussen gezieret / und aufs Neue übersehen

Aufschlussreich sind die Praktiken, wie in der Schule das Lesen gelehrt wurde. Lesen lernen dauerte etwa zwei bis vier Jahre, wobei die Hälfte des Unterrichtes darauf verwendet wurde. Die Praxis des Lesens bestand vor allem im Auswendiglernen von religiösen Texten. Lesen wurde also dem Religionsunterricht untergeordnet.

Didaktik des Lesens

Ein Lebensbericht von Hartmann gibt einen Einblick in die „Bemühungen", Kindern das Lesen schon im (heutigen) Vorschulalter beizubringen:

Ego-Dokumente

„Es mögen da in einem engen Stübchen für gewöhnlich etwa anderthalb bis zwey Duzend Kinder eingespert gewesen seyn, die die schönste Zeit des Tages sich nur im Flüstern unterhalten u. einander necken konnten, so lange es halblaut zugieng; dann die Präceptorin nahm der Rejhe nach, eines nach dem andern in ihre Weisheitsspende u. machte uns die verschiedenen Charakteren der Buchstaben, das Sylabieren u.s.w. mit

Ohrfeigen sehr begreiflich. Wer einmal seine Reihe überstanden hatte, saß wieder in dem Haufen, den sie nicht anders zu beschäftigen wusste, als dass jedes für sich die erhaltenen Lektionen wiederholen sollte; od. wer schon auswendig lernte, mochte innert dieser Zeit sein Pensum memorisiren. Für dies letztere war einzig der Heidelberger Cathechismus bestimmt, dessen unzweckmäßig u. unsinniger Inhalt mit einer derselben würdigen Methode in den Kopf getrieben wurde. Der guten Frau, die sonst sehr mit Bibelsprüchen um sich zu werfen wusste, schien doch der Spruch nie zu Gesichte gekommen zu sein indem es heißt, dass Philippus den Kämmerer der Königin Candazes gefragt habe: ‚Verstehst du auch was du liesest?‘ Daher forderte sie schon Auswendiglernen während dem man noch so wenig Buchstabieren u. Lesen, als sie erklären konnte. Wir Kinder mussten ihr die großen Antworten der Cathechismusfragen erst theilweise aufsagen, u. lernen sie, nach ihrer Anweisung, nach u. nach in bloßen Wörterabtheilungen. Zum Exempel die allererste, für die fröhliche Kindheit schon sehr unpassende Frage. ‚Wer ist dein einziger Trost im Leben u. Sterben?‘ lernten wir so: ‚dass ich mit Leib; dass ich mit Leib – u. Seel; u. Seel; dass ich mit Leib u. Seel – beides – im Leben; im Leben; u.s.w. Einen Sinn zu bekommen, daran konnte zu allem Glücke auf diese Weise nicht gedacht werden; genug wenn man am Ende nur die ganze Litanej an d. Schnur wieder vor sich geben konnte" (Messerli, 1999, S. 257).

Abb. 31: Nürnbergisches Kinderlehrbüchlein *(Quelle: Pictura Paedagogica Online, Bibliothek für Bildungsgeschichtliche Forschung, ad01985_01_002a)*

In der Einleitung ist vermerkt: „darinnen nicht allein der kleine Catechismus nach dem alten Exemplar D. Martin Luthers in Fragen und Antworten zu finden; Sondern auch der zarten Jugend zum Besten In zwey und funffzig Lectionen weiter erkläret und vorgetragen wird. Deme annoch ein verbessert- und zum Theil Neuer Anhang von schönen Schul- und Fest-Gebeten/ kurzen Reim-Sprüchen, Auch einigen angezeigten Biblischen Capiteln und Sprüchen auf die heilige Zeiten/ durchs ganze Jahr, samt einer Anzahl gebräuchl. Gesänge/ mit Ober-Herrlicher Autorität beygefüget worden ist."

– Nürnberg, 1724. –

122

In der Entwicklungsgeschichte des Lesenlernens ist das Lernen über das Hören dem Lernen über das Sehen von Buchstaben und Texten offensichtlich vorangegangen. Auswendiglernen von Gehörtem her war ja auch ohne Texte, die sehr spärlich vorhanden waren, möglich.

Was wird auswendig gelernt? Es ist das Vaterunser, das Glaubensbekenntnis, die Zehn Gebote, der kleine und eventuell der große Katechismus usw. Dies alles auswendig zu können ist im katholischen Bereich die Voraussetzung der Zulassung zur Erstkommunion. Man konnte oft auswendig lernen, ohne lesen zu können. Beides wurde jedoch gelegentlich miteinander kombiniert. Lerninhalte

Wie sich das Lesenlernen konkret vollzog, kommt in Erfahrungsberichten zum Vorschein, die Messerli so berichtet: „Mit sechs Jahren, im Frühjahr 1824, trat Heinrich Breitner (geboren 1818) in die Dorfschule von Breite (Kanton Zürich) ein. Sie dauerte jeweils von Martini bis Ostern, täglich vor- und nachmittags je zwei bis drei Stunden. Die Sommerschule war auf zwei Tage, Mittwoch und Samstag, beschränkt. Sein erster „Schulsommer" hatte bloß zum Zweck, ihn ans Stillesitzen in der Schule zu gewöhnen. Die eigentlichen Studien begannen erst mit dem Anfang der Winterschule. Er bekam eine Fibel, ein so genanntes *Namenbüchlein*. Auf der ersten Seite standen die Buchstaben. Der Schulmeister sagte ihm jeden Tag die Namen der Buchstaben je einer Reihe ein- bis zweimal vor: ‚Nun hatte ich diesen Namen einzulernen. Im Laufe eines Schulhalbtages wurde ich ein- bis zweimal *bhört*. In der Zwischenzeit hatte ich nichts zu thun, als die Buchstaben anzustarren. Ich hatte tödliche Langeweile, die Stunden und die Tage wollten kein Ende nehmen.'

Es dauerte Monate, bis sämtliche Reihen der Buchstaben durchlitten waren. Noch länger dauerte die Einübung des Buchstabierens. Endlich rückte er unter die Leser auf. Der ausschliesslich religiöse Lesestoff, der als Übungsmaterial diente, gab „Geist und Gemüth" keine Nahrung und blieb unverstanden. An eine Erläuterung oder Erklärung dachte niemand: Das Auswendiglernen und fertige Aufsagen galt als höchste Leistung" (Messerli, 1999).

Der nächste Schritt bestand dann im Auswendiglernen von so genannten *Silbentafeln*. Messerli zitiert die Erfahrung eines Schülers: „An der Wand hingen große, weiße Tabellen mit schwungvollen, schwarzen Schreibbuchstaben. Daran buchstabierten wir einzeln und im Chor herum a-ab, i-b-ib, e-b-eb, u-b-ub ... Der Tag dazu ergab sich ganz von selbst und wir fanden das nicht weniger als langweilig" (Messerli, 1999, S. 260).

Der Ablauf, das Skript des Unterrichtes, war bis zu Beginn des 19. Jahrhunderts immer gleich: Es wurden Texte zum Auswendiglernen aufgegeben und dann individuell jeweils am Wochenende und in der Mitte der Woche abgehört. Das Lesenlernen erfolgte elementaristisch vom Buchstabieren zum Syllabieren, zum Lesen von Worten, zum Lesen von zusammengesetzten Wörtern bis hin zu längeren Texten. Der Lehrer unterrichtete nicht die ganze Klasse, sondern ließ Schüler einzeln antreten, um Aufgaben zu holen oder abgehört zu werden. Gelegentlich ging er zu den Großen und ließ die Kleinen laut lesen und buchstabieren. Durch das vielstimmige, gleichzeitige individuelle laute Lesen entstand in der Klasse ein Dauergemurmel.

Abb. 32a: Buchstabieren lernen
(Quelle: Pictura Paedago-
gica Online, Bibliothek für
Bildungsgeschichtliche For-
schung, b0002901a)

Abb. 32b: Buchstabieren lernen
(Quelle: Pictura Paedago-
gica Online, Bibliothek für
Bildungsgeschichtliche For-
schung, ad02321_02_030a)

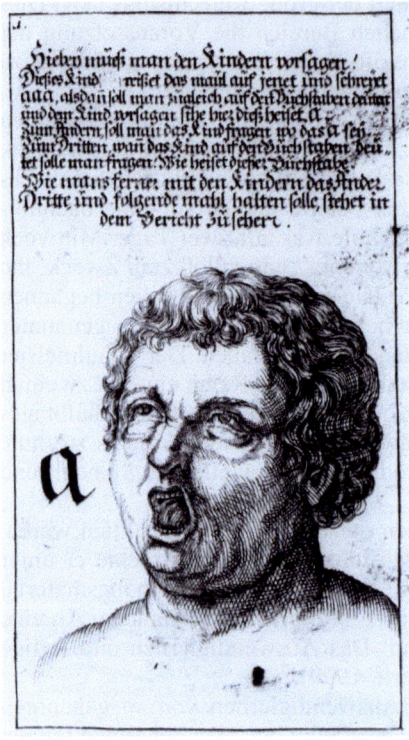

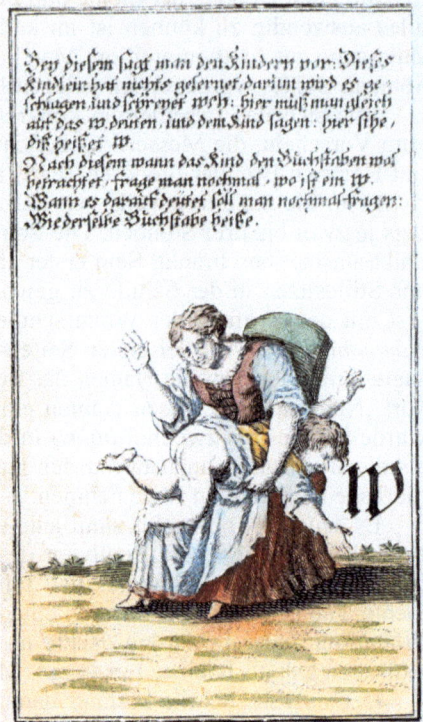

Über dem Kopf des „Kindes" steht:

Hiebey mueß man den Kindern vorsagen! Dieses Kind reißet das maul auf jenet und schreyet aaa, als dann soll man zugleich auf den Buchstaben deuten und dem Kind vorsagen sihe hier, dieß heiset a. Zum andern, soll man das Kind fragen wo das a sey. Zum dritten, wann das Kind auf den Buchstaben deutet solle man fragen: Wie heiset dießer Buchstabe? – a

Bildüberschrift:

Bey diesem sagt man den Kindern vor: Dieses Kindlein hat nichts gelernet, darum wird es geschlagen, und schreyet weh: hier muß man gleich auf das w deüten, und dem Kind sagen: hier sihe diß heißet w.

Nach diesem wann das Kind den Buchstaben wol betrachtet, frage man nochmal, wo ist ein w. Wann es darauf deütet soll man nochmal fragen: Wie derselbe Buchstabe heiße? – w

Die Lesefertigkeiten entwickeln sich ja in komplexen Stufen. Kinder können früher laut lesen als leise. Sie können auch später verständig lesen als mechanisch rekonstruieren. Gut bekannte Texte können leichter gelesen werden als neue. Der Gipfel der Lesekunst besteht im flüssigen Erschließen neuer Texte, die sinnhaft artikuliert werden. Dass dies selbst bei Lehrern nicht selbstverständlich war, kommt in einer Anekdote zu Beginn des 19. Jahrhunderts zum Ausdruck:

"Nach einem Schulmeisterkurs (1806/07) auf dem Rietli bei Zürich habe er, Das Unterrichtsscript so berichtet August Zeller (1774-1846) 13 Schulmeistern ein Lesebuch ausgehändigt und sie aufgefordert, darin ein bestimmtes Lesestück zu lesen: Nachher ließ der die Bücher zumachen und sagte: ‚Schulmeister von Wiedikon, können Sie mir jetzt kurz den Inhalt des Lesestückes angeben?' Dieser weinte die hellen Tränen und bekannte: Daran habe er in seinem Leben noch nie gedacht, dass man wissen müsse, was man lese" (nach Messerli, 1999, S. 270).

Mehrere didaktische Erfindungen haben in der ersten Hälfte des 19. Jahrhunderts den Erstleseunterricht und den Volksschulunterricht revolutioniert und zu einem sprunghaften Anstieg der schulischen Lernerfolge geführt. Fünf solcher Erfindungen seien hier genannt.

Die großen didaktischen Erfindungen

1. In der Lesedidaktik kann die Einführung der *Lautiermethode* als ein Durchbruch bezeichnet werden. Sie bestand darin, dass sorgfältig darauf geachtet wurde, dass der Eigenklang der Laute gelernt wurde und nicht eine Lautbenennung erfolgte, wie dies in der *Buchstabiermethode* der Fall gewesen war (Phonem „m" und nicht Buchstabe „em"). Dieser Übergang vom Buchstabieren zum Lautieren brachte deutliche Fortschritte in der Lerngeschwindigkeit.

Lautiermethode

2. Die Aufgabe der *elementaristischen* Lesedidaktik und das Vertrauen auf den *Transfer* von Gelerntem, dass also nicht jede Buchstabenkombination separat gelernt werden muss, führten zu einem Geschwindigkeitssprung im Erlernen des Lesens.

Transfer

3. Ein weiterer Fortschritt bestand im Übergang vom *seriellen Unterrichten* zum *Zusammenlernen*. Das „Zusammenlernen" wurde durch die Normalschule des Ignaz Felbinger aus Österreich angeregt. Serieller Unterricht bestand darin, dass Schülern individuelle Aufgaben zum Auswendiglernen aufgegeben wurden, wobei jeweils der Montag und der Mittwoch gefürchtete Abhörtage waren. Wenn ein Schüler etwas nicht konnte, wurde dies in der Regel mit Schlägen bestraft. Das Zusammenlernen, d.h. das gemeinsame Unterrichten der Klasse, optimierte die Lernzeit aller Schüler, die nun permanent beschäftigt wurden und nicht wie beim seriellen Unterricht darauf warten mussten, wieder abgehört zu werden. Der Übergang vom seriellen Unterricht zum parallelen Simultanunterricht hatte zur Voraussetzung, dass die Aufmerksamkeit aller Schüler hergestellt werden musste, die aber dadurch die ganze Unterrichtzeit hindurch die Chance des Lernens hatten. Diese neue Methode hatte weit reichende Folgen. Als Forderung war sie schon am Beginn der Helvetik, also zu Beginn des 19. Jahrhunderts präsent. Ihre Umsetzung hatte weit reichende Folgen. Sie erforderte gemeinsame Lehrmittel und Schuleinrichtungen. Alle Schüler sollten jetzt den Blick nach vorne richten, was normierte Möbel, Tafeln und Tabellen erforderte. Der Lehrer musste um Aufmerksamkeit besorgt sein, den Stoff gliedern und gemeinsamen Lernfortschritt beachten, der auf dem Verständnis des jeweils Vorangehenden aufbauen sollte. So konnten alle Schüler permanent lernen – und dies auch durch die Beobachtung der Lösungsversuche von Mitschülern. Da die Aufgaben nicht jedem Schüler separat erklärt werden mussten, wurde viel Zeit eingespart. Der Lehrer musste mit dieser Methode jedoch eine neue Didaktik entwickeln, die in einem geleiteten Gespräch mit der Klasse ihren Höhepunkt finden sollte. Gewiss, am Beginn des 19. Jahrhun-

Seriell – simultan

Der Beginn des modernen Klassenunterrichtes

derts waren diese Qualitätsmerkmale des neuen Unterrichts noch weit gehend Forderungen. Die Kernpunkte eines modernen Klassenunterrichts waren aber „erfunden", es galt nun sie zu entwickeln und zu verfeinern sowie in der Lehrerbildung einzuüben.

Jahrgangsklassen 4. Ein organisatorischer, didaktisch aber sehr wichtiger Fortschritt bestand schließlich in der Bildung von *Jahrgangsklassen*. Dadurch wurden Schüler nach altersbezogenen Lernmöglichkeiten homogenisiert. Klassenunterricht konnte dadurch ungleich wirksamer gestaltet werden, als dies im alten seriellen Individualunterricht der Fall war. Diese Betonung des altersbezogenen Lernfortschrittes bahnte allmählich die didaktische Aufbereitung von Lesetexten nach der Kindgemäßheit an und verdrängte so den abstrakten, eher für Erwachsene geeigneten Katechismus.

Sinnhaftes Lesen 5. Ein weiterer Fortschritt muss in der Entwicklung des sinnhaften Lesens gesehen werden. Anfangs war auch im Simultanunterricht das *Chor- oder Tuttisprechen* die Methode der Wahl. Es bestand in der Regel in einem brüllenden gemeinsamen Lesen und nicht in einem natürlichen individuellen Lesen.

Mit der Entwicklung des sinnhaften und individuellen Lesens wurde es in der Schule stiller. Dies war vielen Dorfbewohnern verdächtig, die am Gemurmel der Schulklasse ablasen, dass in der Schule gearbeitet wurde. Stille wurde mit Müßiggang gleichgesetzt.

Die Verbreitung der Lesekompetenz Wie verbreitet war nun die Lesefähigkeit? Die Beantwortung dieser Frage hängt davon ab, was man unter „Lesenkönnen" versteht. Die Lesekompetenz reichte vom mühsamen Entziffern über das Rekonstruieren von Bekanntem bis zur Fähigkeit, Neues still lesen zu können und sinnhaft wiederzugeben.

Auf diesem Hintergrund kann man nach Messerli (1999) für den deutschsprachigen Raum, bei allen geografischen Besonderheiten, folgende Schätzungen vornehmen: Um 1720 haben viele Gemeinden in der deutschsprachigen Schweiz eine Analphabetenrate von nur ca. 15-25%. In katholischen Regionen und Gemeinden bestehen oft höhere Analphabetenraten. Sie haben laut einem Visitationsbericht der Diözese Konstanz in Luzern gelegentlich einen Umfang von 90%. Ende des 18. Jahrhunderts kann man für das katholische Luzern von einer Lesefähigkeit von 50-70%, in Berggebieten von 30-50% der Bevölkerung ausgehen.

Die Rekrutenuntersuchungen in der Schweiz (s. Lustenberger, 1996), die Prüfungen aller männlichen Rekruten bei ihrer Aushebung, geben für das 19. Jahrhundert einen guten Einblick in die Lesefähigkeiten der männlichen Bevölkerung. Die Vollalphabetisierung ist etwa Mitte des 19. Jahrhunderts erreicht. Sie hat bei Männern eine Rate um 90%.

Hier sei, die Fallstudie Schweiz abrundend, darauf verwiesen, dass die Entwicklung der Alphabetisierung sich im mitteleuropäischen Raum ähnlich wie im Kanton Zürich vollzog, wenngleich – wie bereits erwähnt – in den reformierten Gebieten die Alphabetisierungsraten höher waren. In nordischen Ländern konnten größere Teile der Bevölkerung lesen als in südlichen Ländern oder gar in den Ostgebieten Preußens. Abbildung 32 gibt einen Einblick in den Alphabetisierungsstand im Jahr 1871 in Preußen.

126

Abb. 33: Regionale Verteilung der Analphabeten in Preußen im Jahre 1871
(Jeismann & Lundgreen, 1987, S. 129)

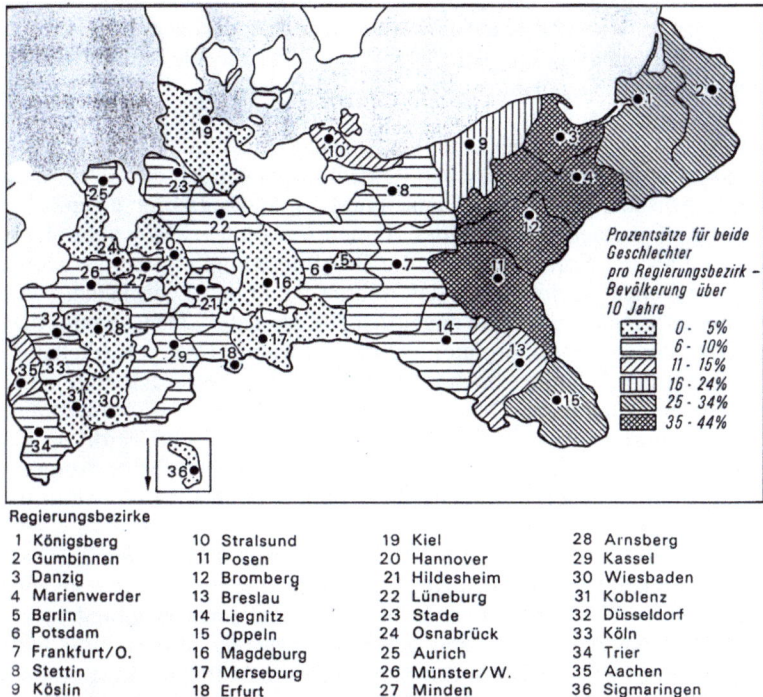

Regierungsbezirke

1	Königsberg	10	Stralsund	19	Kiel	28	Arnsberg
2	Gumbinnen	11	Posen	20	Hannover	29	Kassel
3	Danzig	12	Bromberg	21	Hildesheim	30	Wiesbaden
4	Marienwerder	13	Breslau	22	Lüneburg	31	Koblenz
5	Berlin	14	Liegnitz	23	Stade	32	Düsseldorf
6	Potsdam	15	Oppeln	24	Osnabrück	33	Köln
7	Frankfurt/O.	16	Magdeburg	25	Aurich	34	Trier
8	Stettin	17	Merseburg	26	Münster/W.	35	Aachen
9	Köslin	18	Erfurt	27	Minden	36	Sigmaringen

Insgesamt zeigt sich, dass die durch die Reformation angestoßene Alphabetisierung eine europäische Erfolgsgeschichte war. Sie war bereits vor allen Nützlichkeitserwägungen weit fortgeschritten und wurde erst in der Hochphase der Industrialisierung – jetzt aber mit merkantiler Unterstützung – abgeschlossen. Messerli sieht den Hauptgewinn der Alphabetisierung in den Sozialisationsprozessen, die durch die Reformation angestoßen wurden und die tiefer wirkten als deren ökonomische Nützlichkeit, wenn er resümiert: „Auf protestantischer Seite, später auf pietistischer, förderte die neue religiöse Vielfalt Selbstverantwortung und Selbstkontrolle. Das Ende des religiösen Meinungsmonopols, das der Protestantismus eingeleitet hatte, und die Säkularisierung (Trennung zwischen concordia fidei und politischer concordia), haben ein Nachdenken und eine beständige Überprüfung eigener Positionen – sowohl bei Protestanten als auch Katholiken – im Medium der Schrift gefördert" (Messerli, 1999, S. 10).

5.2.2 Die Reformation und die Entwicklung gelehrter Schulen

Wie in Bildungsstatistiken eindrücklich zu belegen ist (Prahl, 1978), kam das gelehrte Bildungswesen in einer ersten Phase der Reformation fast zum Erliegen. In fundamentalistischer Haltung wurde es entweder als Hort des klerikalen Systems des Mittelalters oder als Stätte der eitlen Weltbildung literarischer Proveni-

Niedergang der gelehrten Schulen

127

enz der italienisch beeinflussten Humanisten gesehen. Dagegen wurde die „simplicitas" des gläubigen Christenmenschen gesetzt.

Insbesondere Melanchthon erkannte rasch, in welche Sackgasse dieser fundamentalistische und oft auch schwärmerische Zug der Neugläubigen führen würde. Er konnte weder helfen, den Zugang zur Bibel für alle zu ermöglichen, noch die nötigen Qualifikationen der Geistlichkeit, bei denen die Predigt eine herausragende Stelle einnehmen sollte, sicherstellen. Auch für die dogmatische Absicherung des neuen Glaubens erschien eine akademische Ausbildung unerlässlich. Nach dem Abklingen des antiakademischen Ressentiments wurden die Gelehrtenschulen wieder Gegenstand der Aufmerksamkeit und der Ausbaubestrebungen.

Sprachen im neuen
Lehrplan

Dabei wurden Elemente des Humanismus integriert, insbesondere das Griechische als der Sprache, in der die Bibel ursprünglich verfasst worden war. Zu kleinen Teilen erschien auch das Hebräische in den Lehrplänen, sodass alle drei „Kreuzessprachen", welche angeblich auf der Tafel „Jesus, König der Juden" am Kreuze standen, im Lehrplan repräsentiert waren. Daneben spielten Logik, Rhetorik und Poetik immer noch eine große Rolle, ebenso Auszüge aus den mathematischen Disziplinen. Durch den Bezug auf die Humanisten und ihre philologischen Vorarbeiten wird die Bindung an die lateinische Tradition gewahrt. Das Griechische ermöglicht den Anschluss an die Antike. Neue Autoren werden in den Kanon aufgenommen, sodass die alten Septem Artes erweitert und teilweise aufgehoben werden.

Beginn
eigenständiger
Gymnasien

Aus dieser Mischung entsteht das Gymnasium als Vorstufe für die theologischen Studien. Es ist seit dem 16. Jahrhundert diejenige Anstalt, die einen vollständigen humanistischen Kursus in beiden Fremdsprachen gibt. Die kursächsische Schulordnung von 1528 kann gewissermaßen als Stiftungsbrief des deutschen Gymnasiums gelten, in dem das Lateinische im Mittelpunkt bleibt. Es wird in drei Stufen mit der Orientierung an folgenden Autoren gelernt (vgl. Dolch, 1982, S. 203ff.).

Lehrplan

I: Handbüchlein, Cato, Donat

II: Aesop, Paedologia (Mosellus), Colloquia (Erasmus), Terentius, Plautus etc.

III: Vergil, Ovid, Cicero

Am Ende des 16. Jahrhunderts umfasst der Lehrplan der mitteleuropäischen Schulen im Kern die folgenden Lernbereiche:

1. Religion (Dogma, Katechismus, Bibel, Ethik);

2. Alte Sprachen: hauptsächlich Latein, etwas Griechisch, selten Hebräisch;

3. Musik, bs. Kirchenlieder in Deutsch und Lateinisch;

4. Elemente der Rhetorik und Dialektik (philosophische Elemente);

5. Geschichte: biblisch, antik, deutsch (Chronologie der älteren Geschichte entsteht);

6. Geografie der Weltteile, Palästinas, der historischen Länder;

7. Arithmetik (Vier Species, Dreisatz);

8. Einfachstes der Geometrie, Elemente der Astronomie und der Astrologie;

9. Gelegentliche Erwähnung naturwissenschaftlicher Dinge und

10. Leibesübungen als volkstümliche Spiele in der Freizeit.

Abb. 34a: Pythagoras im arabischen Raum um 900 n.Chr.
(Alt, 1966, S. 242)

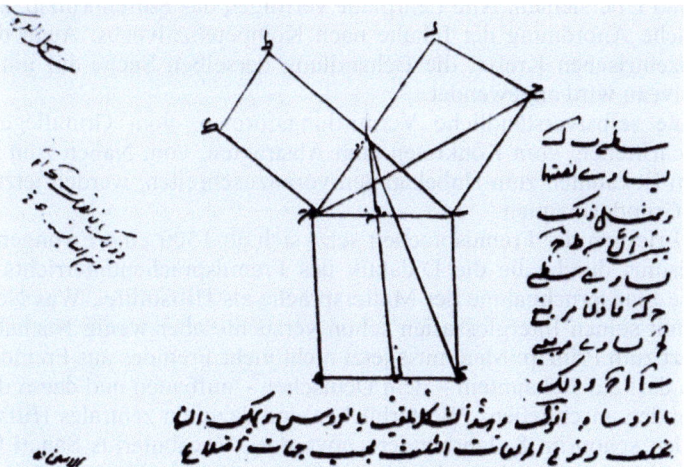

In den arabischen Reichen, die sich von Mittelasien bis nach Spanien erstreckten, herrschte bis in das 13. Jh. hinein ein reges wissenschaftliches Leben. Arabische Gelehrte und die Übersetzungen ihrer Werke vermittelten den europäischen Ländern zahlreiche Kenntnisse der orientalischen Kulturen sowie der klassischen Antike und machten sie mit den Leistungen der arabischen Wissenschaft bekannt. – Abb. 34a zeigt den Satz von Pythagoras in einer Übersetzung der Geometrie Euklids durch Tabit ib Qorra.

Abb. 34b: Pythagoras im europäischen Raum im frühen 17. Jh.
(Quelle: Pictura Paedagogica Online, Bibliothek für Bildungsgeschichtliche Forschung, ad000559_011a)

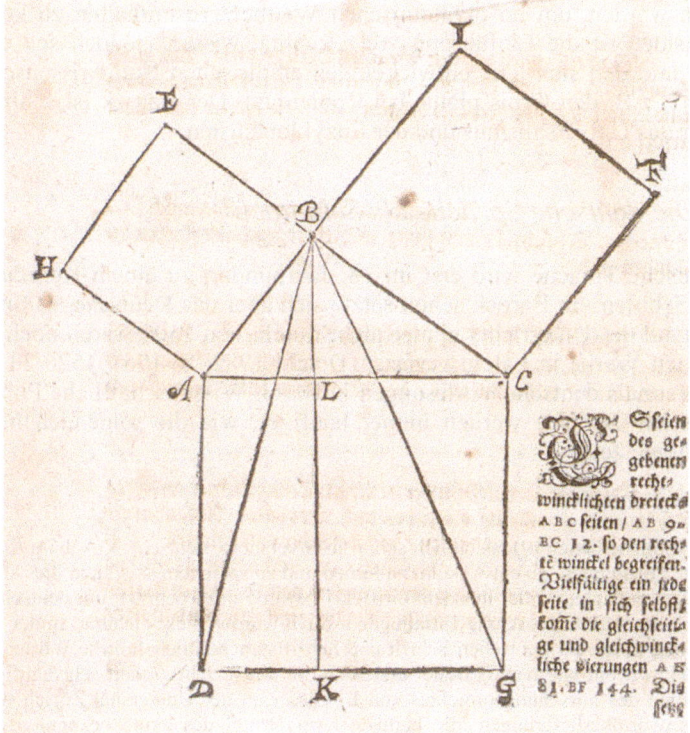

Der Satz des Pythagoras in Abb 34b entstammt einer geometrischen Aufgabensammlung, die in Bremen (1629) aufgelegt wurde.

Auch die Struktur der Lehrpläne wird jetzt systematischer. Inhalte werden in Fächer gegliedert, ja es entsteht eine Manie der Systematisierung der Inhalte in Tabellen und Übersichten. Alle Lehrpläne verfolgen das Stufenprinzip, also die systematische Anordnung der Inhalte nach Kompetenzniveaus. Auch das Prinzip der konzentrischen Kreise, die Behandlung derselben Sache auf unterschiedlichem Niveau wird angewendet.

Heute selbstverständliche Vermittlungsformen, vom Grundlegenden zum Fortgeschrittenen, vom Konkreten zum Abstrakten, vom Nahen zum Entfernten und vom Bekannten zum Unbekannten voranzuschreiten, werden jetzt zu didaktischen Grundprinzipien.

Im Erlernen der Fremdsprachen setzt sich ab 1500 eine Errungenschaft des Humanismus durch, die die Didaktik des Fremdsprachenunterrichts revolutioniert: die Inanspruchnahme der Muttersprache als Hilfsmittel. Was Notker in St. Gallen mit seinen Interglossarien schon versuchte aber wenig Nachahmer fand, wird jetzt zum Prinzip: Man muss jetzt nicht mehr Fremdes aus Fremdem lernen, sondern darf auf Bekanntem – dem Deutschen – aufbauen und daran den Erwerb des Fremden anschließen.[8] Wörterbücher sind dazu ein zentrales Hilfsmittel. Sie entstanden schon im 8. Jahrhundert, etwa das „Vocabularius Sancti Galli", das erste Taschenwörterbuch der Welt.

Erst am Beginn einer systematischen Einführung stehen die Inhaltsbereiche der so genannten Realien (praktische und nützliche Kenntnisse). Sie werden sich erst später, im 19. Jahrhundert, zu Kernbereichen des Unterrichts entwickeln und zwar dann, wenn nützliche Kenntnisse, wenn Wissenschaft und Technik unumgänglich werden, um im ökonomischen Wettbewerb mithalten zu können. Als Bildungsidee ist die Einführung von „Realitätswissen" jedoch seit der frühen Neuzeit und den sich jetzt entwickelnden empirischen Naturwissenschaften ein Thema (s. z.B. den Orbis pictus bei Comenius). Der Barock ist schließlich das Zeitalter des Universalismus und der Enzyklopädisten.

Barocke Manie der Systematisierung

Neue Fremdsprachendidaktik

Neue Inhalte: Realien

5.2.3 Die deutsche Sprache als Schulfach

Die deutsche Sprache wird erst im 18. Jahrhundert zu einem Kernfach der gelehrten Schulen. Im Barock schon setzte sich aber das Deutsche als Sprache und Gegenstand des Unterrichts immer mehr durch. Um 1500 waren noch 90% aller gedruckten Werke in Latein verfasst (Dolch, 1982, S. 196). 1526/28 hält Paracelsus erstmals deutsche Vorlesungen in Basel. Wissenschaftliche Publikationen in deutscher Sprache werden immer häufiger, wie die folgenden historischen Meilensteine zeigen:

Der Vormarsch der deutschen Sprache

---

8   Die Mönche hatten offensichtlich schon früh versucht, deutsche Vokabeln für lateinische Texte zuzuordnen, zu entwickeln, zu lernen und zu speichern. Sie taten dies aber nicht mit der teuren Tinte, sonder mit dem Griffel. Er wurde dazu benutzt, um deutsche Wörter in Wachs zu ritzen. Bei schräg einfallendem Licht wurden diese sichtbar. In der Erforschung der Ursprünge der deutschen Schrift und Schriftsprache blieben diese Wörter lange unbeachtet, obwohl wie bereits in der ersten Hälfte des 8. Jahrhundert sehr häufig waren. Im Rahmen des Forschungsprojektes von E. Glaser an der Universität Zürich werden diese Einzelwortüberlieferungen, die beinahe zwei Drittel des heute bekannten althochdeutschen Wortschatzes ausmachen, erforscht.

- 1570: 30% der erschienenen Schriften sind in deutscher Sprache geschrieben,
- 1681: erstmals sind über 50% der erschienenen Schriften deutschsprachig (Dolch, 1982, S. 275),
- 1687 wird in Leipzig erstmals ein deutschsprachiger Lehrbetrieb an der Hochschule (durch Thomasius) eröffnet. Allerdings gibt es sporadische Vorläufer, wie die 1641 von Malbertus Linnemannus, Professor der mathematischen Künste in Königsberg, gehaltene Lehrveranstaltung und jene von Paracelsus in Basel.

Dass die deutsche Sprache erst so spät zum Gegenstand und Medium von höheren Bildungsprozessen wurde, erstaunt. Dabei hatte es seit dem 9. Jahrhundert eine deutschsprachige Literatur und Ansätze deutscher Schulen im Mittelalter gegeben. Es sei nur an das Hildebrandslied (820 im Kloster Fulda aufgezeichnet) oder an die 6.000 Verse des „Heliand" (verfasst um 830) erinnert. Die ersten Übersetzungsversuche des Lateinischen sind die Glossare, die zwischen die Zeilen lateinischer Texte gekritzelt wurden (Internlineareglossen). Texte aus St. Gallen sind dafür bezeichnend. Schon der Hof Karls des Großen (768-814) war ein Zentrum der Organisation von Bildungsprozessen, das die Aufmerksamkeit sowohl auf die deutsche Sprache als auch auf die Rezeption griechischer Texte richtete. Alkuin (Alchuine, 735-804), der wichtigste Berater von Karl dem Großen, wurde deshalb der „Kultusminister" des Frankenreiches genannt, dem unzählige Übersetzungsarbeiten ins Deutsche zu verdanken sind. Zur Festigung des Fränkischen ließ z.B. Karl der Große deutsche Namen und alte Heldenlieder sammeln.

Aber auch in den Klöstern finden sich viele Versuche, die deutsche Sprache einzubinden und damit das Christentum an die Traditionen der Germanen anschlussfähig zu machen.

Bekannt sind die Bemühungen im Kloster St. Gallen, erstmals jene von Notker dem Stammler (840-917), und später jene von Notker dem Deutschen (952-1022). Ersterer überträgt spätrömische, philosophische und christliche Abhandlungen in erklärender Weise in eine *Mischsprache* von Latein und Deutsch, inspiriert durch den Glauben, man würde in der Muttersprache schneller begreifen. St. Gallus selber hat sowohl Alemannisch als auch Latein gesprochen und so zum Volke predigen können (Hilty, 2001). Gleiches wird von W. Strabo auf der Insel Reichenau berichtet. Im Jahre 760 entstand im bayrischen Freising das erste deutschlateinische Wörterbuch, der Abrogans. In den kommenden Jahrhunderten entwickelte sich eine hoch differenzierte *mittelalterliche Dichtung* in deutscher Sprache.

Als *Sprache der gelehrten Schulen und der Wissenschaft* wird die deutsche Sprache aber erst im 17. Jahrhundert langsam hoffähig. Engagiert vorbereitet wurde diese Entwicklung durch die „deutschen Sprachgesellschaften" zur Pflege der deutschen Sprache, etwa durch jene von Opitz, die sich die „Fruchtbringende Gesellschaft" nannte (1617). Vehement vertreten wurde die Nutzung der deutschen Sprache im gelehrten Unterricht erstmals durch Comenius (1592-1670) und Ratke (1571-1635).

In den auf praktisch verwertbare Kenntnisse ausgerichteten städtischen Schulen, abfällig „Winkelschulen" genannt, war sie jedoch früh heimisch. In den Städten entstand schon im ausgehenden Mittelalter ein Bedarf an praktisch ausgebildeten Schreibern und Rechenkünstlern, die den Handel und das Gewerbe mit entsprechenden schriftlichen Unterlagen versehen konnten. Auch die städtischen Verwaltungen waren zunehmend auf Schriftkundige angewiesen. In den

Stadtschulen wurden die Kenntnisse im Lesen und Schreiben sowie in der Rechnungsführung vermittelt.

Abb. 35: Basler Schulmeisterschild *(Schiffler & Winkler, 1992, S. 46)*

Das Schild ist unter dem Namen „Basler Schulmeisterschild" (1516) bekannt. In seiner Funktion sowie Gestaltung und Inhalt von Text und Bildern repräsentiert es einen eigenen Zweig des Bildungswesens in der mittelalterlichen Stadt: den Unterricht durch die freien Schreib- und Rechenmeister. Solcher Bilder bedienten sich Handwerk und Handel, um Waren und Dienstleistungen anzupreisen und Käufer und Kunden anzulocken. Mit dem Werbetext wendet es sich an die „burger", „hantwercks gesellen", „frouwen", junckfrouwen", „jungen knaben und meiltin" der Stadt und bietet ihnen an, sie in kürzester Frist das Lesen und Schreiben in deutscher Sprache zu lehren und sie zu befähigen, ihre „schuld uff (zu) schreiben und (zu) laesen", also ihre Rechnungs- und Buchführungsgeschäfte abzuwickeln.

Die Städte waren auch schon besorgt, dass dieser Unterricht gut gemacht werde, und sie kontrollierten entsprechend. Meist wurde aber auf den „Markt" vertraut: „.... bei welchem dann das erberlich und redlich zu thun empfunden wirt, dem werden dest mehr kinder zubracht und zuugefudert" (Schiffler & Winkler, 1992, S. 49).

Private Angebote　Praktische Kenntnisse werden also an Nützlichkeit orientierten Schulen angeboten. Die Lehrenden reagieren auf einen Markt, werden aber von den Vertretern der traditionellen Bildungsinhalte in den Domschulen und Stadtschulen verachtet und bekämpft. Der Lehrer steht im günstigen Falle auf der Stufe des Handwerkers, seine Tätigkeit wird auch so verstanden. Er bietet Dienste an und hofft auf Kunden, die ihn bezahlen. Die Lehrer schaffen es jedoch nicht, sich den Status einer Zunft zuzulegen, mit strengen Eintrittsregelungen, mit einer Monopolisierung der Angebote und der Entwicklung eines technischen Geheimwissens. Am ehesten kommen die Gelehrten, die Latein beherrschen, einem solchen Status nahe. Die Vermittler praktischer Kenntnisse werden bis weit ins 19. Jahrhundert ein ärmliches und marginales Dasein fristen.

Comenius und der muttersprachliche Unterricht　Eine Aufwertung des Unterrichts in deutscher Sprache für „alle Menschenkinder" verdankt die Zeit des Barocks vor allem Comenius. In seiner Pampaedia, Panscholia, Schola universalis und in seinen didaktischen Schriften (Didacta magna, Orbis pictus) entwickelt er den Plan einer muttersprachlichen Menschenlebensschule in systematischen Stufen:

– einer Mutterschule im Elternhaus,
– einer Muttersprachschule in jeder Gemeinde,
– einem Gymnasium in jeder Stadt und
– einer Hochschule in jedem Land.

Dahinter steht eine wahrhaft moderne Idee: die der *flächendeckenden Versorgung der Bevölkerung mit Bildungsangeboten,* um so allen den Zugang zu Lernangeboten zu ermöglichen.

Abb. 36: Johan Amos Comenius *(Quelle: Pictura Paedagogica Online, Bibliothek für Bildungsgeschichtliche Forschung, b0007145a)*

Die Stufenfolge des Bildungsprozesses zielt in höheren Stufen wieder auf das Latein, wenn folgende Klassen vorgesehen werden: Der neue Kanon

1. Klasse: grammatikalische Kenntnisse
2. Klasse: physische Kenntnisse
3. Klasse: mathematische Kenntnisse
4. Klasse: ethische Kenntnisse
5. Klasse: dialektische Kenntnisse
6. Klasse: rhetorische Kenntnisse

Die Realien dringen also nur mühsam vor, das Sprachliche und das Lateinische überwiegen in der höheren Bildung sehr stark.

Freilich, durch die Beherrschung der Fremdsprache des Lateinischen, in der alles Wesentliche geschrieben war, konnte sich der Stand der Gelehrten klar definieren. Zu ihm hatte nur Zugang, wer diese Sprache beherrschte, was nur einer Minderheit gelang.

5.2.4 Die gelehrten Schulen der Jesuiten

Das 16. und 17. Jahrhundert erlebt auf dem Gebiet der inneren Entwicklung der gelehrten Schulen viele Neuerungen. Sie werden nicht zuletzt durch die Gegenreformation, getragen von den Jesuiten und ihren Schulen, vorangetrieben.

Gegenreformation

Es waren die Jesuiten, die erstmals das Lernen in den gelehrten Schulen systematisch gestalteten. Sie erfanden zudem das Prinzip, dass eine wirksame Erziehung darin bestehe, das gesamte Umfeld von Jugendlichen zu kontrollieren und zu regulieren. So wurde z.B. der gesamte Tagesablauf von Schülern umfassend beaufsichtigt, sie waren nie allein.

Neue Erziehung

Gleichzeitig führten die Jesuiten erstmals psychologische Prinzipien in schulisches Lernen ein. Der Stock, das „Einbläuen" und das geistlose Repetieren traten bei ihnen in den Hintergrund. An deren Stelle traten der organisierte Wettbewerb unter den Schülern und das Training in der Sprache durch öffentliche Redewettbewerbe.

Im Mittelpunkt des geistigen Trainings stand aber die systematische Einübung der lateinischen Sprache und sprachlicher Fertigkeiten insgesamt. Die so genannte „Ratio atque institutio studiorum" von 1599, mit kleinen Zusätzen von 1832, war über Jahrhunderte der gültige Lehrplan der Jesuitenschulen in allen Teilen der Welt (Dolch, 1982).

Der Kanon der Jesuitenschulen in ganz Europa

Worin bestand er? Im Mittelpunkt standen die Studia humanitatis (Grammatik, Historik, Poetik und Rhetorik), die in folgenden Stufen gelehrt wurden:

1-2 Jahre:	Grammatica infirma
1 Jahr:	Grammatica media
1 Jahr:	Grammatica suprema
1 Jahr:	Humanitas oder Poesis
2 Jahre:	Rhetorica

Darauf folgten als Schwerpunkte:

- Studia philosophiae: Logik, Natur- und Moralphilosophie, Metaphysik und Mathematik
- Studia theologiae

In dieser Zeit und in diesem Rahmen wurden auch die alten Klassenbezeichnungen für die Gymnasien (von Sexta bis Oberprima) eingeführt.

Die Vorherrschaft des Sprachlichen

Die strenge Pflege des lateinischen Stils, die schon bei den Humanisten eine große Rolle spielte, und die die Jesuiten in ihren Kanon aufnahmen, führte für viele Jahrzehnte zu einer Vorherrschaft des Sprachlichen und auch des literarischen Stils. Der Inhalt des Gelernten und Vorgetragenen trat dadurch in den Hintergrund und mit ihm konkretes empirisches Sachwissen, wenngleich der Kampf um die Einführung von Realien, von nützlichen Inhalten und von „Weltwissen" jetzt schon in vollem Gange war. Durkheim (1977) sollte noch um die

134

Wende vom 18. zum 19. Jahrhundert die Fixierung des lange von Jesuiten beherrschten französischen Gymnasiums auf Fragen des Stils und der Eleganz des Ausdrucks beklagen. Dadurch sei Frankreich gegenüber jenen Ländern ins Hintertreffen geraten, gemeint war vor allem Deutschland, die eine gezielte Politik des Ausbaus polytechnischen Wissens auf allen Ebenen des Bildungswesens betrieben hätten.

5.2.5 Schlüsselprozesse im Rückblick

In der Reformation sehen wir wieder eine Epoche, in der theoretische Weltkonstruktionen, eine jetzt nicht mehr marginalisierbare Reformbewegung im Christentum, eine ungeheure Sprengkraft der Wirklichkeitsgestaltung entwickeln.

Die Sprengkraft reformierten Denkens

Das große Verdienst der Reformationszeit ist zweifellos jenes, dass die Kirche im Verbund mit den Territorialgewalten zum institutionellen Akteur wurde, der die Alphabetisierung des ganzen Volkes zu einem Kernanliegen machte. Dieses Ziel konnte noch nicht erreicht werden, aber die Aufgabe als nicht mehr hintergehbares Ziel war institutionalisiert.

Alphabetisierung

Die Akteure, die dabei auf den Plan treten, sind uns teilweise bekannt: Sie entstammen dem kirchlichen Bereich. Allerdings ist jetzt keine universale Kirche mehr am Werk, sondern regionale Verbindungen von territorialer Macht (Landesfürsten) und Kirchenkonsortien tragen die Organisation des Lehrens und Lernens der Bevölkerung.

Neue externe Akteure: Kirche und Territorialmacht

In der Folge erlebt Mitteleuropa über viele Jahrzehnte territoriale Kriege, die auch Konfessionskriege sind.

Die ersten Bemühungen einer flächendeckenden „Versorgung" mit Möglichkeiten, die Bibel zu lesen, den Katechismus zu lernen und den Gesang zu üben, werden von den lokalen kirchlichen Instanzen organisiert und kontrolliert. Damit verdankt der Religionsunterricht seine Institutionalisierung als Fach der Reformation.

Religionsunterricht

Die Schulen, in der Regel einklassige Volksschulen mit einer Lehrperson, waren Orte, an denen pädagogisch kaum ausgebildete Erwachsene, häufig Handwerker oder invalide Kriegsteilnehmer, als Nebentätigkeit unterrichteten. Entsprechend rudimentär war die Methodik des Unterrichtens und entsprechend mager waren in der Regel auch die Erfolge. Dennoch: Der Anspruch der Alphabetisierung des ganzen Volkes ist in die abendländische Welt gesetzt und wird nie mehr zurückgenommen werden können.

Ausbaustand der Volksschulen

Abb. 37: Revidierte Kirchenordnung *(Quelle: Pictura Paedagogica Online, Bibliothek für Bildungsgeschichtliche Forschung, ad01996_001a)*

Text der Bildinschrift:

Revidierte Kirchenordnung.
Wie es mit Christlicher Lehre,
Reichung der Sacrament,
Ordination der Diener des
Euangelii, Ordentlicher
Ceremonien in der Kirchen,
Visitation Consistorio und
Schulen: Im Hetzogthumb
Mechlenburg etc. gehalten wird.
Lüneburg, Beÿ Martin Lamprecht.

Deutlich sichtbar vertreten
weltliche Fürsten und Vertreter des
Klerus gemeinsam einerseits den
(weltlichen) Unterricht und
andererseits die (christliche)
Unterweisung

Humanismus und
Sprachen in den
gelehrten Schulen

Im Bereich der gelehrten Schulen lebte die Reformation vor allem von den Errungenschaften des Humanismus, den sie – nachdem sie die Ablehnung in einer ersten Phase überwunden hatte – in der Gestalt einer stärkeren institutionellen und inhaltlichen Ausgestaltung fortführte. Der Weg zurück zu den Quellen, das große Anliegen der Humanisten, war auch religiös interpretierbar. So wurden das Latein und das Griechische zu einem festen Bestandteil des Curriculums.

Die Intellektuali-
sierung der Religion

Diese Verstärkung der Gelehrsamkeit im Gefolge der Reformation hatte auch innere Gründe, die in der neuen Lehre begründet waren. Sie war in Abhebung von der Volkstümlichkeit und Bildhaftigkeit des Mittelalters akademischer, gelehrter und abstrakter. Paulsen meinte, die Reformation habe der Religion die Bildlichkeit genommen, dafür aber die Lehrhaftigkeit gegeben. „Wie die Kirchen im Mittelalter mit Bildern gefüllt waren, so war auch innerlich dem Glauben die ganze jenseitige Welt in Bildern gegeben. Die Reformation hat die Bilder aus den Kirchen und auch aus der Vorstellung beseitigt" (Paulsen, 1965/ 1919, S. 455). Weil die Gelehrsamkeit so wichtig wurde, wurde die wissenschaftliche Bildung der Geistlichen in der neuen Kirche sehr bedeutsam. Für den Priester genügte die Beherrschung des Ritus, die Messe zu lesen und die Beichte abzunehmen, nicht mehr. Er musste in der

Predigt Dogmen explizieren und Sätze beweisen können. Er sollte also vor allem lehren und überzeugen. Damit ist eine Stärkung der Intellektualität verbunden, eine Stärkung der Notwendigkeit des systematischen Lehrens und Lernens, freilich keine in deutscher Sprache. Letztere wurde aber auf der Ebene des Volksunterrichtes bedeutsam. Für das Gymnasium stand der Vormarsch der deutschen Sprache und damit auch des Deutschunterrichtes noch bevor.

Die Stärkung der Intellektualität im gelehrten Bildungswesen sollte sehr folgenreich sein. Sie verlangte eine politische Unabhängigkeit der Universität, die in diesen Zeiten völlig illusorisch war. Externe Akteure hatten in der Reformation den entscheidenden Einfluss auf die Universitäten, der sich in ihrer Bindung an die *Konfessionen* manifestierte. Professoren hatten auf Inhalte zu schwören und die Lehrpläne waren extern vorgegeben und sanktioniert. Es musste gezielt nach genehmigten Lehrbüchern gelehrt und gelernt werden. Dennoch hatte die starke Verbindung von weltlicher und geistlicher Macht in der Reformation zur Folge, dass weltliche Trägerschaften von Schulen bedeutsam wurden. Damit war erstmals in Sichtweite, dass sich die Schule von der ausschließlich kirchlichen Trägerschaft lösen könnte.

Konfession und Universität

Die Systembildung in Gymnasien schritt in der Zeit der Reformation deutlich voran, wenngleich nicht von einheitlichen Regelungen oder gar Standards ausgegangen werden kann. Ihr Lehrangebot differierte noch sehr stark, und zwar nicht nur von Territorialmacht zu Territorialmacht, sondern von Schule zu Schule. Zu Beginn der Neuzeit ist ein gelehrtes Schulwesen *vor* der Universität erst im Entstehen begriffen. Vielfach haben die Universitäten noch jene Aufgaben übernommen, die heute Gymnasien erfüllen. Allerdings führte die Ausgestaltung der gelehrten Schulen durch die Jesuiten zu einer starken Vereinheitlichung in katholischen Landen, da sie überallhin die gleichen Lehrinhalte, Lehrverfahren und Formen der Schulorganisation brachten.

Systembildung im Gymnasium

In der Renaissance waren Universitäten, insbesondere Akademien, eher „Privatunternehmungen". Diese Akademien und einzelnen Schulen waren für sich relativ selbstständige Einheiten, Korporationen mit dem Recht, sich selber Statuten zu geben, ein Oberhaupt zu wählen, Studierende zuzulassen und neue Professoren zu rekrutieren. Eine volle Autonomie war damit aber nicht verbunden. Dem stand das Patronatsrecht des jeweiligen Landesherrn entgegen, welcher das Recht auf Visitationen und auf Veränderung der Stiftungen hatte. Er behielt sich auch das Recht auf die Genehmigung der Statuten vor und griff auch mit eigener Gesetzgebung ein. Intern war die Universität dagegen mit weit reichender Befugnis ausgestattet.

Entscheidend ist hier, dass in der Gestalt der Landesherren zumindest eine rudimentäre *staatliche Instanz* entstand und so die Kirche als Regulierungsbehörde erstmals auf der Ebene der gelehrten Schulen und Universitäten in den Hintergrund trat. Wir haben hier somit den ersten Schritt der *„Verstaatlichung"* der Bildung vor uns, der bereits vor dem entscheidenden Vorgang der Staatenbildung im Anschluss an die Französische Revolution stattfand.

Vorläufer staatlicher Instanzen als Träger der Bildung

6 Das Zeitalter der Aufklärung: „Die große Aspiration"[9]

6.1 Mentalitätsgeschichtliche Hintergründe

Die Geschichtsschreibung der Pädagogik lokalisiert im Zeitalter der Aufklärung und ihren Folgen in der Regel den eigentlichen Beginn eines modernen Bildungswesens. Die geistigen Grundlagen sieht sie in der Begründung und später auch *Institutionalisierung des „freien Denkens"* jenseits autoritativer Vorgaben, in der Möglichkeit, den *Menschen durch Erziehung und Erfahrung zu „perfektionieren"* und in der *Hinführung des Menschen zu eigenständigem Denken und selbstverantwortlichem Handeln*. Diese Zeit wird damit als eine der großen Sattelzeiten in der Geschichte der okzidentalen Bildungssysteme ausgezeichnet (s. für einen hervorragenden Überblick Oelkers, 2004). Dies gilt besonders für das hier formulierte *normative Programm* der Heranbildung von Menschenkindern zu ihrer je eigenen Vollkommenheit. Es trifft weniger für die *Realisierung* dieses normativen Anspruches zu, der sich vor allem in vereinzelten Schulgründungen niederschlug und noch zu keiner umfassenden und flächendeckenden Organisation eines Bildungswesens führte und führen konnte. Dennoch: Wie bei anderen historischen Epochen müssen wir auch hier wieder zuerst nach der *Sprengkraft theoretischer Weltinterpretationen* fragen.

Der Beginn des modernen Bildungswesens

Die Aufklärung entstand nicht aus dem Nichts, sie hatte lang zurückreichende Vorläufer. Schon die griechische Philosophie hatte die Wahrheitssuche als Kern ihres Erkenntnisbemühens gesehen. In der Renaissance etablierte sich erstmals eine *historisch-kritische* Betrachtungsweise, etwa im Bemühen um die Herausgabe einer Urfassung der Bibel. Erasmus Desiderius von Rotterdam (1466 oder 1469-1536) hat in diesem Geist den griechischen Urtext der Bibel rekonstruiert, der dann eine wesentliche Grundlage für die Bibelübersetzung ins Deutsche durch Luther (1521) wurde. Der Universität Halle kam am Ende des 17. und im frühen 18. Jahrhundert das Verdienst zu, in dem Philosophen Christian Wolf einen Verfechter der *Absage an allen Autoritätsglauben* in der Philosophie zu beherbergen und den „vernünftigen Gedanken" die Priorität zuzusprechen. In seine philosophischen Überlegungen gingen auch die neuen mathematisch-naturwissenschaftlichen sowie rechts- und staatswissenschaftlichen Positionen ein und bildeten die Grundlage zu einem umfassenden philosophischen System. Die freie Forschung, die hier propagiert wurde, geriet natürlich schnell in Konflikt mit dem Autoritätsprinzip, das den gesamten Universitätsunterricht beherrschte und das die Dozenten auf vorgegebene Wahrheiten zu schwören verpflichtete und ihnen vorschrieb, welche Lehrbücher sie zu verwenden haben. *Durch eigenes Denken und durch eigene Forschung die Wahrheit suchen* – dies war der Beginn einer neuen Ausrichtung der Universität.

Vorläufer: Absage an die Autoritätsbindung des Denkens

---

9   So der Titel von Oelkers über die Aufklärung (Oelkers, 1990)

Paulsen hält resümierend fest: „Hiermit war die innere Umformung des akademischen Unterrichts vollendet; nicht Überlieferung feststehender Wahrheiten ist seine Aufgabe, sondern Anleitung zum Selbstdenken und freier wissenschaftlicher Forschung" (1885, S. 543).

Was ist Aufklärung?

Gewiss, diese Charakterisierung der „Aufklärung" ist eine Konstruktion der Geschichtsschreibung, in der viele heterogene Strömungen zu einer einheitlichen Konzeption zusammengefasst werden. Bei aller internen Heterogenität dürfte jedoch das einigende Moment in der Opposition gegen die Orthodoxie bestanden haben, also in der Opposition gegen die autoritative Festlegung von Wahrheiten und der Einschränkung der menschlichen Rechte und Möglichkeiten in ständischen Gesellschaftsformationen.

Welche Wissensentwicklungen haben zu diesen revolutionären Haltungen geführt? Es sind deren mehrere:

Erkenntnisgewinn durch Experiment

1. Ein Kernpunkt besteht in der seit dem 17. Jahrhundert sich vollziehenden Expansion rationaler wissenschaftlicher Erkenntnisse. Der französische Rationalismus ist dabei ebenso wichtig wie der Empirismus im englischsprachigen Raum. Von einer nahtlosen Umsetzung wissenschaftlicher Forschung in technische Errungenschaften ist man jedoch noch weit entfernt. Das Prinzip der Erkenntnisgewinnung durch Experimente und die systematische Suche nach Naturgesetzen sind jedoch fest etabliert.

Mut zum Selbstdenken

2. Die philosophischen Diskurse zur Bestimmung des Erkenntnisvermögens lösen den Menschen endgültig von der *ausschließlichen Bindung an die Offenbarung*. Kants (1724-1804) Philosophie der Aufklärung formuliert die Fähigkeit zum Selbstdenken in unübertroffener Klarheit: „Aufklärung ist der Ausgang des Menschen aus seiner selbst verschuldeten Unmündigkeit. Unmündigkeit ist das Unvermögen, sich seines Verstandes ohne Leitung eines anderen zu bedienen. Selbstverschuldet ist diese Unmündigkeit, wenn die Ursache derselben nicht am Mangel des Verstandes, sondern der Entschließung und des Mutes liegt, sich seiner ohne Leitung eines anderen zu bedienen" (Kant, 1964, S. 53).

Selbstdenken und Glauben

3. Selbst bei dieser prononcierten Betonung des „Selbstdenkens" ist wichtig zu sehen, dass im Gegensatz zur französischen und englischen Aufklärung die deutsche und die Schweizer Aufklärung nicht antichristlich waren. Die deutsche Aufklärung war dem Pietismus tief verpflichtet, die Schweizer Aufklärung der Reformation von Zwingli und Calvin. Vernunftmäßiges Erkennen der Welt und vom inneren Gesetz der Moral gelenktes Handeln standen hier im Mittelpunkt eines Programms der Perfektibilität des Menschen, das als innerer Bildungsprozess aber enttheologisiert war (Tröhler, 1998).

Aufkommen republikanischer Ideen

4. Die Bestimmung universaler Merkmale des Menschen, die die Gleichheit aller in Grundrechte umformen, gerät in immer schärferen Gegensatz zu seiner Bindung an Vorgegebenheiten des Standes und der Herkunft. Daraus resultiert ein *republikanisches Gedankengut*, das demokratische Formen der Herrschaftsausübung in den Vordergrund stellt. Gesetzgebung und Rechtsprechung werden – auf der Ebene der Legitimation – zunehmend aus ewigen Vorgegebenheiten gelöst, als humane Schöpfungen empfunden und deshalb in ihrer Berechtigung überprüft. So hat Kant in seiner Schrift „Zum ewigen Frieden" auch Vorschläge zur Gestaltung eines republikanischen Gemeinwesens entwickelt. Monarchie, Adel und Feudalismus sind die impliziten und im Verlauf

des 19. Jahrhunderts auch immer expliziter werdenden Gegner einer Staatsverfassung, die auf dem organisierten Willen des Volkes beruht, in dessen Namen Gesetze erlässt und die gemeinsamen Angelegenheiten regelt.

In der Summe lässt sich festhalten, dass in der Aufklärung eine jahrhundertlange Entwicklung zu einem Höhepunkt gelangt, in dessen Gefolge die Rechte und Freiheiten des Individuums immer klarer formuliert werden. Sie führen dazu, dass auch das Bildungswesen sich immer stärker an der allgemeinen Menschenbildung, an der optimalen Entfaltung aller in einem Menschen angelegten Möglichkeiten orientiert. Dies ist in mehreren Etappen geschehen:

- Das Christentum hat die personale Bedeutung jedes Menschen als Kind Gottes mit der Möglichkeit des ewigen Heils begründet. Stufen der ‚Entdeckung des Individuums'
- Das Denken der Renaissance und des Humanismus hat Bildung als Entfaltung der menschlichen Kräfte, als Grundlage für die Stärkung des Individuums gesehen, als Prozess der kulturellen Veredelung der rohen Menschennatur.
- Die Reformation hat die persönliche Beziehung zu Gott und die persönliche Begegnung mit der Offenbarung zum Kern der Religion erklärt. Dies setzt die Fähigkeit voraus, die Bibel zu lesen, auf die eigenen Erfahrungen zu vertrauen, den persönlichen Glauben zu pflegen.
- Eine weitere Etappe, die Philosophie der Aufklärung, universalisiert und säkularisiert diese Ansprüche des Individuums, in dem sie das Menschenbild systematisch entfaltet, das den Menschen zum Ort der Erkenntnis und Verantwortung macht. Dabei wird er auch für seine eigene Entwicklung verantwortlich, er muss seine innere Gestalt selber finden. Nicht mehr in der Nachfolge Christi wird das Endziel der menschlichen Entwicklung gesehen, sondern in der ästhetischen, ethischen und intellektuellen Bildung zu einer humanen Gestalt. Damit entsteht jetzt ein säkularisierter Bildungsbegriff, eine Vorstellung von der Idealgestalt des Menschen, der die pädagogische Tradition bis heute beeinflussen wird.

Zusammen haben diese Ideen dazu geführt, allen Menschen die Möglichkeit zuzuschreiben, sich zu vernünftigen und sittlichen Wesen zu entwickeln, also eine kulturell getragene Emporbildung aus der rohen Natur zu einem hohen Kulturstand zu vollziehen. Der Glaube an die „Perfektibilität" des Menschen kennzeichnet diese Phase, wenngleich faktisch die Einbettung dieses Denkens in die christliche Tradition noch sehr stark ist. Perfektibilität

Die „empirische Seele" des Menschen ist durch *Erfahrung von außen* gestaltbar und sie kann *methodisch* auf das Ziel hin, auf die *Wiedergeburt der Seele* zum christlichen Menschen, geführt werden. Englischer Empirismus im Sinne von Locke und Pietismus verbinden sich in dieser Vorstellung (s. die schöne Analyse bei Oelkers, 1992). Der Pädagoge soll dies bewerkstelligen, er ist der Seelengestalter, der *Demiurg*, dem dies aufgetragen ist.

Empiristen

Pestalozzi

Erziehungs-
optimismus

6.2 Pädagogische Theoriebildung und die pädagogische Aspiration – Geistesgeschichte als Diskursgeschichte

Die Prinzipien der Aufklärung haben insbesondere auf pädagogischem Gebiet eine historisch bis anhin unbekannte Entfaltung gefunden. Jetzt begegnen wir Erziehungstheoretikern, die für die kommenden 200 Jahre bedeutsam sein sollten. Die pädagogische Geschichtsschreibung nennt dabei französische, englische und deutsche Autoren.

In Frankreich bzw. in der französischsprachigen Schweiz hat bekanntlich die Schrift „Emile" (1762) von J. J. Rousseau (1712-1778) den Grundstein für eine Auffassung des Kindes und seiner Entwicklung gelegt, die bis heute nachwirkt. Hier wurde erstmals konsequent das Kind als Ort der (autonomen) Entwicklung und Selbstentfaltung definiert und die reale Gesellschaft nicht mehr uneingeschränkt als positive Prägekraft der Entwicklung akzeptiert.

Die englischen Empiristen (z.B. Locke und Hume) schienen das Gegenteil zu vertreten: Die Formbarkeit der Seele, aufgefasst als tabula rasa, ist die Grundlage für deren Gestaltung durch Erfahrung, also auch durch Erziehung. Beide Vorstellungen zusammen definieren aber das neu aufkommende Erziehungsverständnis, das zwar die Formbarkeit von außen und damit die „Erziehbarkeit" in den Mittelpunkt stellt, aber gleichzeitig betont, dass der heranwachsende Mensch selbstverantwortlicher Ort der Entwicklung bleibt.

So hatte Pestalozzi in seinen „Nachforschungen" den obigen Konflikt gelöst, indem er den Menschen wohl als „Werk der Natur" und als „Werk der Gesellschaft" sah, ihm aber als „Werk seiner selbst" die persönliche Verantwortung nicht abnahm (Pestalozzi, 1871).

Im deutschsprachigen Raum haben besonders die Philanthropen das neue pädagogische Denken kanonisiert. Ihre Konzepte der „Vervollkommnungsfähigkeit" des Menschen gehen von einer Anthropologie aus, nach der die Vernunftfähigkeit des Menschen im Mittelpunkt steht, und jeder durch Erziehung und nützliche Arbeit eine ehrenwerte Existenz führen kann. Rationalität, persönliche Leistung, nutzbringende Betätigung und Lebensgestaltung führen den Menschen aus Armut, Unwissenheit und Aberglauben heraus (s. für die exemplarische Umsetzung bei Rochow Schmitt & Tosch, 2001).

Diese Zeit ist durchtränkt von einem ungeheuren *Erziehungsoptimismus*. So auch Kant:

> „Der Mensch ist das einzige Geschöpf, das erzogen werden muss...
>
> Der Mensch braucht Wartung und Bildung...
>
> Der Mensch kann nur Mensch werden durch Bildung...
>
> Der Mensch soll seine Anlagen zum Guten erst entwickeln...
>
> Vielleicht, dass die Erziehung immer besser wird und dass jede folgende Generation einen Schritt näher tun wird zur Vervollkommnung der Menschheit; denn hinter der Edukation steckt das große Geheimnis der Vollkommenheit der menschlichen Natur. Von jetzt an kann dieses geschehen. Denn nun erst fängt man an, richtig zu urteilen und deutlich einzusehen, was eigentlich zu einer guten Erziehung gehöre. Es ist entzückend, sich vorzustellen, dass die menschliche Natur immer besser durch Erziehung werde entwickelt werden und dass man diese in eine Form bringen kann, die der Menschheit angemessen ist" (Kant, 1803).

Der Glaube an die Rationalität und die ersten Erfolge der Wissenschaften schaffen eine Haltung, nach der das gesamte Leben *methodisch geordnet* und gestaltet werden kann und soll. Um nur einige Beispiele aus dem „Methodenrepertoire" im 18. Jahrhundert zu nennen:

1. Der umfassendste Anspruch bestand in Bemühungen zur Methodisierung der *Lebensführung* insgesamt. Er wurde beispielhaft vorgeführt durch die christliche Lebensführung der Methodisten im 18. Jahrhundert, die jedes Detail des alltäglichen Lebensganges in den Dienst eines Heilsplanes stellten. Das gleiche Ziel verfolgte der Pietismus, der dazu u.a. das Mittel der Leichenpredigten einsetzte. Bereits zu Lebzeiten, ab Kindheit und Jugend, sollte der Mensch seine eigene Leichenpredigt verfassen, um so Rechenschaft über die christliche Lebensführung und die Stärke des Glaubens abzulegen. Nach dem Tode sollte dann der Pfarrer diese Predigten in Anlehnung an die selbstverfassten vollenden.

Methodisierung

2. Auch die Vermittlung des Glaubens wird als Ziel-Mittel-Problem definiert. Diese Zeit versucht so die Methodisierung der Erzeugung von Glaubenshaltungen mit Hilfe der *katechetischen Methode*. Man bemüht sich, Glauben direkt zu lehren und damit methodisch zu erzeugen.

Abb. 38: Unterricht der Kinder: Teils durch das Buch der Natur und Sitten, teils durch das Buch der Religion *(Quelle: Pictura Paedagogica Online, Bibliothek für Bildungsgeschichtliche Forschung, ad00182_052)*

Beschr. aus Quelle:

Tab. XLVII. (nicht in Abb. 38) Wirkungen der Religion. [...]

Tab. XLVIII. (=Abb. 38) Fortsetzung des Vorigen.

a) Überwindung der Schwierigkeit im Aufsteigen zu dem Tempel der Tugend um Gottes willen (links).
b) Der Unterricht der Kinder um Gottes Willen, theils durch das Buch der Natur und Sitten, theils durch das Buch der Religion (rechts).
c) Das Gebet und der öffentliche Gottesdienst (unten).

3. Auch die Wissensaufbereitung, die *Ordnung des Wissens* wird methodisiert. Sie findet ihre perfekteste Form in den Enzyklopädien des 18. Jahrhunderts.
4. Ein fruchtbares Feld für Methodisierungen ist natürlich die *Schule*. Alle Elemente werden jetzt rational geordnet, z.B. die Gliederung von an-

spruchsvollen Inhalten und Fertigkeiten in Langzeitlehrgänge, der Aufbau von Wissensstrukturen durch die Systematik der Assoziationsbildung (nach Hume und Locke), der Aufbau des Unterrichts nach der Elementarmethode – um nur einige Beispiele zu nennen. *„Menschenveredelung"* soll generell auf methodischem Wege erfolgen. Allgemeine Menschenbildung wird zu einem Ziel, das nicht an Stände und an die Zufälligkeiten der Geburt gebunden ist. Entsprechend groß waren an einigen Orten die institutionellen Herausforderungen an eine Methodisierung, wie die Abb. 39a-d zeigen.

Abb. 39a: Ansicht des Innern der Haupt-(Knaben)-Schule der Britisch-ausländischen Schulgesellschaft (um 1818) *(Quelle: Pictura Paedagogica Online, Bibliothek für Bildungsgeschichtliche Forschung, ad01525_006a)*

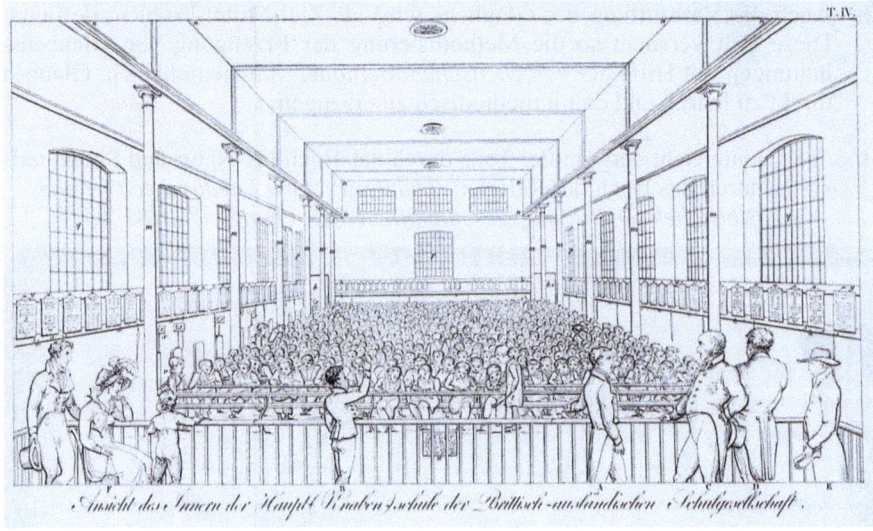

Abb. 39b: Die Schule im Haus „zum Brunnen" in Zürich im Jahre 1820. Lernen in Gruppen, unter der Kontrolle älterer Schüler *(Ziegler, 1998, S.16)*

144

Abb. 39c: Bell's und Lancaster's Lehrmethode, nach welcher ein einziger Lehrer Tausend Schüler unterrichtet *(Quelle: Pictura Paedagogica Online, Bibliothek für Bildungsgeschichtliche Forschung, ad00316_001a)*

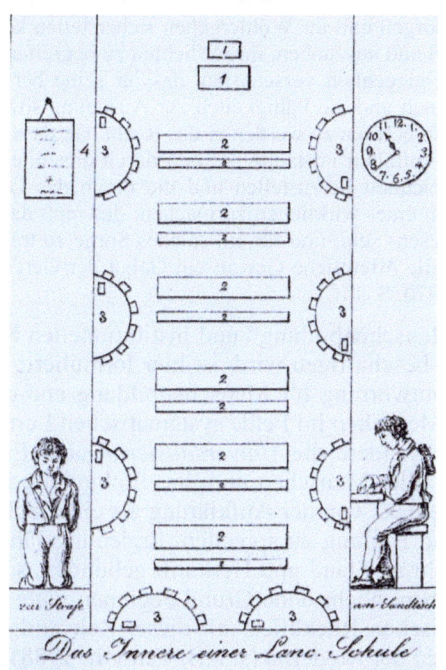

Bildinschrift:
zur Strafe; am Sandtisch

Bildunterschrift:
Das Innere einer Lancaster Schule

Beschr. aus Quelle:
No. 1 bezeichnet den Stand des Oberlehrers.
No. 2 Tische und Bänke für die Schüler
No. 3 Die Zirkelbögen, wie die Kinder um die Lesetabellen stehen.
Das [] innerhalb des Halbzirkels bezeichnet den Platz des Hülfslehrers (Monitors), und die übrigen [] [] die Plätze der Schüler.

Abb. 39d: Das Lesen in den Halbzirkeln *(Quelle: Pictura Paedagogica Online, Bibliothek für Bildungsgeschichtliche Forschung, ad01525_008a)*

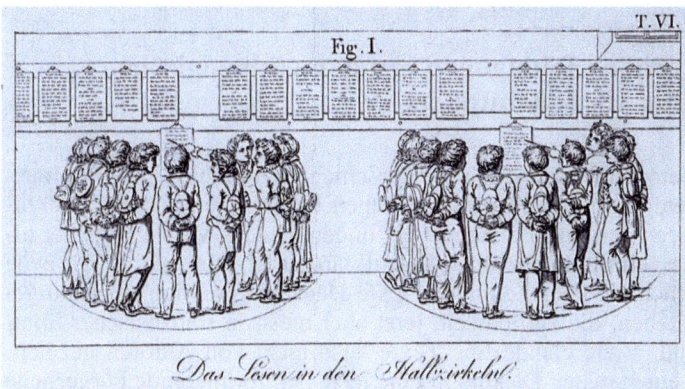

Beschr. aus Quelle:
Beym Lesen und auch zuweilen beym Rechnen, theilen sich die Schüler in Rotten von acht bis zehn, die sich, [...], in Halbkreisen vor die Lesetabellen stellen. [...] Die Orte, wo diese Halbzirkel gebildet werden müssen, sind auf dem Fussboden entweder mit Farbe oder durch einen eingelegten halben hölzernen oder eisernen Reifen, bezeichnet. Bisweilen ist auch ein eiserner Bogen an der Wand in der Höhe von drey Fuss so befestigt, dass er heruntergeschlagen werden kann; beym Lesen aber wird er vermöge eines in der Mitte befindlichen eisernen Fusses aufgestellt. Der Radius eines solchen Halbkreises beträgt ungefähr vier Fuss und der Raum zwischen denselben zwey Fuss.

145

Politische
Programmatik

Die pädagogische Programmatik war also stets eingebettet in eine politische. Niemand hat dies präziser konzipiert als Condorcet (1792):

> „Allen Angehörigen des Menschengeschlechtes die Mittel zugänglich darzubieten, dass sie für ihre Bedürfnisse sorgen und ihr Wohlergehen sicherstellen können, dass sie ihre Rechte kennenzulernen und auszuüben, ihre Pflichten zu begreifen und zu erfüllen vermögen; jedem die Gelegenheit verschaffen, dass er seine berufliche Geschicklichkeiten vervollkommnen und die Fähigkeiten zur Ausübung sozialer Funktionen erwerben kann, zu denen berufen zu werden er das Recht hat, dass er das ganze Ausmaß seiner Talente zu entfalten imstande ist; und durch dies alles unter den Bürgern eine tatsächliche Gleichheit herzustellen und die durch das Gesetz anerkannte politische Gleichheit zu einer wirklichen zu machen; das muß das erste Ziel eines nationalen Unterrichtswesens sein; und für ein solches Sorge zu tragen, ist unter diesem Gesichtspunkt für die öffentliche Gewalt ein Gebot der Gerechtigkeit..." (zitiert nach Rang in Klafki, 1970, S. 14f.).

Der neue Konnex zwischen „Menschenbildung" und institutionellen Strukturen, der die kommenden Jahrzehnte beschäftigen wird, ist hier formuliert: die Beziehung zwischen staatlicher Verantwortung für Menschenbildung und des Rechts auf Entfaltung der Talente des Menschen im Felde systematischen Lernens.

Universalisierung

Diese Entwicklungen, insbesondere die *Universalisierung* der Erziehungsfähigkeit und Erziehungsrechte aller Menschen und ihre Einbindung in republikanische Strukturen, rechtfertigen es, von der Aufklärung als einer Sattelzeit der Entwicklung von Erziehung und Bildung zu sprechen. Erziehungsfähigkeit und Erziehungsrechte sind nicht mehr an Stand und Herkunft gebunden, sondern mit dem Menschsein generell gegeben. Nicht ohne Grund beginnen viele Geschichten der Erziehung ihren historischen Rückblick mit dieser Zeit und betrachten die Spannen davor als Vorphasen der Moderne (s. z.B. Tenorth, 1988). Das *Programm der allgemeinen Menschenbildung*, das universale Recht auf Bildung repräsentiert die normative Folie, auf der in der Folgezeit alle Entwicklungen und Reformen gemessen werden sollten.

6.3 Von den „großen Pädagogen" zu den pädagogischen Diskursen im 18. Jahrhundert

Zeitgenössische
Diskurse und
bürgerliche
Öffentlichkeit

In jüngster Zeit betont die pädagogische Geschichtsschreibung, dass die ausschließliche Konzentration auf die pädagogischen Kronzeugen und die punktuellen Rechtssetzungen der Aufklärung nur ein ungenügendes Verständnis der historischen Prozesse vermitteln. Gerade die Aufklärung ist eine Zeit, in der neue Formen der Öffentlichkeit über Zeitungen, Cafe-Häuser, Vereinigungen und gebildete Salons entstehen, die europaweit, jetzt aber meist in französischer Sprache, verbunden sind. Viele clandestine Texte, also nicht von Autoren gezeichnete Texte, tragen einen neuen Diskurs in eine jetzt sich formierende bürgerliche Öffentlichkeit.

Republikanismus

Eindrucksvoll hat dies Osterwalder (1997) vorgeführt, der die aufklärerischen Diskurse in der Schweiz in der zweiten Hälfte des 18. Jahrhunderts, also noch vor der Französischen Revolution, nachgezeichnet hat. Dabei wird sichtbar, dass nicht mehr die konfessionellen Kämpfe und die damit verbundenen Kontrollbedürfnisse über das Schulwesen im Vordergrund standen, sondern die

146

weltlich-republikanischen Themen der Beförderung eines auf informierten und fähigen Bürgern aufbauenden Gemeinwesens.

Eine Art Bürgerbewegung jenseits der dominanten Mächte der Kirche und der Zünfte entfachte eine reformerische Aufklärung, die zwei Richtungen aufnahm, die zukunftsweisend sein sollten: einmal ein neues Verständnis der *Rolle jedes Mitgliedes eines Volkes* in der Bestimmung seiner Angelegenheiten und eine neue Wertung von *Wissen*, das für die Verbesserung der Lebensverhältnisse wichtig war.

Für eine Nachzeichnung dieser intellektuellen Revolution ist die detaillierte Analyse der Schweizer Diskussion in der zweiten Hälfte des 18. Jahrhunderts für die Pädagogikgeschichte von paradigmatischer Bedeutung. Auf sie kann an dieser Stelle nur verwiesen werden (s. Osterwalder, 1997; Tröhler, 2001). Im Umkreis von Bodmer, Füssli, Lavater und Pestalozzi wurde eine *ideale Republik* vor allem als auf der Tugendhaftigkeit ihrer Mitglieder basierend gedacht, die sich unnötigem Luxus und den Verführungen der Trunksucht und anderer Ausschweifung entsagen sollte. Die *Kenntnis* der Gesetze sowie *Beispiele* aus einer idealen Vergangenheit sollten dabei helfen. Die ideale Vergangenheit wurde teils in den imaginierten antiken Republiken (insbesondere Sparta, Athen und Rom) gesehen, teils in einer archaisch interpretierten Geschichte der „wahren" Eidgenossen. Somit standen in dieser Phase noch nicht so sehr demokratische Strukturen, Kontrolle durch die Öffentlichkeit und Verfahren der Gewaltenteilung im Vordergrund, wenn es um die Verwirklichung eines republikanischen Gemeinwesens ging. Dieser Republikanismus trug jedoch auch den Keim des Aufstandes gegen das städtische Patriziat (eine kleine Gruppe erblich privilegierter Bürger beherrschte die öffentlichen Angelegenheiten) in sich, da ihm die moralische Integrität abgesprochen und es in die Rolle des Tyrannen gedrängt wurde. Nur über die Macht der tugendhaften Bürger könnte ein neues republikanisches Gemeinwesen entstehen.

Diese Bewegung hatte eine große Ausstrahlung über Zürich hinaus. In der zweiten Hälfte des 18. Jahrhunderts kamen namhafte deutsche Philosophen und Dichter nach Zürich, etwa Wieland, Fichte u.v.a. Zürich selber hatte intensive Beziehungen zu den geistigen Leitfiguren der Zeit, insbesondere zu Rousseau. Damit war der intellektuelle Boden für die politischen Veränderungen im Umkreis der Französischen Revolution schon einige Zeit vor diesem Ereignis bereitet. Dies mag auch erklären, warum es in der Schweiz 1798 beim Einmarsch der Franzosen praktisch keinen Widerstand gab. Viele intellektuelle Kreise standen dem republikanischen Geist eher positiv gegenüber und wirkten mit vollen Kräften am neuen Gemeinwesen, der Helvetik, mit.[10] An diesem Beispiel wird somit sichtbar, wie eng philosophische Diskurse und politische Bewegungen miteinander verbunden waren.

FICHTE

(Quelle: Pictura Paedgogica Online: ad01889_03_001a)

---

10 Ähnliche Vorläuferprozesse für die großen Schulreformen am Beginn des 19. Jahrhunderts ließen sich auch für Preußen finden. Hier war es vor allem die Entwicklung eines Verwaltungsapparates unter Wilhelm I und die geistige Entwicklung des Pietismus in Halle, getragen durch August Hermann Francke (1663-1717), die zusammen eine Werthaltung und eine Form der ethischen Lebensführung geschaffen hat, die zu wichtigen Vorbedingungen der Aufklärung gehört haben und der staatsorientierten Reform des Bildungswesens nach dem Sturz Napoleons den Boden bereiteten (s. Lepsius, 1996).

Die Formulierung solcher epochaler *Entwicklungslinien* enthält die Gefahr zu verdecken, welche Akteure an ihrer Formulierung und Durchsetzung beteiligt waren. Dabei ist z.B. für die Schweiz nicht einmal in erster Linie Pestalozzi zu nennen. Für die konkrete Gestaltung eines öffentlichen Bildungswesens war etwa Philipp Albert Stapfer (1766-1840) viel einflußreicher. Ihm verdankt die Schweiz eines der ersten „Evaluationsprojekte", die große Enquete zur Lage der Schule. Stapfer hat zudem, nicht zuletzt unter dem Einfluß von Condorcet (1743-1794) (Kölz, 1998, S.161ff.), einen umfassenden Plan zum Aufbau eines nationalen Bildungswesens geschaffen. Die neue Schule muß vor allem Wissen vermitteln, aber auch jene allgemeinen Werthaltungen und Tugenden fördern, von denen ein Gemeinwesen des Volkes lebt. Stapfer hatte seinerseits wieder viele Mitstreiter, etwa Meyer von Schauensee (1763-1848), der Schule auf ein universelles, uneingeschränktes Wissen ausgerichtet sehen wollte, begrenzt nur durch die Anforderungen des arbeitsteilig organisierten Volkskörpers. Osterwalder nennt schließlich noch Johannes Schulthess (1763-1836), der klar dem Staat den Auftrag zuwies, ein öffentliches Bildungswesen zu errichten, das allen Bürgern gleichermaßen zugänglich sein sollte. Osterwalder faßt diese Vision von Schulthess zusammen: „Staatlich muß sie sein, weil der Staat allen Bürgern den Zugang zum Wissen schuldet, öffentlich, damit ihr Inhalt nicht vom beschränkten Interesse der Regierenden, sondern von der Universalität der Vernunft bestimmt wird. Dabei stellt sich Schulthess Vernunft und Wissen keineswegs als etwas Festes, Harmonisches vor, sondern als ein stetes Überprüfen, Kritisieren und Verbessern. Und genau dafür braucht es Öffentlichkeit der Schule: ‚Ja! Und je lauter und öffentlicher desto besser' (Schulthess 1799, S. 19), heisst es wie als Provokation für die Kirche, die die Schule als ihre eigene Domäne betrachtete. In Schulthess' Projekt leuchtete bereits klar und deutlich das auf, was wir heute als linear gegliedertes, öffentliches und staatliches Schulsystem kennen: ‚Ein so vollständiges Ganzes von hohen und niederen Schulen für alle Zweige von Künsten und Wissenschaften, als die heutige Pädagogik zu entwerfen weiss, im ganzen Umfang des helvetischen Freystaats auf einmal.' (Schulthess 1798, S. 11)" (nach Osterwalder, 1997, S. 250).

Osterwalder sieht in dieser Konzeption den denkbar größten Gegensatz zur bisher dominanten kirchlichen Schule. „Diese wurde gedacht von einer festen, unveränderlich absoluten, unwandelbaren Größe, Gott und seiner Offenbarung, aus. Jetzt wird zwar Schule zu einer institutionellen Einheit, aber auf eine Größe, Wissen, Kenntnisse und Öffentlichkeit ausgerichtet, die vollständig offen und wandelbar sein muss" (Osterwalder, 1997, S. 251).

Die obigen mentalitätsgeschichtlichen Hinweise verweisen auf die intellektuellen Keime des modernen Bildungswesens. In den historischen Rekonstruktionen der modernen mitteleuropäischen Bildungssysteme sind sich die verschiedenen Autoren unausgesprochen darin einig, dass die beschriebenen Anthropologien, die politischen Theorien und pädagogischen Konzepte der Aufklärung die theoretische Begründung für das moderne Bildungswesen abgegeben haben. Die Systembildungsprozesse im 19. und 20. Jahrhundert werden als die Verwirklichung dieser Ideen angesehen. Diese Geschichte ist historisch gut aufbereitet und von vielen Autoren überzeugend rekonstruiert worden (Drewek, 1997; Herrlitz, 2001; Herrlitz, Hopf, & Titze, 1981; Tenorth, 1988). Sie soll hier nicht mit dem Anspruch einer umfassenden Synthese präsentiert werden. Es geht im Folgenden vor allem darum, die Besonderheiten der Funktionsweise des heutigen Bildungswesens durch den Rückgang auf seine historischen Ursprünge besser zu verstehen.

7 Institutionsbildungen und Aufklärung: Die Entstehung der modernen Bildungssysteme

Wir sehen in der Aufklärung in nuce das Aufkommen neuer Mächte und Konzepte der sozialen Wirklichkeitsgestaltung, die für moderne Bildungssysteme leitend sein werden. Sie beginnen, sich von den Herkünften der kirchlichen Experten- und Volksbildung sowie den lateinisch ausgerichteten Gelehrtenschulen abzusetzen und eine säkulare Begründung für Bildung zu entwickeln. Die neuen Mächte tauchen jetzt zwar erst als Programm auf. Es sollten die Bürger sein, die sich ihre Vertreter selber wählen und diese kontrollieren. Die neuen Akteure legitimieren sich durch den Bezug auf eine konstruierte ideale Geschichte und durch herausragende Tugendhaftigkeit. Nicht *vererbte Privilegien,* sondern *erworbenes Verdienst* und erworbene Fähigkeiten sollen zur Regierung ertüchtigen. Es sind ferner die Wissenschaften, die der Natur ihre Geheimnisse abzuringen sich bemühen und die zunehmend für die Sicherung von Wohlfahrt wichtiges Wissen zu erzeugen beginnen. *Wissen und Fähigkeiten* einzuüben sowie die *Tugenden des Gemeinwesens* zu pflegen, werden neue Aufgaben eines Bildungswesens, das sich zunehmend *staatlich* und *öffentlich* organisiert.

Von der einzelnen Schule zum Schulsystem

Das Eigene im Vergleich erkennen: Institutionalisierung im Vergleich von Schweiz und Deutschland

Ist es gelungen, öffentliche *und* staatliche Bildungssysteme einzurichten? Sind die Schweizer Schulsysteme zwar in staatlich-administrative Hände gekommen, aber trotzdem in öffentlich-demokratischer Verantwortung geblieben? Ist dies auch in anderen Ländern wie in Deutschland der Fall gewesen?

Schulen als öffentliche Akteure

Der staatliche und öffentliche Charakter von Bildungssystemen soll im Folgenden komparativ herausgearbeitet werden. Konkret wird es um *exemplarische Fallanalysen* von Entwicklungen im Zürcher Bildungswesen und um solche im preußischen Bildungssystem bzw. in jenem von Baden-Württemberg gehen. Diese Vergleiche werden vor allem deshalb vorgenommen, weil nur dadurch die *besondere Funktionsweise eines nationalen Bildungssystems* sichtbar werden kann. Ohne Vergleich bleiben die Systeme, in denen man „selbstverständlich" operiert, unverstanden. Der Vergleich mit der Schweiz ist deshalb aufschlussreich, weil man an der Oberfläche ähnliche Bildungssysteme vermuten würde. In Wirklichkeit weisen die beiden Bildungssysteme aber einige markante, für die Funktionsweise strategisch bedeutsame Unterschiede auf.

Bei dieser vergleichenden Analyse müssen wir wieder auf die systematischen Kategorien rekurrieren, mit denen wir die Entwicklung des Bildungswesens darstellen. Wir werden also wieder danach suchen müssen,

Systematische Kategorien

149

- welche externen Akteure das Bildungswesen gestalten und
- wie deren Selbstreferenzen, also Zielsetzungen, Realitätskonstruktionen und Mittelkonzeptionen aussehen,
- wie sich die Auseinandersetzungen der Akteure dann in Regelungen und normativen Vorgaben niederschlagen und
- wie Akteure im Kontext von ökonomischen, kulturellen, demographischen und politischen Strukturen handeln.

Komplexe Konstruktionen von Geschichte

Werden diese vier Aspekte der historischen Rekonstruktion systematisch berücksichtigt, dann resultiert daraus eine komplexe *Ereignisgeschichte, Rechts- und Regelungsgeschichte (Institutionsgeschichte), Geistes- und Mentalitätsgeschichte* sowie eine *alltagsorientierte Sozialgeschichte,* die die Realitäten des Lehrerseins, des Unterrichtens, des Erziehens, des kindlichen Verhaltens und Lernens „abbilden". Dabei erweist sich die Institutionalisierung von Lehren und Lernen nicht als ein geradliniger Sieg des „richtigen Denkens", sondern als höchst dramatischer Prozess der Auseinandersetzung verschiedenster Kräfte. Immer wieder zeigt sich dabei, dass es auf die „richtigen Akteure", aber auch auf die „richtigen Momente" ankommt.

7.1 Systembildungsprozesse im Volksschulwesen

Für die Schweiz und für Deutschland ergeben sich vom 18. zum 19. Jahrhundert teils ähnliche, teils völlig verschiedene Ausgangssituationen und Entwicklungsprozesse. In beiden Ländern führen die napoleonischen Eroberungen zu Bemühungen der Vereinheitlichung des Bildungswesens mit Hilfe von Verwaltungsstrukturen. In Bezug auf das Volksschulwesen bahnt sich die Vorstellung den Weg, dass es für einen *bürgerorientierten* Staat unerlässlich ist, eine alphabetisierte Bevölkerung zu haben. Mit dem machtvollen *Vormarsch des Staates* setzt gleichzeitig eine aus Frankreich kommende antiklerikale Bewegung ein, die im Bereich der Volksschulen den Impetus enthält, die Kirche aus ihrer Kontrolle über das Bildungswesen zu verdrängen (s. Kemnitz, 1999, S. 409 ff.).

Der Staat als neuer externer Akteur

Wir erinnern uns aber, dass insbesondere das Volksschulwesen und die Alphabetisierung wesentlich von religiösen Impulsen vorangetrieben und von kirchlichen Institutionen getragen wurden. Bis ins 18. Jahrhundert waren deshalb Schulen von Landeskirchen bzw. von der katholischen Kirche finanziert und reguliert. Wenn sie landesherrliche Willensäußerungen waren, dann im Rahmen einer engen Verbindung von Religion und Landesfürstentum. Im Gefolge des napoleonischen *Code civil* wurden Schulregelungen als Kernaufgabe eines national verstandenen Staates konzipiert. Regionale Besonderheiten oder gar gemeindebezogene Autonomie traten dadurch in den Hintergrund. Die Entwicklungen verliefen in verschiedenen Ländern in der Folge sehr unterschiedlich. Der folgende Vergleich ist deshalb wichtig, weil er illustriert, dass „Geschichte" ganz unterschiedlich verlaufen kann. Die eigene Besonderheit wird nur im *Vergleich* sichtbar.

7.1.1 Fallstudie: Die Entwicklung der Volksschule im Kanton Zürich während des 19. Jahrhunderts als republikanischer Weg

Für die Schweiz und insbesondere für den Kanton Zürich lassen sich die Etappen der politischen Akteurbildung, der zentralen Voraussetzung für die neue Volksschule, klar nachzeichnen (s. für das Folgende Frey, 1953). Sie beginnen mit der Helvetischen Revolution, der Abdankung des Grossen Rates in Basel am 20. Januar 1798. Es dauerte lediglich bis zum 12. April, bis die erste helvetische Verfassung stand, in der auch für das Bildungswesen neue Akteure verantwortlich wurden.

Politische Geschichte: Akteurbildung

Der Konzeption des Code Napoleon entsprechend sollte der Wirrwarr regionaler und lokaler Gesetze überwunden und die Gesetzgebung sowie die begleitenden Verwaltungsstrukturen zentralisiert werden. Entsprechend wurde ein Ministerium für Wissenschaft und Künste eingerichtet, dessen erster Leiter Philipp Albert Stapfer (1766-1840) war. Der zweite institutionelle Akteur, der in diesem Umfeld geschaffen wurde, ist der Erziehungsrat. In allen Kantonen sollten Erziehungsräte etabliert werden und die kirchlich besetzten Examinatorenkonvente ersetzen. Die Eröffnungssitzung fand noch im gleichen Jahr, am 13. Dezember 1798, statt.

Institutionsbildung

Die erste Aufgabe dieses Akteurs bestand darin, *Schulverwaltungen* einzurichten. Somit begann die Systembildung bezeichnenderweise damit, dass normative Regulierungen des Zusammenhandelns geschaffen wurden. Die Versorgung aller Bürger mit entsprechender Volksbildung sollte durch die *flächendeckende* Ernennung von Schulinspektoren in entsprechenden Distrikten sichergestellt werden. Die Schulentwicklung ging hier wie an allen anderen Orten dieser Zeit nicht von den individuellen Bedürfnissen der Kinder und Jugendlichen aus, sondern vom Versuch, die Gemeinsamkeiten der Bürger über die Gemeinsamkeiten des Lernens zu stärken.

Politische Ereignisgeschichte

Die erste helvetische Verfassung sollte nicht von langer Dauer sein. In vielfachen Abwandlungen, mit Rückschlägen, etwa durch den Sieg der Österreicher und Russen in der ersten Schlacht von Zürich, bestand diese *Helvetik* bis zum Jahre 1803. In der Phase der *Mediation* (1803-1813) wurde die Zentralgewalt wieder geschwächt und den Kantonen ihre Eigengestaltung zugestanden.

Die erste große Gegenbewegung fand nach dem Sturz Napoleons und dem Wiener Kongress statt. Die Zeit von 1814 bis 1830 ist eine der *Restauration*, in der alte Akteurstrukturen wieder etabliert wurden. Die Dominanz der Kirchen in ihrem Regiment über das Bildungswesen stärkt sich jetzt wieder, und ein erster großer Entwurf zur Revision der Volksschule durch den Erziehungsrat wird 1829/1830 eingereicht. Es kommt aber nicht mehr zur Abstimmung, denn außenpolitische Ereignisse bringen erneut einen Wandel. Im Juli 1830 sehen wir den Aufstand des liberalen Bürgertums in Paris, in dem Karl X gestürzt und der Bürgerkönig Louis Philippe von Orleans inthronisiert wird. Dies stärkt in der Schweiz die Sammlungsbewegung der Liberalen. Am 22. November 1830 versammeln sich 10.000 Männer auf der Anhöhe des Himiker in Uster. Sie initiieren Neuwahlen zum Grossen Rat, die am 6. Dezember stattfinden sollten.

Wenige Monate später, am 20. März 1831, wird eine neue Verfassung dem Volke vorgelegt und mit überwältigender Mehrheit angenommen.

In Bezug auf die Institutionsbildung, also die Schaffung des für die Schule verantwortlichen Akteurs, werden die Initiativen der Helvetik fortgesetzt. Verwaltung und Aufsicht werden neu geordnet, Bezirksschulpflegen und erste Seminare für die Lehrerbildung (Seminar Küsnacht) eingerichtet.

Diese Zeit wird als die eigentliche Geburtsstunde der allgemeinen Volksschule, aber auch als die Geburtsphase der Universität Zürich angesehen. Deren Gründung erfolgt im Jahre 1833.

Kampf der Akteure Der Kampf der Akteure aus dem Ancien Régime und der Kirche mit den liberalen Kräften ist aber noch nicht beendet.

Abb. 40: Kampf um Einfluss: „Der Schulmeister examiniert den Pfarrer"
(Ziegler, 1998, S. 17)

David Hess (1770-1843), ein zu damaliger Zeit bekannter Zürcher Zeichner und Dichter, aufgewachsen auf dem Landgut Beckenhof in Zürich Unterstrass, der sich mit seinen Karikaturen immer wieder zu Wort meldete, ist der Schöpfer der Abb. 40. Hess nimmt die liberale Schulreformen von 1832 aufs Korn und symbolisiert so den Kampf des Einflusses zwischen den liberalen und konservativen Kräften in Zürich. Die Welt(kugel) steht tatsächlich „Kopf". Bislang hatte das Schulwesen in den Händen der Kirche gelegen. Deshalb war die Vermittlung von Glaubensinhalten und das Lesen des Katechismus wichtigstes Bildungsziel gewesen. Die verweltlichte, staatliche Schule führte neue Fächer wie Naturkunde, Geographie und Geschichte ein. Die Neuerungen wurden aber in konservativen Gegenden nicht gerne gesehen.

Von 1839 bis 1845 finden wir wieder eine konservative Gegenströmung, die sich insbesondere auch an Konflikten um religiöse Fragen im Rahmen der Universitäten entzündet. Es setzt ein Kampf gegen die „unchristliche" Volksschule ein, gegen die liberalen Lehrmittel und der Kampf für mehr Religion. Die Lehrer werden wieder stärker kontrolliert, ihnen wird der Pflichtbesuch der Nachmittagsgottesdienste auferlegt. Der Kirchenrat hat wiederum ein Mitspracherecht bei der Wahl von Religionslehrern an der Kantonsschule und der Hochschule.

Aber auch hier wendet sich das Blatt. Die zweite liberale Epoche dauert von 1845 bis 1869. In ihr wird die Bundesverfassung (1848) verabschiedet und nach dem Sonderbundkrieg (1847 – Aufstand der katholischen Kantone Luzern, Schwyz, Uri, Unterwalden, Freiburg, Wallis, 1847, 128 Tote) auch landesweit etabliert. Jetzt kommen auch erstmals wirtschaftliche Themen zur Sprache. Der Volksschulunterricht wird als ökonomisch bedeutsamer Faktor wahrgenommen. Im Kern werden hier die Einrichtungen aus der Helvetik und der ersten liberalen Epoche fortgeführt. 1851 wird der staatliche Lehrmittelverlag gegründet, der auch heute noch ein Instrument ist, um Lehrmittel preiswert zur Verfügung stellen zu können.

Bis zur Jahrhundertwende entfaltet sich dann der politische Akteur zu einem liberalen Umfeld und stabilisiert seine Institutionen. Einen Höhepunkt und vorläufigen Abschluss findet diese Entwicklung in der Revision der Bundesverfassung im Jahre 1874.

Das Jahr 1832 wird, so hat sich gezeigt, in der Geschichtsschreibung als die eigentliche Geburtsstunde des republikanischen Volksschulwesens im Kanton Zürich angesehen. Natürlich hat die Alphabetisierung nicht damit, sondern viel früher begonnen. Sie wurde – wie dargestellt – besonders durch die Reformation angestoßen. So finden wir auch viele Schulordnungen vor den 30er Jahren des 19. Jahrhunderts. Es bestand zu diesem Zeitpunkt bereits eine sechs Jahre dauernde Alltagsschule und eine Repetierschule bis zur Konfirmation. Letztere umfaßte einen halben Tag pro Woche, der insbesondere der Pflege des Kirchenliedes gewidmet war.

Die schon bestehende Schulpflicht war aber recht mangelhaft umgesetzt, der Ausbildungsstand der Lehrer sehr dürftig. Klassen umfassten bis zu 180 Schüler und Lehrmittel fehlten sehr häufig. War eine Schule gut ausgestattet, dann hatte sie das *Namenbüchlein* zum Buchstabieren, den „*Lehrmeister*" mit Fragen über Gott und die Zehn Gebote und das *Wasserbüchlein* mit Gebeten, Liedern, Bibelsprüchen, Katechismus und Neuem Testament.

Abb. 41: Bilder-Bibel *(Quelle: Pictura Paedagogica Online, Bibliothek für Bildungsgeschichtliche Forschung, ad01970_142a)*

Der Titel des Buches lautet:

CCLII auserlesene und mit 800 Bildern erläuterte Biblische Kern-Sprüche, Oder so genannte Bilder-Bibel : Dem Gemüth zur Ergötzung, der lieben Jugend zu Erlernung eines jeden Dinges, mit seinem rechten Nahmen zu benennen; Wie nicht weniger die Sprüche Heil. Schrift ohne Mühe ins Gedächtnis zu bringen.

Der Spruch in Abb. 41 lautet:

Ein schön Weib ohne Zucht, ist wie eine Wildsau im güldenen Haar=Band

153

Den ersten großen Anlauf, dies zu ändern, finden wir in der Zeit der Helvetik. Um sich ein genaues Bild vom Stand des Schulwesens in der damaligen Schweiz machen zu können, veranlasste Minister Philipp Albert Stapfer anfangs 1799 seine bekannte Schulenquête. Der Initiator fasst das Ergebnis dieser *Evaluation* so zusammen: „Es ist nur zu bekannt, in welchem elenden Zustande sich die Volksschule fast überall in Helvetien befindet. An vielen Orten sind gar keine Schulhäuser; an anderen sind sie nicht hinreichend für die Bedürfnisse des Unterrichts oder höchst unbequem eingerichtet. Die Schulmeister sind schlecht besoldet. Es fehlt ihnen selbst an Erkenntnissen und Fertigkeiten, welche sie ihren Lehrlingen beibringen sollten; die Lehrgegenstände reichen keineswegs für die Bedürfnisse des Menschen, der seine Würde fühlen und des Bürgers, der seine Rechte kennen, seine Pflichten erfüllen soll. Die Lehrart ist verkehrt und vernunftwidrig; die Schulzucht ist bald zu streng, bald zu nachlässig und auf alle Fälle unzureichend. ... Es ist dringend, dass diesen Mängeln abgeholfen und die größten Lücken des Volksunterrichtes ausgefüllt werden..." (zitiert nach Ziegler, 1998, S. 7).

Die Originaldokumente der von Stapfer initiierten Umfrage bei allen Gemeinden und Schulhäusern, die erreichbar waren (Antworten der Lehrpersonen), sind heute, gebunden und nach Kantonen geordnet, im Bundesarchiv in Bern für jedermann zugänglich, aber immer noch nicht systematisch ausgewertet. Zudem ist festzuhalten, dass Stapfer durchaus nicht der erste war, der eine solche Enquete veranlasst hat. Eine ähnliche fand bereits 1774 im Kanton Zürich statt. Offensichtlich ist auch, dass die Zusammenfassung von Stapfer von einem konkreten politischen Interesse geleitet war und die faktischen Zustände möglicherweise nicht überall so katastrophal waren, wie sie Stapfer präsentierte. Insbesondere im internationalen Vergleich mag Zürich z.B. als recht fortschrittlich erscheinen. Dennoch: Der Stand der Volksbildung ist zu Beginn des 19. Jahrhunderts noch sehr dürftig. Bewundernswert ist der Einsatz von vielen Personen, dies zu ändern. In der Volksabstimmung vom 20. März 1831 kommt dies eindrucksvoll zum Vorschein. Hier wird auch erstmals in Artikel 20 verlangt, dass die Sorge für die Vervollkommnung des Jugendunterrichtes Pflicht des Volkes und seiner Stellvertreter sei. Damit wird die Schule im Prinzip aus der kirchlichen Schulaufsicht herausgelöst, und es wird unterstellt, dass durch Aufklärung und Erziehung ein kontinuierlicher Fortschritt zu erzielen sei, ein Fortschritt, der das Volk stark mache und es von Fremdherrschaft befreie.

Ein bedeutsamer Akteur, insbesondere in theoretischer Hinsicht, war Ludwig Snell, ein deutscher Emigrant und Autor der *Küsnachter und Uster Memorials,* die die Grundlagen für die neue Verfassung der Regeneration bildeten. Der aufklärerische Geist kommt hier in ihnen prägnant zum Ausdruck: „Die Gleichheit der bürgerlichen und politischen Rechte fließt aus der Gleichheit Aller und aus denjenigen Anlagen und Kräften, welche den Grundcharakter des Menschen ausmachen: Vernunft und Freiheit. Der oberste Zweck aller öffentlichen Erziehung ist demnach, alle werdenden Bürger der allgemeinen Menschenbestimmung entgegenzuführen oder, mit anderen Worten, sie alle zur Würde freier Vernunftwesen auszubilden" (Snell, 1840, S.12). Im Verfassungsentwurf für das Jahr 1831 hält Snell fest. „Als die letzte und nothwendige Grundlage des Repräsentativsystems wird ein tüchtiges öffentliches Erziehungssystem anerkannt, wodurch der Geist des Volks für politische Thätigkeit und für die republikanische Staatsform immer fähiger und tauglicher wird" (Snell, 1830).

154

Abb. 42: Ludwig Snell (1785-1854)

Auf diesem Hintergrund sind die Grundpfeiler der Institutionalisierung des Volksschulunterrichtes formuliert und gefordert worden:

Qualitätssicherung durch Verwaltungs- und politische Strukturen

- die Unentgeltlichkeit des Unterrichtes,
- die Verpflichtung zum Schulbesuch,
- die Entfaltung der staatlichen Aufsichts-, Planungs- und Gesetzgebungsorgane, insbesondere des Erziehungsrates auf oberster Ebene, der Verankerung der Bezirkschulpflegen (Kreisrates) auf mittlerer Ebene und der Gemeindeschulpflege (bzw. Gemeinderäte) auf unterer Ebene. Auf diese Weise sollte parallel zur kirchlichen Organisation eine weltliche Organisation geschaffen werden, durch die das Schulwesen von der Kirche „emancipiert" würde.

Die Verbindungen zu den Kirchen blieben jedoch noch erhalten. Vor Ort sollte zwar in jeder Kirchengemeinde eine Schulpflege eingerichtet werden, diese bestand jedoch aus dem Pfarrer als Präsidenten und wenigstens vier Mitgliedern, welche von den Kirchengenossen auf eine Dauer von vier Jahren gewählt werden sollten.

Abb. 43: Anker-Bild zur Schulpflege. Das Bild trägt den Titel „Schulexamen" *(Schiffler & Winkeler, 1991, S. 87)*

Das 1862 von Albert Anker gemalte Bild zeigt die Schulvisitation von lokalen Repräsentanten der Gemeinde, dem Ortspfarrer, dem Schulinspektor und Eltern, bei welcher der Schulmeister eine Probe seines Könnens und Wissens gibt bzw. dasjenige seiner Schüler und Schülerinnen vorführt.

Von der Kirche wurde das gesamte Organisationsmodell übernommen, bis hinein in die sprachlichen Formulierungen. So waren alle Lehrer in einer „Synode" versammelt, die Lehrer trafen sich untereinander in „Kapiteln", eine zeitlich besetzte Begrenzung einer Lehrstelle war ein „Vikariat" usw. Diese Bezeichnungen sind bis heute gebräuchlich.

Die Gesetzgebung, die im Jahre 1831 zur Abstimmung stand, umfasste alle Dimensionen moderner Gesetzesinitiativen, von allgemeinen Zielbestimmungen bis hin zur Konkretisierung in finanziellen Aufwendungen.

In Anlehnung an die aufklärerischen Ideen und Forderung nach einer elementaren Bildung, die die Grundlage zu legen hat für die Ausgestaltung aller späteren persönlichen, beruflichen und staatsbürgerlich-gemeinschaftsorientierten Fähigkeiten, formuliert dies das neue Unterrichtsgesetz von 1832 in seinem Zweckartikel folgendermassen: „Die Volksschule soll die Kinder aller Volksklassen nach übereinstimmenden Grundsätzen zu geistig tätigen, bürgerlich brauchbaren und sittlich guten Menschen bilden."

Wer gewohnt ist, in langen historischen Zeiträumen zu denken, dem wird hier sicher der markante Wandel ins Auge springen: Es wird hier erstmals nicht die religiöse Komponente als oberstes Ziel der Menschenbildung formuliert.

Vereinheitlichung

Charakteristisch ist dann in der weiteren Gesetzgebung das Bemühen um einheitliche Regelungen in allen Gemeinden. So wurde der gesamte Kanton in Schulkreise und Schulgemeinden eingeteilt. Die örtliche Schulaufsicht wurde festgelegt und die organisatorische Rahmenstruktur formuliert: die nötigen Lehrmittel, die Anzahl von zu unterrichtenden Stunden, die Bildung von Klassen. Die Lehrer selber waren noch wenig organisiert und ihre Entlöhnung war höchst prekär. Sie betrug etwa 300 Franken pro Jahr, freie Wohnung, zwei Klafter Brennholz, eine halbe Jucharte gutes Pflanzland. Lehrern wird verboten, ein Wirts- oder Schankhaus zu führen. Stirbt er, dann erhält die Familie noch ein halbes Jahr Besoldung.

156

Gesetzlich wird hier auch erstmals die Methodenfreiheit der Lehrer veran- kert. Dies scheint heute selbstverständlich, war damals aber sehr umstritten. Die Etablierung der Methodenfreiheit richtete sich insbesondere gegen den Dogma- tismus der Pestalozzianer, die von der *einen* richtigen Methode ausgingen, die nach der „Natur" gestaltet sein sollte. Die Pestalozzianer haben sich in diesen Fragen nicht durchgesetzt. *(margin: Methodenfreiheit)*

Dass wir hier in einer Zeit leben, in der die allgemeine Schulpflicht gegen die Interessen vieler Bevölkerungskreise durchgesetzt werden musste, belegen die detaillierten Absenzenregelungen, die das gesamte 19. Jahrhundert hindurch wichtig sein werden. Die Freistellung der Kinder für die Schule kollidierte mit dem Bedarf an kindlichen Arbeitskräften in der Landwirtschaft. *(margin: Durchsetzung der Schulpflicht)*

Gleichzeitig zur veränderten Organisationsform der Volksschule wurden weiterführende Bildungswege eingerichtet. So wurden 50 Sekundarschulkreise etabliert und etwa 20 Sekundarschulen, die 3-jährig sein sollten, im Gesetz vor- gesehen. Dabei war auch erstmals fakultativ Französischunterricht vorgesehen. Pro Sekundarschule sollte jedoch nur ein Lehrer, in größeren Kreisen zwei, zur Verfügung stehen.

Die Intensität der gesetzgeberischen Arbeit war zwischen 1831 und 1834 un- geheuer groß. Gleichzeitig musste die Universität aufgebaut werden und Sekundar- schulen waren mit ihren neuen Inhalten an verschiedenen Stellen einzurichten. Es wurde erstmals vaterländische Geschichte, Naturkunde, Französisch, Geometrie und Handarbeiten unterrichtet. Parallel dazu wurde das Gymnasium restrukturiert und aus seiner Bindung an das Stift des Großmünsters herausgelöst.

Auf diese Zürcher Gesetzgebung wurde hier deshalb eingegangen, weil sie paradigmatisch für den Sonderweg des Schweizer Bildungswesens ist. Drei Merkmale sind hervorzuheben:

1. Die Etablierung des Bildungswesens setzt nicht allein emphatisches Engage- ment voraus, sondern die Umsetzung in institutionelle Strukturen, hier in die Etablierung flächendeckender Verwaltungsstrukturen. Dies wird hier bei- spielhaft vorgeführt. *(margin: Das Paradigma eines öffentlichen Bildungswesens)*
2. Im Zürcher Bildungssystem ist die Öffentlichkeit, ist die Bürgerschaft auf allen Ebenen einbezogen. Im Erziehungsrat, in den Schulpflegen und Be- zirkschulpflegen sitzen jeweils gewählte Repräsentanten der Öffentlichkeit, der Interessenverbände und des Staates. Damit werden Foren für die perma- nente Diskussion um die bestmögliche Gestaltung des Bildungswesens ge- schaffen. Die Verantwortung ruht nicht allein auf staatlichen Vollzugsorga- nen, sondern ist breit gestreut.
3. Die Gestaltung der Volksschule wird als eine öffentliche Aufgabe definiert, die mittelfristig auch eine klare Trennung von staatlichen und kirchlichen Verantwortungen erfordert.

Es wäre natürlich eine unzulässige Idealisierung, würde man die Weiterent- wicklung nach 1832 bis in die heutige Zeit als problemlose Entfaltung und Fort- führung dieser Ausgangspunkte beschreiben. Das gesamte 19. Jahrhundert ist vielmehr durch heftige Auseinandersetzungen zwischen konservativen und libe- ralen Kräften gekennzeichnet. So finden wir – wie bereits erwähnt – nach 1839 eine konservative Gegenbewegung, die wieder eine stärkere Verankerung des Religionsunterrichtes in der Schule anstrebt und den Volksschullehrer in die Pflicht nehmen möchte. Musterhaftes Betragen, fleißiger Besuch des Gottesdiens- *(margin: Republikanisch „gebändigte" Kampfgeschichte)* tes und Förderung von religiöser Gesinnung sollten Kernbestandteile seiner Berufstätigkeit sein. Dennoch: Es gab keine grundsätzliche Umkehrung der institutionellen Konstellationen mehr, sondern immer wieder einen Ausbau und eine Revision, die für viele viel zu langsam erfolgte. Wenn man die globalen Entwicklungslinien bis zum 19. Jahrhundert kennzeichnen wollte, dann müsste man vor allem auf folgende Entwicklungsstränge verweisen:

Durchsetzung der Schulpflicht
1. Die Freistellung der Kinder für Schulunterricht war sehr mühsam. Der Kampf konzentrierte sich auf zwei Punkte: einmal auf die Einschränkung der Fabrikarbeit für Kinder und zum andern auf die Bußen, mit denen die Vernachlässigung der Schulpflicht, insbesondere in bäuerlichen Kreisen, geahndet wurde.

Arbeits- und Lernbedingungen
2. Im Mittelpunkt der Initiativen der Lehrerschaft stand der Kampf um bessere Arbeits- und Lernbedingungen in den Schulen. Sie konzentrierten sich vor allem auf die Herabsetzung des Schülermaximums, das 1859 erfolgreich von 120 auf 100 festgelegt wurde. 1899 schließlich gelang es, die maximale Schülerzahl auf 70 pro Klasse festzulegen. In dieser Hinsicht unterschieden sich die Kantone jedoch erheblich.

Ausbau der Lerninhalte
3. Der Ausbau der Volksschule ist durch eine kontinuierliche Erweiterung der Inhalte und eine Verbesserung der Ausstattung mit Lehrmitteln aus dem 1851 gegründeten Kantonalen Lehrmittelverlag charakterisiert.

Zu den neuen Inhalten zählten immer häufiger Realien, Mathematik und Geometrie, Leibesübungen und Handarbeiten. In der zweiten Hälfte des 19. Jahrhunderts treten mit Macht Bildungsinhalte in den Vordergrund, die den neuen wirtschaftlichen Gegebenheiten Rechnung tragen sollten. Jetzt werden erstmals ökonomische Überlegungen bedeutsam.

Lehrerbesoldung
4. Der Kampf um eine adäquate Lehrerbesoldung prägt das gesamte 19. Jahrhundert. Dabei waren die Forderungen der Lehrer durchaus bescheiden. Die Bezahlung sollte zumindest so hoch wie das Einkommen einer Arbeiter- oder Taglöhnerfamilie sein.

Wie wenig für Lehrer aufgewendet wurde und aufgewendet werden musste, kommt in einer Statistik der Volksschullehrer aus dem Jahre 1892 zum Ausdruck. Insgesamt gab es zu diesem Zeitpunkt im Kanton Zürich 959 Primar- und Sekundarlehrer. Welche Kosten fielen nun bei diesen Lehrern an, wenn sie in den Ruhestand traten? Die wahrscheinliche durchschnittliche Dauer des Ruhestandes per Mitglied der Volksschullehrerschaft berechneten die Behörden für Primarlehrer mit 1,7 Jahren und für Sekundarlehrer mit 0,28 Jahren. Die Behörden fassten zusammen: „Jeder Zürcher Lehrer, der gegenwärtig, Ende 1892, im aktiven Schuldienst steht, hat demnach Anwartschaft auf eine durchschnittliche Pensionsdauer von 17 Monaten und eine einmalige Pensionssumme von durchschnittlich 875 Franken" (s. Schulblatt des Kantons Zürich, 1986, S. 16).

Der Kampf um eine adäquate Besoldung der Lehrer war auch ein Kampf um die soziale Stellung des Volksschullehrers, der wiederum ein Kampf um dessen Professionalisierung war. Lehrersein war zu Beginn des 19. Jahrhunderts noch meist eine Nebentätigkeit, von der Lehrer nicht leben konnten. So waren sie – wie dies bis um ca. 1900 weithin üblich und in Abb. 44 auch sichtbar war – als Handwerker, besonders häufig im Schuster- und Schneiderhandwerk tätig oder betrieben eine Branntweinbrennerei oder Tabaks-

158

handel und waren selbstverständlich Kleinbauern. Besonders in ländlichen Gegenden verrichtete der Schulmeister auch Messnerdienste[11].

Abb. 44: Die Not der Lehrerschaft *(Schiffler & Winkeler, 1991, S. 212)*

Mit Tränen in den Augen beklagt sich die Frau des Lehrers beim Pfarrer – der wohlbeleibt die Obrigkeit vertritt und als Vorgesetzter des Lehrers die Schule regelmäßig visitiert – über die Not der Familie, in deren Stube Kinder unter Enten großgezogen, Schüler unterrichtet und abgestraft und Kleider geflickt werden. Mit einer tröstenden und warnenden Geste weist der Pfarrer nach oben.

Gegen Ende des 19. Jahrhunderts wurde der Lehrberuf endgültig zu einer Haupttätigkeit. Das Lehrerbild wandelte sich von einem sehr niedrigen Ansehen, die vielen Karikaturen legen davon ein beredetes Zeugnis ab, zu einer Leitfigur im kulturellen und politischen Leben einer Gemeinde.

5. Die Gewaltenteilung zwischen Kirche und Staat führte zu keiner abrupten, sondern zu einer allmählichen Ablösung der Hauptverantwortung für das Bildungswesen. Im Laufe des 19. Jahrhunderts setzte sich am Ende eine klare Trennung durch. 1865 ist der Pfarrer erstmals nicht mehr von Amtes wegen Präsident der Schulpflege. In Deutschland wird dieser Prozess sehr viel länger dauern und erst im 20. Jahrhundert zu einem Abschluss kommen.   *Trennung von Staat und Kirche*

6. Schon während des 19. Jahrhunderts wurde das Bildungswesen zunehmend differenziert und integriert. Der Systemcharakter trat immer deutlicher in den Vordergrund. Dieser Ausbau hat die Gestalt einer Erweiterung der *Schulpflicht*, die im Schulgesetz von 1899 einen vorläufigen Abschluss bei acht Schuljahren fand. Der berufsorientierte Bereich des Bildungswesens entwickelte sich kontinuierlich aus der Fortbildungsschule des 19. Jahrhunderts heraus, die anfänglich auf freiwilliger Basis – und oft nur von Knaben   *Systembildung*

---

11   In der Schweiz: Siegrist-Dienst

– besucht wurde. Somit entstand auch ein differenziertes berufsorientiertes Ausbildungswesen, das schließlich in ein Berufsbildungssystem mit dualem Charakter mündete.

1899 finden wir eine große schulgesetzgeberische Initiative für die Neugestaltung der Volksschule im Kanton Zürich (s. zum Folgenden Frey, 1953), die mit jener zu Beginn des 21. Jahrhunderts vergleichbar ist. Dabei hat sich endgültig die volle achtjährige Schulpflicht etabliert. Die alte Ergänzungsschule wird abgeschafft. Vielerorts bleibt jedoch die Winterschule weiter bestehen. Die Fortbildungsschule wird aus dem Gesetz genommen und in das Landwirtschafts- und Gewerbegesetz übernommen. Damit ist die getrennte Entwicklung der Berufsschule von jener der Volksschule festgeschrieben. Um Kinder mit besonderen Behinderungen zu beschulen, werden hier auch erstmals Sonderklassen eingerichtet. Um 1900 besuchen dann 70% der Kinder die Primarschuloberstufe und etwa 30% die Sekundarschule. 1930 wird sich dieses Verhältnis umkehren.

Einheitliches Bildungswesen

Damit hat sich insgesamt der Gedanke eines einheitlichen Bildungswesens durchgesetzt. Die Schulpflicht ist realisiert, ebenso die Alphabetisierung. Schon 1877 war Kindern unter 14 Jahren Fabrikarbeit verboten worden, 15- bis 16-jährige sollten mit Arbeit und Fortbildungsschule zusammen nicht mehr als 11 Stunden täglich arbeiten müssen. Vor allem ist die Unentgeltlichkeit der Lehrmittel realisiert. Die Lehrerschaft selber entwickelt diese, beurteilt sie auf ihre praktische Tauglichkeit in den Kapiteln und stellt sie über den kantonalen Lehrmittelverlag allen zur Verfügung.

Die Inhalte haben sich vervielfältigt. Der Religionsunterricht, soweit er von Lehrern gegeben wird, besteht in Biblischer Geschichte und Sittenlehre; die eigentliche religiöse Unterweisung obliegt den Pfarrern in getrennten Stunden.

Die Schülerzahl pro Klasse liegt zur Zeit des Übergangs vom 19. zum 20. Jahrhundert bei einem Durchschnitt von 70. Noch 1864 lag sie bei über 90, 1908 sollte sie dann bei 52 liegen, 1981 bei 21. Die Reduktion der Klassengröße entwickelte sich dabei regional unterschiedlich (Kt. ZH z.B. von 92 auf 52 auf 21; Kt. UR z.B. von 38 auf 47 auf 22). An keinem Indikator lässt sich die enorme Expansion und der Ausbaustand des Bildungsangebotes so klar ablesen (s. Abb. 45) wie an der Klassengröße.

Was ist das Besondere dieser Entwicklung im Kanton Zürich? Um diese herauszuarbeiten und gleichzeitig die Besonderheit der deutschen Entwicklungen sichtbar zu machen, wird im Folgenden die Entwicklung in Württemberg als Kontrast geschildert.

Abb. 45: Durchschnittlicher Schülerbestand in Primarschulklassen
der Schweizer Kantone 1864/65 (Strich), 1908 (punktiert), 1981
(dunkel schraffiert) (Beitritt des Kanton Jura zur Eidgenossenschaft
im Jahre 1979; deshalb früher keine Berechnungen. Siehe auch Ge-
samtdurchschnitt für die Schweiz)

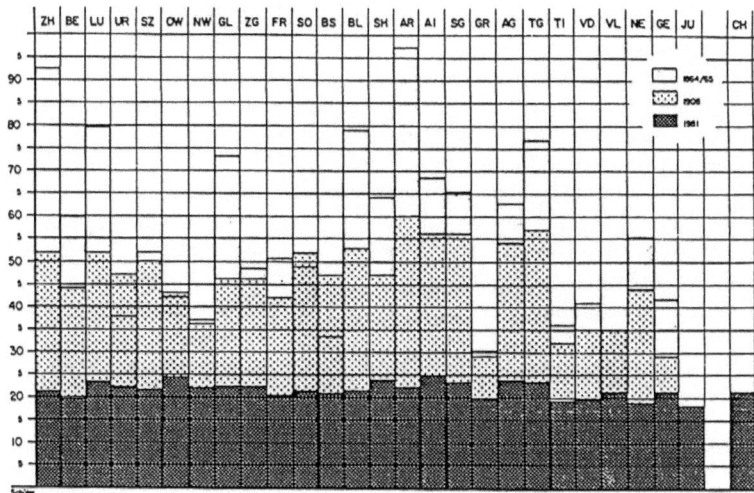

7.1.2 Systembildung der Volksschulen in Deutschland

Wie im Kapitel über die Alphabetisierung bereits dokumentiert, war die Ausgangssituation zu Beginn des 19. Jahrhunderts, was den Alphabetisierungsgrad
in Europa angeht, regional sehr unterschiedlich. In den protestantischen Gebieten und in den westlichen Gebieten Preußens war er relativ hoch, in Ostpreußen
ausgesprochen niedrig. Hier herrschte das Landjunkertum bei weitgehend feh-
lenden politischen Freiheiten für die Bevölkerung. Solche entbehrten auch die
Untertanengebiete in den Schweizer Landgebieten. Die Alphabetisierung in
ländlichen Regionen war weit weniger vorangeschritten als in den Städten.

Regionalisierung und Zentralisierung

Die sich auch in deutschen Ländern anbahnende Übernahme der Verant-
wortung für organisiertes Lehren und Lernen durch einen sich entwickelnden
Staat, der Rückgang der privaten „Billigangebote" und die Einrichtung von Ver-
waltungsbehörden im Zuge der allgemeinen Verwaltungsreformen sollten Schu-
le und Unterricht zu einem verpflichtenden und von den Behörden kontrollierten
Teil der Staatsvorsorge machen. So wurden Staatsministerien auf der zentralen
Ebene, Provinzialschulbehörden und Schuldeputationen auf einer intermediären
Ebene eingerichtet sowie lokale Schulinspektorate vor Ort geschaffen.

Die „Verstaatli-
chung" des Lehrens

Die Verstaatlichung des Unterrichts ist im 19. Jahrhundert begleitet von Bemühungen, den internen Akteur zu stärken, also eine professionelle Lehrerschaft
zu etablieren. Letztendlich wird dies sowohl in Deutschland als auch in der
Schweiz auf einem mühsamen Weg gelingen.

Entstehung des
Standes der
Volksschullehrer

Eine weitere wichtige Gemeinsamkeit der Entwicklung in der Schweiz und
in Deutschland besteht darin, dass das 19. Jahrhundert von einem Kampf zwischen Staat und Kirche um die Vorherrschaft im Bildungswesen gekennzeichnet

Kampf zwischen
Staat und Kirche

ist. Dieser Kampf wird jeweils von der politischen Konstellation und von der jeweiligen Staatsform mitbestimmt.

Im Prozess der Institutionsbildung der deutschen Volksschulen im 19. Jahrhundert ging es bei allen regionalen Besonderheiten im Kern ebenfalls um die Durchsetzung der Schulpflicht, also der Ansprüche der Obrigkeit auf Beschulung aller Kinder, um die Rechtsstellung der Lehrer und schließlich um die Verwaltung und Beaufsichtigung des Volksschulwesens.

Bis etwa 1870 wurde die Schulaufsichtsfunktion in Württemberg auf allen Verwaltungsebenen durch *Geistliche* wahrgenommen (Friederich, 1978), die jedoch mit quasi-staatlicher Legitimation handelten.

Bei der Systembildung springt das Bemühen ins Auge, die *lokalen* und *territorialen* Schulaufsichtsregelungen jeweils in *flächendeckende Regelungen* zu überführen. Dazu dienten vor allem die Generalerlasse, die an alle Volksschulen zu einem Rechtsproblem oder zu einem pädagogischen Anliegen ergingen. Die konkrete operative Aufgabe der Aufsicht über Visitationen vor Ort nahmen Geistliche im Rahmen von Orts- bzw. Bezirksschulinspektoraten wahr.

Abb. 46: Schulen auf dem Land: Schulgebäude des Pfarrdorfs Alten Fraunberg, L. G. Erding im Isar Kreise (Bayern) *(Quelle: Pictura Paedagogica Online, Bibliothek für Bildungsgeschichtliche Forschung, ad02570_08_001a)*

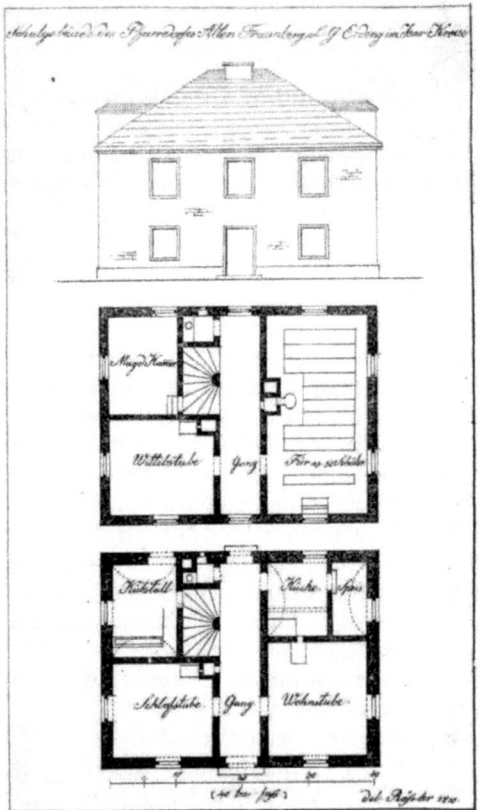

Bildinschrift für den 1. Stock:

Magd Kammer; Wittibstube; Gang; Für 45-50 Schüler.

Bildinschrift für das Erdgeschoss:

Kuhstall; Küche; Speis; Schlafstube; Gang; Wohnstube.

Die Standardisierungen des Schulangebotes erstreckten sich zunehmend nicht nur auf die Kontrolle der Schulpflicht, sondern auch auf die Kontrolle der Stundentafeln, den Aufbau von Lehrplänen, ja sogar auf die Baupläne für die Errichtung von Schulen. In zwei Bauphasen (1820-1835, 1875-1880) wurden jeweils ortsnahe Volksschulen nach einem ganz bestimmten Plan errichtet: „Im Erdgeschoss lagen ein oder zwei Schulsäle, ein Abstellraum für das Schulholz, zwei Schülertoiletten (nach Jungen und Mädchen getrennt) und ein kleiner Aktenraum; im Obergeschoss war die Schulmeisterwohnung" (Friederich, 1978, S. 129).

Abb. 47: Schulen in der Stadt: Gymnasium Elberfeld in den Jahren 1718-1821, 1821-1876 und 1876-1892 *(Alt, 1965, S. 464)*

In Städten, deren Bevölkerungszahl rapide stieg, wuchs auch die Anzahl Schulen sowie die Anzahl lernender Kinder und Jugendlichen. Drei Bilder, die diese typische Entwicklung zeigen

Der Kampf der Akteure um das Volksschulwesen

In der ersten Hälfte des 19. Jahrhunderts lässt sich in Deutschland wie in anderen Ländern ein intensives gesetzgeberisches Bemühen zum Aufbau eines *flächendeckenden* Volksschulwesens beobachten. Es gibt mehrere Versuche, *Realien* im Unterricht stärker zu verankern, den Religionsunterricht zu begrenzen und die Lehrerschaft besser zu stellen, insbesondere was ihre *finanzielle Situation*, die *Ausbildung* und die *Abhängigkeit von der kirchlichen Schulaufsicht* angeht.

Der entscheidende politische Vorgang, der Deutschland fundamental von der Schweiz unterscheidet, ist das Scheitern der „Deutschen Revolution" von 1848, welche unter anderem die nationale Einigung zum Ziel hatte und auf ein republikanisches Staatswesen, allerdings in verschiedenen Varianten mit monarchischen und demokratischen Elementen, ausgerichtet war. Mit dem Scheitern der Nationalversammlung (1848) kam es in Baden und in der Pfalz zu Volksaufständen, die unter anderem mit Hilfe preußischer Truppen blutig niedergeschlagen wurden. Die Niederlage der Liberalen und Demokraten hatte weitreichende Wirkungen. Welch emotionalisierte Abwehr eines aufgeklärten Volksschulunterrichtes damit verbunden war, dokumentiert die bekannte Beschimpfung der vor-

Die Katastrophe von 1848

geladenen Schuldirektoren durch den preußischen König Wilhelm. Die häufig zitierte Äusserung lautet auch heute noch eindrucksvoll so:

> „All das Elend, das im verflossenen Jahre über Preußen hereingebrochen ist, ist Ihre, einzig Ihre Schuld, die Schuld der Afterbildung, der irreligiösen Massenweisheit, die Sie als echte Weisheit vertreiben, mit der Sie den Glauben und die Treue in dem Gemüte meiner Untertanen ausgerottet und deren Herzen von mir abgewandt haben ... Nicht den Pöbel fürchte ich, aber die unheiligen Lehren einer modernen, frivolen Weltweisheit vergiften und untergraben meine Bürokratie, auf die ich bisher stolz zu sein glauben konnte. Doch solange ich noch das Heft in den Händen führe, werde ich solchem Unwesen zu steuern wissen" (zit.nach Voigt, 1973, S. 161).

Weltanschauliche Kontrolle des internen Akteurs

Es blieb jedoch nicht bei dieser verbalen Attacke. Sie hatte konkrete Auswirkungen auf die Neugestaltung des Bildungswesens. Stellvertretend für viele neue Regulierungen wird in diesem Zusammenhang durch die historische Forschung auf die so genannten *Stiehl'schen Regulative* verwiesen, die 1854 erlassen wurden und weitreichende Konsequenzen hatten. Im Kern waren es die folgenden:

- Um die Lehrerschaft von den als städtisch empfundenen aufklärerischen Tendenzen fernzuhalten, wurde ihre Ausbildung in ländliche Seminare verlagert. Lehrer sollten in ländlicher Abgeschiedenheit vor allem religiöse Haltungen erwerben.
- Um schädliche Inhalte abzuwehren, wurde die Ausbildung des Lehrers auf den Religionsunterricht und auf die praktische Einübung in das Unterrichten fokussiert, wobei nur ein bescheidenes Weltwissen, nur ein bescheidener Ausschnitt der so genannten Realien, gelernt wurde.
- Die kirchliche Schulaufsicht wurde verstärkt und der Lehrer weiter in seinem subalternen Status als Messner-Lehrer[12] fixiert. Diese Aufsicht erstreckte sich auf alle Lebensbereiche des Lehrers, also auch auf sein außerschulisches Handeln und auf seine sittliche Lebensführung.

Diesterweg Um diese Regelungen gab es heftige Auseinandersetzungen zwischen benennbaren Akteuren. Es gab Sieger und Verlierer, Proponenten und Opponenten. Exemplarisch sei hier Diesterweg (1790-1866, geboren in Siegen) genannt, der einer der Wortführer einer sich organisierenden Volksschullehrerschaft war. Diesterweg vertrat in Anlehnung an Kant die Zielvorstellung, dass der Mensch vor allem zum Selbstdenken und zur eigenständigen Urteilsbildung zu erziehen sei. Dies ist nach seiner Auffassung aber nur möglich, wenn er von ebenso denkenden und handelnden Menschen erzogen wird. Mit dieser Argumentation versuchte Diesterweg die schulrechtliche Position des Lehrers zu stärken und insbesondere seine Loslösung von der kirchlichen Schulaufsicht und seine stärkere Einbindung in ein demokratisches Gemeinwesen zu forcieren. Am 20. Juli 1847 führte die Vertretung dieser Position zur Entlassung aus dem Schuldienst, zuerst noch unter Beibehaltung der Bezüge. 1850 wurde er pensioniert, wobei auch sein Gehalt gestrichen wurde. Seine Stelle übernahm ein Religionslehrer.

Diesterweg hatte eine klare Vorstellung, in welche Richtung sich die Volksschule entwickeln sollte. In seiner Kontrastierung der „alten" mit der „neuen" Schule kommt dies klar zum Vorschein (s. Tab. 6).

---

12 Kirchendiener in Österreich oft „Messner", in Norddeutschland „Küster", in der Schweiz „Siegrist" genannt

Tab. 6:　　Die alte und die neue Schule bei Diesterweg

DIE ALTE SCHULE	...	DIE NEUE SCHULE
Die alte Schule war Kirchenschule	...	die neue Schule ist Staatsschule
Die alte Schule lehrte den (Partei)-Glauben und den Kultus	...	die neue Schule lehrt selbst sehen, selbst denken, beten und arbeiten
Die alte Schule lehrte Worte und Begriffe	...	die neue Schule übt anschauliches Erkennen
Die alte Schule übte das Wort-gedächtnis	...	die neue Schule denkt an die Entwicklung des ganzen Menschen
Die alte Schule wirkte von außen nach innen	...	die neue Schule wirkt von innen heraus
Die alte Schule unterdrückte die Vernunft	...	die neue Schule entwickelt die Vernunft
Die alte Schule dachte nur an die ewige Seligkeit	...	die neue Schule bildet allseitig die Menschenkraft
Die alte Schule richtete Kinder zu jungen Lutheranern, Calvinisten, Katholiken, Herrenhutern usw. ab	...	die neue Schule bildet Menschen
Die alte Schule war die Lernschule	...	die neue Schule ist eine Schule der Tat

(Herrmann, 1990, S. 4)

Wie das von den herrschenden politischen Kräften diffamierte Bild eines „demokratischen Lehrers" aussah, kommt in einem Musteraufsatz der Lehrerkonferenz aus dem katholischen Schulwochenblatt 1854, das Friederich zitiert, prägnant zum Ausdruck. Hier erscheint der demokratische Lehrer als Demagoge, als eigentlicher Volksverführer, und sein Zerrbild sieht so aus:

Der demokratische Lehrer als Demagoge

> „Es ist die Ausgeburt wahrer Tollheit, der ungebildeten Masse des Volkes die Befugnis einräumen zu wollen, in jedem Augenblick den Befehlen der Regierung mit einem angeblichen Willen des souveränen Volkes entgegenzutreten. Die Staatsverfassung und Regierung zu ändern und an die Stelle vernünftiger Gesetze das tolle, hirnwidrige Geschrei eines müßigen, unwissenden, bestochenen, verführten, schlechten, durch Trunk, Lüge, Betrug und falsche Vorspiegelungen erhitzten Pöbels treten zu lassen" (Friederich, 1978, S. 366).

Vertreter dieser Position, dieser Demagogen, seien auch manche Lehrer. Dabei wäre ihre wahre Aufgabe doch eine ganz andere: „Oh hätte doch jeder Lehrer früh genug bedacht, dass er keine andere Bestimmung hat, als im Kreise der Kinder der Gottheit göttliche Pflanzen zu erziehen, zu warten und zu pflegen. Er hat keinen anderen Beruf, als die Jugend fromm und christlich zu erziehen, und zu unterrichten durch Lehre, gutes Beispiel und sittlich reinen Lebenswandel. Sein ganzes Wirken gehe ausschliesslich dahin, in die Herzen der unverdorbenen Kleinen jenen Samen zu streuen, der gesunde Kraft genug hat, aufzusprossen, zur Ehre Gottes und zum Wohlgefallen aller Guten. In der Kirche sei er williger Diener seines geistlichen Vorgesetzten; er betrachte diesen stets und immer als Stellvertreter Christi und in der Bildung ebenfalls weit höher gestellt als er selbst... Er hat den schönen Beruf, die Jugend zur Ordnung, zur Achtung des Gesetzes, zur Heiligkeit und der Regierung zu erziehen..." (Friederich, 1978, S. 366ff.).

Kirchentreue ist aber durch die Koalition von Thron und Altar gleichzeitig Regierungstreue, die so zum Vorschein kommt: „Blicken wir recht um uns, so sehen wir ja überall die wohltätigsten Einrichtungen des Staates. Er schützt den eigenen Herd, wenn Gefahr droht... Er schafft die schönsten Anstalten zur Erziehung und Bildung unserer Jugend... Den Auswurf der Menschheit versorgt sie (die Regierung) in Zuchthäusern, oder überantwortet sie dem Schwert der Gerechtigkeit. Die Guten belohnt, die Bösen bestraft sie. Sie erfüllt darin einen göttlich hohen Beruf" (zit. nach Friederich, 1978, S. 366).

Mit der Niederlage der Demokraten und der Stärkung der monarchisch-feudalen Staatsstrukturen nach 1848 war die Geschichte natürlich nicht an ihr Ende gekommen. Die Auseinandersetzungen zwischen Staat und Kirche erreichten in den 70er und 80er Jahren des 19. Jahrhunderts in Preußen einen Höhepunkt und führten dort zu einer stärkeren Trennung der kirchlichen und weltlichen Schulaufsicht, insbesondere auf der Sekundarstufe. Diese Auseinandersetzung verschärfte aber auch die Trennung zwischen dem gelehrten Bildungswesen, das ganz in der Aufsicht des Staates lag und dem niederen Bildungswesen, dem Volksschulwesen, das der geistlichen Schulaufsicht anvertraut blieb. Diese unterschiedlichen Gewaltenzuordnungen hatten die folgenreiche Implikation, dass diese beiden Schulzweige auch wenig aufeinander bezogen waren. Anders als in der Schweiz waren sie lange getrennt. So hatten in vielen Ländern Deutschlands die Gymnasien ihre eigenen Elementarschulen, die so genannten *dreijährigen Vorschulen,* die auf eigenen Wegen, in der Regel ohne Schulpflicht, wohl aber mit Unterrichtspflicht, zum Gymnasium führten. Daneben bestanden die Volksschulen, aus denen heraus es gar keine geregelten Übergänge in die Gymnasien, mit Ausnahme jenem nach dem achten Pflichtschuljahr, gab.

Während also der Kulturkampf in Preußen zu einer Trennung von staatlicher und geistlicher Macht führt, blieb in anderen Ländern, z.B. in Württemberg, die Verbindung weiterhin erhalten und die kirchliche Schulaufsicht bis zum Ende des Ersten Weltkrieges in Kraft.

Diese Rechtsstellung und diese enge Abhängigkeit des sich immer stärker professionalisierenden internen schulischen Akteurs von einem außerschulischen Akteur, schufen permanente Spannungsfelder, die in den Selbstreflexionen und ihren Verschriftlichungen in vielen Lehrerjournalen ihren Niederschlag fanden. Die Lehrer kämpften um ihre stärkere Einbindung in staatliche Verantwortlichkeiten. Schließlich gelang es im Rahmen der Verfassungsrevision im Jahre 1907, für die Lehrerschaft eine Neuregelung des Rechtsverhältnisses zu etablieren. Sie erhielten jetzt volle Beamtenrechte. Die Absonderung der Volksschule von der mittleren und höheren Schullaufbahn blieb jedoch zunächst bestehen.

Eine grundsätzliche Annäherung zwischen dem Volksschulwesen und dem höheren Bildungswesen fand erst nach dem Ersten Weltkrieg statt. Die außerschulische Akteurkonstellation hatte sich jetzt fundamental geändert. Die Monarchie hatte abgedankt und so erschien der Weg für ein demokratisches Gemeinwesen frei, wie es die Schweiz seit dem frühen 19. Jahrhundert kannte. Das Schlüsselereignis für das Bildungswesen war die Reichsschulkonferenz im Jahre 1920. Jetzt erst wurde eine gemeinsame vierjährige Grundschule eingerichtet, die geregelte Zugänge zu weiterführenden Schulen vorsah. Diese gemeinsame Grundschule sollte die Basis für die soziale Integration aller sozialen Schichten der Bevölkerung werden. Die Bindung der Grundschule an die Konfessionen blieb aber bis in die 60er Jahre des 20. Jahrhunderts in der Form der konfessionellen Grundschule erhalten.

Die demokratische Verspätung Deutschlands

Im Vergleich zur Schweiz sehen wir in deutschen Landen im Prozess der Demokratisierung achtzig Jahre Verspätung. Sie blieb aber nicht folgenlos, wie die kommenden Ereignisse im 20. Jahrhundert zeigen sollten. Insbesondere die *Lehrerschaft der gelehrten Schulen* hatte in der Weimarer Republik große Mühe, die neue demokratische Staatsform zu akzeptieren und in eine demokratische pädagogische Alltagspraxis zu transformieren.

Unübersehbar kommt in dieser historischen Darstellung auch zum Vorschein, dass Schulentwicklung und Professionalisierung immer auch Handeln im sozialen, politischen und ökonomischen Kontext ist. Für das 19. Jahrhundert galten folgende Rahmenbedingungen:

Rahmenbedinungen und Akteurkonstellation im 19. Jh.

- *Politisch* sehen wir im 19. Jahrhundert einen forcierten Ausbau der Nationalstaaten sowie der Regierungs- und der Verwaltungsapparate. Die Entwicklung verläuft nicht kontinuierlich, sondern in heftigen Kämpfen zwischen Reform und Restauration. Phasen des Ausbaus republikanischer Regelungen werden immer wieder von restaurativen Perioden unterbrochen. Die Entwicklungen verlaufen zudem in verschiedenen Staaten und Regionen Europas sehr unterschiedlich.
- *Wirtschaftlich* entfaltet sich in diesem Jahrhundert die kapitalistische Produktionsweise und löst die alten zunftmäßig organisierten Traditionen der Ausübung eines Gewerbes ab.
- Auf dem Gebiet der *Wissenschaften* werden neue Erkenntnisse erarbeitet. Die Naturwissenschaften gewinnen eine enorme Bedeutung. Sie werden immer stärker zur Grundlage für technische Entwicklungen und für neue medizinische Behandlungsmöglichkeiten.
- Die traditionellen *ständischen sozialen Strukturen* geraten zunehmend unter Druck. Die industrielle Revolution schafft neben dem Bürgertum, das die Französische Revolution getragen hat, einen vierten Stand, die Arbeiterschaft, die im Rahmen sozialdemokratischer Bewegungen um gesellschaftliche Teilhabe kämpft. Dieser Kampf um Teilhabe wird auch ein solcher um die Inklusion ins Bildungssystem.
- Die *weltanschaulichen Mächte* bekommen neue Gewichtungen. Die Kirche ist zwar im gesamten Zeitraum politisch noch sehr stark, ihr Einfluss im Umfeld der Kämpfe um die Trennung von Kirche und Staat geht aber zurück.
- Durch verbesserte Hygienebedingungen und durch die ab der Mitte des 19. Jahrhunderts einsetzenden medizinischen Erfindungen geht die Sterblichkeit zurück und führt zu massiven demographischen Veränderungen. Insbesondere gegen das Ende des 19. Jahrhunderts nimmt die Bevölkerung rapide zu. Am Beginn des 20. Jahrhunderts liegt dann die *Lebenserwartung* der männlichen Bevölkerung bei 45 Jahren, diejenige der weiblichen bei 48.
- Der Kampf um die Durchsetzung der Schulpflicht kehrt sich allmählich um in eine Situation des steigenden Andranges auf weiterführende Bildungswege.

Beim Vergleich mit deutschen Ländern wird klar, welch einmaliger Sonderweg die Schweiz gegangen ist. Die liberalen Institutionen, die sich am Beginn des 19. Jahrhunderts zu etablieren begannen, sind nie mehr fundamental und langfristig von den Mächten des Ancien Régime oder gar von feudalen-monarchischen Strukturen abgelöst worden.

Resümé der Institutionsentwicklung in der Volksschule

Zum Ende des 18. und zum Beginn des 19. Jahrhunderts können wir unübersehbar eine Sattelzeit der Entwicklung des okzidentalen Volksschulwesens ausmachen. Für alle Länder Europas gibt es zu diesem Zeitpunkt ein Schlüsselereignis: die Französische Revolution, beginnend im Jahre 1789 mit ihren so widersprüchlichen, grausamen aber auch vorausweisenden Momenten. Die Folgewirkungen sind sowohl für die Entwicklung des Bildungswesens in der Schweiz als auch in Deutschland, insbesondere in Preußen, gravierend, und zwar in folgenden Bereichen:

Neuer externer Akteur: Staat

1. Nach der Französischen Revolution setzte europaweit ein Prozess ein, in dessen Verlauf sich ein neuer externer Akteur, der Staat, zu etablieren beginnt. Dies führte zu einem lang anhaltenden Kampf zwischen Kirche und Staat und zu einer Veränderung der Interessen gesellschaftlicher Gruppen am Bildungswesen. Der externe Akteur „Staat", in unterschiedlichem Maße tatsächlich ein repräsentativer Vertreter des Volkes, gewann sukzessive die Oberhand. Die Kirche verlor zunehmend ihr Monopol als Trägerin des Bildungswesens. In diesem Prozess ist die Staatenbildung eng mit der Entstehung des Bildungswesens verflochten, ja der eine Prozess bedingt jeweils den anderen. Der Vergleich der Schweiz mit Deutschland im 19. Jahrhundert enthüllt aber bedeutsame Differenzen.

Es zeigt sich, dass das Schweizer Bildungswesen sich mehr in Richtung eines *öffentlich* verantworteten Schulsystems entwickelt hat, dasjenige in Preußen eher in Richtung eines *staatlich kontrollierten*, hierarchisch und bürokratisch regulierten Systems.

Kampf zwischen Staat und Kirche um die Schule

Der Kampf zwischen Staat und Kirche wurde auf mehreren Ebenen ausgetragen und führte zu unterschiedlichen Ergebnissen. Die machtpolitische Auseinandersetzung kristallisierte sich dabei im Kampf um die *Schulaufsicht*. Aber auch die *Inhalte* schulischen Lernens waren heiß umkämpft. *Religion* wurde als inhaltliches Zentrum des Volksschulunterrichtes immer mehr in den Hintergrund gedrängt und *nützliche Fähigkeiten* sowie *staatsbürgerlich relevante Kenntnisse* und Haltungen haben an Boden gewonnen.

Pädagogische Theoriebildung

Die pädagogische Theoriebildung blieb aber über das gesamte 19. Jahrhundert hinweg eng an *theologische Vorstellungen* gebunden. Der Heilsweg des Menschen in christlicher Sicht wurde in säkularisierter Form zur Veredelung des Menschen im Sinne der Förderung der wahren humanen Gestalt des Menschen. Die pädagogische Theoriebildung hat also den religiösen Impetus der Heiligung des Menschen fortgetragen. Eine Enttheologisierung fand in einem ersten Stadium im Medium der *Ästhetik* statt. Ein „vollkommener", allseitig gebildeter Mensch wurde über Literatur und Philosophie, über die Beherrschung von alten Sprachen und die Kenntnis der antiken Kulturen definiert. Seine Vollkommenheit sollte sich im ästhetischen Geschmack zeigen.

Systembildung: Differenzierung und Integration

2. Im Gefolge der Aufklärung und der Französischen Revolution fanden gewichtige Systembildungsprozesse statt, die bis in die Gegenwart fortwirken. Dabei wurden vor allem Verwaltungsstrukturen aufgebaut, also professionalisierte Instanzen der Planung von gesetzlichen Rahmenbedingungen, von Ressourcenzuteilungen, von Kompetenzverteilungen, von Aufsicht und Finanzierung. Solche auf den gesamten staatlichen Sektor gerichtete Veränderungen richteten sich

168

auch auf das Bildungswesen. Auch hier wurden die administrativen Rahmenbedingungen verfeinert und die Bildungswege neu geordnet. Insbesondere der Aufbau von Prüfungssystemen führte zu einer Strukturierung und Standardisierung des Bildungssystems. Diese prüfungsbasierte Systembildung wurde nicht wie bei den Universitäten des Mittelalters nur auf universitärer Ebene installiert, sondern jetzt auch auf die gymnasiale Ebene und auf die Volksschule ausgedehnt. Die Entwicklungen verliefen allerdings in verschiedenen Regionen und Ländern sehr unterschiedlich. Am Beispiel von Zürich, Württemberg und Preußen wurde dies sichtbar.

3. Der Systembildung auf *externer*, politischer Ebene und auf Verwaltungsebene stand eine immer feinere *innere* Systembildung gegenüber. Sie bestand in der Abstimmung von Ausbildungseinrichtungen, von Schulstufen und Bildungsgängen sowie in der Professionalisierung des Lehrerstandes. Durch die bessere Qualifizierung des Lehrpersonals hat das Bildungswesen eine *Eigendynamik* entwickelt, die fälschlicherweise den Eindruck erwecken kann, als erfolge die Systembildung im Bildungswesen autonom und ausschliesslich intern.

Professionalisierung

Der innere Systembildungsprozess war immer begleitet von elaborierten Formen der *Selbstreferenz* im System. Lehrer und Verwaltungsbeamte beobachteten und reflektierten ihre Aufgaben und ihre Arbeitssituation immer systematischer und bauten diese Beobachtungen zu *Berufstheorien* aus. Erst langsam etablierte sich eine Sichtweise von außen, also eine Beobachtung *des* Systems und seiner Funktionsweise bzw. seiner Entwicklungsbedürfnisse. Diese Sichtweise von außen, dieses Wissen *über* das Bildungswesen wird sich im 20. Jahrhundert als Subsystem der universitären Wissenschaften in der Form der Pädagogik und der Erziehungswissenschaft etablieren.

Wissen im System

4. Das 19. Jahrhundert ist auch jene Zeit, in der die Entstehung neuer Funktionen des Bildungswesens paradigmatisch studiert werden konnte. In der ersten Hälfte dieses Zeitraumes sahen wir die politischen Funktionen in den Vordergrund treten: die Mitbegründung des Staates durch den Ausbau des Bildungswesens. In der zweiten Hälfte kamen erstmals in großem Maßstab ökonomische Funktionen des Schulsystems zum Tragen. Schulen wurden für die ökonomische Konkurrenz von Nationen wichtig, da sie technische Kenntnisse vermitteln können, die für eine rasche und konkurrenzfähige Industrialisierung essentiell sind.

Die politischen und wirtschaftlichen Funktionen des Bildungswesens

5. Neben der extensiven Normierung und Regulierung von Lehr- und Lernprozessen, dem Aufbau von Verwaltungsstrukturen und der flächendeckenden Entwicklung des Bildungswesens, also der zunehmenden Vergesellschaftung von Lehren, wurde die Frage der *faktischen Nutzung* und der faktischen Realisierung Teil der sozialen Frage des 19. Jahrhunderts. Der Kampf um das Bildungswesen in den letzten 200 Jahren wurde zu einem Kampf um *Inklusion* und *Exklusion*, um Teilhabe und gegen Ausschluss. Immer breitere Schichten der Bevölkerung verlangten Zugang zum Bildungswesen, wenngleich es im 19. Jahrhundert noch schwer war, insbesondere die ländliche agrarische Bevölkerung dazu zu bewegen, ihre zur Arbeit benötigten Kinder für schulische Bildungsprozesse freizustellen.

Bildung und die soziale Frage

6. Nebst zunehmendem Interesse am Bildungswesen für die *Zukunftsplanung der Kinder* ließen sich erstmals wellenförmig sich vollziehende Expansionsprozesse der faktischen Partizipation an Bildungsangeboten beobachten. Dabei wurde sichtbar, dass das Bildungswesen zum zentralen institutionellen Kontext für die Organisation von Biographien und Lebensläufen geworden war.

Diese Entwicklungslinien des Bildungswesens verweisen auf einer metatheoretischen Ebene darauf, wie fruchtbar ein interdisziplinärer historischer Zugang für dessen Verständnis ist.

1. Die Auseinandersetzung um *schulische Inhalte* ist in der politischen Geschichte und in der Wissenssoziologie vertreten. Hier geht es im historischen Kampf um Informationsmonopole und den Zugang zu kulturellen Ressourcen.
2. Bei der Analyse der *Systembildungen* im Sinne des Aufbaus von Verwaltungsstrukturen, dem Aufbau von Organisationsformen, Prüfungssystemen und Kompetenzverteilungen ist die Institutionsgeschichte Thema der historischen Forschung.
3. Die dritte Thematik, die der inneren Systembildung und der Professionalisierung, der Erweiterung der autopoietischen Fähigkeiten und der Selbstreflexivität des Systems ist in der neueren *Systemtheorie* angesprochen. Dabei wird das *Selbstverständnis von im Bildungswesen tätigen Akteuren* und deren Praxis zum Gegenstand der historischen Forschung.
4. Klassische soziologische Konzepte, z.B. solche der gesellschaftlichen *Konflikte,* kommen dort zum Tragen, wo der *Kampf sozialer Klassen* um Teilhabe an Bildungsprozessen beschrieben wird. Dabei rückt die Realität der Nutzung von institutionalisierten Bildungsangeboten in den Vordergrund.

Diese je spezifischen Zugänge zur Geschichte des Lehrens und Lernens können in Konzepten des *akteurzentrierten Institutionalismus* (Fend, 2006, S. 159) integriert werden. Er fordert von der historischen Analyse, was ihr seit je vertraut ist: die Identifizierung der Akteure und deren Wahrnehmungen, Beobachtungen und Interessen in der Beurteilung der jeweiligen historischen Realität. Gleichzeitig mahnt er an, dass dies nicht genügt. Es müssen ebenso genau die institutionellen Rahmenbedingungen, in denen und an denen Akteure arbeiten, identifiziert werden. Schließlich sind Problemlösungen im Bereich des Bildungswesens ohne Ressourcen, ohne Kompetenzen, ohne Materialien, ohne Geld und materielle Ausstattung undenkbar. Alles zusammen, das programmgeleitete Handeln der Akteure in Institutionen mit unterschiedlichen Ressourcen, gilt es schließlich auf die politischen, wirtschaftlichen und kulturellen Rahmenbedingungen der gesellschaftlichen Entwicklung zu beziehen.

7.2 Institutionsbildung im höheren Bildungswesen

Dass wir uns im Folgenden mit der Institutionsbildung im höheren Bildungswesen getrennt von der vorherigen Behandlung des Volksschulwesens beschäftigen, hat einen sachlichen Grund: die vollständige Trennung der beiden Bildungskreise bis ins 20. Jahrhundert, in welchem sie dann langsam „zusammenwuchsen", d.h. aufeinander bezogen wurden. Der Ausgangspunkt ist jedoch ein

170

gemeinsamer: die Visionen der Aufklärung, deren Auswirkungen auf die Institutionsbildung im gelehrten Bildungswesen im Folgenden zum Thema werden.

Vorläufer der Gymnasien: Kirchliche und weltliche Stifte

Die Visionen der Aufklärung sind auch für das höhere Bildungswesen nicht folgenlos geblieben. In der zweiten Hälfte des 18. Jahrhunderts beobachten wir viele Gründungen „Höherer Schulen" – insbesondere der Philanthropien von Basedow, Francke u.v.a., die aber in der Regel das Ergebnis von *Stiftungen* und der Initiative von Landesherren beziehungsweise von Privatpersonen sind. So entstehen viele Musteranstalten, die zum Vorbild für die Entwicklung des öffentlichen Bildungswesens werden sollten (s. z.B. das „Waisenhaus" von August Hermann Francke in Halle und die Erziehungsanstalt „Schnepfental" von Christian Gotthilf Salzmann in Thüringen). Eine neue Stufe der Entwicklung wird dort erreicht, wo einzelne Schulen in ein schulübergreifend reguliertes und koordiniertes höheres Bildungswesen einbezogen werden, wo ein *flächendeckendes* und *einheitliches* Schulwesen angestrebt wird. Wieder soll dieser Prozess in zwei Fallstudien, am Beispiel der Entwicklung der Geschichte des Gymnasiums im Kanton Zürich und in Preußen, illustriert werden.

7.2.1 Fallstudie: Die Entwicklung der Gymnasien im Kanton Zürich

Von der Stiftsschule zur Staatsschule

Im 18. Jahrhundert war die „Gelehrte Bildung" im Kanton Zürich noch völlig in kirchlicher Hand. Sowohl die Gelehrtenschule als auch die Fortsetzung in hochschulähnliche Bildungsprozesse waren am Großmünster angesiedelt und finanziell als Stiftung getragen und organisiert. Erst durch die Gründung der Kantonsschule im Jahre 1832 wurde eine gelehrte, auf Wissenschaft ausgerichtete Schule geschaffen, die als Vorbereitung für das Studium an der im Jahre 1833 gegründeten Zürcher Hochschule gedacht war. Damit wurde sowohl auf der Hochschulebene als auch auf der Ebene des Gymnasiums das Vorbild Preußens umgesetzt.

Die Auseinandersetzungen um diese Neugründung sind sehr aufschlussreich. Sie dokumentieren den Kampf zwischen den „nützlichen Fächern", den Realien (insbesondere Naturwissenschaften, moderne Fremdsprachen, Deutsch und Geschichte) mit den Vertretern der klassischen Bildung, die Latein und Griechisch in den Mittelpunkt stellen.

In der programmatischen Schrift von Lonhard Usteri „Paedagogische Ansichten über äußere Trennung und geistige Einheit" vom Jahre 1831 heißt es dazu:

> „Der einzige praktische Ausweg aus dem uralten Streite zwischen Humanismus und Realismus ist meines Erachtens folgender:
> Der Staat, welchem die Bildung seiner Bürger unstreitig obliegt, gründet zwei, in der Hochschule wieder ihre Einigung findende Parallelanstalten, in welche vom 13. Jahre an die früher gemeinschaftlich gebildeten Jünglinge sich trennen, stets jedoch durch Religion, Sittlichkeit und Vaterland vereinigt, und dazu bestimmt, nach vollendeter Geistesbildung das Gesamtleben des Staates fortzuführen und stets vollendeter zu entwickeln.
>
> Der Staat also schafft und leitet:
>
> 1. Technische Schulen. Allein auch in diesen herrsche die Wissenschaft vor, zuvörderst die Mathematik; zweite Potenz seien hier die neueren Sprachen. Geschickte Lehrer können diese so behandeln, dass ihr Studium intellektuell dem praktischen Menschen beinahe denselben Vorteil gewährt wie das Studium der alten Sprachen dem Manne der Wissenschaft..."

2. Wissenschaftliche Schulen. In diesen müssen drei Hauptelemente sich einen. Erstens das in echt griechischem Sinne des Hermes Logios betriebene Studium des klassischen Altertums und seiner Sprachen... Zweites Element sei die Mathematik; mehr rationell als praktisch; reine Verstandesbildung. Als drittes Element betrachte ich das poetische im umfassendsten Sinne, als Anregung und Entwicklung der produktiven Kraft des Zöglings in Wort und Schrift. Dies Element, bisher gewöhnlich ganz verkannt oder falsch behandelt, bedient sich als Lehrmittel vor allem der deutschen Sprache und Literatur. Es versteht sich von selbst, dass es extensiv den beiden ersten Elementen bedeutend nachstehen muss" (Hunziker, 1933, S. 30).

Die aus diesen Überlegungen herauswachsenden Institutionalisierungen sollten von weit reichender Bedeutung sein. Durch die Entscheide von 1832 wurde die Bindung an das Stift Großmünster aufgehoben. Der Staat übernahm nun Leitung und Finanzierung.

Wieder ist dies kein problemloser oder gar bewusstloser evolutionärer Prozess, wie aus der Schilderung der Vorgänge durch Hunziker hervorgeht:

„Durch Gesetz vom 23. Januar 1832 wurde das 1538 auf Bullingers Anregung geschaffene Alumnat aufgehoben. Das Alumnat (auch Zuchthof genannt) war eine Art geistliches Konvikt, in dem fünfzehn ... künftigen Theologen unter Aufsicht eines Inspektors auf Kosten der Obrigkeit Unterkunft und Verpflegung („narung, spys und gliger"), wie es ursprünglich hieß zuteil wurde. Stattdessen wurden vierzehn staatliche Jahresstipendien im Gesamtbetrag von Fr. 4000 ausgesetzt und für Jünglinge bestimmt, welche die höhern wissenschaftlichen Lehranstalten des Kantons besuchten. Das Gebäude des Alumnats (beim Fraumünster) wurde in der Folge teilweise für die Hochschule nutzbar gemacht. Der Aufhebung des Alumnates folgte – was leidenschaftlichsten Kampf hervorrief – diejenige des Chorherrenstiftes am Großmünster, des ehrwürdigen Trägers und Beherrschers der höhern Schulen Zürichs. Es war eine Angelegenheit, an der sich der alte Gegensatz zwischen konservativen und radikalen Elementen neuerdings lichterloh entzündete – wie es auch bei der zeitlich rasch folgenden Auseinandersetzung über die Schleifung der stadtzürcherischen Befestigungswerke der Fall war. Es ist geradezu symbolisch, wie es hier um ein wirkliches, beim Stift um ein geistiges Bollwerk des alten Zürich ging...

Dr. Ludwig Keller brachte demnach am 21. Dezember 1831 im Großen Rat seine berühmte Motion betreffend die Aufhebung des Stifts ein. Dieser Angriff rief eine höchst temperamentvolle Verteidigungsaktion des Stifts hervor, in der sich vor allem der Chorherr Johannes Schultheß hervortat, der mit ‚Flammenschrift unter Bezugnahme auf das vermeintlich urkundliche Recht und aus ökonomischen und wissenschaftlichen Gründen das Stift verteidigte, gegen die Zerstörer zu Felde zog und gegen sie das wissenschaftliche Anathema aussprach'. Die Fehde wurde mit großer Heftigkeit weitergeführt – auf Seite der Gegner des Stifts vor allem im Republikaner, der u. a. bündig erklärte: ‚Die Aufhebung des Chorherrenstifts ist ein offenbarer Gewinn für den Staat, für die Kirche, für die Schule und für die Wissenschaft.' Die entscheidende Auseinandersetzung im Großen Rat erfolgte am 11. April: nach einer bewegten Redeschlacht, die – eine Mittagspause ausgenommen – von morgens acht Uhr bis abends acht Uhr dauerte, sprachen sich 134 Stimmen für, 51 gegen die Aufhebung aus. Das Stiftsgut sollte immerhin als abgesondertes Kantonalgut verwaltet und Zwecken der Kirche und des höhern Unterrichts dienstbar gemacht werden. Die Mitglieder des Stifts, die Lehrstellen bekleideten, hatten die Wahl, eine ihrer bisherigen Betätigung angemessene Lehrstelle zu übernehmen oder sich mit einem Ruhegehalt abfinden zu lassen.

Damit war das Schicksal des Stifts besiegelt, und ein ehrwürdiges geistiges Zentrum der Stadt Zürich gehörte der Vergangenheit an" (Hunziker, 1933, S. 35ff.).

Mit der neuen Regelung wurde auch eine harmonische Verbindung des Gymnasiums mit der Volksschule angestrebt, die als Zubringerschule bestimmt wurde. Damit griff sie der Entwicklung in Preußen vor. Hier wurde dies erst 1920 durch die Schaffung einer von allen Schülern zu besuchenden vierjährigen Grundschule erreicht. Im Kanton Zürich war schon in den 30er Jahren des 19. Jahrhunderts die Diskussion um eine realistische Bildung sehr virulent. Sie führte 1855 zur Gründung der Eidgenössischen Technischen Hochschule.

7.2.2 Die Entwicklung des Gymnasiums in Preußen

Vorblick

Der Vergleich der Geschichte des Gymnasiums in Zürich mit jener in Preußen bringt paradigmatische Unterschiede zum Vorschein. Steht Zürich für ein kontinuierliches Herauslösen von *Einzelschulen* aus der kirchlichen Bindung in eine staatliche Aufsicht und Finanzierung, so repräsentiert Preußen das Muster einer flächendeckenden, auf *Einheitlichkeit* zielenden Reform. Die autonome Einzelschule in Zürich wird sich bis in die heutigen Tage halten, ebenso der an Vereinheitlichung orientierte Typus des Gymnasiums in Deutschland.

Das Paradigma der Vereinheitlichung

Die Entwicklungen in Preußen wurden bekanntlich durch die Niederlage Preußens gegen Napoleon angestoßen. Aus den daraus folgenden Reformen sollten sich drei Institutionsentwicklungen im höheren Bildungswesen durchsetzen, die bis heute wirksam geblieben sind:

(1) Die Standardisierung und damit die Qualitätssicherung der gymnasialen Ausbildung durch die Einführung einer Abschlussprüfung im Gymnasium als Voraussetzung für die Zulassung zur Universität (Abitur),

Drei Schlüsselprozesse

(2) die „Neuerfindung" der Universität, spezifisch der Schaffung von philosophischen Fakultäten mit dem Abschluss für den Schuldienst in Gymnasien sowie die Ausrichtung der Universität auf freie Lehre und Forschung und

(3) die Einführung technischer Fachhochschulen am Ende des 19. Jahrhunderts.

Diese „Erfindungen" haben über Preußen hinaus Bewunderung geweckt und Nachahmung gefunden.

Politischer Hintergrund

Wieder stehen hinter diesen Entwicklungen historische Kräfte, die über schulinterne Antriebe hinausgehen. Es lassen sich aber auch konkrete Ereignisse benennen, die die obigen Entwicklungen zumindest beschleunigt haben. Zu letzteren zählen die Eroberungen Napoleons und die Niederlagen Preußens 1806/07 (Niederlage im 4. Koalitionskrieg – Doppelschlacht von Jena und Auerstedt 1806 – und Friede von Tilsit 1807, Niederlegung der Deutschen Kaiserkrone durch Franz II und damit Ende des Heiligen Römischen Reiches Deutscher Nation 1806), die die alten Machtkonstellationen grundlegend erschüttert haben. Eine Rettung der Nation war notwendig. Jeismann hat dies markant formuliert: „Die ‚Franzosenzeit' war die Inkubationszeit des deutschen Bildungswesens im 19. Jahrhundert" (Jeismann & Lundgreen, 1987, S. 5). Aus der Diagnose, dass am Untergang

Ereignisgeschichte

Preußens auch die mangelnde Unterstützung durch das Volk und die mangelnde Ausbildung des Militärs mitschuldig gewesen seien, wurden pädagogische Anstrengungen zu einem wichtigen Teil der „nationalen Rettung". Eindrucksvoll ist dies in den Reden Fichtes an die Nation dokumentiert.

Die entscheidenden
Akteure

Man mag es auch jetzt wieder als glückliche Fügung empfinden, dass zur richtigen Zeit die richtigen Männer an den Hebeln der Macht waren. Die Träger aufklärerischer Ideen wie Wilhelm von Humboldt, Freiherr von Stein, Hardenberg und von Süvern nutzten die Gelegenheit, um die Ideen der allgemeinen, von Stand und Ansehen unabhängige Menschenbildung institutionell umzusetzen. Ein gebildeter Volkskörper, so konnten sie argumentieren, der an seiner Vervollkommnung interessiert ist, wird eine größere Unterstützung für das Gemeinwesen und seine Regierung schaffen als eine ungebildete und sozial unterdrückte Untertanenschaft.

Die institutionellen
Reformen

Auf diesem normativen Hintergrund entwickelten die erwähnten Reformer ein politisches Programm der Befreiung und der Etablierung von politischen Rechten. Es zielte vor allem auf die Bauernbefreiung im ostelbischen Gebiet, also auf einen Bevölkerungsteil, der noch eng an die Gerichtsbarkeit der Grundherren, der ostpreußischen Junker, gebunden war. Bauern mussten die Erlaubnis zur Heirat einholen, sie hatten kein Recht, Eigentum zu erwerben und zu vererben und sie hatten kein freies Niederlassungsrecht, durften also das Gut nicht ohne Erlaubnis des Grundherrn verlassen. Persönliche Rechte (Freiheit der Person, Glaubensfreiheit, Freiheit der Heirat, Niederlassungsrechte), ökonomische Rechte (Eigentumsfreiheit, Berufswahl, Vertragsrechte, Gewerberechte) und politische Rechte (Meinungsfreiheit, Pressefreiheit, Versammlungsfreiheit, Wahlfreiheit u.a.) waren in hohem Maße eingeschränkt.

Institutionen als
Voraussetzung für
Freiheit

Die Verwirklichung dieser Rechte wurde mit dem Argument vorangetrieben, dass diese rechtlichen Absicherungen die unabdingbaren *institutionellen* Voraussetzungen seien, um die *individuelle* Entfaltung der Bürger zu ermöglichen. Konkret schlugen sie sich zu Beginn des 19. Jahrhunderts in Verwaltungsreformen, Bauernbefreiung, Städteordnungen und Gewerbeordnungen nieder. Die *reale* individuelle Entfaltung bedurfte aber nicht nur dieser institutionellen Rahmenbedingungen, sondern auch der individuellen Schulung, des Lernens und der Bildung.

Ideen ohne
Institutionen sind
schwach

W. v. Humboldt

Schaffung von Behörden und Aufsichtsinstanzen

Der relative Erfolg der Schul- und Unterrichtsreform im Preußen der napoleonischen und nachnapoleonischen Zeit speist sich nicht allein aus der Formulierung eines aufklärerischen und humanistischen Bildungsprogramms, sondern zusätzlich aus der rechtlichen Etablierung eines neuen Akteurs. Paradigmatisch dafür ist die Schaffung der preußischen Sektion für „Cultus und Unterricht" (erster Leiter von 1809-1819: Wilhelm von Humboldt), der Vorläuferin der später etablierten „Kultusministerien" und entsprechenden nachgeordneten Behörden. Dies führte dazu, dass die Strategie der flächendeckenden Versorgung und Kontrolle des Bildungswesens zu einem Kernmerkmal des preußischen Bildungswesens wurde.

(Quelle: Pictura
Paedagogica Online:
b0004668b)

Wiederum zeigt sich hier, dass entscheidende Fortschritte in der Etablierung des Bildungswesens über politische, rechtliche und administrative Prozesse erfolgen. Sie führen zu neuen Institutionen, die nicht nur eine Verstetigung von Ideen ermöglichen, sondern auch neue Macht- und Kompetenzstrukturen für deren Realisierung schaffen. In ihrem Schutze können neue institutionelle Akteure vereint an großen Aufgaben arbeiten. Die drei großen, oben erwähnten Institutionsbildungen (Abitur, Universität, Fachhochschule), können dies belegen.

Reform durch Recht und Verwaltung

Die Standards für die Qualität des Gymnasiums

Die meist von Städten oder Stiften unterhaltenen höheren Schulen waren im 18. Jahrhundert von höchst unterschiedlicher Qualität. Ihr Angebot war ebenso heterogen wie die Schülerschaft und das erreichte Niveau. Bereits 1788 beobachten wir einen ersten Versuch, die Anforderungen zu vereinheitlichen. Hier wird erstmals ein Abitur als einheitliche Abschlussprüfung vorgesehen, auch wenn dieser erste Anlauf nur eine begrenzte Wirkung zeitigt (s. für eine kurze Einführung Tenorth, 1988, S. 80-116). Erst die Abiturregelungen von 1812 erreichen, dass die Eingangsbedingungen für die Universitäten allgemein geregelt werden. Dadurch verlieren viele Schulen die Berechtigung, auf die Universitäten vorzubereiten. Allerdings gelten diese Regelungen anfangs nur für solche Studenten, die ein Stipendium beanspruchen. So können Kinder von Adeligen weiterhin auch ohne Abitur die Hochschule besuchen. Es hat noch mehr als zwanzig Jahre gedauert (bis 1834), bis die Erfüllung von Abituranforderungen für alle Hochschulanfänger verpflichtend wurden, und so auch der Adel ins Examen gezwungen war. Diese konsequente Entwicklung ist nicht zuletzt dem kontinuierlichen Wirken weniger Akteure zu verdanken. In Preußen war dies insbesondere der liberal gesinnte Johannes Schulze (1786- 1869), der über Jahrzehnte die Normierungsprozesse des Gymnasiums betrieb.

Standard-Sicherung durch Prüfungen

Die Geschichte der Abiturregelungen ist ein historisches Lehrstück von strategischem Wert. Sie macht sichtbar, wie Bildungsinstitutionen von ihrem „Ende" her, hier von den Abituranforderungen her, konstruiert werden; in diesem Falle sehr erfolgreich, wie Fuhrmann lapidar resümiert: „Das 19. Jahrhundert war die Epoche der Alleinherrschaft des humanistischen Gymnasiums" (Fuhrmann, 2001, S. 155).

Die Berechtigung zum Besuch von Hochschulen in der Gestalt des bestandenen Abiturs wurde im Gymnasium vor allem von der Beherrschung von Latein und Griechisch abhängig gemacht. Hier setzte sich das Erbe der gelehrten Schulen, der *Septem Artes* und der alten Artistenfakultäten fort, angereichert durch die Wiedereinführung des Griechischen. Die historische Bildungsforschung bezeichnet diese Entwicklungsphase deshalb als jene des *Neuhumanismus*. Der Anspruch an die Beherrschung der alten Sprachen war im Vergleich zu den klassischen Septem Artes jedoch ein anderer geworden. Der aktive Gebrauch wurde im Verlauf des 19. Jahrhunderts zunehmend kritisch. In der Forderung des lateinisch geschriebenen Abituraufsatzes bestand er bis zu dessen Abschaffung im Jahre 1892 fort. Danach genügte zunehmend das passive Verständnis des Lateinischen. Dennoch beanspruchten die „alten Sprachen" etwa die Hälfte der Lektionentafel und damit des Lernbudgets von Gymnasiasten. Die Wende kündigte sich aber an. Die okzidentale Tradition, nach der „höhere Bildung" vor allem im jahrelangen Erlernen der Fremdsprache „Latein" bestand, neigte sich dem Ende zu.

Neuhumanismus und alte Sprachen: Die Inhaltsfrage

Der altsprachliche Lehrplan provozierte beinahe zwangsläufig Konflikte mit einer genuinen Wissenschaftsorientierung und mit praktischen und wirtschaftlichen Ausbildungsbedürfnissen. Die Diskussion um die relativen Anteile der „realistischen Fächer" (Naturwissenschaften, Geschichte/Geographie, Mathema-

Alte Sprachen versus realistische Bildung

tik, moderne Fremdsprachen) und der Fächer Latein bzw. Griechisch beherrschte denn auch die politischen und innerschulischen Diskussionen. Erst gegen Ende des 19. Jahrhunderts hat sich die „realistische Bildung" mit einem höheren Anteil von Naturwissenschaften und modernen Fremdsprachen als gleichwertig zur „humanistischen Bildung" etablieren können.

Rückblick

Die Sattelzeit des frühen 19. Jahrhunderts

Trotz der heute schwer verständlichen, nur aus der historischen Abgrenzung gegen die Übermacht der Franzosen und deren Kulturkreis verständlichen Zuwendung des Neuhumanismus zum Griechischen bleibt die Entwicklungsphase des höheren Bildungswesens zu Beginn des 19. Jahrhunderts eine Sattelzeit. Über die Etablierung von kontrollierenden und steuernden Behörden, über die Festlegung von Fächern, Lernzeiten, Lerninhalten und Prüfungsanforderungen, entstanden langfristig institutionalisierte Bildungsgänge und durch die Koppelung zwischen Abschlüssen und Berufskarrieren (überwiegend im Staatsdienst) erstmals auch kalkulierbare Lebensverläufe. Bildung wurde somit zu einem Instrument der Karriereplanung und damit auch der Lebensplanung. Tenorth hat dies konzise zusammengefasst: „Seit 1800 werden...Bildungsprozesse der verwaltungsförmigen, rechtlich gesicherten, verfachlichten, schriftlich sich vollziehenden Bearbeitung zugeführt, wie sie sich in Lehrplänen und Prüfungen, Aufsichtsrechten und Kontrollinstanzen...manifestiert..." (Tenorth, 1990, S. 142f.).

7.2.3 Die Neuerfindung der Universitäten

Freiheit von Forschung und Lehre

Angesichts der in vorangegangenen Jahrhunderten engen konfessionellen Bindung der Universitäten war es ein großer Schritt, die Universitäten zu Beginn des 19. Jahrhunderts als Stätten der Freiheit von Forschung und Lehre zu definieren und institutionell zu verankern. Sie sollten sich nach Wilhelm von Humboldt nicht mehr nur als Orte verstehen, in denen bekanntes Wissen gesammelt und tradiert wird, sondern vielmehr „die Wissenschaft als etwas noch nicht ganz Gefundenes und nie ganz Aufzufindendes...betrachten und unablässig sie als solche suchen" (zit. nach Fuhrmann, 2001, S. 193).

Diese Aufgabenzuweisung durch Wilhelm von Humboldt hat den deutschen Universitäten im 19. Jahrhundert Weltgeltung verschafft. Sie wurden zum Vorbild der Universitätsgestaltung in der Moderne.

Neugründungen

Dies bedeutet nun keinesfalls, dass etwa mit der Gründung neuer Universitäten (Berlin 1810, Wiedergründung von Heidelberg 1803, Bonn 1818, Landshut/München 1826) und der Reform bestehender Universitäten eine für alle Zeiten gesicherte Realität geschaffen worden wäre. So führten politische Umbrüche im 19. Jahrhundert immer wieder zu verschärften staatlichen Kontrollen und Eingriffen, etwa jener der Karlsbader Beschlüsse von 1819, die Zensur und „Demagogenverfolgung" nach sich zogen. Auch die gescheiterte demokratische Revolution von 1848 blieb nicht ohne Auswirkungen. Die Freiheit von Lehre und Forschung wurde wieder eingeschränkt. Dennoch verdankt die Universität dieser Epoche, dass die Philosophischen Fakultäten ein institutionelles Gewicht bekamen. Sie wurden aus ihrer Zubringerrolle für die „eigentlichen" Fakultäten,

Philologen und die Antike

für die juristischen, medizinischen und theologischen, befreit. Die Zubringerrolle übernahmen nun die Gymnasien.

Durch die Einführung von universitären Abschlussprüfungen im Jahre 1810, durch das „examen pro facultate docendi", wurden geregelte Übergänge von der Ausbildung an der Hochschule zur Berufstätigkeit in Gymnasien geschaffen. Dies bewirkte einen Schub in der Professionalisierung der gymnasialen Lehrerschaft. Damit kann diese Zeit als Geburtsstunde der Etablierung eines angesehenen *Philologenstandes* angesehen werden, wenngleich die rechtliche und finanzielle Gleichstellung mit den Juristen erst gegen Ende des 19. Jahrhunderts vollzogen wurde.

Der Philologenstand

Das typische Mitglied dieses Philologenstandes zeichnete sich durch eine so genannte humanistische Bildung aus, die insbesondere im aufwändigen Erwerb der alten Sprachen, des Lateinischen und des Griechischen, bestand. Mit diesen Bildungsinhalten wurde die okzidentale Tradition der an der Antike orientierten Gelehrtenbildung im Neuhumanismus fortgeführt (s. für die Verflechtung von Neukonstruktion und Rekonstruktion der Antike Baumbach, 2000).

Latein und die Antike hatten jedoch im frühen Christentum, im Mittelalter, in der Renaissance und der Reformation jeweils ganz unterschiedliche Funktionen. Schon Friedrich Paulsen hatte dies gesehen, als er die drei großen Wellen beschrieb, über die die Antike in die Gegenwart gekommen sei. Im Frühchristentum war die Rezeption und Interpretation der griechisch-römischen Kultur ein Weg, auf dem das Christentum sich an die Spitze der Bewahrung der „heidnischen Kultur" setzen und damit auch eine kulturelle Oberhoheit gewinnen konnte. Im Mittelalter wurde sie zum Medium der Pflege der „natürlichen Erkenntnis" und in der Form des Lateins zum Medium eines einheitlichen europäischen Kulturraumes. Die „Neukonstruktion" der klassischen Antike in der Renaissance wurde zum Mittel, ein Gegengewicht der Gelehrsamkeit zur Dominanz der Kirche mit einem weltlichen, erstmals bürgerlichen Träger zu schaffen. In der Reformation war der Rückgang auf die Antike ein Rückgang auf die originalen Quellen des Christentums. In der Aufklärung und im Neuhumanismus diente die Antike wiederum einem anderen Zweck. Sie wurde zum Vorbild für eine republikanische Öffentlichkeit und Staatsform und sie wurde zum höchsten Ausdruck eines säkularisierten Bildungsideals stilisiert, das in der reinen, also zweckfreien Pflege des Menschentums bestand. Die Griechen und Römer hatten – so die „Konstruktion" der Antike im Neuhumanismus – die Verwirklichung des „vollen Menschseins" bereits einmal vorgelebt. Sich ihr – nicht zuletzt über die Sprache – wieder zuzuwenden bedeutete damit, ein ideales Medium der Menschenbildung gefunden zu haben. Im Verlauf des 19. Jahrhunderts wurden die Antike und die sie tragenden Sprachen angesichts der steigenden Bedeutung der empirischen Naturwissenschaften und angesichts der Bedeutung der Fremdsprachen infolge der internationalen Verflechtungen zunehmend eine deutsche Besonderheit.

Die Erfindungen der Antike

Neben der neuhumanistischen Ausrichtung war ein zweites Merkmal des deutschen Philologenstandes nicht minder prägend: die strenge Orientierung am Staatsbeamtentum, die ausgeprägte Staatstreue, die über Jahrzehnte die Form einer besonderen Kaisertreue annahm. Bezeichnend ist die Dankesadresse des Vorsitzenden des Philologenverbandes an den Kaiser angesichts der Gleichstellung der Philologen mit den Juristen, in der darauf hingewiesen wird, dass die Philologen in umso größerer Treue dem Kaiser dienen werden. Auf diesem

Philologen als Staatsbeamte

Hintergrund sollte es dem Philologenstand schwer fallen, demokratische Ordnungsvorstellungen in der Weimarer Republik zu akzeptieren und zu internalisieren.

7.2.4 Rückblick und Querschnitt

Mehrere Prozesse, die für das moderne Bildungswesen bis heute von entscheidender Bedeutung sind, haben ihren historischen Kern in der Staatsentwicklung Preußens zwischen 1810 und 1830.

Aufklärung und Individualrechte

1. Im Vordergrund dieser Zeit und Entwicklungsphase steht die Formulierung des normativen Programms der Aufklärung, das die bestmögliche individuelle Entfaltung jeder Person in den Mittelpunkt stellt und dies als die Aufgaben von Lehren und Lernen bestimmt.

Der Staat als neuer Akteur

2. Erstmals tritt der Staat als Träger des Bildungswesens, als maßgeblicher externer Akteur, in den Vordergrund. Durch die Schaffung staatlicher Behörden und Aufsichtsorgane, durch die Regulierung der Anspruchsniveaus von Ausbildungsgängen über Prüfungsordnungen und durch die staatliche Ressourcenverwaltung wird zumindest die höhere Ausbildung eng an die politische Zentralgewalt gebunden. Das Bildungswesen wird dadurch zu einer Erweiterung der staatlichen Bürokratie. Damit hat Preußen auch einen Sonderweg in der Vergesellschaftung höherer Bildung eingeschlagen, der durch die zentrale Stellung des Staates bei relativem Ausschluss privater Initiativen und öffentlicher Partizipation durch Bürger charakterisiert ist. Amerika ist hier einen anderen Weg gegangen (s. insbesondere Tyack, 1974), ebenso die Schweiz.

Gymnasien und Laufbahnen

3. Durch die Schaffung immer engerer Bindungen von Laufbahnen im Umfeld des Staates an schulische Abschlüsse steigt in dieser historischen Entwicklungsphase auch die *Bedeutung einer gymnasialen Ausbildung für die Berufslaufbahn und für die militärische Laufbahn*. Durch die starke institutionelle Normierung der Zugangsvoraussetzungen und Abschlussregelungen (Abitur) wird die Kluft zwischen Gymnasium und Volksschule größer und rechtlich verfestigt (s. vor allem Herrlitz et al., 1981). Anfangs werden dadurch eher mehr lernfähige Kinder unterer Schichten ausgeschlossen als vor der Jahrhundertwende (Müller, 1977). Die Abschottung von „unkontrollierten" und „massenhaften" Zugängen zu Gymnasien erfolgt vor allem durch die Etablierung von Vorschulen als eigentliche Zugangswege zum Gymnasium. Erst die Einführung einer gemeinsamen Grundschule im Jahre 1920 wird einen systematischen Übergang von der Volksschule ins Gymnasium etablieren. Die Vertreter der Höheren Bildung betreiben diese Abschottung aktiv, wie die vielen Diskussionen zur „Akademikerschwemme" im 19. und beginnenden 20. Jahrhundert zeigen. Die neuen Chancen werden im 19. Jahrhundert noch stark durch jene monopolisiert, die in den Genuss der neuen Ausbildungswege kommen.
Mit dem Gymnasium etabliert sich eine neue Gesellschaftsschicht, die der Bildungsbürger, welche an der Schließung von Zugängen interessiert ist, um ihre prekären Privilegien zu sichern. Sie ist von den politischen Entscheidungsprozessen fern gehalten, hat also nicht an einer republikanischen Staatenbildung teil, wie dies in anderen Ländern der Fall ist. Ihrer politi-

schen Machtlosigkeit korrespondiert das Ideal allgemeiner und interesseloser Bildungsprozesse (Tenorth, 1990, S. 146 ff.).

4. Unübersehbar entwickelt sich das Bildungswesen im Laufe des 19. Jahrhunderts zu einem *institutionellen Akteur mit hohem Organisationsgrad*. Die *privaten* Bildungsangebote treten in den Hintergrund oder orientieren sich an den staatlichen Vorgaben. Somit verbünden sich der externe Akteur Staat und der institutionelle Akteur Bildungswesen zu einem normativ strukturierten, also gesetzlich geregelten Ganzen. Dem Staat obliegen zunehmend die normative Regulierung, die Ausbildung des Personals, die Finanzierung und die Fachaufsicht über das höhere Bildungswesen. *(Enge Bindung von Staat und Schule)*

5. Das Besondere der *mitteleuropäischen* Entwicklung des Bildungswesens zu Beginn des 19. Jahrhunderts ist u.a. darin zu sehen, dass sie primär *politisch* und nicht *ökonomisch* motiviert war. Die Bildungsinnovationen waren im wesentlichen Sache des Staates und sollten der *nationalen Festigung* und der Fortentwicklung politischer Strukturen dienen. Es war also eine kulturelle Revolution mit politischen Absichten und keine ökonomische, die zur Etablierung eines staatlichen Bildungswesens führte, wenngleich sie für letztere eine ganz wichtige Voraussetzung werden sollte. Jeismann charakterisiert dies so: „Im 19. Jahrhundert verwirklichte der Staat, was er im 18. Jahrhundert angekündigt hatte: er wurde zum Schulherrn. Nach dem Militär- und dem Steuerstaat entstand mit dem „staatlichen Unterrichtswesen" (Lorenz von Stein) der Schulstaat. Mehr noch: Nach Hegels Wort über Preußen als „Staat der Intelligenz" wurde der Staat als geistige und sittliche Potenz, also selbst als das höchste kollektive Produkt, verstanden, das zwischen Menschheit und Individuum die integrative Mitte bildet" (Jeismann & Lundgreen, 1987, S. 4). *(Schule und Nation)*

Kennzeichnend ist dabei die steigende Angleichung der organisatorischen und materiellen Verhältnisse der einzelnen Schulen im Rahmen eines koordinierten Schulsystems. Dies wurde nach Jeismann von einer staatlichen Schulverwaltung geleistet, „...welche die kommunalen, stiftischen, privaten Schulträger zunehmend in Regeln und Pflichten zwang und im Laufe des Jahrhunderts eine vereinheitlichte Schulstruktur im ganzen Staatsgebiet durchsetzte. Die alte Instanz innerer Schulaufsicht, die Kirche, trat dabei in den Dienst des Staates und wurde zugleich auf ihren engeren Bezirk, den Religionsunterricht, als Aufsichtsinstanz begrenzt. Die Inhalte der Bildung erfuhren in diesem Verstaatlichungsprozess zugleich eine Verweltlichung und eine Verfachlichung. Der Lehrerstand professionalisierte sich auf allen Ebenen und löste sich von der Bindung an Geistlichkeit und Kirche. Der Staat war im Schulwesen überall als ein nach rationalen Bestimmungen durch Fachaufsicht vertretenes Ordnungsmaß sichtbar. Durch eine zunehmende Angleichung der Schulordnung an die Inhalte und Ziele des Lernens entstand ein Integrationssystem, das die Heranwachsenden in Kenntnissen, Urteilen und Maßstäben in die bestehende politische und soziale Ordnung einfügte und diese gleichzeitig mit Innovationspotential versah" (Jeismann & Lundgreen, 1987, S. 5).

Diese hier sicher idealisierte Sichtweise der Entwicklung des Staats- und Bildungswesens bedarf der Ergänzung und vielleicht auch der Korrektur. Auf der Ebene des Volksschulunterrichtes stellt sich die Situation weitaus heterogener und komplizierter dar und verweist auf die fortdauernden inneren Spannungen zwischen Kirche und Staat sowie zwischen den Ansprüchen eines *demokra-*

tisch-republikanischen politischen Ordnungsrahmens und den durch das gesamte 19. Jahrhundert hindurch weiter bestehenden *feudalen und monarchischen Herrschaftssystemen.* Gerade bei diesen Spannungsverhältnissen zeigt sich ein großer Unterschied zwischen der Entwicklung in der Schweiz und in Preußen. Während sich in der Schweiz mit kurzfristigen restaurativen Rückschlägen mit der Verfassung im Jahre 1848 ein föderalistisches und demokratisches Gemeinwesen endgültig durchsetzte, markiert dieses Jahr für Deutschland die Niederlage einer demokratischen Republikvorstellung und den Sieg der restaurativen Kräfte bis zum Ende des Ersten Weltkrieges, bis zur Abdankung des Königs von Preußen Friedrich Wilhelm der IV im Jahre 1918.

Inhaltliche Programme des 19. Jahrhunderts

Wenn man bei der obigen Außensicht, die das Verhältnis von Politik und Schulsystem im Auge hat, nicht stehen bleiben will, dann gilt es, die inhaltlichen Programme der Entwicklung des Bildungswesens zu beachten. Drei geistige Entwicklungen kämpften um Anteile an Stunden und an Berechtigungen. Der ersten verdankt das Gymnasium seine Stabilität als Vorstufe für die Hochschulausbildung. Es ist der Neuhumanismus mit seiner Orientierung an der Antike als Vorbild, der über die alten Sprachen, über Latein und Griechisch die Institution des Gymnasiums prägt. Bis zum Ende des 19. Jahrhunderts kämpfte er um das alleinige Vergaberecht von Zulassungen für universitäre Studien. Doch parallel entwickelten sich die nationalistisch-germanischen Stoßrichtungen im Umfeld der Romantik, die auf die Vorherrschaft des Deutschunterrichtes und der Geschichte des deutschen Volkes drängten und es schließlich durchsetzten, dass der Deutschaufsatz zum nicht substituierbaren Kern des Abiturs wurde. Als dritte Kraft wirkten die mächtig aufkommenden Naturwissenschaften, die den industriellen Fortschritt in diesem Jahrhundert trugen und die zur zentralen Stoßrichtung der Entwicklung der Moderne wurden. Ihr institutioneller Ort, von den Neuhumanisten heftig als „Nützlichkeitsorientierung" bekämpft, waren die verschiedenen Varianten der Realschule, die um ihre Anerkennung als Wege zum Hochschulzugang kämpften. Ihre mächtigsten Verbündeten auf dem Hochschulbereich waren die ebenfalls um Anerkennung ringenden Fachhochschulen. Ihren Erfolg dokumentiert die um 1900 von Wilhelm II erlassene Gleichstellung von humanistischem Gymnasium, Realgymnasium und Oberrealschulen als Zugangswegen zur Hochschule.

In der Institutionsgestaltung wirkungslos blieb bis zu diesem Zeitpunkt eine vierte gesellschaftliche Kraft: die marxistische und später die sozialdemokratische Bewegung. Ihr Kampf konzentrierte sich weniger auf die Inhalts- und Institutionsgestaltung als auf die Teilhabechancen an Bildungsprozessen. Diesen Kampf wird das 20. Jahrhundert in vollem Gange erleben.

180

7.3 Unterschiede der Schulentwicklung im 19. Jahrhundert zwischen der Schweiz und deutschen Ländern

Die Besonderheiten der Entwicklung des Bildungswesens eines Landes werden sichtbar, wenn man sie mit Entwicklungen in anderen Ländern vergleicht. Der Vergleich zwischen Deutschland (Preußen) und der Schweiz (Zürich) ist deshalb hilfreich, weil hinter der Ähnlichkeit an der Oberfläche sich sehr bedeutsame Unterschiede verbergen.

In beiden Ländern ist die Entwicklung des Bildungswesens im Gefolge der Französischen Revolution in eine entscheidende, bis heute fortwirkende Phase getreten. Sie bestand in der *flächendeckenden Systembildung* und in der *Stärkung des staatlichen Akteurs* für die Gestaltung des Bildungswesens. Im Detail zeigen sich aber gewichtige Unterschiede.

Gemeinsamkeiten

- In der Schweiz gelang es sehr viel früher als in Deutschland, Staat und Kirche zu trennen und ein geregeltes Zusammenwirken zu konstituieren.
- Das Schulwesen in der Schweiz wurde früh von der Öffentlichkeit kontrolliert, von einer lokalen, gewählten Schulpflege bzw. von einzelnen Gymnasien zugeordneten Aufsichtskommissionen.
- Das gelehrte Bildungswesen und das Volksschulwesen entwickelten sich zwar in beiden Ländern getrennt, die Abschottung des einen vom andern war jedoch in Deutschland weit ausgeprägter.
- Die unterschiedlichen politischen, rechtlichen und administrativen Rahmenbedingungen in der Schweiz und in Deutschland bedingten auch eine unterschiedliche Entwicklung des Lehrerstandes. Wohl folgten Professionalisierungsprozesse in beiden Ländern gleichen Pfaden. Auch die innere Kultur der Volksschule im Sinne einer ausgeprägten Disziplin- und Ordnungsorientierung und einer starken Autorität des Lehrers war ähnlich. In beiden Ländern kämpften aber die Lehrer und ihre Vertreter um erträgliche Arbeitsbedingungen und angemessene Entlohnungen. Hier wie dort konnten sich Lehrer aus einer marginalen und oft karikierten Stellung herausarbeiten. Doch in Deutschland musste sich die Lehrerschaft im ständigen Kampf gegen die Bevormundung durch Kirche und Staat profilieren. In der Schweiz war die Chance größer, durch aktive Beteiligung an den Entscheidungsprozessen, durch zunehmende Entfaltung der professionellen Ausbildung und durch den Dialog mit der Bevölkerung ein Standesbewusstsein zu entwickeln.

Unterschiede

Defensive der Lehrerschaft vs. konstruktive Beteiligung

Für die *deutsche* Volksschullehrerschaft und auch für die Gymnasiallehrerschaft war es gewissermaßen ein Sieg, dass es ihnen im Laufe des 19. Jahrhunderts gelang, möglichst dicht in staatliche Zusammenhänge eingebunden zu sein und sich damit von der kirchlichen Schulaufsicht zu emanzipieren. Die Schweizer Lehrerschaft hingegen hatte die Chance, eine größere Selbstständigkeit zu erreichen und sich als Partner in einem kritischen Dialog mit der Öffentlichkeit, den Behörden sowie den politischen Instanzen zu verstehen.

Selbständigkeit der Lehrerschaft

- Der wohl entscheidendste Unterschied besteht jedoch in den Folgen des Jahres 1848. Während es in diesem Jahr in der Schweiz gelang, über die Verabschiedung einer Verfassung ein republikanisches Gemeinwesen mit ausge-

Die Revolutionen von 1848

181

bauter Volksbeteiligung zu etablieren, scheiterte diese demokratische Bewegung in Deutschland. Sie führte dort zu einer restaurativen Entwicklung, die auch das Volksschulwesen von den Inhalten, vom Niveau und von der pädagogischen Kultur her ins Abseits führte. Erst der Untergang der Monarchie im Gefolge des Ersten Weltkrieges führte in der Gestalt der Weimarer Republik zu einem demokratischen Gemeinwesen, das allerdings nur von kurzer Dauer war.

„Öffentliches" vs. „staatliches" Bildungswesen

Resümierend ließe sich zugespitzt formulieren, dass die Entwicklungsrichtung der Systembildung in Deutschland auf ein *staatliches* Bildungswesen hinauslief, also auf eine immer enger werdende Beziehung zwischen der Verwaltungsbürokratie und der operativen Ebene der Schule und des einzelnen Lehrers. In der Schweiz hingegen entwickelte sich das Bildungswesen zu einem *öffentlichen* System, das sich in einem kritischen Dialog zwischen staatlichen Vorgaben, eigenständiger Professionalisierung und der Verantwortung gegenüber der Öffentlichkeit, repräsentiert in den Schulpflegen, Bezirksschulpflegen und Aufsichtskommissionen, entwickelte.

8 Universalisierung, Systembildung, Expansion, Professionalisierung: Entwicklungsprozesse im 20. Jahrhundert

Je mehr wir uns der Gegenwart nähern, umso umfangreicher wird die Aufgabe, die Grundzüge der Entwicklung des Bildungswesens herauszuarbeiten und umso unübersichtlicher und vielfältiger erscheinen die Entwicklungsprozesse, die zur heutigen Gestalt des institutionellen Akteurs „Bildungswesen" geführt haben. Dies wird jedem vor Augen geführt, der auch nur einen flüchtigen Blick auf die Vielzahl von gesetzlichen Veränderungen in den Bildungssystemen seit dem Beginn des 20. Jahrhunderts wirft. Er wird resigniert meinen, dass es unmöglich ist, die Entwicklung in diesem „kurzen Jahrhundert" auch nur einigermaßen zu beschreiben, geschweige denn zu erklären. Die umfangreichen historischen Handbücher zur Entwicklung im 20. Jahrhundert belegen denn auch die Größe eines solchen Unternehmens (s. vor allem die Einleitung in Cortina, Baumert, Leschinsky, Mayer, & Trommer, 2003; Führ & Furck, 1998a; s. vor allem die Einleitung in Führ & Furck, 1998b; Langewiesche, 1989). Berücksichtigt man den Facettenreichtum der modernen Geschichtsschreibung, die Ereignisgeschichte, Institutionsgeschichte, Mentalitätsgeschichte, Alltagsgeschichte und Sozialgeschichte verbindet, dann erscheint es doppelt schwierig, große Linien zu zeichnen. Dennoch ist dies unerlässlich, wenn man den Anspruch nicht aufgeben möchte, die Funktionsweise des gegenwärtigen Bildungswesens aus seiner Geschichte zu verstehen.

Diese Funktionsweise betrifft im Kern das Verhältnis von externen Akteuren und den Aufgaben, die dem Bildungswesen zugewiesen werden. Schon in der zweiten Hälfte des 19. Jahrhunderts, in dem der Kampf zwischen den religiösen und den politischen Funktionen der Schule noch in vollem Gange war, gesellte sich als mächtige dritte Kraft die Wirtschaft hinzu. Das Bildungswesen wurde zunehmend als Wirtschaftsfaktor wahrgenommen, als Teil der industriellen Revolution gesehen, die sich selber technischen Entwicklungen verdankte. Damit trat die Qualifikationsaufgabe moderner Bildungssysteme allmählich in den Vordergrund, das Bildungssystem wurde an das Beschäftigungssystem angebunden.

Abb. 48: Die elektrotechnische Lehranstalt „Elektra" in Hamburg
(*Quelle: Pictura Paedagogica Online, Bibliothek für Bildungsge-schichtliche Forschung, b0006919 u. b0006919a*)

Illustrierte Zeitung:
wöchentl. Nach-
richten über alle
wesentl. Zeitereig-
nisse, Zustände u.
Persönlichkeiten d.
Gegenwart; 1898

Im Artikel wird der
Lehrplan für die Vor-,
Unter-, Mittel- und
Oberstufe erwähnt.

Je bedeutsamer die Schulausbildung damit für die berufliche Karriere wurde, je stärker Berufslaufbahnen durch Eingangs-, Übergangs- und Abschlussregelungen an Schullaufbahnen angebunden wurden, umso vehementer meldeten sich jene soziale Klassen zu Wort, die über das Bildungswesen Lebensplanung und Existenzsicherung treiben konnten. Dazu gehörte die sich ausbreitende Klasse des Bildungsbürgertums, die sich dem Ansturm nachdrängender sozialer Klassen und ihrer hoch begabten Kinder ausgesetzt sah.

So beginnen sich die Aufgaben zu komplettieren, die Bildungssystemen heute zugeschrieben werden:

–   für die Qualifikationserzeugung bei der nachwachsenden Generation besorgt zu sein, die diese in einer schwierigen Zukunft persönlich handlungsfähig „macht" und die Volkswirtschaft eines Gemeinwesens konkurrenzfähig werden lässt,
–   die Differenzierung der Anforderungen in der Berufswelt durch eine gerechte Selektion nach Leistungskriterien vorzubereiten,
–   die Stabilität eines Gemeinwesens zu befördern, in dem allen eine faire politische Teilhabe ermöglicht wird, die soziale Identität durch eine Kulturgemeinschaft vorgelebt und das Vertrauen in die Fairness der politischen In-

stitutionen gefestigt wird. Damit werden schließlich die Werte einer demokratischen und freiheitlichen Zivilgesellschaft vermittelt.

Unübersehbar wird hier das Bildungswesen in den Dienst der Kernaufgaben einer Zivilgesellschaft gestellt. Es wird nicht primär vom Individuum, vom heranwachsenden Menschen her gedacht, über dessen psychische Ausstattung diese Aufgaben ihre Verwirklichung erfahren sollen. Wird die Perspektive von Kindern und Jugendlichen eingenommen, wie es viele Reformpädagogen des 20. Jahrhunderts tun werden, dann erscheint eine kritische Perspektive am Horizont, die in institutionalisiertem Lernen auch eine Instrumentalisierung des Menschen für außerpädagogische Zwecke sieht. Eine Sichtweise, die sich als Anwalt des Kindes versteht, würde die bestmögliche Förderung des jeweiligen Kindes in den Mittelpunkt rücken. Mit dieser Gegenüberstellung von sozialen und individuellen Aufgaben der Bildungseinrichtungen wurde eine bis heute dauernde Diskussion angestoßen.

8.1 Der Wandel der externen Akteure im 20. Jahrhundert

Im Bemühen um das Verständnis des Bildungswesens hat sich gezeigt, dass es in hohem Masse von den Interessen und der Gestalt der externen Akteure abhängig ist, die es tragen und gestalten. Im 20. Jahrhundert hat sich diesbezüglich der Staat, in allerdings sehr unterschiedlicher Gestalt, durchgesetzt.

Externe Akteure in Deutschland

Die Geschichte der politischen Systeme und der auf sie bezogenen Bildungseinrichtungen ist bekanntlich in Deutschland völlig anders verlaufen als etwa in den USA, in England oder in der Schweiz. Adel und Kaiserreich waren in Deutschland bis ins 20. Jahrhundert die entscheidenden politischen Akteure, deren Rolle sich erst im Gefolge der Katastrophe des Ersten Weltkrieges entscheidend änderte. Von 1919 bis 1933 entwickelte sich ein von den Bildungsschichten ungeliebtes demokratisch-republikanisches Gemeinwesen, das nach dem Ort der Entstehung der Verfassung als *Weimarer Republik* in die Geschichte eingegangen ist. 1933 bis 1945 bedrohte Deutschland die Welt im Rahmen einer Diktatur, die wiederum in eine kriegerische Katastrophe, den Zweiten Weltkrieg, führte. Ab 1945 wurde durch die Besatzungsmächte ein demokratisches Gemeinwesen importiert. Es entwickelte sich bis heute zu einer stabilen Demokratie. In der sowjetischen Besatzungszone entstand eine neue Diktatur, die Deutsche Demokratische Republik, die im Gefolge des Zusammenbruches des Sowjetreiches 1989 zu einem Ende kam, so dass seit diesem Zeitpunkt ein vereinigtes Deutschland existiert. Die um 1900 geborene Generation hat damit ein Maß an politischer Diskontinuität erlebt, das auch am Maßstab eines längeren Zeitraumes gemessen ungewöhnlich ist. Im Vergleich dazu hat z.B. die Schweiz ein hohes Maß an Kontinuität erlebt. Die verfassungsrechtlichen Grundlagen für ein republikanisches und demokratisches Staatswesen sind in der Schweiz im frühen 19. Jahrhundert gelegt und realisiert worden, jene in Deutschland achtzig Jahre später. Damit war in der Schweiz die Entwicklung des Bildungswesens im 20. Jahrhundert vor allem eine Geschichte der immer verfeinerten Systembildung und der Expansion, ohne dass vom Paradigma her grundsätzlich Neues geschaffen werden musste.

Im Wechsel dieser politischen Systeme in Deutschland wird unübersehbar, wie eng das Verhältnis von externen und internen Akteuren im Bildungswesen ist. Die jeweilige Staatsform versucht, das Bildungswesen als Mittel der Legitimationsbeschaffung in seinen Dienst zu nehmen. Je autoritärer diese Staatsform jeweils ist, umso geringer sind die Freiheitsspielräume des Bildungswesens, so dass letztere auch zu einem Indiz für die Qualität der politischen Freiheitsgewährung und der Staatsform werden. Wie *Diesterweg* im 19. Jahrhundert nicht müde wurde zu betonen, verläuft die Wirkungskette von oben nach unten: Ein demokratisches Staatswesen muss einer Lehrerschaft die Möglichkeit der Selbstorganisation und des eigenständigen Denkens eröffnen, und nur eine selbstständige und selbst denkende Lehrerschaft kann eine Schülerschaft erziehen, die auf mündiges Denken und selbstverantwortliches Handeln vorbereitet ist. Damit hat er früh den Maßstab für eine legitime Beziehung zwischen Staatsform und Bildungswesen vorgegeben.

8.2 Politische Systemgeschichte und korrespondierende pädagogische Ideengeschichte

Politische Systemgeschichte und Bildungsgeschichte hängen eng zusammen. Dieser Sachverhalt kommt im Wandel der politischen Systeme im 20. Jahrhundert unübersehbar zum Vorschein, am klarsten wohl beim Herrschaftssystem des Nationalsozialismus. Diese Katastrophe hat auch die bildungsgeschichtliche Forschung leidenschaftlich und betroffen nach pädagogischen Vorläufern und Gegenspielern suchen lassen. Warum konnte sich diese Katastrophe im Lande der Dichter und Denker ereignen, warum haben die Bildungsschichten und warum hat die Bildungsidee des Neuhumanismus sie nicht verhindert?

Wegen der Bedeutung dieser Frage sei hier ein kurzer Exkurs erlaubt, gewissermaßen eine Fallstudie zum Zusammenhang zwischen politischen und pädagogischen Weltbildern sowie ihrer Umsetzung in Bildungssystemen.

8.2.1 Fallstudie: Politische Weltbilder, Bildungsideen und Schule im Dritten Reich

Zur Geschichte der Erziehung im Dritten Reich gibt es zahllose Publikationen, die hier nicht durch eine zwangsläufige verkürzte Darstellung ergänzt werden sollen (s. als Überblick Langewiesche, 1989). An Stelle eines historischen Überblicks soll der wissenssoziologisch inspirierten Frage nachgegangen werden, wie das Verhältnis von politischer Herrschaft und pädagogischer Kultur aussah. Das Dritte Reich repräsentiert ein historisches Lehrstück für ein diktatorisches Verhältnis von externen und schulinternen Akteuren und damit auch für ein undemokratisches Verhältnis von Politik und Pädagogik.

Die große Aspiration der Aufklärung, mit ihrer Betonung von geistiger Selbstständigkeit und republikanischen politischen Verhältnissen, die sich nicht zuletzt an Pädagogen und Pädagoginnen gewandt hat und von solchen auch getragen wurde, hätte erwarten lassen, dass gerade die Deutschen und deren Lehrer gegen rassistische und diktatorische Strukturen geschützt sind. Dies war aber – wie die Geschichte leidvoll gelehrt hat – nicht durchgehend der Fall.

Warum – so fragen wir natürlich aus der Sicherheit der Gegenwart heraus – haben sich nicht mehr Lehrer und Pädagogen gegen die nationalsozialistische Herrschaft gewehrt? Wie sah die geistige Innenausstattung der Schule davor aus? Waren Lehrer in politischer Abstinenz oder gar Unterwürfigkeit geübt? Antworten auf solche Fragen sind wichtig, um aus der Vergangenheit zu lernen.

Es ist in der Zwischenzeit genügend dokumentiert, dass sich weder die Mehrheit der Volksschullehrer noch die Mehrheit der Philologen mit der Weimarer Republik identifizierten (Fischer, 1970; Hamburger, 1977; Hermanns, 1990; Langewiesche, 1989; Schallenberger, 1964; Sontheimer, 1983). Damit ist natürlich noch keine Affinität zu den Nationalsozialisten belegt. Dennoch zeigen historische Analysen eine „...unbestreitbare Anfälligkeit reformpädagogischen Denkens für Gemeinschaftsideologie, Führerkult und Irrationalismus" (Tenorth, 1990, S. 111).

Warum also so wenig Widerstand gegen die totalitären Strukturen des Nationalsozialismus aus der Pädagogik? Können in der bisherigen Schulgeschichte Hinweise gefunden werden? Vielleicht sind es die folgenden:

Die Volksschullehrerschaft war das gesamte 19. Jahrhundert hindurch in einer so prekären wirtschaftlichen Situation, dass sie schon durch geringfügige ökonomische Massnahmen leicht kontrollierbar war. Zudem wurde sie bewusst politisch und geistig unmündig gehalten, in dem sie in ihrer Ausbildung auf rudimentäre Kenntnisse eingeschränkt wurde. *Die Volksschullehrerschaft*

Zum andern blieb die kirchliche Schulaufsicht teils bis kurz n a c h dem Ersten Weltkrieg in Kraft. Die liberalen Bewegungen und die Bewegung der Sozialdemokratie haben diese Teufelskreise von Kontrolle und Unmündigkeit immer wieder zu durchbrechen versucht, waren aber erst kurz vor dem Ersten Weltkrieg erfolgreich.

Welches demokratische Potential hatte die Lehrerschaft der Höheren Schulen, der Gymnasien? Konnte sie Träger einer demokratischen, aus der Schule kommenden Bewegung werden? Wie orientierten sich schließlich die professionellen pädagogischen Theoretiker, die im Rahmen der Ausdifferenzierung der Pädagogik aus der Philosophie an Universitäten eine immer größere Bedeutung als wissenschaftliche Quelle für die Gestaltung des Bildungswesens erhielten (s. dazu Tenorth, 1990)? *Philologen als republikanische Elite?*

Bei diesen Personengruppen könnte man erwarten, dass sie durch ihre Rezeption des humanistischen Erbes, durch die Rezeption der oft als republikanisch verehrten Antike und durch die Rezeption der idealistischen Philosophie der Aufklärung ein Schutz- und Widerstandspotential für diktatorische Inanspruchnahme bilden würden. Dem stand jedoch entgegen, dass sich die Gymnasiallehrerschaft der Staatsform des Kaiserreiches besonders verbunden fühlte. Schließlich verdankte sie staatlichen Bemühungen ihre Entstehung, ihren Ausbau und ihre Respektabilität. Das Gymnasium war seit dem Beginn der 19. Jahrhunderts eine Frucht der staatlichen Regulierung von höherer Bildung. Gleichzeitig hat das Gymnasium einen eigenen Bildungsstand geschaffen, das so genannte *Bildungsbürgertum,* das seine Privilegien und sein gesellschaftliches Ansehen weitgehend durch die Pflege eines besonderen Bildungskanons und eines besonderen Tugendkanons stabilisierte (s. Hettling & Hoffmann, 2000). Mit der auch rechtlich abgesicherten Standesbildung, die den Bildungsbürger für adelige Eheschließungen satisfaktionsfähig machte, hatte nach Ansicht vieler Historiker und Historikerinnen das aufklärerische und gesellschaftskritische Potential der gebildeten Schichten in Deutschland eine langwirkende, demokratiefeindliche Fessel erhalten. Das humanistische Ideal war gewissermaßen gesellschaftspolitisch neutralisiert.

Dies ist ein häufig angeführter Erklärungsstrang dafür, warum die Ideale des Republikanismus und der Aufklärung am Ende der Monarchie nicht dazu geführt haben, dass die tragenden Schichten des gelehrten Unterrichtes in Deutschland die Weimarer Republik gestützt haben und warum sie auch den völkischen Idealen und den Gemeinschaftsidealen des Dritten Reiches nicht aktiv wehrten und bestenfalls mit innerer Emigration zu begegnen wussten. Diese innere Emigration wurde ja – falls sie als solche empfunden wurde – über Jahrzehnte geübt. Anders stand es mit den Anreizen zur politischen Beteiligung in der Schweiz, in der sich die Revolution von 1848 durchsetzte. Dadurch wurde die politische *Mitwirkung* der führenden Köpfe für die Fortentwicklung des republikanischen Gemeinwesens politisch erwünscht und damit fruchtbar. In Deutschland hingegen bewegten sich die führenden geistigen Köpfe außerhalb des politischen Bereichs.

Der Weg in die Innerlichkeit

Der Gelehrtenstand Deutschlands entwickelte eine frühzeitige Wendung in die Innerlichkeit. Diese Beobachtung lässt sich generalisieren: Immer wenn die führenden geistigen Schichten aus der Gestaltung der politischen Verhältnisse und aus der Mitwirkung bei Verhandlungen über die Struktur des Gemeinwesens ausgeschaltet werden, gehen sie einen Weg nach innen, den der Kultivierung der eigenen Persönlichkeit bzw. der Kultivierung der Binnenverhältnisse von Familie und Sozialleben. Diese Wendung hat bereits Friedrich Schiller in seinen ästhetischen Briefen über Erziehung paradigmatisch festgehalten. Aber auch Pestalozzi ist partiell diesen Weg gegangen, als ihm äußere Wirksamkeit im politischen Bereich versagt blieb (s. dazu die eindrucksvolle Arbeit von Tröhler, 2001). Dabei enthielte die humanistische Tradition der deutschen Bildungsidee ein großes Potential an republikanischer Gestaltung der Wirklichkeit und ein großes Potential, den Menschen in Mündigkeit und Freiheit zu führen. Einige Zitate sollen dies illustrieren.

Bildungsideal

Paulsen

Zunächst soll Friedrich Paulsen als Kronzeuge für die Rezeption des humanistischen Bildungsideals dienen: „Menschen bilden, das ist die Aufgabe, nicht Sklaven einer Profession oder Marionetten einer Konfession, sondern volle, ganze, freie Menschen, bei denen alle Anlagen des Leibes und der Seele von innen heraus entwickelt, zu tätigen Kräften des Erkennens und Handelns gebildet sind. Dabei wird auch die Eigentümlichkeit des einzelnen zu ihrem Recht kommen: denn Mannigfaltigkeit und Besonderheit der Bildung machen den Reichtum der Menschheit aus: Gleichförmigkeit ist Armut. Auf diesem Wege und auf ihm allein kann gewonnen werden, was der höchste Inhalt und das höchste Glück des Lebens ist: freie und harmonische Betätigung aller Kräfte der zu eigentümlicher Gestalt entwickelten Persönlichkeit. Und diesem Ideal der Menschenbildung ist nun eben die griechische Welt am nächsten gekommen; nicht die römische mit ihrer Richtung auf Staat und Herrschaft und Unterdrückung der Individualität, nicht die christliche, mit ihrer Richtung auf Unterdrückung der Natur, nicht die moderne mit ihrer Richtung auf die mechanischen Künste und den äußeren Nutzen. Allein das griechische Volk zeigt jene voll und frei und schön entwickelten Persönlichkeiten. Es selbst hat ein Bewusstsein von diesem seinem einzigen Wert, indem es das Hellenentum der ganzen übrigen Welt als dem Barbarentum gegenüberstellt. Und seine Philosophen fassen dieses Bild des Volkstums in eine begriffliche Formel, wenn sie in der Ethik die Eudämonie bestimmen als

(Quelle: Pictura Paedagogica Online: b0004703b)

188

vollendete Wesensgestaltung (...), oder als Betätigung aller Tugenden und Tüchtigkeiten in einem vollendeten Leben" (Paulsen, 1965/1919, S. 281f.).

Bildungsideal Spranger

Der andere wichtige Zeuge für die Rezeption des humanistischen Bildungsideals ist Spranger, der das Ideal des Neuhumanismus so charakterisiert: „Es bedarf jedoch noch einer näheren Charakteristik dieses Ideals. Aus seinem Gegensatz gegen die spezialistische Berufsbildung folgt der ursprünglichen Auffassung nach nicht etwa eine enzyklopädische Belehrung im Sinne des 17. und 18. Jahrhunderts; der Name allgemeine Menschenbildung bezieht sich nicht auf Allseitigkeit des Stoffes, sondern auf alle Seiten des tätigen Geistes, d. h. sie ist Kraftbildung oder formale Bildung und will, dass keine Naturanlage im Menschen unter dem Druck der Arbeitsteilung und der Berufsabrichtung früh verkommt. Ganze Menschen, voll und reich entfaltete Persönlichkeiten sind das Ziel, nicht Alleswisser und wandelnde Lexika. Trotzdem hängt mit dem Geiste dieses Ideals eine sichtliche Bevorzugung der Theorie vor der Praxis zusammen. Es hat gleichsam zwei Spitzen oder gestattet zwei Hauptausprägungen, denen beiden jene ,Interesselosigkeit' eigen ist, die Kant als das Merkmal des ästhetischen Wohlgefallens bezeichnet hatte. Die eine ist das Ideal der philosophischen Totalität im Sinne von Fichte, Schelling und Hegel; die andere stellt die ästhetische Vollendung des Menschen voran, die innere Formgebung und schöne Totalität; sie beweist damit ihren Ursprung aus der Welt der ästhetischen Erziehung, der ,Lehrjahre' Wilhelm Meisters und der hellenischen Kalokagathie. Die zweite Form ist früher und überhaupt stärker in Erscheinung getreten. Sie zeigt zugleich, wie sehr jeder Wert in die Vollendung der Individualität verlegt wurde. Humanitätskultur ist Persönlichkeitskultur. Das Individuum ist das Ziel. Seine Formung und Gestaltung steht im Mittelpunkt dieser Bildung, die aus der individualistischen Weltanschauung des 18. Jahrhunderts als letzte und reichste Blüte hervorgewachsen ist" (Spranger, 1923, S. 4f.).

Deutsches Bildungsideal aus dem Rückblick

Spranger schildert dieses Ideal in Abgrenzung zur Formulierung eines nationalistischen, auf die Staatsidee gegründeten Bildungsideals. Er lokalisiert seinen Ursprung im 18. Jahrhundert, ohne auf die genauen Quellen einzugehen. Neuere Forschungen zeigen, dass dieser Ursprung der Bildungsidee in der Rezeption von Shaftesbury zu suchen ist, der die typisch deutsche Bildungsidee vorgeformt hat, indem er sie auf die ästhetisch, philosophisch, literarische Grundausrichtung der „schönen Seele" fokussiert hat. In der deutschen Rezeption, insbesondere bei Herder ist daraus ein Weg des Menschen geworden, der zu einem über ästhetische und ethische Erfahrungen vermittelten höheren Sein und idealen Leben führt (Horlacher, 2002). Hier ist vor allem die Betonung des *Ästhetischen* zu beachten und die Ausrichtung auf die *innere* Gestaltung des Menschen. Im Gefolge des Neuhumanismus wird sie durch die Rezeption der Antike und der alten Sprachen und die Konzentration auf den Kreis des Bildungsbürgertums jene Konnotationen erhalten, die mit dem Begriff Bildung bis heute verbunden werden. Seine Besonderheit sei mit einem Zitat aus neuerer Zeit umschrieben, das eine knappe Zusammenfassung repräsentiert und die Grundzüge der deutschen Bildungstradition wie folgt aufzählt (Formatierung H.F.):

Innerlichkeit

– die schrittweise Umdeutung und sich daran anschließende Abwertung der kognitiven Seiten am Individuum,
– die zunehmende ästhetische Stilisierung der als Kunstwerk konzipierten, harmonisch allseitig entfalteten Persönlichkeit,

- die schrittweise Verlagerung des Schwergewichts in der Persönlichkeitsdeutung auf die subjektive Erlebnistiefe und den Traum von ihrer souveränen Allmacht über die als Stoff gegebene äußere Welt und
- schließlich, in der spätromantischen Phase daran anknüpfend, die mythologisierende Umdeutung der gesellschaftlichen Wirklichkeit als Volkskollektiv oder organisch gewachsenes Gebilde bis zur offenen Rechtfertigung der ständischen Ordnung und der Restauration" (zit. nach Strzelewicz, Pappke, & Schulenberg, 1966, S. 12).

Die Problematik dieser Konzeption liegt in der Trennung von „Innenwelt" und „Außenwelt" und in der trügerischen Hoffnung, sich ungestört der Pflege der eigenen Innenwelt hingeben zu können. Diese Gefahr ist jedoch von Vertretern der humanistischen Bildungsidee selbst gesehen und z.B. von Theodor Litt prägnant formuliert worden: „Der Versuch, der ‚Bildung' durch eine Zweiteilung der menschlichen Existenz ein Reservat im Innern zu retten, könnte nicht gründlicher ad absurdum geführt werden als es durch die Schicksale geschieht, die der Mensch gerade dadurch über sich heraufbeschwört, dass er das sorglich abgesonderte ‚Äußere' jenen fragwürdigen Mächten überlässt, die er aus seinem ‚Inneren' meint aussperren zu können. Es steht nicht in seiner Macht, durch einen Willensentschluss sein Leben in zwei Provinzen zu zerlegen, die so voneinander abgetrennt und gegeneinander abgedichtet wären, dass sie nach völlig entgegengesetzten Prinzipien verwaltet werden könnten. Das der Verwahrlosung anheimgegebene ‚Äußere' und das für die Bildung reservierte ‚Innere': beide verharren nicht in der verordneten Isolierung, sondern durchdringen sich zu einem Gesamtgeschehen, in dessen trübem Strudel die Bildung am sichersten untergeht" (Litt, 1959, S. 120f.).

Die humanistische Bildungsidee hat mehrere politische Katastrophen überlebt, zuletzt den Zweiten Weltkrieg. Manche Kritiker machen dieser Konzeption daraus den Vorwurf, nichts zu deren Verhinderung beigetragen zu haben – und zwar aus den immanenten bildungstheoretischen Momenten heraus. Ihre These – mit der wir uns bei der Schilderung anderer geistesgeschichtlicher Traditionen noch auseinandersetzen müssen – ist die, dass das politische Vakuum, das die Konzentration auf die Innerlichkeit geschaffen hat, von politischen Bestrebungen ausgefüllt wurde, die in die Katastrophe führen mussten.

Wird der humanistischen Tradition also vorgeworfen, dass sie den deutschen Irrweg im 20. Jahrhundert *nicht verhindert* hat, so kann von einer zweiten geistesgeschichtlichen Entwicklung gesagt werden, dass sie Elemente enthielt, die mit Teilen der nationalsozialistischen Ideologie hochgradig kompatibel waren. So hat die *romantisch-nationalistische* Denktradition zu einem Verständnis des Verhältnisses von Individuum und Staat beigetragen, das nicht in der Form der reflektierten Mitwirkung, der demokratischen Mitbestimmung in einem Umfeld pluraler Meinungen und Interessen bestanden hat, sondern in der *Gefolgschaftstreue* gegenüber der nationalen Volksgemeinschaft das Ideal des Verhältnisses von Individuum und Gemeinschaft sah.

Die meisten Historiker lokalisieren den Ursprung der nationalen Bewegung in deutschen Landen in der Romantik. Politisch war dies die Zeit der napoleonischen Fremdherrschaft und der Sozialreform durch Stein und Hardenberg, die eine politische Gleichstellung des Bürgertums erstrebten und die Leibeigenschaft der Bauern aufheben sollten. Es war dies eine Parallele zur Französischen Revolution, die „deutsche" Auseinandersetzung mit den Vorrechten des Adels und mit dem Ständestaat. Diese Bemühungen endeten mit der Restauration der politischen und gesellschaftlichen Verhältnisse nach dem Wiener Kongress (1815) und mit der partiellen rechtlichen Gleichstellung des höheren Bürgertums mit dem Adel.

Die romantische Bewegung enthielt jedoch nicht nur politische und staats-theoretische Ideen zu Nation und Gemeinschaft, die nicht jenen von Republik und Bürgertugenden entsprachen. Sie war auch literarisch und philosophisch begründet und damit im Kern eine Gegenbewegung zum literarischen und philosophischen Neuhumanismus, indem sie eine besondere Hinwendung zur *deutschen Sprache*, zur *deutschen Vergangenheit* und zum *deutschen Volkstum* suchte. Es ist dies die Zeit der Suche nach deutschen Sprachdenkmälern, die eigentliche Geburtsstunde der Germanistik. Das Mittelalter, bis dahin nur als Hort finsterer Vergangenheit verschrien, erfuhr nun eine besondere Verehrung. Die Grundvorstellung von einer Sprache, einem Volk und einer Nation erlebte hier eine Festigung, die sie bis zum Nationalsozialismus – mit wechselnder Betonung – nicht mehr verlieren sollte (Frank, 1973). Das Bemühen, eine nationale Identität zu finden, verständlich auf dem Hintergrund von Fremdherrschaft und territorialstaatlicher Zersplitterung, war getragen von Visionen vom idealen Nationalstaat. Vorbilder aus der Vergangenheit, insbesondere aus dem Mittelalter und einer konstruierten Urzeit der Germanen, dienten als Medium, was heute sein sollte. Novalis hat dies literarisch formuliert:

„Es waren schöne glänzende Zeiten, wo Europa ein christliches Land war, wo eine Christenheit diesen menschlich gestalteten Weltteil bewohnte; ein großes gemeinschaftliches Interesse verband die entlegensten Provinzen dieses weiten geistlichen Reichs. Ohne große weltliche Besitztümer lenkte und vereinigte ein Oberhaupt die großen politischen Kräfte. Eine zahlreiche Zunft, zu der jedermann den Zutritt hatte, stand unmittelbar unter demselben und vollführte seine Winke und strebte mit Eifer seine wohltätige Macht zu befestigen. Jedes Glied dieser Gesellschaft wurde allenthalben geehrt, und wenn die gemeinen Leute Trost und Hülfe, Schutz oder Rat bei ihm suchten und gerne dafür seine mannigfaltigen Bedürfnisse reichlich versorgten, so fand es auch bei den Mächtigeren Schutz, Ansehen und Gehör, und alle pflegten diese auserwählten, mit wunderbaren Kräften ausgerüsteten Männer wie Kinder des Himmels, deren Gegenwart und Zuneigung mannigfachen Segen verbreitete" (Novalis, 1969, S. 518).

Hier werden staatstheoretische Vorstellungen über ein „geordnetes Gemeinwesen" sichtbar, die im Kontext der romantischen Bewegung einen zentralen Stellenwert hatten. Mannheim hat diese Bewegung einer auch heute noch lesenswerten soziologischen Analyse unterzogen (Mannheim, 1964, S. 408-508). Das Ordo-Denken der Romantik, die Vorstellung von einer quasi-natürlichen Ordnung des Sozialen, von Herrschaft und Gefolgschaft stand dann im 19. Jahrhundert in diametralem Gegensatz zu einem auf Beteiligung und Interessenausgleich ausgerichteten republikanischen Gemeinwesen, in dem Ordnung nicht von Natur gegeben war, sondern über individuelle Leistung und in demokratischen Verhandlungen immer wieder hergestellt werden musste.

Wie konnte es zu diesem emphatischen ordnungstheoretischen Volksbegriff und Deutschtum kommen? Wie konnte sich die in diesem Kontext zentrale Gleichheitsformel von „deutscher Sprache = deutsches Vaterland = deutsche Tugend" durchsetzen, womit stand sie in Konkurrenz? Einmal stand sie nicht in

Übereinstimmung zu der an der Wende vom 18. zum 19. Jahrhundert dominanten Richtung des Neuhumanismus, welche in den alten Griechen die bedeutendsten humanen Vorbilder und in der Pflege der alten Sprachen, also nicht der deutschen Sprache, ihren bildungstheoretischen Kern sah. Zum andern lag sie quer zum Landespatriotismus der einzelnen Staaten und Fürstentümer, deren Staatsräson hauptsächlich darin bestand, die Untertanen auf die bestehende ständische Ordnung und monarchische Regierungsgewalt in den Grenzen des jeweiligen Landes zu verpflichten. Dies störte die Entfaltung eines übergreifenden deutschen Nationalgefühls.

Es konnte sich also nicht aus den politischen Gegebenheiten der deutschen Partikularstaaten entwickeln, sondern nur gegen diese politische Ordnung im Rückgriff auf das, was alle Deutschen vor dieser politischen Teilung verband: die gemeinsame Sprache und die gemeinsame Geschichte. Beide dokumentierten sich in einer gemeinsamen Literatur, deren Erforschung deshalb zum zentralen Anliegen wurde (Frank, 1973, S. 391). Mit dieser Motivation konstruierte die Romantik ein Mittelalterbild, dessen Funktion einmal die Stärkung der nationalkollektiven Identität war, und das zum anderen eine Vorbildfunktion für die innere Gestaltung eines idealen Staatswesens ausübte.

Auf diese Geschichte der eigenen Nation wurde auch jeweils zurückgegriffen, wenn es galt, bestimmte politische Interessen durchzusetzen. Das Geschichtsbild der Romantik mit seiner Verehrung des Mittelalters stand in unübersehbarer Opposition zu revolutionären Tendenzen; es war positiv auf den Feudalstaat und die ständische Gesellschaftsordnung bezogen. Es war antirepublikanisch, antirevolutionär und in Opposition zur Französischen Revolution entfaltet worden (Mannheim, 1964, S. 466ff.).

Gerade die Einheitsideen sollten aber in der politischen Phase der Zersplitterung, wie dies in der Weimarer Republik der Fall war, eine neue Konjunktur erleben und mit ihr die Vorstellung von einer Volksgemeinschaft und der Aufopferungsbereitschaft ihrer Mitglieder.

Das deutsche Bildungsbürgertum pflegte auf diesem deutschnationalen Hintergrund einen Mythos des eigenen Volkscharakters und an Stelle des jeweils zu verhandelnden politischen Gemeinwesens den Mythos einer Volksgemeinschaft, einer originär germanischen und einheitlichen Nation. Die pragmatische Teilhabe, die selbstreflexive Infragestellung der eigenen Position, die Einsicht in den konstruktiven Charakter aller politischen Konstellationen und damit die Kritisierbarkeit jeder Position ist durch die autoritäre Inanspruchnahme eines inneren Wesens der einen und richtigen Staatsform ersetzt worden.

Es liegt auf der Hand, dass auch diese mentale Tradition des Bürgertums wenig Unterstützungspotential für die Weimarer Republik in sich trug und den Ideen einer Volksgemeinschaft, wie sie der Nationalsozialismus propagierte, wenig Widerstand entgegensetzen konnte.

Schule und Nationalismus

Am Beispiel der Gestaltung des Deutschunterrichtes lassen sich die Auswirkungen dieser Ideologien für die Deutungsmuster erkennen, mit denen Jugendliche indoktriniert wurden. Die völkische Interpretation von Dichtung sieht z.B. so aus:

„Die alten Heldengedichte sind Spiegel wahrhaft deutschen Wesens (...). Man fühlt das Hinüberströmen in die eigene Seele. So werden die Werke der Ahnen Quellen der Selbstbesinnung und Stärkung für die Nachfahren. Sie mögen den Deutschen durch den Schwall fremder Gedanken, Strebungen und Stimmungen, der ihn wieder einmal bedrohlich umtobt, auf den Weg leiten, den zu wandeln ihm einzig frommt: den Weg eigenen Volkstums und eigener Nationalität" (in: Deutsche Bildung 1929, Heft 11, 26f.).

Die Einübung in „deutsches Denken" kommt schließlich in den Aufsatzthemen der Vorkriegszeit unübersehbar zum Vorschein. Hier eine kurze Auswahl: Aufsatzthemen

- Eigenart eines deutschen Volksstammes.
- Die schönste deutsche Landschaft, die ich kenne.
- Die Mannigfaltigkeit des deutschen Volkstums.
- Das schönste deutsche Kunstwerk, das ich gesehen habe. Die Kolonisation des deutschen Ostens.
- Gedanken und Empfindungen eines Deutschen auf der Wanderung durch deutsches und auslandsdeutsches Land.
- Die wichtigsten Vorzüge und Fehler der Germanen (nach Tacitus Germania). Warum treiben wir Vorgeschichte?
- Die Germanen des Tacitus und das deutsche Volk der Gegenwart.
- Deutschland nach den Freiheitskriegen und Deutschland nach dem Weltkrieg.
- Warum kann man das Nibelungenlied die deutscheste der deutschen Dichtung nennen?
- Deutsches Leben und Empfinden im Volksliede.
- Wodurch ward Goethe in Straßburg allen französischen Wesens bar und ledig? Wodurch ward Goethe in Straßburg deutschem Wesen zugewandt?
- Warum muß der Rhein deutsch bleiben?
- Was ist uns Deutschen der Rhein?
- Was bedeutet uns das Deutschtum im Ausland?
- Erfolge und Rückschläge in der deutschen Slawenpolitik des 1. Jahrtausends der deutschen Geschichte.
- Die Bedeutung des Gebietsverlustes für Deutschland. Worin zeigt sich Deutschlands Verarmung? (zit. nach Peters, 1972)

Obwohl viele national gesinnte Deutsche die eng biologistische Wendung des nationalen Denkens, den Rassismus und den Antisemitismus nicht mitvollzogen haben, lässt die Kenntnis der oben beschriebenen Ideologie ahnen, warum entsprechende Radikalisierungen im Dritten Reich auf fruchtbaren Boden fallen konnten oder zumindest nur einen geringen Widerstand antrafen. Dieser Übergang vom Nationalismus zum Nationalsozialismus ist in seinen pädagogischen Dimensionen zwar immer noch ungenügend erforscht, der an der Oberfläche erscheinende Zusammenhang zwischen Nationalismus und der Ideologie des Dritten Reiches ist aber so deutlich, dass seine Aufarbeitung nach dem Zweiten Weltkrieg von denen, die die Vergangenheit nicht einfach verdrängten, als vordringlichstes Anliegen der Vergangenheitsbewältigung empfunden wurde (s. in Fend, 1979, S. 116ff.).

Die Vergangenheitsbewältigung ist an vielen Stellen geschehen und sie hat versucht, mit dem Paradox fertig zu werden, dass das Bildungsbürgertum seine eigene Geschichte aufgegeben, seine humanistischen Werte verraten, ja seine eigenen Bücher verbrannt hat. Die Antworten nehmen u.a. Bezug auf die hier schon mehrfach kommentierte politische Isolation des Bildungsbürgertums und der daraus erwachsenen Sehnsucht nach größerer Nähe zum Volk, nach Teilhabe und Identifikation mit einem größeren Ganzen. Assmann beruft sich auf Mosse (1984) und Mehring (1978), wenn sie eine Erklärung für die symbolische Auf- Die Situation des Bildungsbürgertums gabe des Bildungsideals in der Bücherverbrennung sucht: „Im Ritual der Bücherverbrennung haben sich diese deutschen Intellektuellen symbolisch von ihrer geistigen Herkunft losgesagt; mit dem schaurigen Ritual sollte der Geist der individualistischen und universalistischen Bildung ausgetrieben und aus den Flammen eine neue mythische Identität geboren werden, die sich kollektiv, national und im Einklang mit den modernen Massen fühlte" (Assmann, 2004, S. 14).

Religion als Korrektiv?

Neben dem *humanistischen* und dem *romantisch-nationalen* Denken darf die Traditionslinie des humanen Ethos der Religion, des Christentums, nicht übersehen werden. Es hat vielfach als Korrektiv für Inhumanität gewirkt. Demokratischen Herrschaftsformen stand es jedoch eher fern. Auf politischer Ebene hat die enge Koalition zwischen Thron und Altar die Distanzierung vom feudalmonarchischen System erschwert, welche die Voraussetzungen für die Unterstützung der Weimarer Republik gewesen wäre.

Die klassische Bildungsidee als Korrektiv?

Auch die klassische Bildungsidee entwickelte kein kämpferisches politisches Potential. Wenn sich die deutschen Pädagogen um die *Bildung des Menschen und des Kindes* kümmerten, suchten sie ihre *Ausrichtung auf das Wohl des Kindes* durch einen *Autonomieanspruch der Pädagogik* zu stützen. Anstatt die Pädagogik konstruktiv auch in der Gestaltung der politischen Verhältnisse einzubringen, vollzogen sie einen Rückzug in eine pädagogische Provinz der Menschenbildung über das Bildungswesen. Dennoch blieben sie Visionen eines besseren Gemeinwesens verpflichtet. Dies nahm die Gestalt einer emphatischen Betonung der Bedeutung der Jugend, der jungen Generation an, die gewissermaßen ein Vorgriff auf eine idealere Zukunft sein sollte. So sehen wir auch in der pädagogischen Theoriebildung, wie die Pädagogik ihre Hoffnungen auf die innere Gestaltung des Menschen gelegt und sich von der Gestaltung der politischen Lebensbedingungen dieser Menschen zurückgezogen hat (s. Langewiesche, 1989). Die Pädagogik hat so nicht auf Öffentlichkeit, auf Einmischen in öffentliche Diskussionen, auf Teilhabe vorbereitet oder vorbereiten können, sondern die Pflege der Innerlichkeit und die Kultivierung der eigenen Person als Kernaufgabe des Bildungsprozesses propagiert.

8.2.2 Die Nachkriegszeit: Bildungskonzeptionen in den 50er und frühen 60er Jahren

Paradoxerweise konnte an das oben beschriebene Erbe der individualistischen Bildungsidee in der Nachkriegszeit am bruchlosesten angeknüpft werden, hatte doch der Nationalsozialismus gezeigt, in welches Verderben eine politische Einbindung von Lehren und Lernen führen kann. In der Erschütterung und Nachwirkung des Dritten Reiches wurde das Verhältnis von Bildung und Politik, Bildung und Wirtschaft, Bildung und soziale Klasse theoretisch nicht bearbeitbar und praktisch ausgeblendet.

Statt Politik und Bildung: das Allgemein- menschliche

In einer neuen Emphase erfolgte eine Wendung zum *Allgemeinmenschlichen*, zum Anthropologischen, zum Existenziellen. Was ist der Mensch, wozu ist er fähig und was kann er in dieser Welt sein? Solche Fragen waren angesichts der vorangegangenen Erfahrungen und der Schrecken von Auschwitz, die nun bekannt wurden, keine großspurigen und leeren Formeln, sondern drängende, existentiell berührende Probleme. Wege in tiefe, weltabwendende Niedergeschlagenheit, Wege in Weltflucht und Nihilismus liegen bei solchen historischen Kreuzungspunkten nicht fern. So hat sich in den 50er Jahren auch eine Lebenseinstellung und ein Lebensgefühl entfaltet, das philosophischen Richtungen viel Raum gegeben hat, die sich als Varianten des *Existentialismus*, der in den 50er Jahren weit verbreitet war, verstanden haben. Die Frage nach dem Allgemeinmenschlichen war tief gefärbt von ebenselbigen Abgründen, vom betroffenen Schrecken, zu welchen Taten der Mensch fähig ist.

In dieser Perspektive, so hat dann insbesondere Bollnow (1983) kritisiert, wird die menschliche Situation, die conditio humana, auf vereinzelte Extremsituationen zugespitzt, um die tragische Konstellation des Menschseins herauszuarbeiten. Eine solche Zuspitzung auf ein Geworfensein des Menschen ins potentielle Nichts kann pädagogisch nur schwer in Bildungskonzepte umgesetzt werden. Friedrich Bollnow hat dies früh gesehen und auf die existenzialistische philosophische Bewegung seiner Zeit so reagiert: „Das Bild, das die Existenzphilosophie vom menschlichen Dasein entwickelt hatte, war so hoffnungslos finster, dass die Erziehung von vornherein unmöglich wäre, wenn diese wirklich das letzte Wort bedeutet hätte. Nur immer für Augenblicke eigentlicher Existenz kann sich der Mensch der Verfallenheit an eine sinnlose Welt entreißen. Eine bleibende Formung aber, eine „Bildung" des Menschen zu einer bleibenden Gestalt, wäre unmöglich. Aber als wir nach den pädagogischen Folgerungen fragten, hatten wir stillschweigend schon einiges von der ursprünglichen Schärfe der Existenzphilosophie gemildert. Begegnung war nicht nur als die augenblickliche Erschütterung verstanden, die die bisherige Lebenssicherheit vernichtet, sondern zugleich als die Eröffnung einer neuen, über das Bisherige hinausführenden Lebensmöglichkeit. Und auch als wir die Krise mit einem neuen Anfang verbanden, hatten wir an den allen bisherigen Halt verlierenden Sturz in den Abgrund zugleich den in eine bessere Zukunft führenden Neubeginn gefügt. Die Möglichkeit eines solchen Neubeginns war dabei als selbstverständlich vorausgesetzt. Sie ist ja auch eine Erfahrung, die die Menschen in ihrem Leben nach so vielen ausweglos scheinenden Schwierigkeiten immer wieder beglückend gemacht haben. Hier müssen wir noch einmal einsetzen, um diese positiven Lebenserfahrungen näher zu betrachten und in ihnen die inneren Voraussetzungen eines solchen Neubeginns freizulegen" (Bollnow, 1983, S. 73).

Eine Pädagogik, die für das Leben in dieser Welt erziehen möchte, muss nach Bollnow voraussetzen können, dass unsere Welt auch auf Gelingen angelegt ist, dass sich Vertrauen in die Zukunft, in die eigene Existenz und in die Umwelt lohnt, und dass schließlich nicht Zufall, Chaos, Demiurgen oder Dämonen regieren, sondern dass eine Chance für Vernunft besteht, die sich zwar nicht von selbst durchsetzt, der aber zu Wirklichkeit verholfen werden kann.

Im Transzendenzglauben und in der aufklärerischen Definition des Menschen als vernunftbegabtem und sittlichem Wesen sahen die führenden Pädagogen und Pädagoginnen dieser Zeit die geistige Grundlage für die Gestaltung pädagogischer Wirklichkeiten. In den Worten Bollnows:

> „Aber wir haben in den letzten Jahrzehnten bitter erfahren müssen, in welche Abgründe den Menschen die Dämonie der Leidenschaft und der blind in ihm ausbrechenden Triebe zu stürzen vermag. Der Mensch gibt sein Leben aus der Hand, wenn er es nicht unternimmt, dem bedrängenden Chaos eine Welt menschlicher Ordnung entgegenzustellen. Und das ist das Werk des Verstandes, den wir in seiner ganzen konstruktiven Bedeutung neu wieder erkennen müssen. Nachdem der moderne Irrationalismus das Werk der Aufklärung als flach und kindlich verspottet hatte, kommt es heute darauf an, an ihre Anstrengung wieder anzuknüpfen und die Ordnung einer

[Marginalie:] Existenzialismus

[Marginalie:] Positive Anthropologie

Welt, in der die Menschen in Frieden und in Sicherheit zu leben vermögen, als eine konstruktive Leistung vernünftiger menschlicher Planung tatkräftig in die Hand zu nehmen. Und wenn wir heute auch nicht mehr im Sinn der Aufklärung glauben können, die ganze Welt einer vernünftigen menschlichen Ordnung unterwerfen zu können, wenn wir heute in einem ungleich stärkeren Maß die Unheimlichkeit und Bedrohlichkeit des Daseins erfahren haben, so bleibt es immer wieder die Aufgabe des Menschen, dem bedrängenden Chaos wenigstens einen begrenzten Bereich menschlicher Ordnung abzugewinnen und immer neu gegen die Mächte der Unordnung zu verteidigen" (Bollnow, 1983, S. 77).

Kanonisierungen der abendländischen Werte Pädagogen und Pädagoginnen der 50er Jahre waren auf diesem Hintergrund vor allem darum bemüht, einer optimistischen, zukunftsgerichteten und humanen Gestaltung der Wirklichkeit wieder den Boden zu bereiten, *die Welt aus den Ideen wieder zu errichten.* Gestaltungsbemühungen und Zielbegründungen standen begreiflicherweise im Vordergrund. Doch woher konnten die Ideen kommen? Die Antwort auf diese Frage war eine geschichtlich-philosophische.

Wilhelm Flitner, der 1990 im Alter von 100 Jahren gestorben ist (geboren 1889), hat einen systematischen Überblick über die Geistes- und Kulturgeschichte des Abendlandes entworfen, um daraus jene Ziele und Normen zu entwickeln, die bei der Gestaltung der humanen Existenz leitend sein könnten. Als solche erwiesen sich u.a. Vernunft und Sittlichkeit, Humanität und Transzendenz, die die besondere Verantwortung des Menschen für seine eigene Lebensgestaltung und für die Gestaltung des Zusammenlebens aller Menschen in der Perspektive einer *personalen Kultur* in den Mittelpunkt stellten. Die Grundidee Personalität bestand in der Definition der *Personalität* des Menschen, seiner Möglichkeiten des eigenständigen Denkens und Entscheidens, die gleichzeitig seinen Auftrag in dieser Welt konstituieren. Sie setzte freiheitliche politische Lebensverhältnisse voraus und forderte von ihren Trägern Sinn- und Wertbindungen (Flitner, 1990, S. 33).

Diese Position hatte mehrere Seiten, die später als Grundlage für die Formulierung von Gegenposition oder Alternative wichtig wurden:

1. Sie richtete die Aufmerksamkeit auf das Allgemeinmenschliche, auf die Wesenserfassung des Menschen, auf die Gestaltung der Situation des Menschen schlechthin.
2. Sie stellte die normativen Ansprüche in den Vordergrund, war also vor allem daran orientiert, Idealbilder der humanen Existenz und ihrer Gestaltungsrichtung zu entwickeln.
3. Sie betonte die personale Verantwortung des Menschen, der für sich und seine Welt voll verantwortlich ist.
4. Konsequenterweise musste sie die im Menschen angelegten und ihm in gewissem Sinne eingeborenen Möglichkeiten betonen, die pädagogisch zu sich selbst befreit werden sollten.

Die verbindende Frage war die, wie wir im Lichte der besten abendländischen Traditionen unser humanes Leben gestalten sollen. Wie sollen das Rechtssystem, die Politik, die Wirtschaft, das Bildungswesen aussehen? Eine so allgemeine Fragestellung ist auf dem Hintergrund des Neubeginns nach dem Zweiten Weltkrieg verständlich. Sie wiederholt sich heute für die Träger der ehemaligen DDR, ja für den kommunistischen Osten insgesamt.

Gegenprogramm Vorausblickend lässt sich schematisch eine Gegenposition andeuten:

Sie könnte darin bestehen,

- dass nicht das Allgemeinmenschliche, sondern das historisch und gesellschaftlich Bedingte in den Mittelpunkt rückt,
- dass nicht allein die Idealität, wie die Welt sein könnte, beachtet, sondern ihre Realität untersucht wird,
- dass die gesellschaftliche Bedingtheit des menschlichen Handelns betont wird und deshalb
- seiner Beeinflussung von außen die Aufmerksamkeit gilt.

In dieser Gegenposition käme eine neue Hinwendung zu den gesellschaftlichen Aufgaben und Funktionen des Bildungswesens zum Vorschein, die die Bildungsidee aus ihrer ausschließlich personalen, kulturellen und traditionalen Bindung herausführen würde. Die weitere Geschichte der pädagogischen Selbstreflexivität verlief jedoch nicht in ungebrochener Geradlinigkeit und kontinuierlicher Fortentwicklung. Die großen Brüche und Sprünge können wir in den viel zitierten 68ern beobachten.

8.2.3 Die Wende in den späten 60er und frühen 70er Jahren

Dass in den 60er Jahren des 20. Jahrhunderts ein tief greifender Wandel in der Mentalität stattgefunden hat, der auch die Pädagogik im Kern getroffen und bestimmt hat, gehört zur kollektiven Erinnerung aller, die diese Zeit in jungen Jahren miterlebt haben. Doch worin bestand er?

Aufschlussreich ist dafür der Versuch, den Bude und Kohli (1989) unternommen haben, um dies zu verstehen. Wie kann man, so ihre Frage, den Wandel des Denkens in diesem kurzen Zeitraum von etwa 1960 bis 1975 charakterisieren? Ihre Antwort sieht so aus:

„Aus der Sicht des ‚Denkens von 68‘ drehte sich das Denken der fünfziger Jahre um drei Punkte: *den Kult des ‚Einzelnen‘, den Kult des ‚Geistes‘ und den Kult des ‚Menschen‘.* Der ‚Einzelne‘, der sich als ‚Ausnahme‘ (Kierkegaard) aus der Masse erhebt, der ‚Geist‘, der in einer Haltung des ‚totalen Ideologie-Verdachts‘ an dem großen Paradigma metaphysischer Ortlosigkeit arbeitet, und der ‚Mensch‘, dessen existentiale Grundbedingungen zu klären sind – dies scheinen die Orientierungen des Denkens der fünfziger Jahre gewesen zu sein ... Sich abstoßend vom Denken der fünfziger Jahre gewann das ‚Denken von 68‘ seine zentralen Bezugspunkte: die Idee der Totalität, die Idee der Materialität und die Idee der Historizität. *Dass das Subjekt sich als einzelnes verstehen solle,* sei Ideologie, es könne sich nur aus der *Totalität seiner gesellschaftlichen Lebensumstände* begreifen. Dem Denken der fünfziger Jahre, dem bürgerlichen Denken überhaupt, wurde das Verleugnen der Totalität vorgehalten ... Materialistisch denken besagte, nicht eine *ontologische Lage*, sondern *ganz konkrete gesellschaftliche Bedingungen* bestimmen das *Selbstverständnis der Subjekte.* Anstatt sich darauf einzustellen, das Geschick des Seins zu vernehmen, sollten die gesellschaftlichen Institutionen analysiert werden, in denen die Subjekte zugerichtet werden: die Fabrik, die Schule, die Anstalten, das Gefängnis ... Die philosophische Anthropologie und die Existenzphilosophie verfielen der Kritik, weil sie eine Naturalisierung und Fundamentalisierung historischer Formen der Herstellung von Subjektivität bedeuteten. Nicht mehr das ewige Schicksal des Men-

197

schen, wie es in jede Zeit hineinragt, war Thema, sondern die geschichtliche Gewordenheit der ‚menschlichen Natur' " (Bude & Kohli, 1989, S. 21-24).

Pädagogik der 68er-Generation

Diese Sichtweise tangiert die Pädagogik im Kern, weil dadurch angemahnt wird, nicht auf die philosophischen Ideale vollkommenen Menschseins fixiert zu sein, sondern die Realitäten der gesellschaftlichen Prägung des Menschen zu analysieren. Und sie verschloss sich diesem Wechsel der Blickrichtung nicht.

Einen eindrucksvollen Beleg für die fundamentale Umorientierung des pädagogischen Denkens in der Mitte der 60er Jahre bieten die Zitationshäufigkeiten verschiedener Autoren im wichtigsten Fachorgan der Pädagogik, in der „Zeitschrift für Pädagogik" (Tenorth, 1986). Wie die Analyse von Tenorth sichtbar macht, markiert die zweite Hälfte der 60er Jahre tatsächlich eine Umbruchsituation. Vorher haben vor allem philosophisch, literarisch und historisch ausgerichtete Pädagogen und „Klassiker" wie Spranger, Nohl, Flitner, Schleiermacher, Dilthey, Rousseau, Goethe und Weniger die Szene beherrscht. Ab 1968-1970 vollzieht sich ein Wandel. Jetzt tauchen Autoren auf wie Heinrich Roth, Flechsig, Brezinka, Mollenhauer, Bloom, Blankertz und mit steigender Zitationshäufigkeit Habermas. Immer häufiger nehmen „fachfremde" Autoren einen Spitzenplatz ein wie Piaget, Flavell, Kohlberg, Luhmann, Popper und Albert.

Damit treten Autoren ins Blickfeld, die einmal ein anderes wissenschaftstheoretisches Paradigma als das der bildungstheoretischen Pädagogik bevorzugen, etwa das realistisch-positivistische oder das kritisch-emanzipatorische. Zum andern finden sich zunehmend soziologische Analysen der Bildungsrealität. Die Diskussion der Strukturen und Inhalte des Bildungswesens sowie die Analyse der schulischen Realverhältnisse bekommen jetzt ein deutlich stärkeres Gewicht.

Realitätsanalyse

Die dominanten pädagogischen Strömungen entfalteten sich in der Folge in zwei Richtungen. In einer ersten konsolidierte sich in den 60er Jahren die Hinwendung zur Analyse der gesellschaftlichen Realität und als Teil dieser gesellschaftlichen Wirklichkeit die Hinwendung zur Analyse der pädagogischen Realverhältnisse. Die empirische Bildungsforschung wurde zu einem respektablen Teil der Pädagogik. Die zweite Richtung beinhaltete eine Transformation der alten Bildungsideen, die nun häufig die Form einer gesellschaftsorientierten Fundamentalkritik und damit der Kritik pädagogischer Verhältnisse im Umfeld der Kritischen Theorie annahm.

8.2.4 Bildungsideen in den 80er und 90er Jahren des 20. Jahrhunderts

Die Bildungsideen, die für die Pädagogik der 80er und 90er Jahre des 20. Jahrhunderts leitend waren, sind weit schwerer auf den Begriff zu bringen als jene des Wilhelminischen Zeitalters, der Weimarer Republik, des Nationalsozialismus, der 50er Jahre und der 60er Jahre.

Zivilisatorische Grundwerte

Bezeichnend erscheint eine grundsätzliche Akzeptanz der normativ-rechtlichen Grundlagen der Organisation des Gemeinwesens. Die freiheitlich-demokratische Grundordnung steht nicht mehr zur Disposition. Die Sicherung der Freiheit durch einen Rechtsstaat, das Gewaltmonopol des Staates, die sozialpolitische Festigung der Wohlstandsfunktionen des Staates sind feste normativ-rechtliche Grundlagen der Organisation von politischen Entscheidungsprozessen geworden.

Mentalitätsgeschichtlich entspricht dieser historischen Epoche eine Diskurskultur, die freie Meinungsäußerung, rationale Begründungspflichten, Wissenschaftsorientierung und Pluralität als selbstverständlich voraussetzt.

Ein drittes Moment ist für die pädagogische Kultur charakteristisch: die Zuspitzung der politischen Gestaltungsziele auf die Schaffung bestmöglicher Bedingungen für die individuelle Lebensgestaltung. Dieser „Individualisierungsschub" bedeutet, dass die Pädagogik an der Stärkung der Person orientiert ist. Sie soll alle zu einer bestmöglichen individuellen Lebensgestaltung befähigen. Die Forschung konzentriert sich deshalb auch darauf, produktive Entwicklungsprozesse und Lebenslinien zu untersuchen und die dafür förderlichen bzw. hemmenden Bedingungen zu identifizieren. Institutionen wie das Bildungswesen und reale gesellschaftliche Verhältnisse werden auf diese Individualfunktionen hin befragt. Individualisierung

Am Beginn des 21. Jahrhunderts wurde durch die PISA-Studien eine neue Orientierung angestoßen (Baumert, 2001; Baumert, Bos, & Lehmann, 2000a, 2000b). Die schwachen Leistungsergebnisse des Bildungswesens rückten seine qualifikatorischen Funktionen ins Blickfeld. Wenn ein Bildungswesen nicht die nötigen Qualifikationen „erzeugt", die für die Wettbewerbsfähigkeit eines Landes im internationalen Konkurrenzkampf wichtig sind, dann erodieren auf längere Frist auch die ökonomischen und sozialen Rahmenbedingungen für eine optimale individuelle Lebensgestaltung. Auf dieser Folie hat sich eine neue Begründung für die ökonomischen Funktionen von Bildung und Lernen ergeben. Der Qualifikationserwerb, der sowohl auf konkret fachlicher Ebene als auch auf der Ebene überfachlicher Schlüsselqualifikationen diskutiert und erforscht wird, bestimmt die Aufmerksamkeit auf das Bildungswesen. Ökonomische Funktionen

Dieser kurze Rückblick bringt unübersehbar ans Tageslicht, wie eng politische Systeme, ökonomische Rahmenbedingungen und begleitende pädagogische Reflexivität, hier am Beispiel von Bildungsideen erläutert, zusammenhängen. In diesem Sinne kann Pädagogik nicht unpolitisch sein. Das „Menschengestaltungsgeschäft" betrifft den Kern der Vorstellungen vom guten individuellen und gemeinschaftlichen Leben.

8.3 Innere Systembildung: Differenzierung und Integration

Unter Systembildung wird im Folgenden die rechtliche Normierung von Bildungs- und Ausbildungsgängen im Sinne der Verbindung zwischen verschiedenen Lernetappen, inhaltlichen Ausrichtungen und Anforderungen sowie Verfahren der Vergabe von Abschlüssen und Berechtigungen verstanden. Abstimmung von Bildungswegen

Bereits zur Zeit der Aufklärung ist die Idee propagiert worden, das Bildungswesen sollte ein harmonisches Ganzes bilden, in dem die einzelnen Bildungsgänge miteinander abgestimmt sind, Abschlüsse zu Anschlüssen führen, Übergänge möglich sind und je nach Ausbildungsziel verschiedene Optionen offen stehen. Die Realisierung dieser Idee sollte dem 20. Jahrhundert vorbehalten sein.

Mehrfach wurde bereits darauf hingewiesen, dass insbesondere das Höhere Bildungswesen und das Volksschulwesen getrennte Einrichtungen ohne systematische Beziehungen zueinander waren. Ähnliches gilt für die beruflichen Ausbildungswege. Diese Trennung von Bildungsgängen war in verschiedenen Ländern mehr oder weniger, in Deutschland besonders stark, ausgeprägt. Die entscheidende Nahtstelle, die im 19. Jahrhundert bearbeitet wurde, war jene zwischen dem Gymnasium und dem Eintritt in eine Hochschule. In der Gestalt des Abiturs, gedacht als allgemeine Studienreife, wurde diese Verbindung hergestellt.

Verbindungen von Bildungslaufbahn und Berufslaufbahn

Die enorme Bedeutungssteigerung, die das Bildungswesen im 19. Jahrhundert erfahren hat, beruhte auf der für Deutschland typischen Etablierung einer engen Verbindung zwischen Abschlussprüfungen auf verschiedenen Stufen des Bildungswesens und entsprechenden Laufbahnen im Umfeld staatlichen Handelns. Idealiter sollten entsprechende Bildungsabschlüsse in enger Abstimmung mit Laufbahnen in der staatlichen Bürokratie, zu denen auch die Lehrerlaufbahnen zählten, führen.

Der zweite Bedeutungsschub ergab sich aus der generalisierten Bindung von Ausbildungswegen an *Berufswege*, also durch die Bindung beruflicher Beschäftigungschancen an entsprechende berufsbildende Abschlüsse.

Prekäre Laufbahnen

Überfüllungskrisen

Die enge Koppelung von Hochschulabschlüssen und staatlicher Karriere war schon im 19. Jahrhundert immer prekär. Sie wurde mehrmals dadurch gestört, dass die Zahl der Absolventen über viele Jahre nicht mehr der Zahl der aufnehmbaren Kandidaten für staatliche Berufskarrieren entsprach. So wurden um 1880 nur 10% der Absolventen in den Schuldienst und die juristischen Laufbahnen aufgenommen. Dieser Sachverhalt sollte sich 100 Jahre später noch einmal wiederholen. Wurden zu Beginn der 70er Jahre des 20. Jahrhunderts noch fast 90% aller Hochschulabgänger der Philosophischen Fakultät in den Staatsdienst übernommen, so waren es zehn Jahre später nur mehr 10%. Mangel an Nachwuchs und Überangebot, gerade was die Lehrer angeht, haben sich in den Zeiten dazwischen immer abgelöst (Titze, 1981; Titze, 1995; Titze, 1998; Titze, Noth, & Müller-Benedict, 1985).

Prüfungsordnungen

Zu den wichtigsten Systembildungsprozessen im Bildungswesen gehört die Entwicklung eines umfassenden *Prüfungswesens*. Im 19. Jahrhundert lag der Schwerpunkt bei der Standardisierung der Abituranforderungen. Im 20. Jahrhundert standen Standardisierungen in Bezug auf die Hochschulabschlüsse im Mittelpunkt. Es entstand ein System von Diplomprüfungen, an denen die Berufsverbände ein großes Interesse hatten und das sie schrittweise durchsetzen konnten (siehe u.a. Diplom Volkswirte 1923, Diplom Betriebswirte 1925, Diplom Psychologie 1943, Diplom Mathematik 1942, Diplom Physik 1942 und schließlich Diplom Soziologie, Diplom Politologie und Diplom Pädagogik 1969 (s. Titze, 2000, S. 52).

Auf diese Weise wurde das Bildungswesen im 20. Jahrhundert von „oben nach unten", von den Abschlüssen und ihrer Absicherung durch Prüfungen, durchkomponiert und bis in die Grundschulphase hinunter reguliert. Lediglich die vorschulische Phase wurde in Deutschland und in der Schweiz aus pädagogischen Gründen bisher nicht schulisch strukturiert. Angesichts der Einsicht, wie bedeutsam frühe Lernphasen sind, steht zur Zeit die Neugestaltung des Kindergartens und der Eingangsphase in die Primarschulzeit im Mittelpunkt der Diskussion.

Bürokratisierung und Verrechtlichung

Das Bildungswesen ist also im 20. Jahrhundert, in Fortsetzung der Entwicklungen im vorangegangenen, teils Mitgestalter, teils Objekt des umfassenden Modernisierungsprozesses der Gesellschaften (Collins, 1999). Es erfährt eine hochgradig institutionelle Ausgestaltung im Sinne eines „Systembildungsprozesses", der darin besteht, dass Bildungsgänge immer stärker standardisiert, reguliert und aufeinander abgestimmt werden. Der damit verbundene Prozess der *Bürokratisierung* im Sinne einer zunehmenden *Verrechtlichung* ist auch in anderen Institutionsbereichen, wie beim Ausbau des Verwaltungsstaates, dem Rechtswesen insgesamt und dem Gesundheitswesen beobachtbar. Für das deutsche Bildungswesen ist er jedoch besonders ausgeprägt. Von der Lehrerbesoldung bis hin zur Zahl der schriftlichen Arbeiten pro Halbjahr und der Gewichtung der schriftlichen und mündlichen Leistungen pro Fach ist alles geregelt.

Die Sammlungen von Gesetzestexten und von Verordnungen dokumentieren eine beeindruckende Fülle und Detailliertheit entsprechender Regelungen. Diese Fülle hat auch immer dazu veranlasst, Bereinigungen und Vereinfachungen vorzunehmen. Im Kern hat sich jedoch an der gesetzlichen Durchkomponierung des deutschen Bildungswesens bis heute wenig geändert. Sie ist stark abschlussbezogen, d.h. jede Einrichtung auf den Langzeitwegen des Lernens vermittelt über ein hoch differenziertes Prüfungswesen Berechtigungen für jeweils weiterführende Bildungseinrichtungen. Mit dem Begriff „Berechtigungswesen" wird auf diese prüfungsorientierte Überformung von Lernprozessen verwiesen. Sie folgt im 20. Jahrhundert einem einfachen Entwicklungsprinzip: Existierende, aber oft nur lose oder gar nicht verbundene Bildungseinrichtungen werden ausgebaut, miteinander verbunden und zu Langzeitwegen des Lernens komponiert.

Erst in den letzten Jahrzehnten lässt sich eine Gegenbewegung zu einer starren Koppelung von Ausbildungswegen an jeweils eigene Schulformen beobachten. Sind die Ausbildungswege bis zum Ende der Sekundarstufe I noch eng an Schulformen gekoppelt, so lösen sich die Ausbildungsabschlüsse am Ende der Sekundarstufe I und noch stärker bis zum Ende der Sekundarstufe II von den jeweiligen Schulformen. Baumert et al. sprechen von einer strukturellen Entkoppelung von nominellem Bildungsgang und Schulabschluss. So sind im Schuljahr 1999/2000 gut 40 Prozent aller Realschulabschlüsse nicht an Realschulen erworben worden (s. Baumert, Cortina, & Leschinsky, 2003, S. 91). Während also die Abschlüsse ihren Wert als Ausgangspunkt für weitere Anschlüsse behalten haben, hat sich die Koppelung an Schulformen gelockert.

In einer Lebensverlaufsstudie (Fend, 2006b), die ca. 2000 Kinder erstmals mit ca. 12 Jahren und darauf jährlich bis zum 16. Lebensjahr und schließlich noch einmal mit 35 Jahren untersucht hat, konnte der Weg von den Schulformen zu Schulabschlüssen und Berufsbildungsabschlüssen nachgezeichnet werden. Dabei ergab sich ebenfalls, dass mit der Zugehörigkeit zu Schulformen im 9. Schuljahr, also mit der Zugehörigkeit zu Hauptschulen, Realschulen oder Gymnasien noch nicht alles determiniert war.

Zwischen 46% und 13% der Schülerinnen und Schüler in den jeweiligen Schulformen erreichen andere Schulabschlüsse als jene, die an die Schulformen gebunden sind. Mädchen steigen am häufigsten aus Hauptschulen in Realschulabschlüsse auf, Jungen am häufigsten aus Realschulen in Gymnasien. Im Durchschnitt erreichen etwas mehr als 30% aller Schülerinnen und Schüler einen anderen Schulabschluss als jenen, der von der Schulform im 9. Schuljahr vorgezeichnet ist. Dies ist allerdings nicht nur ihr individuelles Verdienst. Es ist auch das Ergebnis der institutionellen Vorgaben, die Aufstiege durch entsprechende Regelungen ermöglichen oder verhindern können. Und dies selber ist kein „naturhafter" Modernisierungsprozess, sondern das Ergebnis (häufig umstrittener) bildungspolitischer Entscheidungen, die zu entsprechenden institutionellen Regelungen geführt haben.

Offenheit der Bildungswege

Tab. 7: Schulformzugehörigkeit in der 9. Schulstufe und höchster erreichter Schulabschluss (Zeilenprozente, in Klammern die absoluten Zahlen)

In der 9. Stufe in folgenden Schulformen:	Höchster Schulabschluss			
	Hauptschul-abschluss	Mittlere Reife	Abitur	Gesamtver-teilung nach Schulformen (9. Stufe)
Frauen				
Hauptschule	**54,2% (52)**	41,7% (40)	4,2% (4)	19,2% (96)
Realschule	1,9% (4)	**80,8% (168)**	17,3% (36)	41,8% (208)
Gymnasium	/ (1)	19,6% (38)	**79,9% (155)**	39,0% (194)
Gesamtverteilung nach Abschlüssen	11,4% (57)	49,4% (246)	39,2% (195)	100% (498)
Männer				
Hauptschule	**76,0% (111)**	15,1% (22)	8,9% (13)	28,3% (146)
Realschule	5,2% (9)	**59,0% (102)**	35,8% (62)	33,5% (173)
Gymnasium	/ (1)	12,7% (25)	**86,8% (171)**	38,2% (197)
Gesamtverteilung nach Abschlüssen	23,4% (121)	28,9% (149)	47,7% (246)	100% (516)

Quelle: LifE-Studie, 2002 (Fend, 2006, S. 273ff.)

8.4 Expansion des Bildungswesens

Wenn man für das 19. Jahrhundert das historische Verdienst geltend macht, die *Vollalphabetisierung* erreicht zu haben, dann kann das 20. Jahrhundert für sich beanspruchen, vom Angebot her allen Schichten der Bevölkerung *weiterführende Bildungsgänge* zugänglich gemacht zu haben. Der Beginn der damit verbundenen Expansion muss aber schon vor der Wende zum 20. Jahrhundert lokalisiert werden. Studierten um 1860 an deutschen Universitäten etwa 12.000 Studenten, so waren es im letzten Vorkriegssemester vor 1914 ca. 32.000. Die deutschen Universitäten galten in dieser Zeit als Welterfolg, was nicht zuletzt durch ca. 4.500 Ausländer, die 1911/12 im Deutschen Reich studierten, dokumentiert wird.

In Deutschland wie in der Schweiz ist der Anstieg der Studentenzahlen besonders auf den wachsenden Anteil von Juristen und Nationalökonomen, Medizinern und Studenten der Philosophischen Fakultät zurückzuführen. Wie insbesondere Hartmut Titze (1981; 1998; 1985) dokumentiert hat, entspricht dieser Expansion eine heftige öffentliche Diskussion zur Problematik der Überfüllung der Universitäten und des „Akademikerproletariats". Durch die enge Koppelung von Hochschulabschlüssen an Berufslaufbahnen im öffentlichen Dienst ergab sich zwangsläufig ein Stau, wenn die Aufnahmekapazität des öffentlichen Dienstes erschöpft war. ▸„Akademike schwemm

Diese Expansion auf Hochschulebene musste auch auf der Ebene der „Zubringereinrichtungen" eine Entsprechung haben. Dies war tatsächlich der Fall: So wuchs die Anzahl der Abiturienten aus humanistischen Gymnasien von 1870 bis 1912 von etwa 7.000 auf 17,000. Gleichzeitig wurden auch neue Gruppen zum Studium zugelassen, insbesondere Abiturienten aus Realgymnasien, Oberrealschulen und ab 1908 auch Frauen. Sehr stark wuchs der Anteil ausländischer Studierender.

Das Phänomen der Bildungsexpansion kennzeichnet das gesamte 20. Jahrhundert, wenngleich der erste große Schub in der Zeit von etwa 1880 bis 1914 zu verzeichnen ist. In den Kriegszeiten ergibt sich verständlicherweise ein deutlicher Rückgang der jeweiligen Bildungsbeteiligung. Dies gilt sowohl für den Ersten als auch für den Zweiten Weltkrieg. Nach den Weltkriegen ist eine 5 bis 10 Jahre dauernde Erholungsphase zu beobachten.

Seit den 50er Jahren des 20. Jahrhunderts hat sich der Prozess der Bildungsexpansion hochgradig beschleunigt, und zwar weltweit, wie dies Abb. 49 zeigt.

Abb. 49: Übergangsquoten in den Primar-, Sekundar- und Tertiärbereich 1950-1970 in Prozent der entsprechenden Alterskohorte *(Meyer, Ramirez, Rubinson, & Boli-Bennett, 1997)*

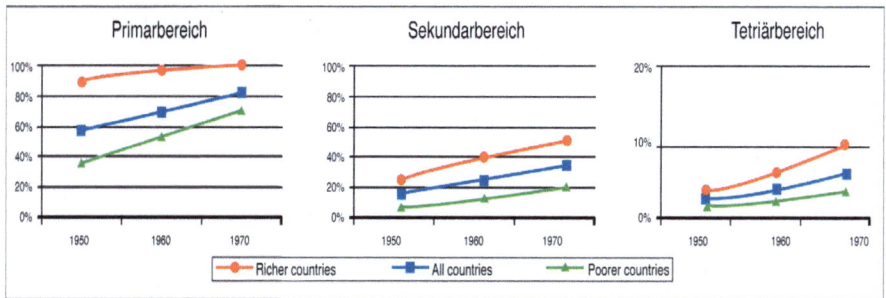

Am Beispiel von Deutschland ist ersichtlich (siehe Abb. 50), dass die starke Bildungsexpansion bis 1990 anhielt, sich seither aber deutlich abgeschwächt hat, außer bei den 19 bis ca. 24jährigen, bei welchen nochmals ein Anstieg der Bildungsbeteiligung festzustellen ist.

Abb. 50: Bildungs- und Ausbildungsbeteiligung* 1970 bis 1996 in den alten Bundesländern und Berlin-West in Prozent der gleichaltrigen Bevölkerung *(Dostal, 2000)*

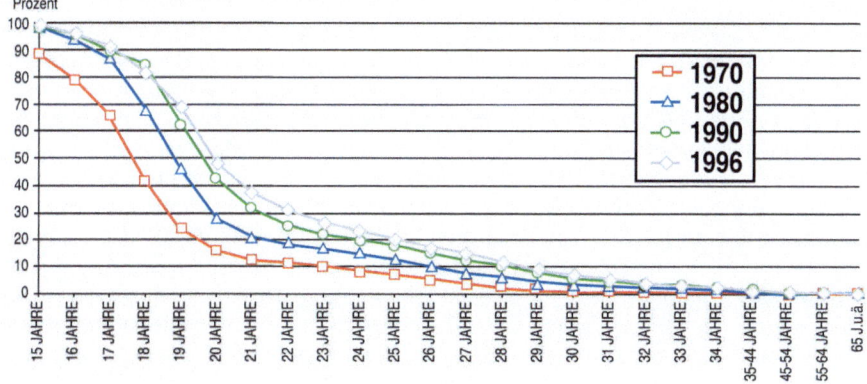

*   Umfasst jegliche Schulbildung wie (Berufs-)Ausbildung

Betrachtet man die Bildungsexpansion in Deutschland noch getrennt nach Schultypen (Abb. 50), ist zusätzlich zu erkennen, dass sich diese Expansion markant in der Realschule aber auch im Gymnasium schon in den 80er Jahren abzuschwächen beginnt, hier also ein gewisses Plateau erreichte.

Abb. 51: Schülerinnen und Schüler im 8. Schuljahr nach Schularten in den alten Bundesländern (1952-1995); *(Allmendinger & Aisenbrey, 2002, S. 45)*

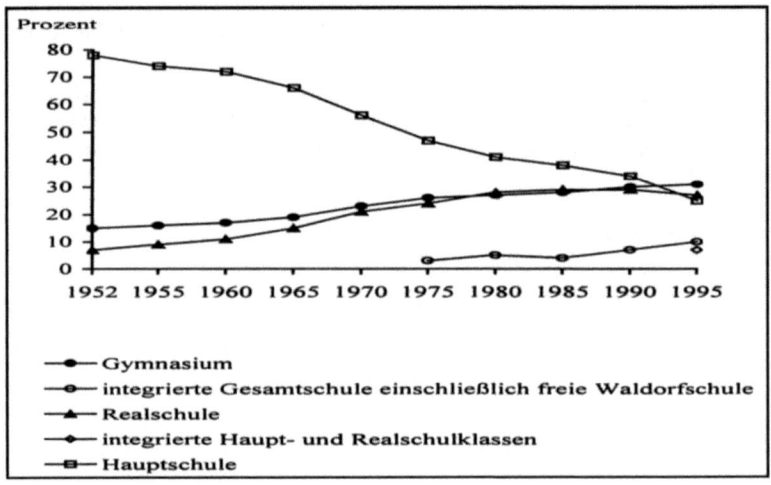

Fokussiert man hinsichtlich der Bildungsexpansion nur die gymnasiale Oberstufe, so folgen in der zweiten Hälfte des 20. Jh. alle Bundesländer – die neuen Bundesländer zeitverschoben – einem ähnlichen expansiven Entwicklungstrend (s. Abb. 52). Das Ende der Expansionsphase deutet sich bereits 1985 an, ab 1990 kommt die Expansion zum Stillstand. Der expansive Entwicklungstrend zeigt zusätzlich von Bundesland zu Bundesland eine beträchtliche Varianz. Er ist in Stadtstaaten besonders ausgeprägt, in den Flächenstaaten in Süden am schwächsten.

Ursachen der Bildungsexpansion

Der Prozess der Bildungsexpansion ist lediglich ein Oberflächenphänomen. Dahinter stecken nicht nur vielfältige Ursachen, z.B. solche demographischer Art wie das Bevölkerungswachstum, solche der Wirtschaftsentwicklung, der Technikentwicklung und der sozialstrukturellen Entwicklung, sondern auch politisch-administrative Regulierungen. Die gesellschaftlichen Veränderungen werden von Politik und Verwaltung wahrgenommen, als Gefahr oder als Chance interpretiert und in entsprechende Maßnahmen umgesetzt. Man kann den Zugang zur höheren Bildung durch gesetzliche Massnahmen zumindest in Grenzen steuern. So kann man die Zugangsberechtigungen verändern. Man kann sie verschärfen oder erleichtern. Ganz offensichtlich haben z.B. die Bundesländer Hamburg und Bayern (siehe nochmals Abb. 52) ganz verschiedenartige Maßnahmen hinsichtlich des Zuganges zur gymnasialen Bildung getroffen: 1995 absolvieren nur halb so viele 18-jährige Bayern (ca. 20%) diesen anspruchsvollen Bildungsgang wie in Hamburg (ca. 40%). Man kann auch die persönlichen Kosten gymnasialer oder universitärer Bildung erhöhen oder sie durch Unterstützungsleistungen an Bedürftige senken.

Abb. 52: Relativer Schulbesuch der 18-Jährigen in der gymnasialen Oberstufe 1952 bis 1999 in ausgewählten deutschen Bundesländern und im Bundesgebiet (Durchschnitt aller Bundesländer) *(Quelle: Helmut Köhler, persönliche Mitteilung)*

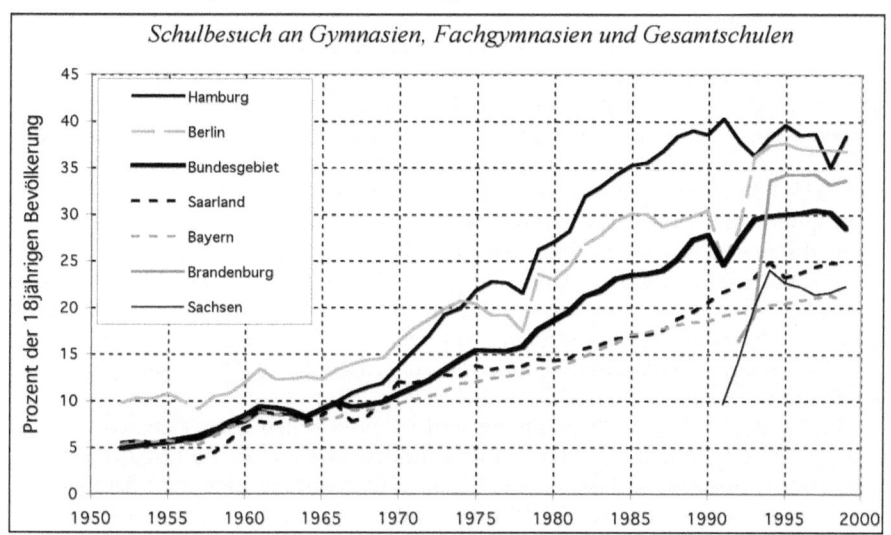

Titze formuliert eine interessante „Entwicklungslogik", die hinter Expansions-prozessen steht (Titze, 2003). Am Anfang stehe der Mangel, die Wahrnehmung, dass der Ausbildungsstand im Bildungswesen ungenügend sei. Dadurch werden bislang bildungsferne Schichten in Laufbahnen einbezogen. Diese Wahrnehmungen begleiteten die Aufschwünge von 1850, von 1900 und 1950 (s. Abb. 53).

Zyklen von Expansion und Restriktion

Abb. 53: Die langen Wellen des Bildungswachstums. Jährliche Wachstumsraten (10-jähriger gleitender Durchschnitt) der höheren Schülerquote (männl.) in Prozent der 11 bis 19-jährigen männlichen Bevölkerung in Preußen und der BRD (alt) 1810-2001 *(Titze, 2004, S. 339)*

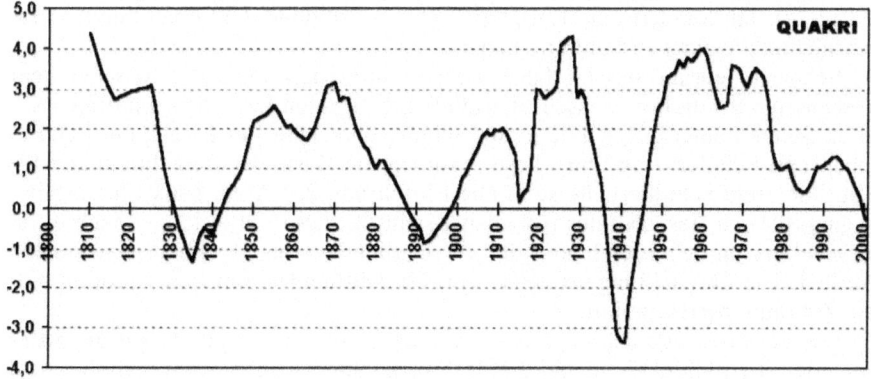

Aus der damit verbundenen kulturellen Mobilisierung entsteht eine Expansion, die als Überproduktion wahrgenommen wird (s. z.B. die Diskussion um die Akademikerschwemme). Solche Phasen lassen sich nach Titze 1780, 1880, 1930 und 1980 beobachten. Sie münden in einen zyklischen Expansions- und Kontraktionsrhythmus.

Die neuen „gebildeten" Generationen versuchen ihr Leben auf diesem Hintergrund aktiv zu gestalten. Dies führt zu Anpassungsprozessen, die für die weitere Entwicklung des Qualifikationsprofils einer Generation durchaus produktiv werden können. Gut ausgebildete Hochschulabsolventen, die keine „Staatsstellen" bekommen, leiden nicht einfach dumpf vor sich hin, sondern sie suchen sich neue Möglichkeiten, experimentieren außerhalb von öffentlichen Laufbahnen, etwa in der industriellen Forschung. So wird u.a. der Produktivitätsschub in der nordbadischen chemischen Industrie auf die „Überproduktion" von Chemie-Absolventen der Universität Heidelberg zurückgeführt (s. Titze, 2004, S. 347). In diesem Entwicklungsmuster durchdringen sich nach Titze intentionale Prozesse und funktional/dysfunktionale Folgen technischer und gesellschaftlicher Prozesse zu einer Entwicklungslogik, die nur teilweise durch Akteure gezielt gesteuert sind.

Grenzen der Planung
In der politischen Wahrnehmung und im politischen Steuerungswillen von Verantwortlichen für die Bildungspolitik findet sich im 20. Jahrhundert immer wieder die Vorstellung, dass es eine genaue Abstimmung zwischen dem Bedarf an Absolventen weiterführender Bildung und einem darauf abgestimmten Angebot geben müsse und dass diese „intentional" herstellbar sei. Da der Arbeitskräftebedarf, insbesondere jener in der Wirtschaft, von Marktentwicklungen und von schwer vorhersehbaren technischen Entwicklungen abhängt, ist eine genaue Bedarfsprognose nicht möglich. Bemühungen um eine *exakte* Abstimmung sind selbst in Planwirtschaften bisher immer gescheitert.

8.5 Soziale Teilhabe und soziale Selektion

Viele Beobachter sehen im Beitrag des Bildungswesens für die Aufhebung der Klassengesellschaft im 19. Jahrhundert und für die Schaffung von Chancengleichheit im 20. Jahrhundert eine Kernentwicklung. Dahinter steht eine komplizierte Geschichte, die einer Erläuterung bedarf.

Bildung und sozialer Aufstieg
Schon im Verlauf des 19. Jahrhunderts wurde die Zuordnung zwischen dem in Schulen vermittelten Wissen und künftigen Berufen bzw. dem künftigen sozialen Status immer enger. Die in der Schule erbrachten Leistungen der Schülerinnen und Schüler – und nur diese – sollten die Basis der Berechtigungen für weiterführende Schulbesuche sein. Die Einführung des Abiturs als Eingangsbedingung für den Besuch einer Universität steht für diese Entwicklung, auch wenn der Adel erst in den 30er Jahren des 19. Jahrhunderts ins „Examen gezwungen" wurde. Diese Entwicklung setzte sich im 20. Jahrhundert fort und wurde in diesem Zeitraum perfektioniert.

Berufszuordnungen über Prüfungen
Das gegenwärtige Bildungswesen nimmt für sich in Anspruch, auf die differenzierten Lernfähigkeiten und Lernschwerpunkte verschiedener Schülergruppen einzugehen und sie optimal auf differenzierte Anforderungen im Beschäftigungssystem hinzuführen. Diese Zuordnung (Allokation) wird über ein umfas-

sendes und bis ins Detail geregeltes Prüfungssystem vollzogen. Das moderne Bildungssystem nimmt ferner für sich in Anspruch, niemanden aktiv aus diesem Verteilerprozess auszuschließen, es sei denn, jemand kann den Anforderungen in rechtlich abgesicherten Prüfungen nicht entsprechen.

Erst auf dem Hintergrund dieser Entwicklung eines universalen, an Leistung orientierten Prüfungswesens lässt sich die Geschichte der sozialen Teilhabe, die Geschichte des Ausschließens und Einbezugs verschiedener Bevölkerungsgruppen sinnvoll beschreiben.

War das 19. Jahrhundert noch bemüht, die Schüler vor unzumutbaren Arbeitsanforderungen zu schützen und für schulisches Lernen freizustellen – die komplizierten Absenzenordnungen dokumentieren dieses Bemühen eindrucksvoll – so ist das 20. Jahrhundert vom Gegenteil gekennzeichnet: Immer größere Gruppen der Bevölkerung drängen in das weiterführende Bildungswesen. Dies betrifft im 19. Jahrhundert die nicht erbenden Söhne des Adels, Söhne des Besitzbürgertums und die nicht erbenden jüngeren Söhne auf großen Bauernhöfen. Im 20. Jahrhundert streben zunehmend Kinder aus der Angestelltenschicht und später aus der Arbeiterschicht in die Gymnasien.
Schulzwang und Schulandrang

Das gesamte 20. Jahrhundert hindurch war die Frage der Teilnahme von Frauen an weiterführender Bildung ein Thema. Zwar hatte sich schon im Rahmen des Ausbaus der Volksschule im 19. Jahrhundert herauskristallisiert, dass Mädchen leichter beschulbar sind als Jungen, doch ihre Teilhabe am weiterführenden Bildungswesen blieb lange Zeit niedrig. Die frühe Aufnahme von Frauen an der Universität Zürich (von 1863 bis 1912 557 Promotionen von Frauen aus dem Ausland und 69 von Frauen aus dem Inland) ist in Europa ein einmaliges Phänomen und eine Ausnahme, die vor allem auf den großen Anteil von russischen Emigrantinnen zurückzuführen ist (Gagliardi, Nabholz, & Strohl, 1938). Frauen aus der Schweiz hatten es auch in der Schweiz schwer, weiterführende Bildungswege einzuschlagen. Insbesondere ihre Zulassung zum Lehrerberuf war noch bis zum Beginn des 20. Jahrhunderts ein umstrittenes Thema. Noch 1910 beschäftigte sich der Erziehungsrat des Kantons Zürich mit der Frage, ob Primarlehrerinnen nach der Verheiratung weiter beschäftigt werden sollten. In einem entsprechenden Einzelfall lehnte der Erziehungsrat die Weiterbeschäftigung tatsächlich ab. Zwei Jahre später wurde in einem Volksentscheid festgehalten, dass eine Entlassung wegen Verheiratung nicht zulässig sein soll (Ziegler, 1998, S. 34).
Bildungsbeteiligung von Frauen

In Deutschland war die Situation der Frauen nicht günstiger (siehe auch Abb. 54). Zum Hochschulstudium wurden sie hier erst ab 1908 zugelassen, und die Zulassung zum Lehrerberuf war ebenfalls bis um das Jahr 1920 ein Diskussionsgegenstand (vgl. nochmals Neue Theorie der Schule, 2006, Kapitel 1.1.2)

Ein Protektor der Frauenfrage

Beschr. aus Quelle (Satz unterhalb des Bildes):

„Ich bin entschieden für das Studium der Frauen. Sehn Sie, gnädiges Fräulein, jetzt ist son'n Colleg blödsinnig ledern, aber die kleinen Mädchen brächten sicher'n bischen Betrieb in die Bude."

Zur Sozialgeschichte der Bildungsbeteiligung im 20. Jahrhundert

Der Ausgangspunkt

Die Einschränkung des Zugangs zur schmalen Basis höherer Bildung auf kleine gesellschaftliche Schichten war im 19. Jahrhundert eine wenig diskutierte Selbstverständlichkeit. Erst gegen Ende jenes Jahrhunderts intensivierte sich der Kampf gegen die Abschottung der Gymnasien vor dem Zustrom breiter Bevölkerungskreise. Durch die in weiten Teilen der deutschen Länder geübte Praxis, dass über dreijährige Vorschulen ein eigener Zugang zu Gymnasien geschaffen und damit der Übergang von der normalen Volksschule ins Gymnasium erschwert bis unmöglich wurde, konnten aufstrebende Schichten ferngehalten werden. Ihnen blieb vor allem der Aufstieg über die Realschulen und die höheren technischen und beruflichen Bildungsanstalten. 1920 wurde jedoch in der Reichsschulkonferenz die allgemeine Grundschule eingeführt, die nach vier Jahren auch einen Regelzugang zu Gymnasien vorsah. Doch bis in die 50er Jahre des 20. Jahrhunderts hielten die hohen Kosten und vor allem die hohen rechtlichen und inhaltlichen Hürden, wie die Anforderungen in Latein, weite Bevölkerungskreise vom Gymnasium fern.

Gesetzliche Regelungen und Bildungsbeteiligung

In keinem anderen Bereich lässt sich eine so klare Abhängigkeit des Bildungsverhaltens von *normativen Regulierungen* dokumentieren. Der Zugang zur Universität wird durch Regeln zur Hochschulberechtigung gesteuert. Hier bestand der revolutionäre Schritt darin, auch das Abitur in Oberrealschulen und Realgymnasien anzuerkennen. 1901 trat diese Regelung in Kraft, so dass auch hier eine neue Etappe auf dem Weg zu einer größeren Bildungsbeteiligung eröffnet wurde. So ist dieser Prozess der steigenden Bildungsbeteiligung durch ein Wechselspiel zwischen institutionellen Regelungen und Expansion (faktische Partizipation, Inklusion und Exklusion) gekennzeichnet. Obwohl z.B. formell die Vorschulen die eigentlichen Zugangswege zum Gymnasium waren, kamen bereits vor dem Ersten Weltkrieg ca. 50% der Sextaner[13] aus den städtischen Volksschulen. Die Expansion hat im 19. Jahrhundert begonnen und charakterisiert die Entwicklung des Bildungssystems im 20. Jahrhundert in besonderer Weise.

Die Sozialgeschichte der Expansion und der Bildungsbeteiligung lenkt den Blick auf mehrere soziale Gruppierungen:

Der Kampf um die Bildungsbeteiligung

- auf die Sozialgeschichte der Bildungsbeteiligung verschiedener sozialer Schichten,
- auf die Sozialgeschichte der Bildungsbeteiligung verschiedener Konfessionen,
- auf die Sozialgeschichte der Bildungsbeteiligung von Mädchen und Jungen,
- auf die Sozialgeschichte der Bildungsbeteiligung auf dem Lande und in der Stadt.

Die historische Arbeit von Kaelble (Kaelble) belegt eindrucksvoll, wie gering der Anteil der niedrigen Angestellten und der Arbeiterschaft an weiterführender Bildung bis zum Ende des Ersten Weltkrieges war. Er lag durch das 19. Jahrhunderts hindurch unter 1% Anteil an den Studenten und Abiturienten. Gegen Ende des 19. Jahrhundert bis zum Ersten Weltkrieg stieg er etwa auf zwei Prozent. Dies entspricht einem praktischen Ausschluss von Arbeiterkindern von gymnasialer Ausbildung bis in die Zwischenkriegszeit des 20. Jahrhunderts.

Bildungsbeteiligung und soziale Herkunft

Bemerkenswertes zeigt die Sozialgeschichte der Bildungsbeteiligung an den Universitäten. Sie dokumentiert, dass die Unterschicht von 1860 bis 1910 konstant maximal nur mit etwa 0,25% aller Studenten an den wichtigen Hochschulen vertreten war. Das Besitzbürgertum und das Bildungsbürgertum stellten etwa 70% der Studentenschaft.

Tab. 8: Sozialstruktur der Studentenschaft von Berlin, Bonn, Göttingen, Leipzig und Würtenberg *(Jarausch, 1991, S. 327)*

Jahr/Schicht	Bildung	in %	Besitz	in %	Mittelstand	in %	Unterschicht	in %	Summe	in %
1860er	1121,2	44,5	538,6	21,4	855	33,9	6	0,24	2520,8	5,8
1870er	1481,8	35,1	1267,2	30,0	1464	34,7	3	0,07	4216	9,7
1880er	2095,6	33,1	2155	34,0	2075,2	32,8	3	0,05	6328,4	14,6
1890er	2472,2	32,7	2769	36,6	2322,8	30,7	8	0,10	7572	17,5
1900er	3334,8	32,5	3574	35,8	3307	32,3	26	0,25	10241,9	23,6
1910er	3860,8	31,0	4185,2	33,7	4415,4	35,5	30	0,24	12431,4	28,7
Gesamt	14366,4	33,1	14489	33,4	14439,5	33,3	76	0,17	43370,5	100,0

Quelle: Jarausch 1980 (b), 625 und Der.: Educational Opportunity in 19th Century Germany. Chapel Hill 1983, passim.
Wegen der relativ elitären Struktur der hier aufgeführten Universitäten (außer den Württembergern, die hauptsächlich in Tübingen studierten) ist das Besitzbürgertum über- und der Mittelstand unterrepräsentiert, wenn man die Zahlenreihe mit der Preußischen Statistik, Hefte 112 und 236 vergleicht. Da die Angaben für Berlin (Lenz 1910ff.) nur drei Großgruppen enthalten, konnte nicht feiner unterteilt werden. Die Berliner Angaben für die Unterschicht sind im Mittelstand enthalten, so daß sich für das Proletariat ein etwas günstigeres Resultat (um 1 %) ergeben müßte.

---

13 Erstes Schuljahr des Gymnasiums

Die Unterschiede der Bildungsbeteiligung lassen sich nicht nur auf der sozialen Dimension abbilden, sondern auch auf der konfessionellen. So war schon im 19. Jahrhundert offensichtlich, dass die evangelischen Studenten leicht überrepräsentiert waren, die katholischen aber ein deutliches Bildungsdefizit aufwiesen. Einen ausgeprägten Studiendrang verzeichneten die jüdischen Studenten, die im Vergleich zu anderen Schülergruppen 7,5 mal häufiger in Gymnasien waren (s. Jarausch, 1991).

Tab. 9: Überproportionale Bildungsbeteiligung von Protestanten und Juden gegenüber den Katholiken

Von der Bevölkerung Badens waren 1895: 37,0 Proz. Protestanten, 61,3 Proz. Katholiken, 1,5 Proz. Juden. Die Konfessionalität der Schüler aber stellte sich 1885/91 auf den über die Volksschulen hinausgehenden und **n i c h t** obligatorisch zu besuchenden Schulen wie folgt (nach Offenbacher a. a. O. S. 16):

	Protestanten	Katholiken	Juden
Gymnasien	43 Proz.	46 Proz.	9,5 Proz.
Realgymnasien	**69** »	31 »	9 »
Oberrealschulen	**52** »	41 »	7 »
Realschulen	49 »	40 »	11 »
höhere Bürgerschulen	51 »	37 »	12 »
Durchschnitt	48 Proz.	42 Proz.	10 Proz.

Genau die gleichen Erscheinungen in Preußen, Bayern, Württemberg, den Reichslanden, Ungarn (s. die Zahlen bei Offenbacher a. a. O. S. 18 f.).

Diese konfessionsbedingte Bildungsbeteiligung war für Max Weber ein wichtiger Ausgangspunkt, der ihn zu seinen religionssoziologischen Thesen inspiriert hatte. Die – in der Originalausgabe der Protestantischen Ethik allerdings in der zweiten Zeile falsche (69% + 31% + 9% ≥ 100%) – Tabelle zur konfessionsabhängigen Bildungsbeteiligung ist für Weber ein Indiz für die stärkere Innenleitung und Selbstverantwortung im Protestantismus (Weber, 1920, S. 21). Der in Tab. 9 ebenfalls ersichtliche – und im Vergleich zum Protestantismus noch stärkere – Drang zu höherer Bildung im Judentum wird von Weber nicht weiter diskutiert.

Eine hartnäckige Trennlinie der Bildungsbeteiligung war schließlich die des Geschlechts. Wie oben erwähnt, wurden Frauen in Deutschland formell ab 1908 zum Hochschulstudium zugelassen. 1914 waren schon ca. 4.000 Studentinnen immatrikuliert, was einem Höreranteil von 6,7% entsprach (Jarausch, 1991, S. 325).

Die Forschung zur Bildungsbeteiligung der obigen Gruppen hat in den 60er und 70er Jahren des 20. Jahrhunderts ein sehr differenziertes Bild zu zeichnen begonnen. In großen Surveys wurde erstmals systematisch untersucht, welche gesellschaftlichen Gruppen schulischen Bildungsprozessen fern stehen bzw. von ihnen ferngehalten werden und welche in einer besonders bevorzugten Lage sind. Diese Forschung hatte vom Sachverhalt her Nahrung erhalten, dass eine Unterversorgung der Gesellschaft mit Akademikern, gemessen am internationalen Maßstab, wahrgenommen und negativ beurteilt wurde. Gleichzeitig hat der normative Anspruch, dass Ausbildungsprozesse nur nach Leistung und Leistungsfähigkeit gestaltet sein sollten (Bildung ist Bürgerrecht), durch die Dokumentation der sozial verzerrten faktischen Bildungsbeteiligung einen wichtigen gesellschaftlichen Diskurs angestoßen. In einer Publikation aus dem Jahre 1974

(Fend, 1974) habe ich den damaligen Forschungsstand dokumentiert. Er zeigte erneut die enge Bindung von Ausbildungsabschlüssen an berufliche Laufbahnen und zum anderen die enge Bindung des Besuchs von Gymnasien an die soziale Herkunft bzw. an andere leistungsirrelevante Merkmale wie an das Geschlecht und den Wohnort. Dabei konnte ich mich vor allem auf die großen Studien von Peisert (1967) stützen, der die Kunstfigur der kumulierten Bildungsbenachteiligung kreierte: das katholische Arbeitermädchen vom Lande. Der Anteil von Arbeiterkindern auf dem Gymnasium betrug in den 60er Jahren etwa 10%, ihr Anteil schrumpfte dann auf der Hochschule auf etwa 5%.

In verschiedenen detaillierten Studien (Müller & Haun, 1994) konnte gezeigt Bildungsbeteiligung heute? werden, dass diese *soziale* Selektivität über alle Jahre, von 1960 bis 1990, etwas rückläufig war, aber immer noch sehr stark geblieben ist. Gegen Ende der 70er Jahre haben sich die anderen drei Merkmale Geschlecht, Religion und Region als Selektionsbedingungen aufgelöst.

Dass die soziale Selektivität nicht nahtlos mit der Verteilung von Leistungs- Soziale Selektivität fähigkeiten übereinstimmt, konnte ebenfalls deutlich dokumentiert werden. Wie Tab. 10 zeigt, hatte in den 70er Jahren ein Kind aus der Ober- und Mittelschicht – auch wenn es im untersten Drittel der Intelligenzverteilung war – die größere Chance, das Gymnasium zu besuchen (25%), als ein Kind der Grundschicht, welches zum oberen Drittel der Intelligenzverteilung gehörte (18%).

Tab. 10: Zusammenhang zwischen sozialer Herkunft, Intelligenz und Bildungsniveau (Intelligenztest: CFT 2, Schicht: Kleining und Moore) PROZENTSÄTZE (gerundet)

		N	Grund-Bildungs-niveau	Mittleres Bildungs-niveau	Höheres Bildungs-niveau
Intelligenztest: Oberes Drittel	Oberschicht und Mittelschicht	202	14	38	48
	Grundschicht	141	36	46	18
Intelligenztest: Unteres Drittel	Oberschicht und Mittelschicht	149	35	40	25
	Grundschicht	230	64	28	8

(Fend, 1982, S. 152)

Dieser Sachverhalt wird durch neuere Untersuchungen bestätigt, die in Hamburg der Frage nachgegangen sind, bei welchen Testleistungen Kinder aus verschiedenen sozialen Schichten eine mehrheitliche Chance haben (78 erreichte Punkte bedeuten: Wahrscheinlichkeit >0,5), für ein Gymnasium empfohlen zu werden.

Kinder, deren Eltern die Hochschulreife hatten, brauchten dazu 65 Punkte. Wenn ein Elternteil die Fachhochschulreife hatte, dann waren 76 Punkte nötig. Hatten Eltern nur einen Haupt- bzw. Volksschulabschluss, dann brauchten sie schon 82 Punkte. Hatten sie gar keinen Abschluss, dann waren für deren Kinder 98 Punkte erforderlich, um eine Gymnasialempfehlung zu erhalten (s. Allmendinger & Aisenbrey, 2002, S. 48f.).

Die Erforschung der sozialen Partizipation am Bildungswesen war in den 80er Internationale Vergleiche und 90er Jahren des 20. Jahrhunderts in den Hintergrund getreten. Erst die große

PISA-Studie aus dem Jahre 2000 hat sich diesem Thema wieder gewidmet. Dabei zeigte sich, dass Deutschland und auch die Schweiz im internationalen Vergleich zu den Ländern mit den sozial selektivsten Bildungssystemen zählen. In ihnen bestehen die dichtesten Zusammenhänge zwischen Leistungsniveau und sozialer Herkunft. Um dies zu erklären, müsste die Forschung der Frage nachgehen, ob die *institutionelle Regulierung* der Bildungswege etwas damit zu tun hat. Zu letzterer zählt insbesondere die frühe Einteilung der Schüler in verschiedene Bildungswege, die in Deutschland in der Regel nach dem vierten Schuljahr erfolgt. Müller konnte die Scharnierfunktion des ersten Übergangs bei der sozialen Reproduktion auch in neueren Studien belegen (Müller & Haun, 1994, S. 25). Studien zu Schulsystemen, in denen diese frühe Zuordnung vermieden wird, also Studien zu komprehensiven Schulsystemen, haben gezeigt, dass dies tatsächlich eine Reduktion der Chancenungleichheit zur Folge hat (Fend, 1982). Damals stand dieser positive sozialpolitische Effekt allerdings im Kontext einer unzureichenden Standardisierung der Leistungsniveaus. Dadurch rückte der Gewinn an sozialer Gerechtigkeit, die komprehensive Systeme verzeichnen konnten, in den Hintergrund.

Keine Fortschritte trotz Öffnung?

Die relativ enge Bindung der Beteiligung an höherer Bildung an die soziale Herkunft ist insofern überraschend, als die Prozesse der Institutionsbildung ab den 70er Jahren des 20. Jahrhunderts eine weitergehende Öffnung des Bildungswesens für alle Bevölkerungskreise geschaffen haben. Auch die enorme Bildungsexpansion sollte die soziale Beteiligung ausgewogener gestalten. Walter Müller konnte dies auch bestätigen. Die Bildungsexpansion in den letzten dreißig Jahren hatte nach seinen Daten international eine signifikante Erhöhung der Chancen von bislang untervertretenen Bevölkerungsgruppen in Schulen mit dem höchsten Anforderungsniveau zur Folge. Müller resümiert: „Während für die Kinder ungelernter Arbeiter in der ältesten Kohorte (1920/29 Geborene) das Chancenverhältnis, wenigstens das Abitur zu erreichen oder davor aus dem Bildungssystem auszuscheiden, noch mehr als zwanzigmal ungünstiger war als für Kinder aus der Dienstklasse, ist bei der Kohorte 1945-50 dieser Rückstand bereits auf das siebenfache zurückgegangen" (Müller & Haun, 1994, S. 21). Aus der Mannheimer Forschungswerkstatt um W. Müller kommt damit die gute Nachricht, dass in allen untersuchten europäischen Ländern mit der Bildungsexpansion auch eine Erhöhung der Chancengleichheit verbunden war.

Offenheit des Angebotes

Unübersehbar dokumentieren aber die PISA-Daten, dass trotz der großen und wissenschaftlich gut dokumentierten Fortschritte, die das 20. Jahrhundert in Bezug auf die Verbesserungen der Teilhabe aller Bevölkerungsgruppen an Bildungsprozessen gebracht hat (s. vor allem Müller & Haun, 1994), auch zu Beginn des 21. Jahrhunderts noch Verbesserungen notwendig sind. Im 20. Jahrhundert ist das Bildungssystem vom *Angebot* her offen geworden. Es gibt keine rechtlichen Hindernisse mehr und vielfältige Zugänge an mehreren Zeitpunkten zu weiterführenden Bildungswegen. Die *faktische Nutzung* dieser Angebote ist jedoch weiterhin in hohem Maße sozialschichtabhängig (Baumert, Watermann, & Schümer, 2003) – und dies in Deutschland im internationalen Vergleich besonders ausgeprägt.

Der internationale Vergleich der Unterschiede zwischen der mittleren Lesekompetenz von 15-Jährigen aus Familien des oberen und unteren Viertels der Sozialstruktur macht dies plastisch sichtbar (S. Abb. 55).

212

Abb. 55: Unterschiede zwischen der mittleren Lesekompetenz von 15-Jährigen aus Familien des oberen und unteren Viertels der Sozialstruktur. *(Stanant et al., 2003, S. 56)*

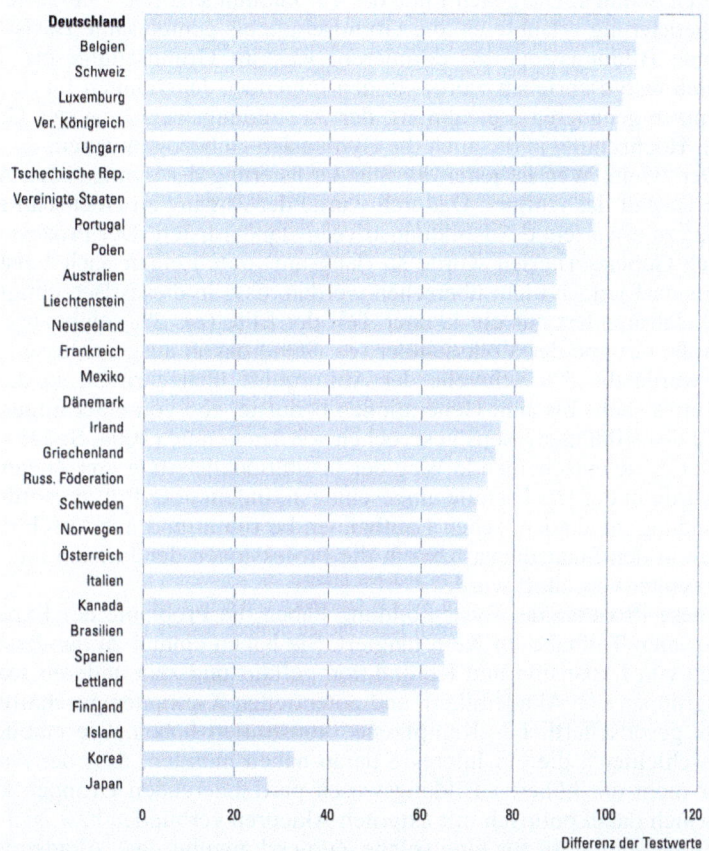

Für diese Abbildung wurden für jedes Land die Differenzen der Mittelwerte von zwei Schülergruppen gebildet: die mittleren Leistungen der 25 % Jugendlichen aus Familien mit dem höchsten Sozialstatus innerhalb des Landes und die mittleren Leistungen der 25 % Jugendlichen aus Familien mit dem niedrigsten Sozialstatus. Die Werte in der Abbildung zeigen also, welchen Leistungsvorsprung die erste Gruppe gegenüber der zweiten aufweist.

8.6 Zusammenhänge zwischen Institutionalisierung (Systembildung), Bildungsexpansion und sozialer Teilhabe

Das 19. und 20. Jahrhundert zeigen eine Entwicklungsdynamik des Bildungswesens, die nur durch das komplexe Zusammenspiel der drei erwähnten Prozesse, Systembildung, Expansion und Teilhabechancen, verstanden werden kann. Für Einsichten in diese Verschränkungen verdanken wir Titze einen entscheidenden Beitrag (2004), dessen Thesen in die folgende Zusammenfassung eingegangen sind.

Auf der Ebene der Institutionsbildung sind es mehrere Prozesse, die den besonderen Gang der deutschen Bildungssysteme beeinflussen. Der Hauptvorgang besteht im Zusammenwachsen der Bildungskreisläufe der Volksschulen und der gelehrten Schulen. Die gegen Ende des 19. Jahrhunderts (ca. 1880) erreichte Vollalphabetisierung erlaubte es, die Grundschule als gemeinsame Basis für weiterführende Bildungswege zu definieren, was im Grundschulgesetz 1920 auch rechtlich festgeschrieben wurde. In den folgenden Jahrzehnten führte dies zu einer immer genaueren Verzahnung der Ausbildungswege von der Grundschule bis zur Hochschule, in die auch die Gymnasien einbezogen waren.

Der zweite Weg ist jener der Standardisierung der gymnasialen Ausbildung in der Gestalt des Abiturs. Dadurch wurde der Zugang zu Hochschulen geregelt und das zu erwartende Ausbildungsniveau standardisiert. Der Prozess der Auslese nach Geburtskriterien wurde so (langsam) durch einen nach Leistung abgelöst. Es darf jedoch nicht übersehen werden, dass in dieses Berechtigungswesen im 19. Jahrhundert nur ein kleiner Teil der Elite (ca. 2%) einbezogen war und die große Gruppe der Volksschüler (ca. 90%) davon ausgeschlossen blieb. Erst 1960 wurde die 5%-Schwelle der Abiturquote überschritten, so dass es nach Titze etwa sechs bis acht Generationen bedurfte, ehe von einer allgemeinen Offenheit des Bildungswesens gesprochen werden konnte (2004, S. 345).

Der dritte entscheidende Weg der Institutionalisierung von Zugangsregelungen wurde in der Hochschule eingeschlagen, indem über Prüfungsordnungen die Verbindung zu akademischen Laufbahnen bestimmt und mit Anschlussberechtigungen in den Staatsdienst bzw. in die Professionen der Juristen und Mediziner immer enger verknüpft wurde.

Diese Prozesse der Systembildung haben die Probleme der Expansion und der sozialen Teilhabe im Kern tangiert. Sie haben einmal zu den beschriebenen Wellen von Expansion und Kontraktion geführt und zum anderen soziale Interessengruppen von Akademikern und potentiellen Aspiranten geschaffen, die eine latente gesellschaftliche „Kampfzone" konstituiert haben. Die etablierten „Bildungsschichten", die ein Interesse daran haben mussten, dass der Andrang von bisher nicht am höheren Bildungswesen partizipierenden Gruppen klein blieb, haben sich dabei politisch mit externen Akteuren verbunden bzw. sich denen nahe gefühlt, die aktiv für eine solche Zurückdrängung des „Akademikerproletariats" eingestanden sind. Dass dies im Nationalsozialismus besonders ausgeprägt der Fall war (durch Wiederaufwertung des Lateinischen als Systemgrenze zwischen Bildungskreisläufen, Dequalifizierung der Volksschullehrerausbildung, Verstärkung des Beamtenanteils an den Studierenden), so dass unter seiner Herrschaft ein drastischer Rückgang im Hochschulbesuch zu verzeichnen war, verweist auf standespolitische Hintergründe des geringen Widerstandes großer Gruppen der Bildungsschichten gegen das Nazi-Regime. Abb. 56 zeigt den enormen Anstieg der Bildungsbeteiligung bis in die 30er Jahre und den Abfall danach.

Abb. 56: Bildungswachstum. Quote höherer SchülerInnen in Prozent der 11-
bis 19-jährigen Bevölkerung in Preußen und der BRD (alt) 1800-2001
(Titze, 2004, S. 357)

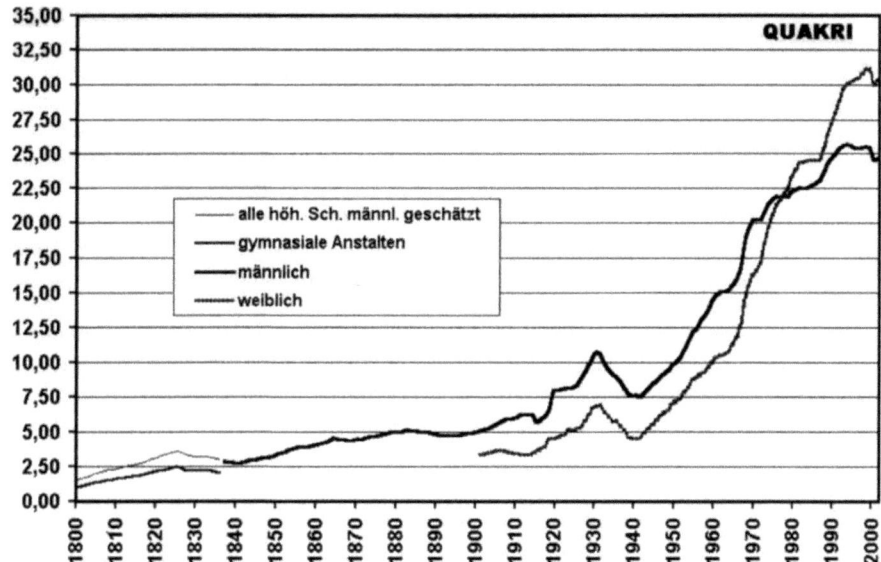

Den vollen Durchbruch zu einer universalistischen Organisation der Bildungswege, also einer ausschließlichen Orientierung der Zugangswege (nicht ihrer faktischen Nutzung) an Leistungskriterien, verbunden mit einer enormen Steigerung der
Bildungsbeteiligung, finden wir erst in den 60er Jahren des 20. Jahrhunderts. Diese
Generation von Schülerinnen und Schülern profitiert von der durch die Bildungs-
kontraktion und den Weltkrieg entstandenen Mangelsituation und erlebt ein historisch nie dagewesenes Angebot an Bildungsmöglichkeiten. Damit wird das Bildungswesen grundsätzlich auf eine Leistungssemantik eingestellt, die für den Einzelnen bedeutet, Schule als Kern der persönlichen Lebensplanung zu sehen. Wer
etwas „werden will", muss dies über die Schule vorbereiten. Sie wird auch zum
zentralen Raum, in dem die Entfaltung der eigenen Möglichkeiten, der eigenen Begabungen und Neigungen eingeübt werden kann. An der Schule kristallisieren sich
dann auch Erfolgs- und Problemkarrieren der nachwachsenden Generation.

    Die Zusammenhänge zwischen Bildungsinteressen und Bildungssemantik
zeigen insgesamt, dass in einer wissenssoziologischen Analyse der Mentalitäten
der Bildungsschichten im 19. und 20. Jahrhundert die latenten Interessenlagen in
der Abfolge von Generationen, die ins Bildungswesen drängen bzw. die ihre
Privilegien erhalten wollen, zu berücksichtigen sind.

    So zeigt sich auch, dass die Dynamik der Bildungsexpansion nicht „sprach-
los" verläuft, sie ist vielmehr begleitet von Beobachtungen, Wahrnehmungen,
Theorien, von Debatten und Kämpfen der beteiligten Akteure. Verschärfung der
Auslese, Kampf gegen Ungeeignete, Vermeidung einer Akademikerschwemme,
dies war eine häufige *Begleitsemantik* der Expansionsphasen. Sie ist auch getragen von politischen Orientierungen der Akteure, wobei die internen Akteure, die

Schule als Kern der
persönlichen
Lebensplanung

Interessenlagen und
Mentalitäten der
Bildungsschichten

Die Semantik der
Expansion und
Systementwicklung

Lehrer und ihre Standesvertretungen eine zunehmende Bedeutung erlangen. Bei den Lehrern sind es die Philologen, die sich organisatorisch konsolidieren und die semantisch die Prozesse der Systemveränderung und Expansion begleiten, bei anderen Akademikern die Juristen und Mediziner.

Eigendynamik des Bildungswesens

Titze betont in seiner Entfaltung der Dynamik von Systembildung, Expansion und sozialer Teilhabe die große *Eigendynamik*, die in diesem Prozess das Bildungswesen selber entwickelt. Es hat sich gewissermaßen nicht konsequent und fugenlos an Außeninteressen „gehalten", sondern aus eigenem Antrieb Bildungsangebote gemacht und zwar in der Regel immer mehr, als externe Akteure wünschten. Der Druck, der dadurch etwa auf Verwaltungen entstand, hat wiederum Aktivitäten beschleunigt, die helfen sollten, die Prozesse im Bildungswesen zu „beobachten", um sie steuern zu können. Die Entwicklung der Bildungsstatistik ist auf diesem Hintergrund zu sehen und Teil der systematischen Beobachtung als Steuerungsgrundlage, der auch die aufkommenden pädagogischen Wissenschaften ihre Existenz verdanken. Auch interner Sachzwang zur Konstruktion von konsistenten und in der Langzeitperspektive abgestimmten Bildungswegen hat dazu beigetragen, die Systembildung auch ohne externe Akteure voranzutreiben. Gegen Ende des 20. Jahrhunderts werden Entwicklungsprozesse im Bildungswesen dann vor allem von Fachleuten aus der Schule selber getragen.

Bildungsstatistik als Systembeobachtung

8.7 Professionalisierung der Lehrerschaft

Im 19. und dann verstärkt im 20. Jahrhundert sehen wir neben der Expansion und Universalisierung von Bildungsangeboten nicht nur eine erfreuliche Entwicklung des Lehrerstandes als sozial anerkannter Beruf (Standesgeschichte) mit angemessener finanzieller Ausstattung (s. für einen Überblick Enzelberger, 2001), sondern auch eine immer eigenständiger sich entwickelnde Professionalität des beruflichen Handelns (Professionsgeschichte).

8.7.1 Know-how des Unterrichtens als Erfahrungswissen im System

Die wichtigste Arbeit zur Entwicklung von Know-how des Unterrichtens wurde in der Lehrerschaft selber geleistet und fand ihren Niederschlag in Lehrerzeitschriften, in Tagungen der Lehrerschaft, in Aus- und Fortbildungskonzepten und in Visitenberichten von schulaufsichtlich Verantwortlichen.

Wissen im System

So wird sichtbar, dass sich das Professionswissen nicht auf der Grundlage wissenschaftlicher Forschung, sondern als Erfahrung und *Wissen im System*, in alltäglicher Erprobung von Unterricht, entwickelte. Das 19. Jahrhundert hat dabei gewichtige Fortschritte zu verzeichnen. In Bezug auf das Lesenlernen wurden sie schon erwähnt (s. die Entwicklung der Lautiermethode, des Simultanunterrichtes, des Klassenunterrichtes, Kapitel 5.2.1). Dieses Professionswissen erreichte im 20. Jahrhundert durch den Austausch in vielen Lehrerzeitungen und Ausbildungsstätten, also durch eine praxisnahe Reflexion in der Lehrerschaft selber, ein hohes Niveau. Professionswissen ist in diesem Sinne „Wissen im System" und Praxisentwicklung im System. Die permanente Aufgabe, inhaltliche Sachstrukturen anschlussfähig an die kindliche Lernfähigkeit zu machen, zwang zu einer solchen Entwicklung von „Know-how", das in eine „Technologie" des Lehrerhandelns führte.

Die institutionellen Vorgaben allein schaffen aber noch keinen Unterricht. Um Unterricht zu realisieren, ist es erforderlich, die in der Programmsteuerung des Bildungswesens vorgegebenen Inhalte, die in Prüfungsordnungen eingebetteten Lehrpläne und Lehrbücher also, so aufzubereiten, dass sie an die Lernmöglichkeiten und Lernwege der Kinder anschlussfähig werden.

Eine Fallstudie zur Erfindung des Unterrichts

Wie Unterricht „erfunden" wurde, hat Depaepe (2000) in einer Fallstudie für die Primarstufe in Belgien eindrucksvoll aufgearbeitet. Er hat dafür Lehrerzeitungen von ca. 1880 bis in die 60er Jahre des 20. Jahrhunderts inhaltsanalytisch ausgewertet und Protokolle von Lehrerversammlungen genutzt, zu denen die Lehrer seit 1842 verpflichtet waren und die auch Musterstunden enthielten. Auf dieser Datenbasis konnte er rekonstruieren, welches um 1880, 1930 und 1960 die „Idealstandards" für guten Unterricht waren. Indirekt lässt sich auch erschließen, was faktisch in Schulklassen geschah.

Wie wurde nun auf der Primarstufe unterrichtet?

In der Zeit um 1880 stand die logische Ordnung der Gegenstände im Vordergrund, die vom Einfachen zum Schweren gegliedert und in einem Frage-Antwort-Unterricht erarbeitet wurden. Einübung des Gelernten, Drill und Memorieren, das Wiederholen und die Festigung in Hausaufgaben standen im Vordergrund.

Unterricht um 1880

Eine ideale Stundenvorbereitung bestand so vor allem in einer gelungenen sachlogischen Aufgabenanalyse. Auf das Kind sollte durch einen anekdotischen Einstieg eingegangen werden, der eine gute Stimmung und eine gute Arbeitsatmosphäre schaffen sollte. Der Lehrer sollte nicht einseitig dozieren, er sollte auch die Schüler zum Sprechen bringen. Gab ein Schüler im Frage-Antwort-Dialog eine richtige Antwort, so sollte sie die ganze Klasse wiederholen. Das Erreichen von festgelegten Lernzielen war bei schulaufsichtlichen Besuchen ein Kernkriterium für guten Unterricht. Die Suche nach der *einen* Methode, die Wissen und Tugend vermitteln sollte, stand hier im Mittelpunkt. Sie war vor allem auf Ordnung und Transparenz ausgerichtet und gipfelte im Ideal der *„Klarheit"* der Sache.

Auf diesem Weg kristallisierte sich in dieser Zeit nach Depaepe (2000) eine „Grammatik der Schule" heraus: die Festlegung eines Curriculums mit Unterrichtsgegenständen und Lehrmaterial, die Einteilung der Schüler in altersbezogene Klassen oder Gruppen und die Zuordnung eines Lehrers zur jeweiligen Klasse. Damit waren wohldefinierte Standards des leistungsmäßig Erreichbaren verbunden. Die Schulklasse wurde zum Ort des Ablaufs von Lehren und Lernen und die Unterrichtsstunde zum Kerngeschäft. Sie sollte durch den Lehrer sorgfältig vorbereitet werden, einen Aufmerksamkeit steigernden Anfang haben, über eine geleitete Konversation zu einem Höhepunkt an Erkenntnis führen und am Ende ein Ergebnis – häufig eine moralische Regel – zeigen. Diese moralische Konklusion, die im Rahmen der Versittlichungsbestrebungen des 19. Jahrhunderts im Vordergrund stand, wurde in der weiteren Entwicklung durch Leistungen ersetzt, die ihrerseits in ein System von Prüfungen eingebunden und zur Grundlage für die Schullaufbahn wurden.

Die Grammatik der Schule

Abb. 57: Unterrichtszimmer ca. 1907 in Deutschland
(Quelle: Pictura Paedagogica Online, Bibliothek für Bildungsgeschichtliche Forschung, b0004708b)

Hier ist alles auf „professionellen" Unterricht" eingestellt: die Möbel, die Gestaltung der Wände, die Materialien, die Schulkleidung – nichts ist mehr provisorisch, ungeregelt, ungestaltet. Die Größe der Klasse verlangt zudem ein hohes Maß an Ordnung

Unterrichtszimmer.

Unterricht um 1930

In den 30er Jahren des 20. Jahrhunderts finden wir neue Ideale guten Unterrichts. Es ist die Zeit der Reformpädagogik, der Romantisierung des Kindes als ein kreatives Geschöpfes und der Erziehung vom Kinde aus. Einer auf Drill und Auswendiglernen ausgerichteten Schule ohne Sinnbezüge wurde ein auf Selbsttätigkeit ausgerichteter Unterricht gegenübergestellt (s. für Österreich Glöckel, 1928). Eigenständige kreative Tätigkeit, Unterricht im Freien, Unterricht nach Interessen und Besonderheiten von Kindern repräsentierten die neuen Unterrichtsprinzipien. Die Lernkonversation eines fragend-entwickelnden Unterrichtes blieb jedoch die Kernstrategie eines kindorientierten Unterrichts, wenngleich er immer wieder kritisiert wurde. Lehrer würden immer das erfragen, was sie hören wollten bzw. Lehrer würden rasch eigene Antworten geben, wenn der Unterricht nicht zügig voranginge. Eigene Lösungen und selbst erarbeitete Konzepte erhielten nun aber einen prominenten Stellenwert. Schüler sollten auch in Gruppenarbeiten neue Fragen und mögliche Antworten entwickeln.

Auch wenn die Tradition des Unterrichtens übermächtig blieb, ist doch das Bemühen unübersehbar, die Seite der Schüler zu stärken und ihre Aktivität zu stimulieren. Insbesondere die Entdeckung und Berücksichtigung der Individualität des Schülers muss als Verdienst dieser pädagogischen Tradition festgehalten werden.

Daraus entwickelte sich eine „Dramaturgie" des Unterrichts, die, teils inspiriert durch Herbarts Formalstufen, teils durch die Reformpädagogik der 50er und frühen 60er Jahre geprägt, den Volksschulunterricht choreographierte und folgenden Aufbau von Unterrichtsstunden vorsah:

– Anknüpfen an den Lebensraum des Kindes,
– Erarbeitung des Alltagswissens der Schüler,
– Systematisierung des Schülerwissens,

218

- Konfrontation mit höheren Wissensstrukturen,
- Entwicklung eines formalen Modells bzw. einer systematischen Begriffsbildung,
- Entwicklung einer Einsicht und Festhalten dieser Einsicht in Merksätzen,
- Übung und Anwendung des Erarbeiteten an ähnlichen Beispielen,
- Anwendung auf unbekannte neue Problemgebiete,
- Festigung durch Übung.

Die theoretische Fundierung dieses Unterrichtes sprach vom Anschauungsprinzip des Unterrichts, vom Aktivitätsprinzip, vom Prinzip der Lebensnähe, vom Prinzip der Kindgemäßheit und Individualisierung und vom Prinzip der Erfolgssicherung und Übung (s. Stöcker, 1970). Die reformpädagogisch inspirierte, fast schwärmerische Konzeption des Kindes als schöpferisches Wesen ließ sich aber mit den Notwendigkeiten, in großen Schulklassen „skills" zu trainieren, nur schwer harmonisieren. So blieb auch der kindzentrierte Unterricht nach Depaepe weitgehend Rhetorik (Depaepe, S. 119) oder auf die Empfehlung, keine zu engen Fragen zu stellen, eine gute Atmosphäre zu schaffen und Gruppenarbeit zu organisieren, konzentriert.

Die Zeit um 1960 ist nach der Fallstudie von Depaepe eher eine der Synthese, auf jeden Fall aber keine revolutionäre wie die vorangehende Zeit der Reformpädagogik. Unübersehbar ist jedoch eine Professionalisierung auf der sich entwickelnden psychologischen Basis des Unterrichts, sei es die Entwicklungspsychologie, die Lernpsychologie oder die Begabungspsychologie. Die Besonderheiten der Kindheit und Jugend waren nach 1930 differenziert erarbeitet (s. z.B. zum kindlichen Weltbild Hansen, 1938; Piaget, 1926/1988) und die Besonderheiten der Jugendphase theoretisch präzisiert (s. insbesondere Bühler, 1921; s. insbesondere Spranger, 1924) worden. Die Psychologie der Intelligenz und der Begabung schärften die Diagnose des jeweiligen Lernstandes und der Fähigkeiten eines Kindes und Jugendlichen. *(Marginalie: Unterricht 1960)*

Doch die „Dramaturgie" des Unterrichts blieb auch in dieser Zeit intakt. Unterricht wurde aber „kinderfreundlicher", nicht zuletzt wegen der Verbesserung der Unterrichtsbedingungen. Lehrerinnen und Lehrer waren jetzt nicht mehr für Klassen von 60 bis 80, sondern für solche mit 20 bis 30 Schülerinnen bzw. Schülern verantwortlich.

Eine Erklärung für die Kontinuität der „Dramaturgie" des Unterrichts könnte in der Stabilität der institutionellen Rahmenbedingungen liegen, in der *institutionellen Rahmung* durch Prüfungen, Lehrpläne und Organisationsgefäße, die nur eine begrenzte „Totalausrichtung" auf das Kind erlauben. *(Marginalie: Stabile Rahmenbedingungen)*

Schließlich haben die situativen Bedingungen des Klassenunterrichtes eine starke verhaltensregulierende Kraft. Um alle Kinder bestmöglich zu „beschäftigen", bedarf es einer verständlichen Choreographie, eines von allen einsehbaren und voraussehbaren Handlungsablaufs, es bedarf der Aufmerksamkeit, der Regeln des Wartens und Sich-Meldens, wie sie Jackson sehr schön herausgearbeitet hat (1990). Diese Situation setzt aber auch die Lehrperson unter einen normativen Erwartungsdruck: dass sie nicht „ungerecht" ist und alle gleich behandelt, dass sie die Leistungen der Kinder objektiv, ohne Ansehen der Person, beurteilt, dass sie mit ihnen respektvoll umgeht, ihnen nicht beleidigend zu nahe tritt. Auch dieses Normensystem ist im Detail beschrieben worden. Dreeben hat es präzise herausgearbeitet als Regeln der Leistung, der Universalität, der Spezifizität und der Unabhängigkeit (1968).

So festigt sich hier die Einschätzung, dass die „Evolution" des Klassenunterrichts eine Entwicklung im System darstellt, die sich aus den Erfahrungen mit den nötigen Rekontextualisierungen von Inhalten und institutionellen Regelungen in Begegnungen mit konkreten Schülerinnen und Schülern ergeben hat. Die operativen Akteure des Bildungswesens transformieren diese Bedingungen des Schulklassenunterrichts in ein erfahrungsgestütztes Professionswissen und in eine erfahrungsgestützte Praxis.

Dabei trat mit zunehmender Klarheit ins Blickfeld, dass nicht nur Inhalte (Grammatik, Mathematik, Sprachen usw.) den Unterricht steuern können, sondern dass Inhalte an die „lernenden Systeme" anschlussfähig gemacht werden müssen. Inhalte können weder in ein als leeres Gefäß gedachten Schülers bzw. Schülerin geschüttet noch auf eine „Wachstafel" geritzt werden. Schon in der Assoziationspsychologie wurde Unterricht als gezielte Anreicherung von Denkverbindungen bei Lernenden verstanden, so dass ausgehend von Bekanntem immer dichtere Netze des Wissens aufgebaut werden können. Diese Konzeption der Rekontextualisierung von Inhalten an das „innere Geschehen" im Kinde kann zwar, wie die Geschichte der Didaktik des Lesenlernens zeigt, zu einer falschen Elementarisierung führen, indem etwa zuerst Buchstaben, dann Silben und dann Wörter auswendig gelernt werden und die kombinatorische Zusammensetzung im Einzelnen ebenso „auswendig lernend" geübt wird. Sie ist dennoch ein Indiz für die Orientierung an psychologischen, wenn auch falschen Annahmen zum Lernen von Kindern.

Die Entwicklung einer professionellen Didaktik vollzog sich, wie oben exemplarisch belegt wurde, über Jahrzehnte in der Lehrerschaft selber. In unzähligen Zeitschriftenbeiträgen und Fortbildungen sowie in einer immer differenzierteren pädagogischen Ausbildung der Lehrerschaft entwickelte sich ein erfahrungsgestütztes *Berufswissen* und ein *Berufskönnen* eigenständiger Art. Erst im Verlauf des 20. Jahrhunderts etablierte sich eine universitäre Forschung und Entwicklungsarbeit als Ergänzung und Unterstützung der Lehrerarbeit. An der Universität Zürich war Meumann, der hier wenige Jahre (1897-1905) als Extraordinarius für Philosophie und Pädagogik verbrachte, ein erster herausragender Vertreter der empirischen Erforschung der Begabungsunterschiede und der Lernfähigkeiten von Kindern in unterschiedlichem Alter. Er wollte vor allem herausfinden, was wie viele Kinder in welchen Zeiträumen bei optimalen Bedingungen tatsächlich lernen können. Bis in die 60er Jahre dominierte dann die philosophische Reflexion von Erziehungs- und Bildungszielen sowie die historische Forschung über „große Pädagogen" die universitäre Pädagogik. Die „große Pädagogik" der Universität und die „minore Pädagogik" der Praktiker drifteten so immer stärker auseinander. Erst seit den 60er Jahren verbindet sich in der deutschsprachigen universitären Pädagogik eine empirische Erforschung der Unterrichtsprozesse und Bildungsprozesse mit einer historischen Analyse von Zielen und Strukturen des Bildungswesens. Seit dieser Zeit werden auch die Strukturen einer wissenschaftlichen Disziplin „Pädagogik" bzw. „Erziehungswissenschaft" immer sichtbarer.

8.7.2 Die Reformpädagogik und die Entdeckung des „Kindes"

Wissen über Lernmöglichkeiten und Lernbereitschaften von Kindern gehört zum Kernbestand des Professionswissens von Lehrerinnen und Lehrern. Die erste Entfaltung dieses Wissens verdankt die Lehrerschaft dabei der Reformpädagogik, wenngleich auch diese auf längere historische Erfahrungen und Entdeckungen aufgebaut hat.

Zu den Vorläufen zählt die Konzeption des Kindes in der Romantik. Hier wurde das Kind erstmals nicht als kleiner, defizitärer Erwachsener definiert, sondern als unerschöpflicher und eigenständiger Quell der Schaffung von künstlerischer Wirklichkeit betrachtet. In das Kind wurden Ursprünglichkeit, weltversöhnende Naivität und Unmittelbarkeit projiziert. Darin unterschied sich diese Bewegung von der eher rationalen Konstruktion der Entwicklung des Menschen bei Rousseau. Gemeinsam war beiden die erhöhte Aufmerksamkeit dafür, was im Kinde vor sich geht und die Wertschätzung dieser Vorgänge, die das Überwältigungsdenken der herkömmlichen, an Inhalten und vorgegebenen Zielen orientierten Pädagogik veränderten.

Die Entdeckung der Eigendynamik des Kindes: Reformpädagogik und Romantik

Diese Kindkonzepte wurden gegen Ende des 19. Jahrhunderts zunehmend auch zu didaktischen Orientierungen für die Schule (Depaepe, 2000). Begünstigt hat diese Entwicklung, die die Stofffixierung in den Hintergrund treten ließ, die Expansion der Schulzeiten sowohl im Tageslauf als auch im Lebenslauf heranwachsender Menschen. Die kleiner werdenden Klassen – von häufig 80 bis 100 Schülern im Laufe des 19. Jahrhunderts auf etwa 40 bis 50 zu Beginn des 20. Jahrhunderts bis zu 20 bis 30 am Ende des 20. Jahrhunderts – haben die Beobachtung der *Individualität* des Kindes und Jugendlichen sowie die exakte *Erfassung des jeweiligen Leistungsstandes*, an den der weitere Unterricht anknüpfen sollte, erleichtert. So wurde die Grundlage für die professionelle Entwicklung einer Leistungsdiagnostik geschaffen.

Unterrichten vom Kinde aus

Abb. 58.1: Kindergarten im Zürcher Oberland (Rüti, ca. 1920)

Bildanalyse siehe nächste Seite

Siehe Abb. 58.1-58.4:

Die Analyse von Klassenfotos wäre eine eigene Arbeit wert. Sie zeigen u.a., welches Ideal einer geordneten Schule jeweils vorherrscht, welche Position der Lehrer, bzw. die Lehrerinnen innehat.

Gemeinsam ist vielen Fotos immer ein Moment der Ordnung, bzw. der Lockerung. Wo der Lehrer bzw. die Lehrerin steht, signalisiert die Autorität oder kulturelle Unterschiede: Bei schweizerischen Klassen steht die Lehrperson gewissermaßen als Autorität im Rücken der Schülerinnen und Schüler. In den Klassenbildern aus Frankreich stehen die weiblichen Lehrkräfte in der Mitte. Sie sind gewissermaßen der Mittelpunkt des Geschehens – Sie wollen offensichtlich weniger „darüberstehen" als „mittendrin" sein. In der „Lockerheit" des Arrangements kommen häufig reformpädagogische Vorstellungen zum Vorschein. „Ordnung" ist aber wohl ein für das 19. und das 20. Jahrhundert dominantes Muster der schulischen Selbstpräsentation.

Abb. 58.2: Schulklasse im Zürcher Oberland (Fägswil, 1928)

Abb. 58.3: Unterstufe in Roanne (Dep. Loire) Frankreich (ca. 1938)

222

Abb.58.4: Mittelstufe in Roanne (Dep. Loire) Frankreich (ca. 1941)

Die pädagogische Reformbewegung hat die Einsichten in die Entwicklung des Kindes, die im 19. Jahrhundert erstmals erarbeitet wurden, aufgenommen und in eine ganzheitliche Konzeption der Erziehung und des Unterrichts vom Kinde aus bzw. der jugendzentrierten Pädagogik umgesetzt.

Eine weitere Entwicklung hat dazu beigetragen, der Seite der Schülerinnen und Schüler große Aufmerksamkeit zu widmen. Die Expansion des Bildungswesens hat es immer unausweichlicher gemacht, zu möglichst objektivierbaren Feststellungen der *Lernfähigkeiten* verschiedener Kinder und Jugendlicher zu gelangen, um den Unterricht immer präziser auf deren Lernfähigkeiten abstimmen zu können. In diesem Rahmen entstand erstmals eine empirische Begabungsforschung und eine experimentelle Unterrichtsforschung, die die Passung zwischen Lernangeboten und Lernfähigkeiten optimieren wollte (s. z.B. Lay, 1908).

Die Vermessung der Unterschiedlichkeit von Kindern

Das Professionswissen hat sich in der hier sichtbar werdenden Doppelbewegung entfaltet: Einmal wurden die didaktischen Erfindungen und Modelle, in denen kulturelle Inhalte in optimale Lehrsequenzen transformiert waren, immer präziser. Zum andern wurde Unterricht immer stärker an den eigenständigen Entwicklungsprozessen heranwachsender Kinder und Jugendlicher orientiert. Die pädagogische Reformbewegung hat Erziehung und Lehren vom Kinde aus zur Kernkompetenz der pädagogischen Profession erklärt (Oelkers, 1989). Nach Jahrhunderten des Denkens vom Inhalt, vom Stoff, von der „Kultur" aus setzte hier eine Rekonstruktion von Schule ein, die von den Fähigkeiten, Neigungen und Besonderheiten des Kindes ausging und von hier her rekonstruierte, wie optimal zu unterrichten ist. Diese Perspektive wurde zum Kernbestand der Gestaltung moderner Bildungssysteme, wenngleich die Ausrichtung auf Inhalte und langfristige Lehrgänge, auf über

Fortschrittslinien

Prüfungen diagnostizierte Leistungen und Kompetenzen immer noch eine dominante Form der institutionellen Organisation von Lehren und Lernen bildet.

8.8 Resümé der Entwicklungslinien im 20. Jahrhundert

Welche sind die zentralen Entwicklungslinien der Entstehung des institutionellen Akteurs „Bildungswesen" im 20. Jahrhundert? Diese Frage leitet das folgende Resümé (s. vor allem auch Herrlitz, 2001, S. 125ff.).

Systembildung, Expansion, Universalisierung

1. Die *Institutionsbildungen* im 20. Jahrhundert betreffen sowohl das Verhältnis der externen Akteure zum Bildungswesen als auch die innere Entfaltung der organisatorischen Strukturen des Akteurs „Bildungswesen" selber.

Politische Diskontinuitäten

Das dominante Bild in Bezug auf den externen Akteur ist eines der Diskontinuität, die in Deutschland durch den Wechsel der Regime – von monarchischen über faschistische bis zu demokratischen – bedingt ist.

Innere Systembildung

2. Die *Systembildung* im Bildungswesen selber kann jedoch als kontinuierlicher Ausbau einer immer vollständigeren Systematik von immer längeren Bildungswegen beschrieben werden. Sie ist gekennzeichnet von Prozessen der Harmonisierung der inneren Gestalt aufeinander abgestimmter Lernwege, von Prozessen der *Expansion* und der *Universalisierung* der Lernchancen für alle heranwachsenden Kinder des Gemeinwesens.

Die Entdeckung der Adressaten

3. Die *inhaltliche Programmsteuerung* durch Lehrpläne und Bildungspläne erfährt in den ersten dreißig Jahren des 20. Jahrhunderts eine fundamentale Erweiterung. In diesen Jahrzehnten wird in gewissem Sinne der Adressat dieser Lehr- und Bildungspläne entdeckt: der sich entwickelnde und lernende junge Mensch. Die Aufmerksamkeit richtet sich jetzt auf die Kinder und Jugendlichen, auf deren Lernmöglichkeiten und deren Persönlichkeit. Dies führt zu einem Aufschwung der Entwicklungspsychologie und der pädagogischen Psychologie (für einen Überblick zur Entwicklungspsychologie s. Fend, 2001a). Die Versuche, kognitive Entwicklungen, Persönlichkeitsentwicklung und schulische Lehrprogramme abzustimmen, werden ein wichtiges pädagogisches Anliegen (s. z.B. Gaudig, 1917). Die Architektur der Lehrpläne wird erstmals durch die Lernmöglichkeiten und Lerninteressen von Kindern und Jugendlichen mitbestimmt. Gleichzeitig ändert sich auch die Didaktik. Sie orientiert sich am Grundsatz, dass alles Lernen vom Kinde ausgeht. Nur wenn sie selber am Lernen beteiligt sind und mit Anteilnahme nach Erkenntniswegen suchen, lernen sie auch gut und gern. Ein schönes Bild macht den Unterschied zur herkömmlichen, stofforientierten Didaktik sichtbar: Kinder sind keine Gefäße, die gefüllt, sondern Kerzen, die entzündet werden wollen.

Diese neue Orientierung wird vor allem den Grundschulunterricht revolutionieren, die höhere Bildung bleibt weiter eher stoff- und anforderungsorientiert.

Nationalsozialismus

4. In der Zeit des Nationalsozialismus kumulieren die Schattenseiten der deutschen Entwicklung. Wie in einem Brennpunkt zeigt sich das Gegenteil eines aufgeklärten und universalistischen Menschenbildes und die partikularistische Verengung der Menschenrechte auf Rasse und Herkunft. Die sich hier vollziehende *Instrumentalisierung und Gleichschaltung der Schule für poli-*

224

tische Zwecke bringt als Gegenbild zum Vorschein, wie eine demokratische Regulierung eines Bildungswesens aussehen müsste. Sie macht auch überdeutlich den Zusammenhang sichtbar zwischen einer politischen Herrschaftsform und der inneren pädagogischen Kultur des Bildungswesens.

5. Die Verluste der okzidentalen Traditionen im Nationalsozialismus führen im pädagogischen Denken der fünfziger Jahre zu einer Wiederbelebung der *abendländischen Wertkulturen*, die die Eigenständigkeit der Person und die Werte des Christentums, des Humanismus, der Wissenschaften, der republikanischen Staatsformen und der Rechtssicherheit in ein freiheitlich gedachtes Verhältnis setzen (s. insbesondere Litt, 1947, 1955, 1959). Auf dieser Folie erfährt der Kanon der gymnasialen Bildung eine Erneuerung, die die Kontinuität zum Humanismus der Vorkriegszeit herzustellen erlaubt (s. insbesondere Flitner, 1954, 1959, 1961; Flitner, 1965). *[Randnotiz: Okzidentale Wertekultur]*

6. In den 60er Jahren des 20. Jahrhunderts verlagert sich der Schwerpunkt von „institution building" erneut. Die Bemühungen um den Anschluss an die okzidentalen Traditionen der europäischen Bildungsideen treten in den Hintergrund. Im Vorderfeld steht das Bemühen, das Bildungswesen, seine Inhalte und Strukturen so zu gestalten, dass es den Ansprüchen einer sich rasch verändernden Welt genügt. Dabei rückt erstmals auch die ökonomische Funktion des Bildungswesens explizit ins Blickfeld (s. z.B. Picht, 1964). So wird den modernen Fremdsprachen eine größere Bedeutung beigemessen, ebenso den Naturwissenschaften. In diesem Umfeld finden wir erstmals systematische Überlegungen, welche Kompetenzen junge Menschen bzw. ein Gemeinwesen brauchen, um für die Zukunft optimal gerüstet zu sein. *[Randnotiz: Die erste Modernisierung]*

7. Die Ansprüche aus den neu definierten Bürgerrechten materialisieren sich in Regelungen, die die *Chancengleichheit* aller Gruppierungen der Bevölkerung sichern sollen. Sie führen zu einer Öffnung und zu einem flächendeckenden Ausbau des Bildungswesens und verstärken damit den Trend zur Bildungsexpansion. *[Randnotiz: Chancengleichheit]*

8. Im selbstkritischen Rückblick auf den Nationalsozialismus gewinnt jetzt auch die politische Bildung einen größeren Stellenwert, um eine freiheitlich-demokratische Ordnung im Bewusstsein und den Bürgertugenden zu verankern. Dies wird auch die Folie, auf der die Gefährdungen einer freiheitlichen Staatsordnung durch Splittergruppen der politischen Bewegung der 68er abgewehrt werden. *[Randnotiz: Politische Bildung]*

9. In der inhaltlichen Programmausrichtung des Bildungswesens wird das stark ästhetisch-literarisch sowie historisch-philosophisch ausgerichtete Bildungsprogramm des Gymnasiums zurückgedrängt. Es wird inhaltlich vielfältiger, was seinen Niederschlag in der reichhaltigen Typenbildung und der Spezialisierungsmöglichkeit in der gymnasialen Oberstufe sowie im Aufbau beruflicher Gymnasien findet. *[Randnotiz: Moderne Inhalte]*

10. Die 80er Jahre repräsentieren eine eigenartig unbewegte Zeit. Die großen Strukturreformen der 70er Jahre konnten sich nicht durchsetzen, so dass wir eher eine Politik der kleinen Maßnahmen, der Harmonisierung bestehender Strukturen, beobachten. Die pädagogische Literatur richtet ihre Aufmerksamkeit auf die innere Gestaltung der Schule als pädagogischer Raum und auf die Schule als pädagogische Handlungseinheit (Fend, 2001b). Ende der 80er Jahre beginnt dann die Aufbauarbeit von Bildungssystemen im Umfeld der deutschen Wiedervereinigung. *[Randnotiz: Die stille Zeit: Pädagogisierung des schulischen Binnenraumes]*

11. Ab Mitte der 90er Jahre kommt Bewegung in die Gestaltung der deutschen Bildungssysteme. Den Anstoß bilden internationale Vergleichsstudien, welche die Akteure, die für das Bildungswesen verantwortlich sind, aufschrecken (Baumert et al., 2000a, 2000b; Baumert, Bos, & Watermann, 1998; Baumert & Lehmann, 1997; van Ackeren, 2002). Die Selbstgewissheit einer vermeintlichen Überlegenheit der deutschen Ausbildung im Vergleich zu anderen Ländern erweist sich jäh als kollektiver Selbstbetrug der deutschen Bildungsverwaltungen.

In der Reaktion auf diese Ergebnisse kumulieren veränderte Erwartungen an das Bildungswesen und an den Staat im Allgemeinen. Die Wandlung vom autoritativen Staat mit Ansprüchen an die Bürger zum Dienstleistungs- und Wohlfahrtsstaat mit Ansprüchen der Bürger an den Staat rückt die Frage in den Vordergrund, ob das staatliche Bildungswesen den Ansprüchen an Qualität genügt, die der Bürger erwarten kann. Damit kommt die Neugestaltung des schulischen Angebotes zur Sprache, die sowohl institutionelle Verfahren der Qualitätssicherung im Sinne interner und externer Evaluationen einschließt, als auch eine neue Architektur der Inhalte erfordert. Sie sollen jetzt stärker auf Kompetenzen ausgerichtet sein, die die heranwachsende Generation befähigen, in einem globalisierten Umfeld der Moderne zu bestehen. Damit knüpft diese Diskussion wieder an Konzepte an, die in den späten 60er Jahren – vielleicht zu früh – diskutiert wurden.

12. Das 20. Jahrhundert sieht die Entstehung einer professionalisierten Lehrerschaft mit einem hohen Organisationsgrad und einer immer differenzierter ausgebauten „Technologie" des Unterrichtens. Lehrersein wird zu einem attraktiven Hauptberuf, der ein ökonomisches Auskommen sichert. Die Lehrerschaft wird nicht nur zum Träger des Unterrichts, sondern zudem zum Träger der Schulentwicklung selbst. Ihre Vertreter konzipieren hauptsächlich die Lehrpläne und arbeiten an der rechtlichen Ausgestaltung des Bildungswesens mit. Aus ihrer Erfahrung heraus entwickeln sie auch neue Methoden des Unterrichtens, die jedoch insbesondere von den in den 30er Jahren gemachten wissenschaftlichen Fortschritten in der Entwicklungspsychologie und der pädagogischen Psychologie inspiriert werden. Im Vordergrund stehen aber das im Bildungswesen selber entwickelte Wissen und die hier im Versuch-Irrtum-Verfahren aufgebauten Erfahrungsschätze. Sie führen zu einer Methodik des Unterrichtens, die eine eigenständige Kultur repräsentiert, aber von der allgemeinen Kulturentwicklung – insbesondere vom modernen Trend der Individualisierung – beeinflusst ist (s. Depaepe, 2000).

13. Neben diesem rapiden Anstieg der Selbstreflexion *im* Bildungswesen beobachten wir einen Anstieg des Wissens *über* das System im Sinne verobjektivierenden wissenschaftlichen Forschens. In den ersten dreißig Jahren des 20. Jahrhunderts stehen dabei wissenschaftliche Bemühungen um eine bessere Kenntnis des Schülers, seines Lernens und seiner Entwicklung im Vordergrund. In der zweiten Hälfte des 20. Jahrhunderts wird das gesamte Bildungswesen, das Handeln und Denken der Lehrer, die Inhalte und Strukturen des Bildungswesens Gegenstand der sozialwissenschaftlichen Forschung. Auf dieser Grundlage vergrößert sich auch die Basis für eine wissenschaftsfundierte Professionalisierung der Lehrerschaft. Sie wird vom Bildungswesen selber evoziert. Solange sich Bildung und Erziehung auf

einzelne, meist durch Geburt ausgezeichnete Personen, konzentrieren konnten, wie dies in der Hofmeister-Erziehung der Fall war, so lange konnten auch Erziehung und Bildung partikular bleiben. Große Gruppen zu unterrichten, mit einer Schar von Kindern in einer Klasse umgehen zu können, verlangt Wissen darüber, wie solche „kleinen" Menschen „funktionieren", wie sie lernen können, nach welchen „allgemeinen" Gesetzen dieses Lernen vor sich geht. Die große Zahl provoziert auch Wahrnehmungen des allen Kindern Gemeinsamen und Wahrnehmungen der Unterschiede. Die Organisation von Jahrgangsklassen erzeugt eine zusätzliche Differenzierungsnotwendigkeit: das Lernen nämlich auf Altersphasen und auf die Heterogenität der Lernmöglichkeiten in einer Schulklasse abzustimmen. Mit dem Prozess der Universalisierung von Lernen, mit der Vollalphabetisierung und der Expansion der höheren Bildung, mit der Abstimmung von Bildungsgängen über viele Jahre und ihrer inhaltlichen und niveaubezogenen Differenzierung setzt deshalb seit Beginn des 20. Jahrhunderts eine begabungspsychologische, persönlichkeitspsychologische und entwicklungspsychologische Forschung ein.

9 Das Gesamtbild: Die langen Wellen des okzidentalen „Sonderwegs"

9.1 Gibt es einen Sonderweg des okzidentalen Bildungswesens?

Die historische Rekonstruktion von Bildungssystemen ist hier u.a. in Anlehnung an Max Weber unter die Leitfrage gestellt worden, ob es auch im Bildungswesen so etwas wie einen okzidentalen Sonderweg gibt. M. Weber glaubte einen solchen für die okzidentale Kultur- und Gesellschaftsentwicklung im Vergleich der Weltreligionen und deren Folgen für die Gestaltung von Kultur, Wirtschaft und Gesellschaft belegen zu können. Er sah ihn vor allem in der Erfindung des Rationalismus als einer methodischen, geplanten und immer stärker an Wissenschaft orientierten Weltgestaltung und Lebensführung, die er wesentlich religiös, insbesondere vom Protestantismus, bestimmt sah (Weber, 1920).

Auch andere Autoren wie etwa Landes (1999), der den Aufstieg der westlichen Länder zu Wohlstand im Vergleich zur relativen Armut im Islam und auch in China zu erklären versucht, glaubt, einen solchen Sonderweg belegen zu können. Dabei treffen sich Weber und Landes in wesentlichen Punkten. Zu den Kernpunkten zählen sie die Freisetzung von Hemmnissen, die die Religionen für rationales Wirtschaften bedeuten können und die Freisetzung von Rationalität und Erfindergeist für die Gestaltung der Lebensverhältnisse. Es sind dann durchaus unspektakuläre Erfindungen und Entwicklungen, die zum Vorsprung des Westens geführt haben.

So sieht Landes in technologischen Erfindungen des 15. und 16. Jahrhunderts, also lange vor den wissenschaftlichen Revolutionen im 19. Jahrhundert, die Grundlage für den Vorsprung einzelner Nationen. Sie sind vordergründig eher unauffällig: die Erfindung von Brillen und Lupen ermöglichte lebensgeschichtlich längeres Arbeiten an Texten, die mechanische Uhr führte zu einer neuen Exaktheit in der Zeitmessung, die Erfindung des Buchdrucks eröffnete Wege zu einer explosiven Verbreitung von Wissen, die korrekte Berechnung der geographischen Lage auf dem Meer, die Navigationskunst also, ermöglichte Eroberungsfeldzüge über die Meere, die Bearbeitungstechniken von Eisen trugen zu einer Überlegenheit der Militärtechnologie bei. Über die konkreten Erfindungen hinaus erwies sich jedoch eine andere *Einstellung* zu Erfindungen, zu Technologien und generell zu wissenschaftlicher Rationalität als zentral. Sie führte zu einem sich selbst perpetuierenden Entwicklungsprozess von Wissen und Technologien. Schließlich hat nach Landes auch die Reformation, insbesondere der Protestantismus, dazu beigetragen, dass die *Arbeit als Tugend* und nicht als Strafe für die Erbsünde betrachtet wurde, dass *Unternehmertum* nicht als unwürdige irdische Beschäftigung erschien und dass die Toleranz der Religionen in den Vordergrund rückte und so nicht der Kampf gegen die Häresien alle intellektuellen Kräfte absorbierte. *Reichtum* wurde insbesondere im Calvinismus legitim, nicht aber als Quelle des Lebensgenusses, sondern als Zeichen der göttlichen Gnade. Er wurde so zur Quelle neuer Investitionen.

Sonderweg von Bildungssystemen? Lassen sich in der Entwicklung von Bildungssystemen ähnliche „Erfindungen" beobachten, die dazu geführt haben, dass im Okzident ein distinktes Muster der Organisation von Lehren und Lernen entstanden ist?

Um diese Frage zu beantworten, muss man auf dem Hintergrund der oben versuchten historischen Rekonstruktionen zwei Entwicklungsprozesse nennen, die ihrerseits eng zusammenhängen. Sie bilden den Kern der Hypothese zum Sonderweg abendländischer Bildungssysteme:

Menschenbilder 1. Die wichtigste ideelle Entwicklung, die das okzidentale Bildungswesen angetrieben hat, liegt in der Entfaltung von Bildern des Menschen, in denen sein Werden und sein persönliches Handeln eine große Bedeutung haben. Die *anthropozentrischen Weltbilder*, in denen der Mensch kein unscheinbarer und unbedeutender Teil einer größeren Ordnung ist, sondern Ort eines dramatischen heilsgeschichtlichen oder säkularen Geschehens wird, haben „Arbeit am Menschen" bedeutsam gemacht.

Institutionen 2. Erst im Zusammenhang mit institutionellen Entwicklungen, also der Schaffung von Bildungssystemen wird die „Arbeit am Menschen" auf Dauer gestellt und aus der Zufälligkeit spontaner Lernprozesse herausgeführt. Institutionen schaffen Kontinuität in der Kulturtradierung über mehrere Generationen.

Somit ergänzen sich im abendländischen Sonderweg zwei Impulse: die Sprengkraft von Ideen und die Dauerhaftigkeit von Institutionen. In ihrem Rahmen lässt sich dann eine rationale Methodik der „Menschenbearbeitung" entwickeln, die „planmäßig" zu den erwünschten Resultaten führen kann.

Auf die damit zusammenhängenden Prozesse sei hier resümierend eingegangen.

9.2 Sozialgeschichte der Interessen an Bildungsprozessen

„Lange Wellen" Im Rückblick auf die *lange* Geschichte, auf die *langen Wellen* des abendländischen Bildungswesens wird die erstaunliche Entwicklung eines institutionellen Akteurs sichtbar, der heute im „Okzident" für jede nachwachsende Generation mindestens 15'000 Unterrichtsstunden in der Lebensphase der Kinder- und Jugendjahre organisiert und damit ein mächtiges Instrument der Schulung von Fähigkeiten, Haltungen und des Bewusstseins repräsentiert. Dabei wird auch sichtbar, dass der Ursprung des Bildungswesens nicht in ökonomischen Interessen zu suchen ist, sondern in geistigen. Das Bildungswesen entspringt dem Schoß der Kirche, ihren heilsgeschichtlichen Anliegen und ihrem Bedürfnis nach der Ausbildung von Experten, die die Institution der Kirche tragen und die Heilsbotschaft vermitteln und tradieren können.

Institutionen und Kanonisierung Die Institutionsbildungen von Bildungseinrichtungen sind zu Beginn auch eng gebunden an die Institutionalisierung der Amtskirche insgesamt. In Religionen und Kulturen ohne eine starke institutionelle Abstützung und ohne eine inhaltlich starke Kanonisierung der Lehre haben sich auch keine hochformalisierten Bildungseinrichtungen entwickelt. Bildungssysteme sind praktische Folgen, einerseits der Erziehungsethik von Weltanschauungen und andererseits der Errichtung und Etablierung starker institutioneller Akteure wie der Kirchen und später des Staates. Im okzidentalen Raum wirkte beides zusammen und beides bezog sich aufeinander. Ohne kanonisierte Inhalte und Wissensformen und ohne ihre starke flächendeckend organisierte institutionelle Abstützung mit einem rechtlichen Unterbau hätte sich die uns bekannte Entwicklung institutionalisierten Lehrens wohl nicht vollzogen.

Neben den geistlichen Interessen an Bildung gab es in der abendländischen Geschichte zwar auch weltliche Lerninteressen und Ausbildungsinteressen, sie haben aber über Jahrhunderte nicht denselben systematischen Organisationsgrad des Lehrens und Lernens entwickelt, wie ihn die Kirche hervorbrachte.

Erst mit fortschreitender Staatenbildung im 18. und 19. Jahrhundert hat sich ein neuer Akteur, eben der Staat oder das Gemeinwesen selbst, herauskristallisiert. Damit wurde ein langer Kampf um die Gestaltungsrechte der Institutionen, die auf Kinder und Jugendliche einwirken, ausgelöst und im 19. bzw. 20. Jahrhundert entschieden. Die Lösungen waren in verschiedenen Ländern sehr unterschiedlich. Die Schweiz hatte früh eine klare Trennung von Staat und Kirche in der Verantwortung für das Bildungswesen erreicht, Deutschland erst spät. In den Niederlanden war die Lösung wieder eine andere. Dort ist die Aufsicht der Kirche für das Elementarschulwesen auf lokaler Ebene bis heute konfessionell geregelt.

Im Okzident waren Bildungsprozesse über alle Jahrhunderte eng mit politischen Machtkonstellationen verbunden und sie haben auch immer einen Bezug zur Sozialstruktur einer Gesellschaft gehabt. Sie haben über viele Jahrhunderte dazu beigetragen, eine Lebensform zu stabilisieren, z.B. den Adel als „kultivierte" Schicht vom Rest der Gesellschaft abzuheben. Im 19. Jahrhundert dienten sie sogar dazu, einen eigenen gesellschaftlichen Stand, den des Bildungsbürgertums, zu etablieren. Damit entstand eine Eigendynamik des Bildungswesens, d.h. ihre operativen Träger begannen als Akteure die Expansion, die Systementwicklung und Professionalisierung voranzutreiben.

Sozialstruktur und Bildung

Die von faktischen wirtschaftlichen Konstellationen gestützte Vorstellung, dass das Niveau der Bildung in der Bevölkerung für das wirtschaftliche Wohlergehen eines Landes bedeutsam sein könnte, ist erst ein spätes Ergebnis in der historischen Entwicklung von Schulsystemen, das vor allem im 20. Jahrhundert zu voller Blüte gelangte, wenngleich das Bildungswesen schon im 19. Jahrhundert Teil der erfolgreichen Industrialisierung Mitteleuropas war.

Bildung und Wohlstand

In überblicksorientierter Vereinfachung gibt die Abb. 59 die wichtigsten Etappen der Entstehung verschiedener Funktionen des Bildungswesens wieder. Darin wird sichtbar, dass das Bildungsniveau der Bevölkerung erst sehr spät, und zwar im Kontext der Industrialisierung, ökonomisch relevant wurde. Was uns heute als die herausragende Funktion des Bildungswesens vor Augen steht, die Sicherung eines Qualifikationsniveaus der Bevölkerung, das ihre wirtschaftliche Existenz im internationalen Wettbewerb sichert, ist am historischen Maßstab gemessen ein sehr junges Phänomen. Religiöse Diskurse und politische Diskurse standen bis ins späte 19. Jahrhundert im Vordergrund.

Die in Abb. 59 sichtbar werdenden Phasen der Entwicklung moderner Bildungssysteme ist nur verständlich, wenn man das komplexe Zusammenspiel von Veränderungen in den realen Lebensverhältnissen, von kulturellen Entwicklungen, von Bedingungen der Existenzsicherung, von politischen Machtverhältnissen, von bestehenden institutionellen Strukturen, von diese tragenden und reflektierenden Mentalitäten sowie von konkreten Handlungen von Akteuren und ihren Weltinterpretationen ins Auge fasst. Dabei wird auch sichtbar, dass die jeweilige historische Gestalt von Schulen erkämpft werden musste. Auch heute sind die Auseinandersetzungen um das bestmögliche Bildungswesen nicht an ihr Ende gelangt. Die historischen Kampflinien lassen sich vereinfachend im Rückblick so beschreiben:

Abb. 59: Historische Funktionsanalyse

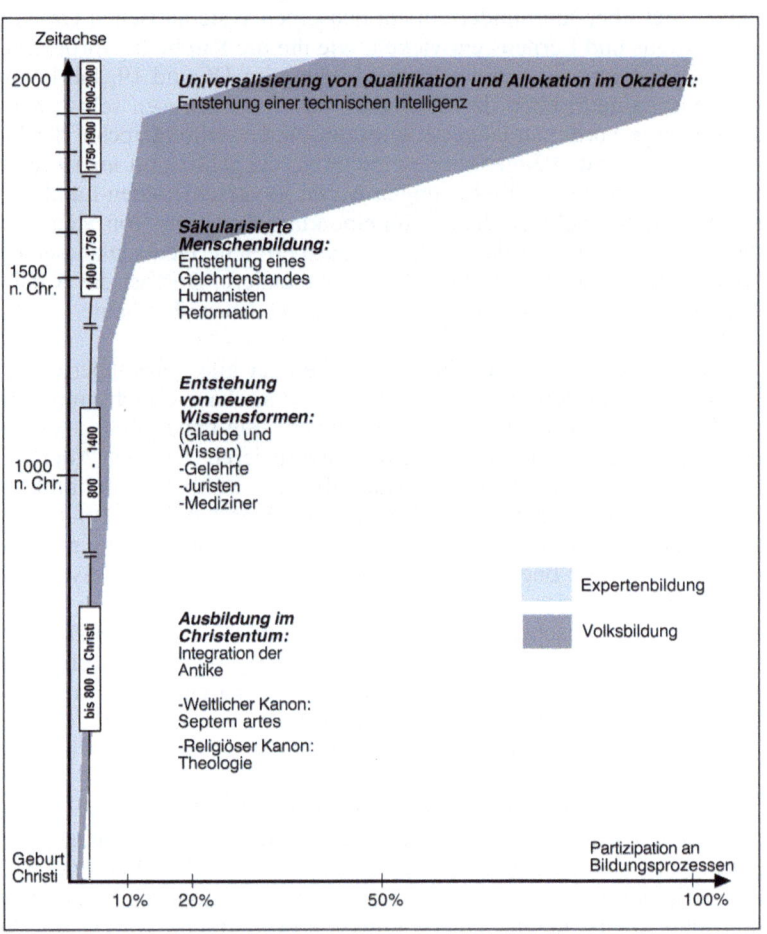

Über Jahrhunderte stand der Kampf um die Seele des Menschen, um seinen rechten Glauben auf dem kurzen irdischen Weg im Mittelpunkt. In der moralischen Ausgestaltung dieses Bemühens war der Kampf um die Versittlichung des Menschen, um die Herausführung aus Rohheit und Ziellosigkeit des Lebens zentral. In geistiger Hinsicht ging es um die Herausführung des Menschen aus Magie, Aberglauben und heidnischen Kulten.

Der „Kampf um die Seele"

232

Bei der Gestaltung von Schule im Rahmen staatspolitischer Interessen war eine andere Kampflinie aktiv: Es ging jetzt um die Etablierung der Rolle des freien Bürgers, der sich in Vernunft und Freiheit entscheiden kann und in der Lage ist, an einem demokratischen Gemeinwesen zu partizipieren. Hier sollte der Mensch aus seiner autoritativen Abhängigkeit herausgeführt werden und sich zum eigenständigen Ort der politischen Entscheidungen entwickeln können, er sollte zum Bürger und zum selbstständig ökonomisch Handelnden werden.

Die Erschaffung des Bürgers

Sehr schnell wurde jedoch klar: Die individuellen Möglichkeiten kommen nur dann zur faktischen Geltung, wenn sie durch Institutionen und durch eine freiheitliche Verfassung des politischen Systems gesichert sind. Somit ergibt sich die Kerneinsicht: Institutionsbildung und Menschenbildung stehen in einem engen Interdependenzverhältnis, so dass Bildungspolitik immer auch staatspolitisch folgenreich ist – und vice versa.

Freiheit auf institutioneller und individueller Ebene

In der zweiten Hälfte des 19. Jahrhunderts entstand eine neue, eine sozialpolitische Auseinandersetzung um das Bildungswesen: der Kampf um die Teilhabe an Bildungsprozessen. Mussten Eltern im 18. bis weit ins 19. Jahrhundert, insbesondere jene im agrarischen Umfeld, oft gezwungen werden, ihre Kinder in die Schule zu schicken, so wurde Lernen gegen Ende des 19. Jahrhunderts zunehmend zu einem angestrebten Gut. Etwas zu lernen und zur Schule gehen zu können wird für die Lebensplanung aller Bevölkerungskreise außerordentlich bedeutsam. Fähigkeiten und Fertigkeiten zu erwerben wird zunehmend zur wichtigsten Strategie der Planung und ökonomischen Absicherung des Lebensweges, aber auch zur Voraussetzung, ein kulturell reichhaltiges Leben zu führen. Der Kampf um die Zugangsrechte der Frauen zu Bildung ist hierfür ebenso ein Beispiel wie der Kampf der Sozialdemokratie für die Zugangsmöglichkeiten der Arbeiterschaft zu „Höherer Bildung". Dazu bedurfte es aber immer der Freisetzung von Kindern und Jugendlichen von Arbeitsanforderungen. Der Staat hat sich im 19. und 20. Jahrhundert als Anwalt dieser Freisetzung verstanden und versucht, die Kinder vom Felde in die Schule zu bekommen bzw. die Kinder von der Fabrik möglichst fern zu halten.

Der Kampf um Teilhabe

Die heutigen Kampflinien sind vor allem wirtschaftspolitischer Natur. Es geht auf der Ebene des Gemeinwesens um die Erhaltung der wirtschaftlichen Konkurrenzfähigkeit durch ein qualitativ hochwertiges Bildungswesen und auf individueller Ebene um die Sicherung von Lebensplanungsmöglichkeiten durch die Teilnahme an Bildungsprozessen.

Bildung und wirtschaftliche Existenz

Damit ist das Bildungswesen heute eine komplexe Dienstleistungsorganisation. Sie ist Teil eines *rechtsförmigen Wohlfahrtsstaates*. Es sichert im Auftrage der Bürger die *gemeinsamen Interessen eines Gemeinwesens*, etwa jene

Bildungssysteme als Teil eines Wohlfahrtsstaates

- nach Frieden im Inneren durch die Schaffung gerechter *Teilhabe* und *der Legitimation leistungsorientierter Allokation*,
- nach sozialer Identität durch die Vermittlung eines gemeinsamen kulturellen Erbes
- sowie nach einer hochwertigen Ausbildung zur Gewährleistung der ökonomischen Wettbewerbsfähigkeit.

Zudem soll das Bildungswesen für die je individuelle Entwicklung jedes Kindes und Jugendlichen optimale Erfahrungen und Lernbedingungen schaffen. Es soll optimal Fähigkeiten schulen, die Persönlichkeit unter modernen Lebensverhältnissen existenzfähig machen und rationale Lebensplanung durch die Teilnahme

Individuelle Entwicklungschancen

an institutionellen Lernwegen sicherstellen. Es soll ferner Orientierung durch die Verankerung in einer kulturellen Tradition schaffen und den Lebensraum für viele formative Jahre im Leben des Menschen zu einer auch mit glückhaften Erfahrungen verbundenen Lebensphase machen.

Bildung ist immer auch politisch

Mit der Geschichte der Funktionen des Bildungswesens wird aber auch das Spektrum der gesellschaftlichen Interessen und der Handlungsaufgaben im Rahmen des Bildungswesens aufgespannt. Bildungssysteme richten sich immer auf Menschen, auf deren Bewusstsein, deren Haltungen und deren Können. „Schularbeit" ist Arbeit an der Seele junger Menschen, an ihrem Können, an ihrem Verhalten, an ihrem Bewusstsein, an ihren Emotionen. Die Institutionalisierung dieser Aufgaben eröffnet Chancen zu einem reicheren und ausgefüllteren Leben als dies ohne schulische „Bildungsarbeit" der Fall wäre.

Missbrauch von Bildung und Schule

Die positiven Beiträge des Bildungswesens zum gemeinschaftlichen und individuellen Leben sind jedoch keine naturgegebenen Folgen von Bildung schlechthin, sondern erkämpfte Formen ihrer Ausgestaltung. Lernprozesse sind immer auch missbrauchbar. Bewusstseinsbildung kann z.B. für Indoktrination und nicht zu Aufklärung und Vernunft eingesetzt werden. So haben es totalitäre Regime vorgemacht. Charakterbildung muss nicht zu größerer Selbstdisziplin und Arbeitsbereitschaft führen, sondern kann für militärische und ausschließlich ökonomische Zwecke instrumentalisiert werden. Die Teilhabe an Lernprozessen kann nicht nur Gemeinschaft schaffen, sie enthält auch die Gefahr, dass dadurch soziale Grenzen gezogen werden, dass Menschen rangiert und ausgegrenzt werden.

Der Gestaltungswille und seine Gefahren

Der charakteristische Weltgestaltungs- und Menschengestaltungswille im okzidentalen Denken enthält, dies mag überraschen, auch die Gefahr des gewaltsamen Umgangs von Menschen mit Menschen, also auch von Erwachsenen mit Kindern. Wenn das Seelenheil des Menschen so wichtig ist und wenn der Mensch ohne starke Leitung in die Irre zu gehen droht, dann ist zu seinem Heil auch erlaubt, Menschen zu ihrem Glück zu zwingen und auch Schmerzen zuzufügen. Die Erziehungsgeschichte des Abendlandes ist voll von solchen Beispielen. Die Rute ist so Sinnbild der Pädagogik (vgl. Abb. 60a-n). Hat man im Judentum den Kindern zu Schulbeginn gebackene Buchstaben geschenkt, um ihnen das Lernen schmackhaft zu machen, so sind Angst und Schrecken beim Schulbeginn bis ins 19. Jahrhundert häufige Motive in der Malerei. Die „Menschengestaltung" lief dabei über den menschlichen Körper, Strafe bedeutete Körperstrafe sowohl im Umgang mit Häretikern und Kriminellen (s. dazu besonders Foucault, 1976) als auch im Umgang mit Sündern und fehlbaren Kindern.

Abb. 60a-n: Das Symbol der Rute und des Stockes im Verlauf der Jahrtausende

Schläge als Erziehungsmittel waren schon im alten Ägypten allgemein verbreitet. In einem Musterbrief eines Schülers an seinen Lehrer heisst es: „Du hast mich als Kind erzogen, als ich bei Dir war; Du schlugest auf meinen Rücken, und Deine Lehre trat in meine Ohren"

(Alt, 1966, S. 58)

60b: Antiker Griechenland 4. Jh. v. Chr.

(Alt, 1966, S. 99)

Abb. 60b zeigt einen Pädagogen mit seinen zwei Zöglingen; der „faule" hat sich entkleiden müssen, damit der Pädagoge ihm mit dem Schlagriemen, den er in der linken Hand hält, eine Tracht Prügel verabreichen kann.

60d: 1488

(Quelle: Pictura Paedagogica Online, Bibliothek für Bildungsgeschichtliche Forschung, b0007643a)

60c: 12. Jh.

(Alt, 1966, S. 99)

Eine ähnliche Darstellung (60c) hat sich – durch die Römer verbreitet – bis ins hohe Mittelalter erhalten: Frau Grammatica, die Rute in der Hand, mit einem ungezogenen nackten und einem folgsamen bekleideten Schüler

60d: Holzschnitt auf welchem als Bildunterschrift vermerkt ist: „Das ampt der schuolmeister ist nit allein wirdig".

60f: Titelseite und Titelbild einer satirischen Schrift über die Lage der Schulmeister. U.a. erscheint dort in Anspielung auf ihre Situation eine Liste, mit denen Schulmeister auf dem Lande angesprochen werden: „...Pritschmeister und Heerpauker auf der Bauernjungen ledernen Hosen".

60f: Um 1700, Deutschland

(Alt, 1966, S. 458)

60e: 1637, Russland

(Alt, 1966, S. 441)

Bild 60e stammt aus einer Fibel für den Elementarunterricht in einer russischen Schule. Ein Schüler liest dem Lehrer vor, während ein anderer Schüler – vermutlich durch einen Hilfslehrer – verprügelt wird.

60g: 18. Jh., Fibel, Tschechien

(Alt, 1966, S. 443)

Abb. 60g ist das Titelblatt einer tschechischen Fibel, welche eine Schulszene darstellt. Der Schulmeister hält in seiner rechten Hand eine Rute

60h: Erste Hälfte 19. Jh.

(Schiffler & Winkeler, 1991, S. 162)

Die Bleistift-
zeichnung 58h ist
eines der ganz selte-
nen Werke, in dem
ein Mädchen vom
Lehrer hart gemaß-
regelt wird. Zudem
ist bemerkenswert,
dass sich – nicht wie
man erwarten würde
– das Mädchen in
der Pose einer Frei-
heitskämpferin ent-
schlossen zur Wehr
setzt. Noch trägt der
Lehrer die Rute un-
ter dem Arm, die
aber ab Mitte des 19
Jh. durch den Stock
ersetzt wird.

60i: 1825

(Alt, 1965, S. 278)

Im Bild 60i sind die Ruten immer noch in der
Darstellung eines Pädagogen vorhanden, allerdings eher symbolisch an der Wand hinter ihm
aufgehängt. Erziehungsmaßnahmen wurden an
den Lancaster-Schulen durch so genannte Be-
schämungs- und Auszeichnungsmarken geregelt. Tafeln, die an einer über die Schultern hän-
genden Schnur oder als Banner getragen wurden, trugen Aufschriften wie „Faulenzer",
„Plauderer", „schmutziger Knabe", „Verdienst
im Schreiben" oder (wie oben dargestellt) „guter
Schüler".

60k: spätes 19. Jahrhundert

Verhör und Strafge-
richt in der Schule
(Abb. 60k): Das
Corpus delicti, reife
Mohnkapseln und
ein Bund Rüben in
der Hand, werden
die Übeltäter dem
Lehrer vorgeführt.
Solche Dienste im
Auftrag der Ge-
meinde gehörten
zum Erziehungsauf-
trag der Schule und
wurden als solche
von den Lehrern ak-
zeptiert. Der Stock –
nicht mehr in der
Hand des Lehrers
dargestellt – liegt
auf dem Tisch gleich
hinter dem Buch.

(Schiffler & Winkeler, 1994, S. 117)

60j: 19. Jahrhundert

(Schiffler & Winkeler, 1991, S. 66)

60l: Mitte des 19. Jh.

(Schiffler & Winkeler, 1994, S.101)

Das Thema „Schule-Spielen" (Abb. 60j) ist ein
beliebtes Maler-Sujet. Auch hier kommt der
Stock des Pädagogen zum Einsatz.
Im Bild von Albert Anker (58l) versucht der
Schulmeister – ausgerüstet mit einem Stock –
unter der Bubenschar Ordnung zu schaffen.
Die Mädchen, alle am Rande platziert, sind
sittsam in ihre Bücher vertieft.

60m: ca. 1880

(Schiffler & Winkeler, 1991, S. 156)

60n: ca. 1880

(Schiffler & Winkeler, 1991, S. 156)

Mit dem Aufkommen neuer didaktischer Hilfsmittel erhält der Stock immer häufiger eine neue Funktion: Er wird explizit (wie in Abb. 60m) zum „Zeigeinstrument". In Abb. 60n ist der „Strafcharakter" aber noch vorherrschend, versucht doch der Lehrer mit Nachdruck, dem stehenden Schüler etwas „einzubläuen".

Erst im 20. Jahrhundert lässt sich eine nennenswerte Bewegung gegen die Prügelstrafe beobachten, wenngleich deren Vermeidung schon vorher vielfach gefordert wurde. An die Stelle der Prügelstrafe ist heute der Umgang mit den Emotionen der Kinder getreten, an die Stelle der Fremdlenkung die Innenlenkung (was in Abb. 60i auch schon zum Ausdruck kommt), die nicht selten als neue Form psychischer Gewalt kritisiert wird.

9.3 Die Erziehungsethik von Weltreligionen: anthropozentre Weltbilder und die Entstehung einer säkularen Bildungsidee

Ähnlich wie Religionen eine folgenreiche Wirtschaftsethik enthalten, die wirtschaftliches Handeln begünstigen oder behindern, bergen sie in ihrem Schoße auch eine spezifische *Erziehungsethik.* Im Schoße des Christentums hat sich ein in viele Varianten sich ausdifferenzierender *Gestaltungswille* entwickelt, der von Visionen des „guten Menschen" gespeist war und zu einer gesteigerten Achtsamkeit für die Qualitäten der menschlichen Person führte.

Gestaltungswille

Im Hintergrund der okzidentalen Erziehungsethik stehen fundamentale Besonderheiten in der Konstitution von *Personalität* und *Subjektivität,* die aus zwei Quellen gespeist werden: aus der christlich-jüdischen und aus der hellenistisch-römischen.

Personalität im Christentum

In der jüdisch-christlichen Tradition wird Personalität und Subjektivität zweifach entfaltet. Sie wird auf der einen Seite in hohem Maße dramatisiert. Die Vorstellung vom ewigen Leben des Menschen, das eine irdische Bewährungsphase beinhaltet und dann in eine binäre Struktur von ewigem Heil und ewiger

Die Dramatisierung des Lebenslaufs

237

Verdammnis mündet, nimmt die je individuelle Person in äußerster Zuspitzung ernst. Es kann nichts Wichtigeres geben, als dass jeder einzelne Mensch sein ewiges Heil findet. Auf der anderen Seite wird sein *faktisches* Leben ebenso ernst genommen: Was er glaubt und tut ist im Hinblick auf das Jenseits ungeheuer konsequenzenreich. Dies stürzt ihn in Angst und Schrecken, aber auch in Selbstaufgabe und Opferbereitschaft. Damit ist die Kehrseite der christlichen Personalität angesprochen: die Nichtigkeit der subjektiven Ansprüche im diesseitigen Leben. Wenn das Leben die christliche Dramatik hat, dann muss alles vermieden werden, was dem ewigen Heil entgegensteht. Dazu zählt die christliche Lehre die subjektiven Ansprüche auf irdische Güter, auf Wohlergehen, auf Eigenwillen. Die Transformation der subjektiven Strebungen und eigenwilligen Erkenntnisansprüche in die Ergebenheit eines göttlichen Willens und einer geoffenbarten Weltsicht kann zu einem Lebensgestaltungsprogramm werden. In den Lebensformen der Mönche hat es eine konsequente Verwirklichung erfahren.

Neben dieser Lebensform findet sich im Christentum aber auch eine aktive Variante. Sie ist von der Überzeugung geleitet, dass das Heil des Menschen nicht nur im Jenseits zu suchen ist, sondern dass das Reich Gottes bereits auf dieser Welt errichtet werden kann und soll. Im Dienst an der Erschaffung des Reiches Gottes aufzugehen, wird hier zum Lebensprogramm und den Menschen durch Arbeit in dieser Welt zum ewigen Heil zu führen, zur irdischen Pflicht.

Die griechische Welt · Aus der hellenistischen und römischen Welt tradiert sich ein Gegenprogramm zum christlichen Menschenbild, das in wiederkehrenden Reibungen mit ihm zur spezifischen kulturellen Gestalt des Okzidents beitragen sollte. Auf drei Ebenen wird hier eine andere Personalität konstituiert.

- Auf *theoretischer Ebene* werden die Grenzen menschlicher Erkenntnisfähigkeit ausgelotet. Was kann der Mensch erkennen? Worin gründet die Richtigkeit von Erkenntnis? Den griechischen Philosophen, insbesondere Platon und Aristoteles, verdankt das Abendland kulturelle Grundentscheidungen. Sowohl Skeptiker wie Platon, der dem Menschen nur schattenhaftes Erkennen zutraut, als auch positive Theoretiker wie Aristoteles, der den Weg zur experimentellen und empirischen Wahrheit schon gewiesen hat, unterstellen, dass der Mensch für Wahrheit offen ist, dass er für sie erschlossen ist. Im Begriff der „Αλετεια", des Offenstehens für die Empfängnis des Richtigen, kommt dies zum Ausdruck. Entscheidend ist hier, dass die Wahrheit im Menschen selber gesucht wird, dass sie in ihm angelegt ist. Sie ist ihm nicht nur – wie lange Jahrhunderte im Christentum vertreten – über gesetzte Offenbarung vermittelt.
- Auf *ethischer Ebene* geht die Idee der ethischen Verantwortung, die der jeweiligen individuellen Entscheidung zugrunde liegt, einen ähnlichen personalen Weg. In der griechischen Kultur- und Philosophiegeschichte wird diese Verantwortung sukzessive von außen nach innen verlagert. Der Mensch wird in den griechischen Tragödien immer weniger zum Opfer von Göttern und ihrer Stellvertreterkriege und immer mehr zum Träger des eigenen Schicksals. In der griechischen Polis hat diese Konzeption der individuellen Verantwortung auch eine politische Ausgestaltung gefunden. Beide Entwicklungen, zusammen mit der hier nicht weiter entfalteten Idee des vollkommenen und vor allem „schönen Menschen", kumulieren in einer kulturgeschichtlich einmaligen Subjektkonstitution.

238

– In der römischen Welt hat sich eine dritte, noch weltlichere Fassung des Subjekts ergeben, die zur Definition ihrer *Rechtsposition* führte. Der römischen Welt verdankt das Abendland die Kernidee, dass menschliches Zusammenleben durch Verfassungen zu regeln ist, die von gleichberechtigten Bürgerinnen und Bürgern verhandelt werden. Befehl und Gehorsam sind nur auf der Basis von delegierten Befugnissen legitim, die zusammen dem Wohl der Gemeinschaft dienen. Dieses politische Denken und das auf seiner Grundlage erarbeitete Rechtssystem konstituieren Individualität über Bürgerrechte.

Die römische Welt

Auf diese Grundlagen wurde hier deshalb eingegangen, um das Substrat zu rekonstruieren, das die okzidentale Kulturgeschichte mitbestimmt hat. In vielen Berührungen und Abstoßungsbewegungen der verschiedenen Traditionen hat sich ein uns heute selbstverständliches Wertsystem, Menschenbild und Weltbild herauskristallisiert,

Die Weiterentwicklung zum europäischen Weltbild

– das die Gleichheit aller Menschen als Personen postuliert,
– das Rationalität als Kernpunkt der Welterklärung versteht,
– das die individuelle und selbstverantwortete Lebensgestaltung als Richtpunkt des Lebens akzeptiert,
– das die Pflege und Gestaltung von Subjektivität und Eigenverantwortung als legitime Ziele der Menschengestaltung betrachtet.

Diese Postulate sind – so hat die historische Rekonstruktion gezeigt – nicht in einer einzigen großen Bewegung, sondern in mehreren entstanden. Sie sind das Destillat langer historischer Entscheidungskämpfe für die Gestaltung und Durchsetzung eines personalen Menschenbildes, von denen als Entwicklungen nach der ersten großen Gestaltungswelle durch die Antike und das Christentum man zumindest die folgenden nennen muss:

Stufen der Säkularisierung

– In der Renaissance und im Humanismus des 14. bis 16. Jahrhunderts wird die gestaltete Individualität des Menschen erstmals wieder säkular verstanden. Seine Erkenntnisfähigkeit, sein Selbstgestaltungspotential, seine Individualität treten in den Vordergrund. In der *Kunst* und in den aufkommenden empirischen Wissenschaften kommt dies markant zum Ausdruck. *Politisch* wirkt es sich in der Ausgestaltung von Stadtrepubliken ebenso aus wie in der Abgrenzung zum weltlichen Herrschaftsanspruch der Kirche.
– Im französischen Rationalismus und den Aufklärungsbewegungen des 18. Jahrhunderts im Umkreis der Französischen Revolution spitzt sich die personale Konstitution des Subjekts zu einem politischen und pädagogischen Programm der Menschengestaltung zu.

Personalität wird jetzt *politisch* verstanden. Sie hat sich in gleichen Rechten als Bürger zu konstituieren, die wiederum das Recht einschließen, die eigene Person zu ihrer höchsten Entfaltung zu bringen.

Das abendländische Programm der Personalität und Individualität ist damit voll entfaltet. Es stellt den Menschen in den Mittelpunkt der Weltgestaltung. Von ihm geht Erkenntnis aus und von ihm hängt die Moralisierung des Lebens und der Welt ab. Verantwortung wird nicht mehr an andere Mächte delegiert, die eigene Subjektivität nicht mehr aufgehoben in der Unterwerfung unter den Willen anderer Mächte. Damit ist auch eine Abwehr aller Formen der Instrumentalisierung des Menschen verbunden, sei dies für politische Zwecke, wirtschaftliche Zwecke oder für weltanschauliche Ziele. Die Eigenwertigkeit der Person, ihrer Rechte und Pflichten, beginnen sich zu etablieren.

Wege der
Verwirklichung

Dieses Programm stand zur Zeit seiner umfassenden Formulierung in der Aufklärung noch quer zu den faktischen sozialen und politischen Verhältnissen. Die Herrschaftsstrukturen der ständischen und monarchischen Systeme enthielten geradezu als Kern die Etablierung der Ungleichheit der Menschen im Sinne der gottgewollten Differenzierung unter den Menschen. Politische Entscheidungskompetenzen waren hier nicht von unten delegiert, sondern von oben, von einem göttlichen Willen vermittelt und legitimiert. Hier nicht zu wiederholende sozialhistorische Prozesse führten dazu, dass das obige Programm nicht schlicht eine lebensfremde Illusion blieb, sondern sich in reales politisches Handeln umsetzte. Die politischen Kämpfe im Umkreis der amerikanischen Revolution und der Französischen Revolution dokumentieren dies. Sie waren jedoch unterschiedlich erfolgreich. Die früheste und nachhaltigste Umsetzung der ursprünglichen Ideen hat in den USA und in einzelnen Staaten in Europa, unter anderem in der Schweiz, stattgefunden. In ihnen ist früh, über manche Umwege und trotz Rückschlägen, die Etablierung eines demokratischen Gemeinwesens möglich geworden.

Im deutschen Sprachraum hatte im 19. Jahrhundert das aristokratische, auf Ungleichheit gründende politische Herrschaftssystem die Oberhand behalten. Dennoch war auch hier die Idee der Eigenwertigkeit des Menschen und seines Rechtes auf Entfaltung der Personalität nicht mehr auszurotten. Sie hat sich in der Philosophie und Dichtkunst sowie in der Erziehungstheorie aber für viele Jahrzehnte *nach innen und in den ästhetischen Raum verlagert*. Personalität wurde in der Gestalt des gebildeten Menschen ein Ideal innerer Vollkommenheit.

Menschenbild und
Bildungsidee

Zu Beginn des 19. Jahrhunderts wird dieses Ideal zur Leitidee neuhumanistischer Gymnasien: die Veredelung des Menschen als Menschen, jenseits von Klassenschranken und Nützlichkeit, die Entfaltung seiner Subjektivität durch Wissenschaft und Kunst. Lernen und Studieren werden jetzt zu Kernprozessen der Menschenveredelung und sie werden eingebettet in ein Ideal des universal gebildeten Menschen, der über Erkenntnis seine Fühler in die Welt ausstreckt und diese über Eindruck und Ausdruck, über Wahrnehmung und Gestaltung in sich verwandelt.

Innenwendung

Diese Innenwendung des Aufklärungsanspruches auf Selbstdenken und moralische Autonomie hat sich in der ästhetischen Akzentuierung vor allem im deutschen Kulturraum vollzogen, da gerade hier der Aufklärung der politische Erfolg versagt blieb. Nur auf diesem Hintergrund ist verständlich, dass in der deutschen Pädagogik der Begriff der Bildung und die Tradition einer Bildungsidee eine so große Rolle spielt. Damit ist die Vorstellung einer durch Lernen vermittelten Menschengestaltung verbunden, deren Kern die Entfaltung der individuellen Subjektivität ist, die über eine erkenntnismäßige Aneignung von Weltverständnissen und künstlerischen Ausdrucksformen geschieht. Die realistische Einbettung über die Einübung von politischer Verantwortung blieb in ihr aber ebenso brüchig wie die Verbindung zu einer arbeitsteilig und technisch bestimmten Welt. So lässt sich bis heute ein politisches und realistisches Defizit der deutschen Bildungsidee beobachten, das durch die Bewegung der 68er Generation nicht aufgehoben, sondern eher desavouiert wurde.

240

Jenseits dieser nationalen Besonderheiten kennzeichnet die westliche Zivilisation eine Erziehungsethik, die die personale Gestaltung des Menschen in den Mittelpunkt stellt und in der zunehmenden Mündigkeit und Selbstverantwortung die Zielperspektive dieser Menschengestaltung ist.

Im Mittelpunkt steht die *Person*, steht ein anthropozentres Menschenbild, das den Wert und die selbst zu verantwortende Freiheit des Individuums in den Mittelpunkt stellt. Insofern ist „Individualisierung" ein Grundzug der okzidentalen Entwicklung und nicht erst ein Phänomen der Moderne. Dieses Konzept wird aber ergänzt durch jenes der Rationalität, das methodische Erkenntnis und methodische Lebensführung beinhaltet. Ein weiteres kommt hinzu. Im Okzident trägt das Christentum in seinem Konzept der Brüderlichkeit die Sorge für den Mitmenschen in sich, die eine Tradition der Caritas und der Gerechtigkeit auf den Weg gebracht hat. Die Tradition der „Brüderlichkeit" und „Schwesterlichkeit" ist sowohl in Situationen der unmittelbaren Hilfsbedürftigkeit als auch bei Regelungen, die die gerechte Behandlung aller Menschen betreffen, präsent. So kann hier insgesamt von spezifischen Gestalten eines *Personalitätsprinzips*, eines *Rationalitätsprinzips* und eines *Sozialprinzips* als Kernelemente der okzidentalen Mentalitätsgeschichte gesprochen werden (Fend, 1988, S. 287ff.).

Personalitätsprinzip, Rationalitätsprinzip, Sozialprinzip

9.4 Weltbilder, Institutionsbildungen und Vergesellschaftungsformen

Das anthropozentrische Weltbild wurde deshalb so wirksam, weil es von Institutionen getragen und gestützt wurde. Warum kam es dazu gerade im Kulturraum des Okzidents, warum lässt sich nur hier früh ein konsequenter Weg zur Alphabetisierung des gesamten Volkes (s. die Bemühungen der Reformation) und ein überlokales System der Anerkennung von Laufbahnen und Bildungsabschlüssen beobachten (s. die mittelalterlichen Universitäten)?

Resümierend sei hier auf Wege verwiesen, die man als okzidentale Besonderheiten verstehen kann.

Zwei große Leistungen des frühen Christentums haben den Weg einer Institutionalisierung von Lehren und Lernen eröffnet. Die eine bestand in der Übernahme des geistigen Erbes der Griechen in den Horizont des christlichen Dogmas und Weltverständnisses, die zweite im Aufbau einer Amtskirche, einer Institution der geregelten Gnadenverleihung mit klarem hierarchischem Aufbau. Dieser Aufbau eines hierokratischen Verbandes der Gnadenvermittlung führte zur Notwendigkeit, Ausbildungseinrichtungen für Experten zu schaffen, die in der Lage waren, die sich entwickelnde Dogmatik im Sinne der Kanonisierung des „gültigen Glaubens" abzusichern. Im universitären Bildungswesen des Mittelalters kamen diese beiden Entwicklungen sowohl inhaltlich als auch institutionell zu einem ersten Höhepunkt. Inhaltlich mündete die Synthese von Antike und Christentum in das Spannungsverhältnis von Glauben und Wissen, das eine Quelle der Inspiration für die Entwicklung modernen Wissenschaftsverständnisses und die Fortentwicklung eines anthropozentrischen Weltbildes werden sollte. Die mittelalterlichen Universitäten, eingebettet in den lateinisch sprechenden Kulturraum, gehören als Institutionen der Auseinandersetzung um Glauben und Wissen zu den Meilensteinen auf dem Sonderweg des abendländischen Bildungswesens.

Die Kirche als Institution

Glauben und Wissen

Die Entwicklung von säkularen Wissenskonzeptionen hat wie beschrieben in der Renaissance einen neuen Schub erhalten, der besonders im Bereich der Ästhetik und der Kunst sichtbar wurde, aber auch die Wissensformen des experimentellen Forschens beflügelte. Die Säkularisierung des Menschenbildes schuf

Republik und Gelehrtentum

zudem in Verbindung mit *politisch-republikanischen Institutionen* die erste Grundlage für ein *weltliches Gelehrtentum* und *Bildungsideal*.

Alphabetisierung

Waren diese institutionellen und geistigen Entwicklungen für das höhere Bildungswesen zentral, so sollte die Reformation für den Aufbau eines *flächendeckenden Volksschulwesens* die wichtigste Inspiration werden. Hier wurde erstmals der heilsgeschichtlich begründete Anspruch umgesetzt, dass alle Menschen befähigt werden sollten, einen direkten Zugang zu den heiligen Texten und zu den Texten der Liturgie zu bekommen.

Der Aufbau des Staates

Eine erste Vollendung des Gedankens der Höherbildung aller Menschen über Schule und Unterricht in säkularisierter Form sehen wir in Europa dann im Umfeld der Französischen Revolution und den Bestrebungen, Nationalstaaten als einheitliche Rechtskörperschaften mit republikanischer Grundstruktur zu entwickeln.

Bürger und Bürgerin

Hier wird nun jeder Mensch zum Bürger, der an der Regelung gemeinschaftlicher Lebensbedingungen zu beteiligen ist und der als selbstständige Existenz nicht nur wirtschaftlich zu einem Subjekt wird, sondern auch geistig und moralisch. Die damit verbundene Säkularisierung der Volksbildung konnte auf ein im Rahmen religiöser Motive weit entwickeltes Bildungswesen aufbauen und es in den gesetzlichen Rahmen staatlicher Institutionen stellen.

Wissenschaft

In dieser Zeit stabilisierte sich auch das okzidentale Wissenschaftskonzept als erfahrungsgesteuerte Erforschung der Wirklichkeit, die keine weltanschaulichen Schranken des Wissbaren akzeptiert. Rationalität, Moralität und systematisches Lehren und Lernen gingen hier eine bis heute bestehende Koalition ein. Mit diesem Wissenschaftskonzept war auch die Öffnung des Wissens für die Allgemeinheit verbunden. Wissen und Können war über Jahrhunderte das Privileg, ja das Geheimnis von bestimmten Gruppen (Bruderschaften, Zünfte, Klöster). Die neuen Universitäten waren einer Öffentlichkeit verpflichtet und machten so Wissen und Können zu allgemein zugänglichen Gütern.

Aufklärung

Die Aufklärung haben wir als Fortsetzung und Höhepunkt und nicht als Anfang dieser Entwicklung interpretiert. Sie systematisiert aber die verschiedenen geistigen und institutionellen Entwicklungen und formuliert damit ein Programm, das im 19. und 20. Jahrhundert seine Ausarbeitung, allerdings in verschiedenen Ländern unterschiedlich schnell und unterschiedlich republikanisch,

Technik

erfährt. Die wissenschaftlichen und technischen Entwicklungen des 19. Jahrhunderts sowie die oft verzögert sich vollziehenden Entwicklungen eines demokratischen Gemeinwesens führen schließlich zum Muster moderner Bildungssysteme. Das 19. und zuletzt vor allem das 20. Jahrhundert sehen dann das Zusammenwachsen der bislang getrennten Bildungskreise von Volksbildung und Gelehrtenbildung zu einem einheitlichen, ausgebauten, aufeinander abgestimmten System von Bildungsgängen.

Der institutionelle Sonderweg

Auf diesem Hintergrund gibt es gute Gründe, von einem Sonderweg der Institutionalisierung des okzidentalen Bildungswesens zu sprechen. Er dokumentierte sich in

- einer hochgradigen Institutionalisierung der flächendeckenden Bildung,
- institutionalisierten Laufbahnstrukturen,

- einer klaren Trennung von Staat und Glaubensinstanzen in Bildungssystemen,
- einer rechtsstaatlichen Absicherung der Rechte jener, die das Bildungswesen gestalten und nutzen,
- einer Institutionalisierung von Wahrheitsfindung und wissenschaftlicher Forschung an Universitäten,
- einer Überführung von Wissen und Fertigkeiten aus dem „privaten Besitz" zum Zwecke der individuellen Lebenssicherung in öffentliche Güter mit allgemeinem Zugang
- Technologien des Lehrens und Lernens, die die didaktische Aufbereitung von Inhalten rationalisieren, indem sie diese immer verfeinerter an die inneren Lernprozesse und Entwicklungsbedingungen des „lernenden Systems" Kind anschlussfähig machen,
- einer Öffnung des Bildungswesens für leistungs- und begabungsbezogene Lernwege und Berufskarrieren.

9.5 Die okzidentalen Grundlagen des institutionellen Akteurs „Bildungswesen"

Resümierend soll hier die Brücke zur einleitend beschriebenen Konzeption des Bildungswesens als eines institutionellen Akteurs der Menschenbildung geschlagen werden, wenn gefragt wird, welches die Antriebskräfte auf dem Weg der okzidentalen Bildungssysteme waren, die ihre Besonderheiten ausmachen.

1. Bildungssysteme bauen auf Bildungsprogrammen auf, sie sind inhalts- und programmgesteuert. Lehrpläne geben ihnen Kontinuität und Sicherheit. Im Okzident sind diese dort fest etabliert, wo ein Kanon von Inhalten durchsetzbar wird, wo eine Summe des Glaubens (in der Kirche) und des Wissens (im weltlichen Bereich) festgelegt wird. Erst wenn an allen oder zumindest an relevanten Orten dasselbe gelehrt wird, entstehen überlokale Bildungseinrichtungen. Die Voraussetzungen dafür sind ein Glaubens- oder Wissenskorpus, eine gemeinsame Sprache und eine gemeinsame Kultur. Paradigmatisch dafür stehen im Mittelalter die Universitäten mit ihrer Konzentration auf Latein und einem kanonisierten Glaubenskorpus. Im Rahmen moderner Bildungssysteme orientieren sich Universitäten an einem rationalen Wissenskorpus und an Englisch als gemeinsamer Wissenschaftssprache. Wo es keine Kanonisierungen und gemeinsame Sprache gibt, entstehen auch keine überregional verbindenden Bildungseinrichtungen.

   Kanonisierungen

2. Stetigkeit und generationsübergreifende Kontinuität entsteht dort, wo institutionelle Strukturen, wo starke externe Akteure das Inhaltsprogramm regeln und mit Sanktionen absichern. In der Geschichte der okzidentalen Bildungssysteme steht die Amtskirche paradigmatisch für diesen Prozess. Ihre Stellung hat im Gefolge der Aufklärung zunehmend der Staat übernommen. Damit können wir einen beziehungsreichen sakralen und säkularen Weg der okzidentalen Bildungssysteme nachzeichnen. Der sakrale, im Schoß der Kirche entstandene, liefert dabei das Muster für den säkularen. Der Glaubenskorpus wird ersetzt oder ergänzt durch einen „Dogmenkorpus" des wis-

   Externe Akteure

senschaftlich begründeten „Wissens", die Bürokratie der Kirche durch jene des Staates, das flächendeckende Netz der Heilsvorsorge durch ein flächendeckendes Netz der Wohlfahrtsfürsorge über ein gleichwertiges Angebot von Bildungsmöglichkeiten an allen Orten. Das Bologna des Mittelalters wird so substituiert durch das Bologna der Moderne.

Innere Konstruktion von Bildungsprozessen

3. Die oben beschriebenen Konstruktionsmerkmale okzidentaler Bildungssysteme sind gleichermaßen von Vereinheitlichung und Vielfalt charakterisiert. Die Konstruktion „von oben", also von den Endpunkten des gedachten Bildungsprozesses her, bestimmte den Aufbau von Bildungsgängen, von Stufen des Lernprozesses, von Abschlüssen und Berechtigungen. Die Genese von Bildungssystemen war also nicht von individuellen Faktoren bestimmt, d.h. von der Unterschiedlichkeit der Fähigkeiten, Lerninteressen und Bedürfnissen der Kinder und Jugendlichen, sondern von den Zielen und Inhaltsprogrammen, auf die hin gebildet werden soll.

Auch die Vielfalt der Bildungswege orientierte sich in ihrer historischen Genese nicht an individueller Heterogenität der Begabungen und Neigungen, sondern an der Vielfalt der gesellschaftlichen Bedürfnisse. Die Differenzierung der beruflichen Anforderungsprofile sorgte für die Dynamik, die die Unterschiedlichkeit von Abschlüssen und Bildungswegen forderte. Dadurch entstand auch die Spannung zwischen dem Gemeinsamen, das eine Kultur in der nachwachsenden Generation erzeugen sollte, und der Legitimität von Unterschiedlichkeit. Sie besteht bis heute fort.

Rationalisierung der Methodik

4. Kulturelle Kanonisierungen und extern gestützte Institutionalisierungen allein setzen Bildungsprozesse noch nicht in Gang. Zusätzlich muss der „Mechanismus der Kulturübertragung" erfunden und entwickelt werden. Der okzidentale Weg ist so auch ein Prozess der Suche nach Mitteln der Gestaltung und Organisation von Lernprozessen. Wie können Kinder und später Jugendliche das lernen, was eine Kultur für wichtig hält? Dies ist keine triviale Frage. Die vielen Irrtümer in den Antworten belegen dies eindrucksvoll. Das Kernproblem besteht in der Synchronisierung von Kulturanforderungen (z.B. Lesen, Latein) mit individuellen Lernmöglichkeiten. Es bewegt sich zwischen heilloser Überforderung bis hin zu aus heutiger Sicht unfassbarer Unterforderung.

Die Notwendigkeit der Überbrückung der großen Spannweite von Endzielen des Bildungsprozesses zu den bescheidenen Anfängen hat eine komplexe Technologie des Lehrens und Lernens geschaffen, die nach Jahrhunderten des *Trial and Error* in den letzten Jahrzehnten auch eine wissenschaftliche Unterstützung erfahren hat. Der Sonderweg des okzidentalen Bildungswesens ist so auch ein Weg der Methodisierung und Rationalisierung von Lehren und Lernen.

9.6 Universalisierung

Okzidentale Schulsysteme als weltweite Muster moderner Bildungssysteme

Die institutionellen und professionellen Strukturen der okzidentalen Bildungssysteme sind weltweit zum Muster geworden, sie haben zu einem weltweiten Siegeszug (s. Abb. 61-68) der im Okzident erfundenen Formen der Organisation von Lehren und Lernen geführt (s. Adick, 1992).

Eine christliche Mädchenschule in Hongkong.
Nach einer photographischen Aufnahme.

Dorfschule in der Campagna. Nach dem Gemälde von F. Bergamini.

Abb. 63: Dorfschule in Griechenland (1890) *(Quelle: Pictura Paedagogica Online, Bibliothek für Bildungsgeschichtliche Forschung, b0007178a)*

Abb. 64: Eine Türkische Schule (1882) *(Quelle: Pictura Paedagogica Online, Bibliothek für Bildungsgeschichtliche Forschung, b0007267a)*

246

Abb. 65: Knabenschule in Peking (1882) *(Quelle: Pictura Paedagogica Online, Bibliothek für Bildungsgeschichtliche Forschung, b0003562a)*

Eine Knabenschule in Peking.

Abb. 66: Stephen Girard and his College (USA, 1898) *(Quelle: Pictura Paedagogica Online, Bibliothek für Bildungsgeschichtliche Forschung, b0007341a)*

ONE OF THE SCHOOL-ROOMS.

Abb. 67: Arabische Schule in Algier (1899) *(Quelle: Pictura Paedagogica Online, Bibliothek für Bildungsgeschichtliche Forschung, b0007052a)*

Arabische Schule in Algier.
Nach einer Photographie von R. Leroux in Algier.

1899. Nr. 16.

Abb. 68: Missionsanstalt Kribi im südlichen Camerun (1899): Schulzimmer in der Missionsschule *(Quelle: Pictura Paedagogica Online, Bibliothek für Bildungsgeschichtliche Forschung, b0006892c)*

Schulzimmer in der Missionsschule.

248

Die so strukturierten Bildungssysteme haben das Lernen hochgradig methodisiert und verstetigt. Lernen und Lehren sind nicht mehr dem Zufall oder der momentanen Notwendigkeit und damit auch der Flüchtigkeit des Lebens überlassen, sondern haben heute vielmehr ihre Ordnung und ihre Beständigkeit. Bildungssysteme stellen die lebensnotwendigen Lerngelegenheiten über lange Lernwege systematisch her und wirken so auf die Gestaltung von Lebenswegen bzw. werden diese durch das Bildungssystem erst realisierungsfähig.

Der historische Rückblick macht damit den Blick frei für ein ausgebautes und differenziertes Bildungswesen, das für alle heranwachsenden Kinder und Jugendlichen mindestens 15'000 Stunden systematischen Unterrichts organisiert. Pro Schülerin bzw. Schüler werden dabei in der Schweiz ca. 15.000 Franken pro Jahr ausgegeben, in Deutschland ca. 6.000 Euro. In der Schweiz sind ca. 20% der Bevölkerung in Schulen, also etwa 1.400.000 Schülerinnen und Schüler, ca. 170.000 Erwachsene verdienen in der Schule ihren Lebensunterhalt. In Deutschland sind die Proportionen ähnlich. Insgesamt sind ca. 12.6 Millionen Kinder und Jugendliche täglich im Bildungswesen, wo sie von ca. 750.000 Lehrerinnen und Lehrern unterrichtet werden. Diese Kinder werden Tag für Tag der individuellen Entscheidung enthoben, wie sie den Tag gestalten sollen. Ein sehr entfalteter Plan sorgt für Stetigkeit und Beständigkeit des Lernens, sorgt für eine disziplinierte und sinnvolle Nutzung von Lebenszeit. Nur Institutionen können dies leisten, können Kontinuität und Langfristigkeit des Lernens sichern.

10. Die Systemlogik der deutschen Bildungssysteme: Ein Ausblick

Die historische Rekonstruktion des institutionellen Akteurs „Bildungswesen" hat nicht nur zur Beschreibung universeller Strukturen im Okzident geführt, sondern auch komparatistisch sichtbar gemacht, welche Besonderheiten etwa das deutsche Bildungswesen und jenes in der Schweiz auszeichnet, bzw. welche Gemeinsamkeiten bestehen. Die jeweilige „Systemlogik" kann – so die hier entfaltete Schlussfolgerung – nur verstanden werden, wenn sie in der historischen Genese und im Vergleich verschiedener Staaten gesehen wird.

Die Generallinie der „Systemlogik" braucht hier nur mehr kurz skizziert zu werden. Sie besteht im Aufbau von Bildungssystemen in der Gestalt von Lehrgängen, die zu überlokal anerkannten Abschlüssen führen, die jeweils Anschlüsse zum Besuch weiterer Lehrgänge enthalten bzw. zum Eintritt in jeweils spezifizierte Berufe berechtigen. Die Entwicklung eines universellen Herrschaftsbereichs, eines einheitlichen sprachlichen Codes und kanonisierter Inhalte waren dafür entscheidende Voraussetzungen, die sich erstmals in den mittelalterlichen Universitäten materialisierten. Diese im kirchlichen Raum entstandenen Strukturen wurden Jahrhunderte später, insbesondere im Gefolge der Aufklärung auf den säkularen Bereich übertragen und in ein differenziertes System standardisierter Abschlüsse gegossen. Das deutsche Abitur, die Schweizer Matura bzw. die universitären Studiengangregelungen mit Abschlüssen als Eintrittsberechtigungen stehen paradigmatisch für diese nun säkulare Systemlogik. Sie wurde immer präziser ausgebaut und auf alle Lehrgänge übertragen, vom Übergang aus der Grundschule heraus in weiterführende Schulen und von diesen aus auf Abschlüsse in Hauptschulen, Realschulen und Gymnasien. Lehren und Lernen werden auf langfristig ausgerichtete Abschlussziele ausgerichtet. Die Vergabe von Berechtigungen wird in diesen Bildungssystemen ausschließlich intern, durch entsprechende Leistungsanforderungen mit darauf abgestimmten Prüfungen reguliert. Die Lehrerschaft übernimmt hier die volle Verantwortung für den schulischen Allokationsprozess. Der Unterricht wird dann eng von festgelegten Inhalten, zugeordneten Prüfungen und standardisierten Lernmöglichkeiten geleitet. Man darf nur prüfen, was durchgenommen wurde und was geleistet wurde, ist öffentlich vergleichbar offen zu legen. Zugleich muss die Objektivität der Prüfungen gesichert und jeweils hieb- und stichfest sein.

Ein Vergleich mit anderen Ländern (z.B. den USA) macht sichtbar, dass dies anders reguliert werden kann. Dort werden die Aufnahmen in weiterführende Bildungswege von diesen aufnehmenden Instanzen selber entschieden. Die Systemlogik besteht hier darin, dass die abgebende Instanz mit den Schülerinnen

Gemeinsame Systemlogik

und Schülern zusammen die Chancen zu maximieren versucht, in der aufnehmenden Instanz zu reüssieren.

Terminale und elektive Systemlogiken

Diese beiden Systemlogiken können die *„abgebenden"* (terminalen) bzw. die *„aufnehmenden"* (elektiven) genannt werden. Die Rückwirkungen auf die „Grammatik der Schule" sind weit reichend. Im ersten Fall übernimmt die Lehrperson eine instruktionelle und richterliche Rolle in einer Person, die emotionale Nähe und Koalitionen auf ein gemeinsames Ziel hin erschweren. Im zweiten Fall eröffnen sich andere Chancen der Kooperation und Koalition zwischen Lehrpersonen und Schülerinnen bzw. Schülern. Lehrkräfte werden eher zu Helfern und Unterstützern auf einem Lernweg, auf dem sich Lernende in außerschulischen Prüfungen bewähren müssen. Eine Lehrperson wird eher zum einem Coach und verliert viel von der Richterfunktion. Leistungsrückmeldungen werden zu Informationen über den Leistungsstand und weniger zu verschließenden oder Chancen eröffnenden Urteilen. Lehrpersonen können hier aber auch in ihrer institutionellen Macht geschwächt werden und zum Fokus oft schwer nachvollziehbarer Beobachtungen und Kritik durch Eltern werden – wenn deren Kinder in externen Prüfungen nicht reüssieren.

Zudem verändern sich die Reibungen an den Scharnieren zwischen Abgabe und Aufnahme, zwischen Abschluss und Anschluss. Wenn eine enge Koppelung zwischen abgebenden Berechtigungen und aufnehmenden Pflichten (z.B. Abschlüsse im Lehramt und Recht auf Eintritt in ein Studienseminar) besteht, dann entstehen Warteschlangen und Blockaden von Laufbahnen. Im aufnehmenden System wird dies durch Marktmechanismen reguliert, da die aufnehmende Instanz aus den Bewerbern je nach Angebot auswählen kann.

Öffentliche und staatliche Systemlogik

Beim Vergleich des Bildungssystems im Kanton Zürich mit jenem in Deutschland hat sich ein Kernpunkt der Systemlogik des deutschen bzw. schweizerischen Bildungssystems gezeigt. Das Bildungswesen im Kanton Zürich ist als Folge seiner spezifischen Geschichte ein primär öffentliches und erst in zweiter Linie ein staatliches, während jenes in Deutschland in erster Linie ein staatliches und erst in zweiter Linie ein öffentliches ist. Diese Unterscheidung reflektiert unterschiedliche schulexterne Regulierungsmechanismen. In der Schweiz hat sich eine *öffentliche Kontrolle* der Schulen früh etabliert. Die Schulaufsicht der Volksschule besteht aus in der Gemeinde gewählten Personen, die weitreichende Aufsichtsaufgaben im Milizsystem durchführen (Einstellung der Lehrerinnen und Lehrer, die auf öffentliche Ausschreibungen hin sich bewerben, Bestätigung der Noten, mehrere Schulbesuche pro Jahr, Lehrerbeurteilung, Haushaltsentscheidungen). Bei den Gymnasien bestehen für jede Schule eigene *Schulkommissionen*, die ähnliche Aufgaben der Aufsicht übernehmen. Die Bezahlung der Lehrerinnen und Lehrer erfolgt jedoch sowohl im Volksschulbereich als auch im Gymnasialbereich zentral durch den Kanton. Die kantonale Regulierung gilt auch für die Genehmigung des Lehrplanes und der Lehrmittel. Größere bildungspolitische Entscheidungen müssen vors Volk und bedürfen der demokratischen Zustimmung.

In Deutschland ist aus historischen Gründen die Schulaufsicht völlig in staatlicher Hand. Sie wird von oben nach unten organisiert. In den Ländern besteht auf zentraler politischer Ebene die Hoheit über die Lehrpläne, die Lehrmittel, die Verfahren und die Qualitätssicherung in Bezug auf die Lehrerschaft. Lehrerinnen und Lehrer werden – meist nur bei Beförderungen oder besonderen Problemen – von der Fachaufsicht visitiert. Die Regulierung des schulischen Geschehens ist sehr dicht und zentral gesteuert. Anforderungen werden zentral vorgegeben (s. z.B. das Zentralabitur), Unterrichtsstunden für bestimmte Fächer in der Regel genau bestimmt, Hausaufgabenzeiten als Richtwerte vorgegeben, die Anzahl der Prüfungen pro Fach festgelegt, die Lehrerinnen bzw. Lehrer nach Bedarf zentral zugeteilt und die Sachausgaben nach öffentlichen Richtlinien standardisiert.

Mit der starken Einbindung in die staatliche Bürokratie ist zudem eine Steuerung verbunden, die bruchlos von „Oben" nach „Unten" durchgeführt werden kann. Der Beamtenstatus mit der besonderen Pflicht zur Staatstreue komplementiert diesen staatlichen Charakter. Die Beteiligung der Öffentlichkeit erfolgt in der Regel über gewählte Stellvertretungen der Lehrerschaft, Eltern und Schülerschaft, die ein Anhörungsrecht und in der Regel ein sehr begrenztes Mitspracherecht haben.

Die Geschichte des deutschen Bildungswesens macht diesen Primat des Staatlichen verständlich. Er muss auf der Folie der späten Ausgliederung aus der kirchlichen Aufsicht gesehen werden, die nur über eine verstärkte Staatsorientierung der Lehrerschaft möglich wurde. Der Weg der Qualitätssicherung führte dann zur erfolgreichen Standardisierungsgeschichte des Abiturs und der Hochschulstudiengänge mit jeweiligen Diplomordnungen im Rahmen einer starken staatlichen Bürokratie. Nicht zuletzt entwickelte sich eine an universalen Prinzipien orientierte Verwaltung. Der auffallende Ausbau einer an universalistischen Prinzipien orientierten Bürokratie könnte als Substitut dafür verstanden werden, dass die öffentliche Legitimation des Bildungswesens durch die verzögerte Demokratisierung in Deutschland spät einsetzte.

Damit sind die Besonderheiten der deutschen Bildungssysteme gewiss nur teilweise auf den Begriff gebracht. Unübersehbar wird aber schnell, dass wir es hier mit einer prononciert *staatlichen Systemlogik und einer starken Bürokratie* zu tun haben. Bildungssysteme sind in mehreren westlichen Ländern dagegen in höherem Maße auf allen Handlungsebenen in eine *öffentliche Verantwortung* eingebunden (s. z.B. Schweiz, Niederlande).

Die historische Rekonstruktion des modernen Bildungswesens führt uns mit diesen Thesen in die Gegenwart. Der Blick zurück sollte sichtbar machen, dass diese Gegenwart *ohne die historische* und auch die *vergleichende* Perspektive in ihren Besonderheiten über weite Strecken unverstanden bleibt. Ebenso sollte gezeigt werden, dass die historische Rekonstruktion in der Gestalt einer schlichten Nacherzählung vergangenen Geschehens wenig fruchtbar ist, sich ihr Gewinn also aus den theoretischen Blickwinkeln ergibt, die den Rückblick regulieren.

Der Blick zurück hat dabei gezeigt, dass alles auch ganz anders hätte kommen können. Er eröffnet damit die Sicht auf *Möglichkeitsräume*, er schafft Sensibilitäten für unterschiedliche Realitäten. Dies weist auf die Zukunft und auf die Notwendigkeit der Gestaltung, hier der Gestaltung des Bildungswesens in der Gegenwart mit dem Blick auf Kommendes hin.

Die historische und komparative Perspektive hat zu Einsichten in die Systemlogik geführt und damit auch dazu beigetragen, zu erkennen, welche Entwicklungen und Erfindungen in der Vergangenheit zu maßgeblichen Höherentwicklungen im Bildungswesen beigetragen haben. Die Suche nach modernen Steuerungssystemen, die einerseits an die historisch entstandenen Bildungssysteme anschlussfähig sind, andererseits unter modernen Lebens- und Handlungsbedingungen „genau die richtigen" wären, muss einer weiteren Arbeit im

Umfeld einer Theorie und Empirie des Bildungswesens vorbehalten bleiben. Als Vorarbeit dazu erschien es mir unerlässlich, eine Theorie zu entwickeln, die erklärt, was Bildungssysteme „sind". Die Konzeption des „institutionellen Akteurs der Menschengestaltung" war für mich dazu ein Meilenstein, der die soziologische Theorie über die eingeschlossenen Akteur- und Handlungskonzepte gestaltungspraktisch relevant machte. Die historische Rekonstruktion des Bildungswesens wiederum hat mich auf die Besonderheiten der Grammatik unserer gegenwärtigen Bildungssysteme verwiesen. Diese Vorarbeiten gestaltungspraktisch in einer „modernen Schulpädagogik" zu wenden und zu konkretisieren, wird mich in einer neuen Arbeit beschäftigen.

Bibliographie

Adick, C. (1992). Die Universalisierung der modernen Schule. Paderborn: Ferdinand Schöningh.

Aertsen, J. A., Emery, K. Jr., Speer, A. (Ed.). (2001). Nach der Verurteilung von 1277. Philosophie und Theologie an der Universität von Paris im letzten Viertel des 13. Jahrhunderts. Studien und Texte (Vol. 28). Berlin: Walter de Gruyter.

Alberti, L. B. (1962). Vom Hauswesen. Della Familia. Üb. Von W. Kraus. Zürich, Stuttgart.

Allmendinger, J., & Aisenbrey, S. (2002). Soziologische Bildungsforschung. In *R. Tippelt* (Ed.), Handbuch der Bildungsforschung (pp. 41-60). Opladen: Leske + Budrich.

Alt, R. (1965). Bilderatlas zur Schul- und Erziehungsgeschichte. Band 2. Berlin: Volk und Wissen Volkseigener Verlag.

Alt, R. (1966). Bilderatlas zur Schulgeschichte und Erziehungsgeschichte. Band 1. Berlin: Volk und Wissen.

Assmann, A. (2004). Der väterliche Bücherschrank – Über Vergangenheit und Zukunft der Bildung. Zeitschrift für Pädagogik, 50(1), 5-20.

Assmann, A. (2006). Der lange Schatten der Vergangenheit. Erinnerungskultur und Geschichtspolitik. München: C. H. Beck Verlag.

Baumbach, M. (Ed.). (2000). Tradita et Inventa. Beiträge zur Rezeption der Antike (Vol. Neue Folge, 2. Reihe, Band 10). Heidelberg: Universitätsverlag C., WINTER.

Baumbach, M. (2002). Lukian in Deutschland. Eine Forschungs- und rezeptionsgeschichtliche Analyse vom Humanismus bis zur Gegenwart (Vol. 25). München: Verlag Wilhelm Fink.

Baumeister, R. (1987). How the self became a problem: A psychological review of historical research. Journal of Personality and Social Psychology, 52(1), 163-176.

Baumert, J. (2001). PISA 2000 Basiskompetenzen von Schülerinnen und Schülern im internationalen Vergleich. Opladen: Leske + Budrich.

Baumert, J., Bos, W., & Lehmann, T. (Eds.). (2000a). Dritte internationale Mathematik- und Naturwissenschaftsstudie- Mathematische und naturwissenschaftliche Bildung am Ende der Schullaufbahn (Vol. Band I Mathematische und naturwissenschaftliche Grundbildung am Ende der Pflichtschulzeit). Opladen: Leske + Budrich.

Baumert, J., Bos, W., & Lehmann, T. (Eds.). (2000b). Dritte internationale Mathematik- und Naturwissenschaftsstudie- Mathematische und naturwissenschaftliche Bildung am Ende der Schullaufbahn (Vol. Band II Mathematische und physikalische Kompetenzen am Ende der gymnasialen Oberstufe). Opladen: Leske + Budrich.

Baumert, J., Bos, W., & Watermann, R. (1998). TIMSS/III. Schülerleistungen in Mathematik und den Naturwissenschaften am Ende der Sekundarstufe II im internationalen Vergleich. Zusammenfassung deskriptiver Ergebnisse (Vol. Studien und Berichte). Berlin: Max-Planck-Institut für Bildungsforschung.

Baumert, J., Cortina, K. S., & Leschinsky, A. (2003). Grundlegende Entwicklungen und Strukturprobleme im allgemein bildenden Schulwesen. In *K. S. Cortina & J. Baumert & A. Leschinsky & K. U. Mayer & L. Trommer* (Eds.), Das Bildungswesen in der Bundesrepublik Deutschland (pp. 52-147). Reinbek bei Hamburg: Rowohlt Taschenbuch Verlag.

Baumert, J., & Lehmann, R. (1997). TIMSS – Mathematisch-naturwissenschaftlicher Unterricht im internationalen Vergleich. Deskriptive Ergebnisse. Opladen: Leske + Budrich.

Baumert, J., Watermann, R., & Schümer, G. (2003). Disparitäten der Bildungsbeteiligung und des Kompetenzerwerbs. Zeitschrift für Erziehungswissenschaft, 6 (Heft 1), 46-72.

Binder, T. (2005). Semen est sanguis Christianorum. Literarische Inszenierungen von Macht und Herrschaft in frühchristlicher Passionsliteratur. Berlin: Logos Verlag.

Black, R. (2001). Humanism and education in medieval und renaissance italy. Cambridge: Cambridge University Press.

Bollnow, O. F. (1983). Anthropologische Pädagogik. Bern: Haupt.

Brandt, O. H. (1913). Ulrich's von Richental's Chronik des Konzils zu Konstanz 1414-1418. Leipzig: Voigtländer.

Buck, A. (1996). Der italienische Humanismus. In *N. Hammerstein & A. Buck* (Eds.), Handbuch der deutschen Bildungsgeschichte. Band I, 15. bis 17. Jahrhundert. Von der Renaissance und der Reformation bis zum Ende der Glaubenskämpfe (Vol. I, pp. 1-56). München: Verlag C.H. Beck.

Bude, H., & Kohli, M. (Eds.). (1989). Radikalisierte Aufklärung. Studentenbewegung und Soziologie in Berlin 1965 bis 1970. Weinheim: Juventa.

Burke, P. (1972/1984). Die Renaissance in Italien. Sozialgeschichte einer Kultur zwischen Tradition und Erfindung. Berlin: Verlag Klaus Wagenbach.

Burke, P. (1996). Die Geschicke des Hofmann. Berlin: Verlag Klaus Wagenbach.

Burkert, W. (2003). Die Griechen und der Orient. Von Moer bis zu den Magieren. München: Verlag C.H. Beck.

Böhme, G., & Tenorth, H. E. (1990). Einführung in die historische Pädagogik. Darmstadt: Wissenschaftliche Buchgemeinschaft.

Bühler, C. (1921). Das Seelenleben des Jugendlichen (7. Auflage ed.). Wien: UTB, Gustav Fischer.

Cardini, F., & Beonio-Brocchieri, M. T. F. (1991). Universitäten im Mittelalter. München: Südwest Verlag.

Casale, R. (2004). Erziehung vor der Moralerziehung. Konversation gegen Kommunikation. In *D. Horster & J. Oelkers* (Eds.), Pädagogik und Ethik. Wiesbaden: Verlag für Sozialwissenschaften.

Castiglione, B. (1996). Der Hofmann. Lebensart in der Renaissance. Berlin: Verlag Klaus Wagenbach.

Collins, R. (1999). Macrohistory. Essays in Sociology of the Long Run. Stanford, California: Stanford University Press.

Collins, R. (2000). Comparative and historical patterns of education. In *M. T. Hallinan* (Ed.), Handbook of Sociology of Education (pp. 213-239). New York: Kluwer Academic/Plenum Press.

Cortina, K. S., Baumert, J., Leschinsky, A., Mayer, K. U., & Trommer, L. (Eds.). (2003). Das Bildungswesen der Bundesrepublik Deutschland. Strukturen und Entwicklungen im Überblick. Reinbek: Rowohlt Taschenbuch Verlag.

Courtenay, W. J. (1988). Schools and scholars in 14th-century England. Princeton, N.J.

Dahlheim, W. (1994). Die Antike. Zürich: Verlag Neue Zürcher Zeitung.

Depaepe, M. (2000). Order in progress. Everyday education practice in primary schools Belgium 1880-1970. Leuven: Leuven University Press.

Dietrich, Th. & Klink, G. (Hrsg.). (1964/65). Zur Geschichte der Volksschule (Vol. 1). Bad Heilbrunn: Klinkhardt.

Dolch, J. (1982). Lehrplan des Abendlandes (reprogr. Nachdr. der 3. Aufl. Ratingen 1971 ed.). Darmstadt: Wissenschaftliche Buchgemeinschaft.

Dostal, W. (2000). Entwicklung und Qualifikationsstruktur. In Bundesministerium für Bildung und Forschung (Ed.), Qualifikationsstrukturbericht 2000 (pp. Kapitel 2.1). Bonn: Bundesministerium für Bildung und Forschung (bmb+f).

Dreeben, R. (1968). On what is learned in school. Massachusetts: Addison-Wesley Publishing Company.

Drewek, P. (1997). Geschichte der Schule. In *K. Harney & H.-H. Krüger* (Eds.), Einführung in die Geschichte von Erziehungswissenschaft und Erziehungswirklichkeit. Opladen: Leske + Budrich.

Durkheim, E. (1977). Die Entwicklung der Pädagogik. Zur Geschichte und Soziologie des gelehrten Unterrichts in Frankreich (Orginaltitel: L'évolution pédagogique en France). Aus

256

dem Französischen übersetzt von Ludwig Schmidts. (Beltz Monographien Erziehungswissenschaft ed.). Weinheim: Beltz Verlag.

Enzelberger, S. (2001). Sozialgeschichte des Lehrerberufs. Weinheim: Juventa Verlag.

Fend, H. (1974). Gesellschaftliche Bedingungen schulischer Sozialisation. Weinheim: Beltz.

Fend, H. (1979). Sozialisation durch Literatur (Vol. 4). Weinheim: Beltz Verlag.

Fend, H. (1982). Gesamtschule im Vergleich. Weinheim: Beltz.

Fend, H. (1988). Sozialgeschichte des Aufwachsens. Frankfurt a. M.: Suhrkamp Verlag.

Fend, H. (2001a). Entwicklungspsychologie des Jugendalters. Ein Lehrbuch für pädagogische und psychologische Berufe (2. Auflage ed.). Opladen: Leske + Budrich.

Fend, H. (2001b). Qualität im Bildungswesen. Schulforschung zu Systembedingungen, Schulprofilen und Lehrerleistung (2. Aufl. ed.). Weinheim: Juventa Verlag.

Fend, H. (2006a). Neue Theorie der Schule. Eine Einführung in das Verstehen von Bildungssystemen. Wiesbaden: VS Verlag für Sozialwissenschaften.

Fend, H. (2006b). Mobilität der Bildungslaufbahnen nach der 9. Schulstufe. Koppelung und Entkoppelung von Bildungsverläufen und Berufsausbildung an die Schulformzugehörigkeit – neue Chancen oder alte Determinanten? In W. Georg (Ed.), *Soziale Ungleichheit im Bildungswesen*. Konstanz: Universitätsverlag Konstanz.

Fischer, K. G. (Ed.). (1970). Politische Bildung in der Weimarer Republik. Frankfurt a.M.: Europäische Verlagsanstalt.

Flitner, W. (1954). Vom Kanon der literarischen Bildung. Grund- und Zeitfragen der Erziehung und Bildung. Stuttgart: Klett.

Flitner, W. (1959). Hochschulreife und Gymnasium. Heidelberg: Quelle & Meyer.

Flitner, W. (1961). Die gymnasiale Oberstufe. Heidelberg: Quelle & Meyer.

Flitner, W. (1965). Die grundlegende Geistesbildung. Heidelberg: Quelle & Meyer.

Flitner, W. (1990). Die Geschichte der abendländischen Lebensformen (Wilhelm Flitner Gesammelte Schriften, Bd. 7). Paderborn: Schöningh.

Foucault, M. (1976). Überwachen und Strafen. Frankfurt a.M.: Suhrkamp.

Frank, H. J. (1973). Geschichte des Deutschunterrichts. München: Carl Hanser.

Frey, P. (1953). Die zürcherische Volksschulgesetzgebung 1831-1951. Zürich: Dr. J. Weiss, Affoltern a.A.

Friederich, G. (1978). Die Volksschule in Württemberg im 19. Jahrhundert. Weinheim: Beltz Verlag.

Fuhrer, T. (2004). Augustinus. Darmstadt: Wissenschaftliche Buchgemeinschaft.

Fuhrmann, H. (1968). Das Constitutum Constantini (Konstantinische Schenkung) Text. Hannover: Hahnsche Buchhandlung.

Fuhrmann, M. (2001). Latein und Europa. Geschichte des gelehrten Unterrichts in Deutschland von Karl dem Großen bis Wilhelm II. Köln: DuMont Buchverlag.

Führ, C., & Furck, C.-L. (Eds.). (1998a). Handbuch der deutschen Bildungsgeschichte. Band VI, 1945 bis zur Gegenwart. Erster Teilband, Bundesrepublik Deutschland. München: Verlag C.H. Beck.

Führ, C., & Furck, C.-L. (Eds.). (1998b). Handbuch der deutschen Bildungsgeschichte. Band VI, 1945 bis zur Gegenwart. Zweiter Teilband, Deutsche Demokratische Republik und neue Bundesländer. München: Verlag C.H. Beck.

Gagliardi, E., Nabholz, H., & Strohl, J. (1938). Die Universität Zürich 1833-1933 und ihre Vorläufer. Festschrift zur Jahrhundertfeier. Zürich: Verlag der Erziehungsdirektion.

Gaudig, H. (1917). Die Schule im Dienste der werdenden Persönlichkeit. 2 Bde. Leipzig: Quelle & Meyer.

Glöckel, O. (1928). Drillschule, Lernschule, Arbeitsschule. Wien: Verlag der Organisation der Sozialdemokratischen Partei.

Gonon, P. (1999). Historiographie als Erziehung. Zeitschrift für Pädagogik (45), 521-530.

Grendler, P. F. (2002). The universities of the italian renaissance. Baltimore: The Johns Hopkins University Press.

Hadot, I. (1989). Erziehung und Bildung bei Augustin. Paper presented at the Internationales Symposium über den Stand der Augustinus-Forschung, Würzburg.

Hamburger, F. (1977). Pädagogische und politische Orientierungen im Selbstverständnis des Deutschen Philologenverbandes in der Weimarer Republik. In *M. Heinemann* (Ed.), Der Lehrer und seine Organisationen (pp. 263-272). Stuttgart: Klett.

Hansen, W. (1938). Die Entwicklung des kindlichen Weltbildes. München: Kösel-Pustet.

Helmer, K. (2000). Lehrplan des Abendlandes. Integrationen, Brüche, Neuformierungen von der Antike bis ins Mittelalter. In R. W. Keck & C. Ritzi (Eds.), Geschichte und Gegenwart des Lehrplanes. Josef Dolchs „Lehrplan des Abendlandes" als aktuelle Herausforderung (pp. 65-78). Hohengehren: Schneider-Verlag.

Hermanns, M. (1990). Jugendarbeitslosigkeit seit der Weimarer Republik. Ein sozialgeschichtlicher und soziologischer Vergleich. Opladen: Leske + Buderich.

Herrlitz, H.-G. (2001). Auf dem Weg zur Historischen Bildungsforschung. Studien über Schule und Erziehungswissenschaft aus siebenunddreißig Jahren (Vol. 36). Weinheim: Juventa Verlag.

Herrlitz, H.-G., Hopf, W., & Titze, H. (1981). Deutsche Schulgeschichte von 1800 bis zur Gegenwart. Königstein/Ts.: Athenäum.

Herrmann, U. (1990). Diesterweg in seiner Zeit. Wissen auf dem Weg ins Volk. In Universität-Gesamthochschule-Siegen (Ed.), Adolph Diesterweg. Wissen im Aufbruch. Katalog zur Ausstellung zum 200. Geburtstag (pp. 1-7). Weinheim: Deutscher Studien-Verlag.

Hettling, M., & Hoffmann, S.-L. (Eds.). (2000). Der bürgerliche Werthimmel. Innenansichten des 19. Jahrhunderts. Göttingen: Vandenhoeck & Ruprecht.

Hilty, G. (2001). Gallus und die Sprachgeschichte der Nordostschweiz. St. Gallen: Verlagsgemeinschaft St. Gallen.

Horlacher, R. (2002). Bildungstheorie vor der Bildungstheorie. Die Shaftesbury-Rezeption in Deutschland und der Schweiz im 18. Jahrhundert. Universität Zürich, Zürich.

Hunziker, F. (1933). Die Mittelschulen in Zürich und Winterthur 1833-1933. Zürich: Verlag der Erziehungsdirektion.

Jackson, P. W. (1990). Life in classrooms (Reissued with a new introd. ed.): Teachers College Press, Columbia University New York, NY <etc.>, copyrighted 1990.

Jarausch, K. H. (1991). Universität und Hochschule. In C. Berg (Ed.), Handbuch der deutschen Bildungsgeschichte. Band IV 1870-1918. Von der Reichsgründung bis zum Ende des Ersten Weltkrieges (pp. 313-345). München: Verlag C.H. Beck.

Jeismann, K.-E., & Lundgreen, P. (Eds.). (1987). Handbuch der deutschen Bildungsgeschichte. Band III 1800-1870. Von der Neuordnung Deutschlands bis zur Gründung des Deutschen Reiches. München: Verlag C.H. Beck.

Kaelble, H. (1983). Soziale Mobilität und Chancengleichheit im 19. und 20. Jahrhundert. Göttingen.

Kah, D. (Ed.). (2004). Das hellenistische Gymnasion. Berlin: Adademie Verlag.

Kant, I. (1803). Immanuel Kant über Pädagogik. Herausgegeben von D. Friedrich Theodor Rink. Königsberg: Friedrich Nicolovius.

Kant, I. (1964). Schriften zur Anthropologie, Geschichtsphilosophie und Pädagogik. (Werke in sechs Bänden, Band 6) (Vol. Band 6). Darmstadt: Wissenschaftliche Buchgemeinschaft.

Keck, R. W., & Ritzi, C. (Eds.). (2000). Geschichte und Gegenwart des Lehrplans. Josef Dolchs „Lehrplan des Abendlandes" als aktuelle Herausforderung. Hohengehren: Schneider-Verlag.

Kemnitz, H. (1999). Ein „deutscher Blick" auf die Schulgeschichte. In L. Criblez & C. Jencer & R. Hofstetter & C. Magnin (Eds.), Eine Schule für die Demokratie. Zur Entwicklung der Volksschule in der Schweiz im 19. Jahrhundert (pp. 405-426). Bern: Peter Lang.

Kippenberg, H. G., & Riesenbrodt, M. (Eds.). (2001). Max Webes „Religionssystematik". Tübingen: Mohr (Siebeck).

Klafki, W. (1970). Die Inhalte (Vol. 2). Frankfurt a. M.: Fischer Bücherei.

Kölz, A. (1998). Der Weg der Schweiz zum modernen Bundesstaat: historische Abhandlungen: 1789, 1798, 1848, 1998. Zürich: Rüeger.

Landes, D. S. (1999). Wohlstand und Armut der Nationen. Warum die einen reich und die anderen arm sind. Berlin: Siedler.

Langewiesche, D. (Ed.). (1989). Handbuch der deutschen Bildungsgeschichte. Band V, 1918 bis 1945. Die Weimarer Republik und die nationalsozialistische Diktatur. München: Verlag C.H. Beck.

Lay, W. A. (1908). Experimentelle Pädagogik. Leipzig: Teubner.

Le Goff, J. (1999). Geschichte und Gedächtnis. Berlin: Ullstein.

Lehmann, H., & Quédraogo, J. M. (Eds.). (2003). Max Webers Religionssoziologie in interkultureller Perspektive. Göttingen: Vandenhoeck & Ruprecht.

Lepsius, M. R. (1996). Die pietistische Ethik und der „Geist" des Wohlfahrtsstaates oder: Der Hallesche Pietismus und die Entstehung des „Preußentums". In *L. Clausen* (Ed.), Gesellschaften im Umbruch. Verhandlungen des 27. Kongresses der Deutschen Gesellschaft für Soziologie im Halle an der Saale 1995 (pp. 110-124). Frankfurt a.M.: Campus.

Litt, T. (1947). Das Verhältnis der Generationen ehedem und heute. Wiesbaden: Dieterich.

Litt, T. (1955). Das Bildungsideal der deutschen Klassik und die moderne Arbeitswelt (Vol. 15). Bonn: Bundeszentrale für Heimatdienst.

Litt, T. (1959). Wissenschaft und Menschenbildung im Lichte des West-Ost-Gegensatzes. Heidelberg: Quelle & Meyer.

Luhmann, N. (1984). Soziale Systeme. Grundriss einer allgemeinen Theorie. Frankfurt: Suhrkamp.

Lustenberger, W. (1996). Pädagogische Rekrutenprüfungen. Ein Beitrag zur Schweizer Schulgeschichte. Chur: Verlag Rüegger.

Lyotard, J.-F. (2005). Das postmoderne Wissen. Wien: Passagen Verlag.

Manguel, A. (1998). Eine Geschichte des Lesens (4. Aufl. ed.). Berlin: Verlag Volk & Welt.

Mannheim, K. (1964). Wissenssoziologie. Auswahl aus dem Werk. Berlin und Neuwied: Luchterhand.

Marrou, H.-I. (1957). Geschichte der Erziehung im klassischen Altertum. Hrsg. von Richard Harder. Freiburg: Alber.

Marrou, H.-I. (1995). Augustinus und das Ende der antiken Bildung. Übers. von Lore Wirth-Poelchau in Zusammenarbeit mit Willi Geerlings. Hrsg. und für die endgültige Fassung redigiert von Johannes Götte (2., erg. Aufl. ed.). Paderborn: Schöningh.

Maurer, H. (1989). Konstanz im Mittelalter. II. vom Konzil bis zum Beginn des 16. Jahrhunderts. Konstanz: Stadler Verlagsgesellschaft.

Mazal, O. (2003). Geschichte der Buchkultur. Band 3/1 und 3/2: Frühmittelalter. Graz: Akdemische Druck- und Verlagsanstalt.

McManners, J. (1993). Geschichte des Christentums. Zürich: NZZ = Neue Zürcher Zeitung.

Mehring, W. (1978). Die verlorene Bibliothek. Autobiographie einer Kultur. Düsseldorf: Claassen.

Messerli, A. (1999). Lesen und Schreiben 1700 bis 1900. Unpublished Habilitationsschrift, Universität Zürich, Zürich.

Meyer, J. W., Ramirez, F. O., Rubinson, R., & Boli-Bennett, J. (1997). The world educational revolution 1950-1970. Sociology of Education, 50, 242-258.

Meyer-Drawe, K. (2004). Individuum. In *D. Benner & J. Oelkers* (Eds.), Historisches Wörterbuch der Pädagogik (pp. 455-481). Weinheim: Beltz Verlag.

Mitterauer, M. (2003). Warum Europa? Mittelalterliche Grundlagen eines Sonderweges. München: Verlag C.H. Beck.

Mosse, G. (1984). Bookburning and the betrayal of German intellectuals. New German Critique, 31, 143155.

Müller, D. K. (1977). Sozialstruktur und Schulsystem. Aspekte zum Strukturwandel des Schulwesens im 19. Jahrhundert. Göttingen.

Müller, W., & Haun, D. (1994). Bildungsungleichheit im sozialen Wandel. Kölner Zeitschrift für Soziologie und Sozialpsychologie, 46(1), 1-42.

Novalis (1969). Schriften - hrsg. von Kluckhohn (2. Aufl. ed. Vol. Bd. 3). Darmstadt.

Oelkers, J. (1989). Reformpädagogik. Eine kritische Dogmengeschichte. Weinheim: Juventa.

Oelkers, J. (1990). Die große Aspiration. Zur Herausbildung der Erziehungswissenschaft im 19. Jahrhundert. Darmstadt: Wissenschaftliche Buchgemeinschaft.

Oelkers, J. (1992). Seele und Demiurg: Zur historischen Genese pädagogischer Wirkungsannahmen. In *N. Luhmann & K. E. Schorr* (Eds.), Zwischen Absicht und Person. Fragen an die Pädagogik (pp. 11-57). Frankfurt am Main: Suhrkamp Verlag.

Oelkers, J. (2004). Aufklärung. In *D. Benner & J. Oelkers* (Eds.), Historisches Wörterbuch der Pädagogik (pp. 75-105). Weinheim: Beltz Verlag.

Oelkers, J. Casale, R., Horlacher, R., Larcher Klee, S. (Eds). (2006) Rationalisierung bei Max Weber: Beiträge zur Historischen Bildungsforschung. Bad Heilbrunn: Klinkhardt.

Orthmann, E. (2002, 16./17. Februar 2002). Islamische Bildungstraditionen. Individuelle und kollektive Wissensvermittlung an den Koranschulen. NZZ, pp. 93.

Osterwalder, F. (1997). Schule denken: Schule als linear gegliederte, staatliche und öffentliche Institution? In *H. Badertscher & H.-U. Grunder* (Eds.), Geschichte der Erziehung und

Schule in der Schweiz im 19. und 20. Jahrhundert (pp. 237-278). Bern: Verlag Paul Haupt.

Ostinelli, P. (2003). Penitenzieria Apostolica le suppliche alla Sacra Penitenzieria Apostolica provenienti dalla diocesi di Como (1438-1484) (Vol. 5). Milano: Edizioni Unicopli.

Paulsen, F. (1885). Geschichte des gelehrten Unterrichts auf den deutschen Schulen und Universitäten vom Ausgang des Mittelalters bis zur Gegenwart. Leipzig: Verlag von Veit & Comp.

Paulsen, F. (1965/1919). Geschichte des gelehrten Unterrichts auf den deutschen Schulen und Universitäten vom Ausgang des Mittelalters bis zur Gegenwart (Reprint der 3. Aufl. Leipzig (von Veith & Comp.) 1919 ed.). Berlin: de Gruyter.

Peisert, H. (1967). Soziale Lage und Bildungschancen in Deutschland. München: Piper.

Pestalozzi, H. (1871). Meine Nachforschungen über den Gang der Natur in der Entwicklung des Menschengeschlechtes (Vol. 10). Brandenburg a. H.: Druck und Verlag von Adolph Müller.

Peters, E. (1972). Nationalistisch-völkische Bildungspolitik in der Weimarer Zeit. Weinheim: Beltz.

Piaget, J. (1926/1988). Das Weltbild des Kindes. München: Klett-Cotta im Deutschen Taschenbuchverlag.

Picht, G. (1964). Die deutsche Bildungskatastrophe. Olten/Freiburg: Walter.

Pictura Paedagogica online (2005). Bibliothek für Bildungsgeschichtliche Forschung. Berlin und Hildesheim.

Prahl, H.-W. (1978). Sozialgeschichte des Hochschulwesens. München: Kösel.

Rabelais, F. (1877). Gedanken über Erziehung und Unterricht (Vol. IV. Band 2). Leipzig: Verlag von Siegismund & Volkening.

Reble, A. (Ed.). (1971). Geschichte der Pädagogik. Dokumentationsband I. Stuttgart: Ernst Klett Verlag.

Reinbold, W. (2000). Propaganda und Mission im ältesten Christentum. Göttingen: Vandenhoeck und Ruprecht.

Ruhkopf, F. E. (1794). Geschichte des Schul- und Erziehungs-Wesens in Deutschland vor der Einführung des Christentums bis auf neuesten Zeiten. Erster Theil. Bremen.

Ruhloff, J. (2004). Humanismus, humanistische Bildung. In *D. Benner & J. Oelkers* (Eds.), Historisches Wörterbuch der Pädagogik (pp. 443-454). Weinheim: Beltz Verlag.

Rüegg, W. (1994). Was lehrt die Geschichte der Universität? Sitzungsbericht der wissenschaftlichen Gesellschaft an der Johann Wolfgang Goethe-Universität Frankfurt a.M., 32(6), 145-163.

Rüegg, W. (Ed.). (1993). Geschichte der Universität in Europa. Band I Mittelalter. München: Verlag C.H. Beck.

Schallenberger, H. (1964). Untersuchungen zum Geschichtsbild der Wilhelminischen Ära und der Weimarer Zeit. Eine vergleichende Schulbuchanalyse deutscher Schulgeschichtsbücher aus der Zeit von 1888 bis 1933. Ratingen: Henn.

Schiffler, H., & Winkeler, R. (1991). Bilderwelten der Erziehung. Die Schule im Bild des 19. Jahrhunderts. Weinheim: Juventa.

Schiffler, H., & Winkeler, R. (1994). Tausend Jahre Schule. Eine Kulturgeschichte des Lernens in Bildern (4 ed.). Stuttgart und Zürich: Belser Verlag.

Schlaeger, J. (1999). Parallel explorations: Exploring the self in the late sixteenth and early seventeenth centuries. *Studies in Travel* Writing, 3, 27-46.

Schluchter, W. (1979). Die Entwicklung des okzidentalen Rationalismus. Tübingen: J.C.B. Mohr (Paul Siebeck).

Schmithals, W. (2001). Die Evalgenisten als Schriftsteller. Zur Geschichte des frühen Christentums. Zürich: Theologischer Verlag Zürich.

Schmitt, H., & Tosch, F. (Eds.). (2001). Vernunft für das Volk. Friedrich Eberhard von Rochow 1734-1805 im Aufbruch Preußens. Berlin: Henschel.

Schmugge, L. (1995). Kirche Kinder Karrieren. Päpstliche Dispense vor der unehelichen Geburt im Spätmittelalter. Zürich: Artemis & Winkler.

Schmugge, L., Ostinelli, P., Braun, H., & Schneider-Schmugge, H. (1998). Verzeichnis der in den Supplikenregistern der Pönitentiarie Eugens IV. vorkommenden Personen, Kirchen und Orte des Deutschen Reiches 1431-1447 (Vol. Erster Band). Tübingen: Niemeyer.

Schulblatt des Kantons Zürich. (1986). 100 Jahre Schulblatt. Zürich: Lehrmittelverlag.

Schulthess, P., & Imbach, R. (2002). Die Philosophie im lateinischen Mittelalter (2. Aufl. ed.) Düsseldorf: Artemis & Winkler.

Schwanitz, D. (2001). Bildung alles, was man wissen muss. Frankfurt am Main: Eichborn.

Schwarz, F. H. C. (1813). Geschichte der Erziehung nach ihrem Zusammenhang unter den Völkern von alten Zeiten bis auf die neueste. Bd. I/II. Liepzig.

Schwinges, R. C. (1993). Der Student in der Universität. In *W. Rüegg* (Ed.), Geschichte der Universität in Europa (Vol. Band I, Mittelalter, pp. 181-226). München: Verlag C.H. Beck.

Schwinges, R. C. (Ed.). (1999). Artisten und Philosophen. Wissenschafts- und Wirkungsgeschichte einer Fakultät (13.-19. Jh.). Basel.

Schwinges, R. C., & Hesse, C. (2003). Personen der Geschichte – Geschichte der Personen Studien zur Kreuzzugs-, Sozial- und Bildungsgeschichte Festschrift für Rainer Christoph Schwinges zum 60. Geburtstag. Basel: Schwabe.

Sieferle, R. P. (2003). Der europäische Sonderweg: Ursachen und Faktoren (2. erweiterte Auflage ed. Vol. 1). Stuttgart: Breuninger Stiftung GmbH.

Snell, L. (1830). Ansichten und Vorschlaege in Betreff der Verfassung und ihrer Veraenderung/ Von mehreren Kantonsbürgern. Zürich: Gessner'sche Buchdruckerei.

Snell, L. (1840). Geist der neuen Volksschule in der Schweiz, nebst den Hoffnungen, welche der Menschen- und Vaterlandsfreund daraus schöpft. St. Gallen: Wartmann.

Sontheimer, K. (1983). Antidemokratisches Denken in der Weimarer Republik. München: Dtv.

Spranger, E. (1923). Der Bildungswert der Heimatkunde. Heidelberg: Quelle & Meyer.

Spranger, E. (1924). Psychologie des Jugendalters. Heidelberg: Quelle & Meyer.

Stanant, P., Artelt, C., Baumert, J., Klieme, E., Neubrand, M., Prenzel, M., Schiefele, U., Schneider, W., Schümer, G., Tillmann, K. J., & Weiß, M. (2003). PISA und PISA-E: Zusammenfassung der bereits vorliegenden Befunde. In *J. Baumert & C. Artelt & E. Klieme & M. Neubrand & M. Prenzel & U. Schiefele & W. Schneider & G. Schümer & K. J. Tillmann & M. Weiß* (Eds.), PISA 2000 – Ein differenzierter Blick auf die Länder der Bundesrepublik Deutschland. Opladen: Leske + Budrich.

Strzelewicz, W., Pappke, H.-D., & Schulenberg, W. (1966). Bildung und gesellschaftliches Bewußtsein. Eine mehrstufige Untersuchung in Westdeutschlnd. Stuttgart: Ferdinand Enke Verlag.

Stöcker, K. (1970). Neuzeitliche Unterrichtsgestaltung (18. Aufl. ed.). München: Ehrenwirth.

Tenorth, H. E. (1986). Transformationen der Pädagogik – 25 Jahre Erziehungswissenschaft in der „Zeitschrift für Pädagogik". Zeitschrift für Pädagogik, 21-86.

Tenorth, H. E. (1988). Geschichte der Erziehung. Weinheim: Juventa Verlag.

Tenorth, H. E. (1990). Der sozialgeschichtliche Zugang zur Historischen Pädagogik. In G. Böhme & H. E. Tenorth (Eds.), Einführung in die Historische Pädagogik (pp. 117-181). Darmstadt: Wissenschaftliche Buchgemeinschaft.

Titze, H. (1981). Überfüllungskrisen in akademischen Karrieren: Eine Zyklustheorie. Zeitschrift für Pädagogik, 27(2), 187-224.

Titze, H. (1995). Wachstum und Differenzierung der deutschen Universitäten 1830-1945. Göttingen: Vandenhoeck & Ruprecht.

Titze, H. (1998). Der historische Siegeszug der Bildungsselektion. Zeitschrift für Sozialisationsforschung und Erziehungssoziologie, 18(1), 66-81.

Titze, H. (2000). Zensuren in der modernen Gesellschaft. Zur Selbstbeurteilung und Fremdbeurteilung schulischer Leistungsdifferenzen. Die Deutsche Schule (6. Beiheft), 49-62.

Titze, H. (2003). Zur Tiefenstruktur des Bildungswachstums von 1800 bis 2000. Die Deutsche Schule, 95(2), 180-196.

Titze, H. (2004). Bildungskrisen und sozialen Wandel 1780-2000. Geschichte und Gesellschaft, 30(2), 339-372.

Titze, H., Noth, A., & Müller-Benedict, V. (1985). Der Lehrerzyklus. Zur Wiederkehr von Überfüllung und Mangel im höheren Lehramt in Preussen. Zeitschrift für Pädagogik, 31(1), 97-126.

Tröhler, D. (1998). „Bildung" – ein schulpädagogischer Begriff? infos und akzente. Zeitschrift des Pestalozzianums, 5(1), 10-17.

Tröhler, D. (2001). Republikanismus und Pädagogik. Pestalozzi im historischen Kontext. Unpublished Habilitationsschrift, Universität Zürich, Zürich.

Tröhler, D. (2005). Geschichte und Sprache der Pädagogik. Zeitschrift für Pädagogik, 51, 218-235.

Tröhler, D. (2006). Lehrerbildung. Nation und pädagogische Historiographie. Zeitschrift für Pädagogik 52 (4), 540-554.

Tyack, D. B. (1974). The one best system. A history of American urban education. Cambridge: Harvard University Press.

van Ackeren, I. (2002). Von FIMS und FISS bis TIMSS und PISA. Die Deutsche Schule, 94(2), 157-175.

Voigt, B. (1973). Bildungspolitik und politische Erziehung in den Klassenkämpfen. Frankfurt: Fischer.

von Wartburg-Ambühl, M.-L. (1981). Alphabetisierung und Lektüre: Untersuchungen am Beispiel einer ländlichen Region im 17. und 18. Jahrhundert. Frankfurt: Peter Lang.

Vormbaum, R. (Ed.). (1860). Die evangelischen Schulordnungen des sechszehnten Jahrhunderts. Gütersloh: E. Bertelsmann.

Weber, M. (1920). Gesammelte Aufsätze zur Religionssoziologie (9. Aufl. ed. Vol. Band I). Tübingen: J.C.B. Mohr (Paul Siebeck).

Weber, M. (1921). Gesammelte Aufsätze zur Religionssoziologie (7. Aufl. ed. Vol. Band II). Tübingen: J.C.B. Mohr (Paul Siebeck).

Weber, M. (1947). Wirtschaft und Gesellschaft (Dritte Auflage ed.). Tübingen: Verlag von J.C.B. Mohr (Paul Siebeck).

Ziegler, P. (1998). 200 Jahre Erziehungsrat des Kantons Zürich 1798 bis 1998. Zürich: Lehrmittelverlag des Kantons Zürich.

Personenregister

265

MIX
Papier aus verantwortungsvollen Quellen
Paper from responsible sources
FSC® C105338

If you have any concerns about our products,
you can contact us on
ProductSafety@springernature.com

In case Publisher is established outside the EU,
the EU authorized representative is:
Springer Nature Customer Service Center GmbH
Europaplatz 3, 69115 Heidelberg, Germany

Printed by Libri Plureos GmbH
in Hamburg, Germany